禅宗十五讲

孙昌武文集 19

中华书局

图书在版编目(CIP)数据

禅宗十五讲/孙昌武著. —北京:中华书局,2019.12(2022.4重印)
(孙昌武文集)
ISBN 978-7-101-14286-0

Ⅰ.禅… Ⅱ.孙… Ⅲ.禅宗-研究 Ⅳ.B946.5

中国版本图书馆 CIP 数据核字(2019)第 260004 号

书　　名	禅宗十五讲
著　　者	孙昌武
丛 书 名	孙昌武文集
责任编辑	高　天
出版发行	中华书局 (北京市丰台区太平桥西里 38 号　100073) http://www.zhbc.com.cn E-mail:zhbc@zhbc.com.cn
印　　刷	河北新华第一印刷有限责任公司
版　　次	2019 年 12 月第 1 版 2022 年 4 月第 2 次印刷
规　　格	开本/920×1250 毫米　1/32 印张 12½　插页 2　字数 330 千字
印　　数	2001-3500 册
国际书号	ISBN 978-7-101-14286-0
定　　价	66.00 元

孙昌武文集

出版说明

孙昌武先生，一九三七年生，辽宁省营口市人。南开大学教授，曾在亚欧和中国港台地区多所大学担任教职和从事研究工作。

孙先生治学集中在两个领域：中国古典文学和中国宗教文化。孙先生学术视野广阔，熟谙传统典籍和佛、道二藏，勤于著述，多有建树，形成鲜明的学术特色。所著《柳宗元传论》（人民文学出版社，1982）、《佛教与中国文学》（上海人民出版社，1988）、《道教与唐代文学》（人民文学出版社，2001）、《中国佛教文化史》（中华书局，2010）、《禅宗十五讲》（中华书局，2017）等推进了相关学术领域研究，在国内外广有影响；作为近几十年来中国传统文化研究成果，世所公认，垂范学林。

孙先生已年逾八秩。为总结并集中呈现孙先生学术成就，兹编辑出版《孙昌武文集》。文集收录孙先生已出版专著、论文集；另增加未曾出版的专著《文苑杂谈》、《解说观音》、《僧诗与诗僧》三种；孙先生在国内外学术刊物发表的论文未曾辑入论文集的，另编为若干集收入。孙先生整理的古籍、翻译的外国学者著作，不包括在本文集内。中华书局编辑部对文字重新进行了审核、校订，庶作为孙先生著作定本呈献给读者。

北京横山书院热心襄助文化公益事业，文集出版得其资助，谨致谢忱。

中华书局编辑部

二〇一九年五月

目　录

开讲的话

回想自己写涉及禅宗的文章，第一篇是《王维的诗歌创作和佛教信仰》，发表在《文学遗产》1981 年第 2 期。到如今，三十几年过去了。由中年到老年，时光真的如白驹之过隙。看看当年文字，浅薄得很。这三十几年到底有多少长进，实在不敢自是。不过这三十多年间，从事教学、研究工作，一直把禅宗当做主要课题之一，退休后也没间断。读禅宗典籍，关注国内外相关研究成果，与国内外同行交流；和日本学者合作点校一部禅宗语录《祖堂集》；写过一些关于诗与禅关系的文章，曾结集出版；还有一部书《禅思与诗情》。佛教学术博大精深。学识渊博如章士钊先生，当年著《柳文指要》，自称治《柳河东集》亘六七十年，但解释柳宗元释教碑仅四篇而止，可见治佛学的艰难。至于治禅宗，只说典籍就浩如烟海，穷尽一生时光也难于浏览一过。何况对宗门文字的理解，还有宗教体验问题，作为俗人，总是隔上一层。这样，三十几年读关于禅宗的书，写关于禅宗的文章，感到问题越来越多，对于所得也就越是没有信心。语云："有大疑方有大悟。"可是直到如今，自己疑问确实不少，领悟却难说几分透彻。但是，多年来确实读过，困惑过，思考过。如今垂垂老矣，来日无多，来日还会有多少进境难以预知了，所以把自己所得点滴写下来，或许对关心相关题目的人有点参考价值。这是本书写作的初衷。

"禅"与"禅宗"是两个密切关联却并不相同的概念。"禅"是佛教的一种修持方式，是达到信仰终极目标——成就佛果的手段；“禅宗”是中国佛教的一个宗派。中国佛教第一个宗派天台宗创建于南北朝末期即公元 6 世纪末。接着另一些宗派陆续形成。宗派佛教是外来佛教“中国化”的果实。这些宗派“中国化”程度不一：有的更多保持外来佛教的面貌，有的则更多融入本土思想、信仰成分。禅宗标榜“教外别传”，自诩是佛陀传授、历代相承的“心法”，是不同于传统佛教的另一系统佛法。它以全然革新的面目出现，既经形成，迅速振兴，造成强大声势，在中晚唐更笼盖诸宗，兴盛一时。到晚唐五代，逐渐衰败，但后世却持续地对于思想、文化、社会生活发挥广泛、巨大的影响，直到如今。禅宗所以能够一朝勃兴，兴盛几百年，一方面因为处在唐代社会转型时期，它适应历史发展客观形势的需要；另一方面它的宗义具有重大理论价值，文化内涵丰富，又体现积极进取的革新精神，无论对于佛教还是对于社会发展都起到积极的促进作用。近代学术讲历史活动多用“运动”一语。禅宗可称作中国历史上一次规模宏大的宗教革新运动，同时又是成果丰硕、影响深远的思想运动、文化运动。它在历史上做出了重大贡献，它留下的宝贵遗产，如今仍具有重大价值。

近年来，禅和禅宗引起越来越多人的关注。讲宗教，讲文化，讲人生修养，讲生活态度，都往往说到禅和禅宗，几乎成了热门话题。坊间出版许多相关的书，有学术的，也有通俗的。读的人不少。佛教界讲“人间佛教”，讲“生活禅”，也尝试把禅的知识、禅修实践普及到民众中去。但是人们读相关的书，了解相关知识，乃至参加禅修活动，态度、目的却各种各样，所得也各不相同。总体看来，怀抱诚挚信仰的只是少数。有的人赞赏、认同禅宗独立自主的人格、勇于革新的精神和完善人生、贡献社会的实践；另一些人则面对现实矛盾、人生烦扰，试图到禅宗里寻求解黏去缚、安顿身心的方法；有的人欣赏禅宗提倡的或任运随缘、或自由潇洒、或安贫乐道、或忍辱负重的人生态度、生活方式；还有些人从某些“禅语”

像“日日是好日”、某些“禅机”如赵州“吃茶去”等得到启发,求得人生智慧;乃至诗人在禅里寻找诗情,画家在画作里描摹禅意,园艺家借园林表达禅趣,医生借助禅来做精神治疗,企业家在禅里寻求经营之道,等等;禅的功能被普及、放大了。在学术领域,有越来越多的人关注禅与禅宗研究,则是又一层面的事了。这样,禅与禅宗无论对于广大民众,还是对于学术研究,都成为重大课题。

从人文科学角度讲,禅宗是中国历史上的文化现象。认识、分析、评价像禅宗这样的历史遗留的文化遗产,进而加以批判地认知、分析、总结、借鉴,首先要弄清它的“真相”。但是中国史籍对宗教的记述往往疏略。禅宗本来兴起在民间,特别是它的早期,留下的详实可靠记录更少。自20世纪初,敦煌写卷里陆续发现一批相关文书,可补资料的不足,大幅度地改变了禅宗历史研究的面貌。不过宗门文献,即使是专门记载史事的,例如禅史、灯录一类,基本是为阐释、宣扬信仰创作的,必然不同程度地包含夸饰、虚构成分。从中剥离出真实内容,不是一件轻而易举的事。所幸自上世纪前期,相关研究已引起中外学界相当普遍的关注,取得相当丰硕的研究成果。笔者写作本书,尝试在借鉴中外学者已经取得的成果的基础上,对于禅宗的历史“真相”加以“描述”,提出个人的解释和看法。当然一方面,完全恢复历史现象的本来面貌,是科学研究永远不可能达成的目标;另一方面,又受到作者学力的限制;加上如上所说,治佛教学术本来十分艰难,所以本书在有限篇幅里作出的简略“描述”必然有缺失和错误,所作解释、所提看法正确与否更没有把握。所以这本书只可看做是一个长期关注禅和禅宗研究的学者为揭示禅宗历史“真相”所做的微薄努力。

本书按历史顺序叙述禅宗的发展过程,但不是系统的禅宗史;叙述中尽可能简括明晰,对历来有争议的疑难问题,不作详细考订、辨析;讲作为宗教革新运动的禅宗,同时讲禅宗在思想、文化领域的活动、成就与贡献。这后一层面在当今具有更大的现实意义。

对于国内外已有研究成果，将择善而从。行文中比较生疏的词语，采取随文括注方式加以解释，以方便读者。要而言之，笔者将努力做到实事求是，言之有物，不信手操觚，不浪费读者的时间和精力。

前面说过，禅宗文化内涵丰富。流传下来的历代祖师行事、言句，历代积累的大量禅籍，不仅包含重大的学术价值和丰富的人生智慧，又具有浓郁的艺术情趣。读禅宗的书，了解禅宗知识，如再进一步，研究禅宗，不仅能够增长见识，提高素养，也是趣味盎然、得到精神享受的事。希望提供给读者一本雅俗共赏的、有教益又有趣味的读物。

第一讲　禅不是佛教?

一

禅宗,如今往往简称为"禅",是中国佛教的一个宗派[①]。佛教大约在两汉之际即公元纪元前后传入中国,在中国传统的思想、文化土壤上传播、扎根、发展,逐步实现"中国化",形成佛教中的汉传佛教一系(佛教传入中国,形成独具体系的中国佛教;中国佛教东传朝鲜半岛和日本,南传今越南等地,是为"汉传佛教"。佛教的另外两个系统是南传佛教和藏传佛教)。自南北朝末期,又先后形成一批宗派(一般被认定为宗派的有天台宗、三论宗、慈恩宗、华严宗、律宗、密宗、净土宗和禅宗)。宗派佛教相继形成,标志着在中国传播约六百年的外来佛教已发展为具有鲜明民族特色的中国佛教。禅宗则是中国佛教诸宗派中传播最为广泛,对于思想、文化影响最为巨大、深远的宗派(还有所谓"净土宗",相比禅宗,则在广大

①这里"中国佛教"指历史上在中国主体部分传播的"汉传佛教"。众所周知,在中国还传播有藏传佛教和南传佛教。所以就严格意义说,"汉传佛教"不能等同于"中国佛教"。但是二者作为同义词使用,在国内外学术著作中已经约定俗成。本书也是在这样的意义上使用"中国佛教"概念的。

民众中广泛传播，对社会生活和民众精神同样造成巨大影响）。钱穆曾说：

> 故在全部中国学术思想史上、文化史上，自唐以来一千数百年，广东有六祖，福建有朱子，几乎掌其枢纽，汇为主流；其影响力之大，其它各地区，皆莫与伦比。①

这里提出的“六祖”指禅宗南宗祖师慧能，是禅宗代表人物，“朱子”朱熹则是宋明理学的代表人物，两者确乎可看做是“自唐以来”思想、文化潮流的主导者。当然客观地说，禅宗的地位、作用、影响远不能和被宋元以来历代朝廷作为御用思想体系的理学相比。

按佛教文献记载，创建禅宗的是古印度来华的菩提达摩（后世写作“达磨”，早期文献作“达摩”）。不过按之历史实际，作为宗派的禅宗应形成于唐初即公元7世纪初，当时，后来被认定为四祖的禅师道信在今湖北长江北岸的黄梅（今湖北黄梅县）建立禅苑，聚众弘法，标志着中国佛教史上一个新宗派禅宗形成（中国佛教的宗派都是后世给予的名称，作为宗派的“禅宗”的称呼是中唐时才使用的；在这之前“禅宗”一语大体指习禅一派僧人）。佛教在传入中国初期，被朝廷当做一种外来方术来接受、利用，也只有少数外来僧侣或居士在本土人士帮助下译经弘法。直到两晋之际即公元4世纪初，有更多外来僧人来华，译经渐多，流传渐广，又适逢“五胡乱华”，时代动乱，国土分崩，方得到社会上更多人的尊信，特别是被统治阶层、主流社会所接受，从而能够在思想文化领域扩展影响。这一阶段算是佛教在中国初传时期，从东汉后期算起，这段时间大约三百年左右。又经过三百年，到6世纪末，这在中国历史上是东晋十六国和南北朝时期，也是佛教在中国扎根、发展、走向兴盛的时期，佛教“中国化”逐步深入的时期。在这一阶段，佛教在中

①《谈闽学——寿语堂先生八十》，《钱宾四先生全集》第23卷第224页，联经出版事业有限公司，1998年。

国得到更广泛的普及，各部派（佛陀创建佛教，在他寂灭后逐步分化为二十左右个部派，部派各有传承，各有自己的“三藏”经典）经典翻译已相当完备，除了有更多外来僧人或居士来华活动，更有不少中土人士怀着追求佛教真义的热情不避艰危，西行求法。而对于中国佛教发展具有更重要意义的是，这一时期本土培养出一大批优秀学僧，他们从事高水平的研究和撰述，从而使佛教在与本土思想、文化的冲突、交流、融合中得以独立地发展，创建起一批中国佛教“义学”（“义学”本来指中国传统的经义之学。南北朝时期佛教借用这一概念，当时的佛教“义学”指教内外信徒围绕翻译经论所进行的有关教理的研究，其成果主要体现在具体经论的疏释之中）“师说”（当时的著名学僧，从事专经、专论的研习，有所成就，称之为“师”，如“成实师”〔鸠摩罗什译《成实论》，下同例〕、“涅槃师”“毗昙师”“地论师”“摄论师”“俱舍师”等）。到隋、唐时期，在此基础上，具有各自思想体系（因为是宗派佛教，区别于传统佛教的“教义”，称“宗义”）、修持方法的中国佛教派别陆续创建起来，称为“宗派”。宗派佛教形成，标志着佛教“中国化”的完成，开创了中国佛教发展的新局面、新阶段。

学术界一般认定中国佛教宗派有八个。这八个宗派“中国化”的程度不同，后来的发展状况及所发挥的作用与影响也显著不同。其中三论宗、慈恩宗、密宗大体仍保持外来佛教的基本面貌，三个宗派的宗义分别继承印度大乘佛教发展三个大的阶段的内容：“三论”指印度龙树一派的三部论书，龙树著《中论》《十二门论》和提婆著《百论》，另有龙树著《大智度论》，是发挥大乘基本教义“般若”空思想的，是为三论宗所尊经典；慈恩宗是玄奘及其大弟子窥基开创的，宗义体系遵循印度论师无著、世亲的瑜伽行派教理；密宗的典据则是印度佛教烂熟期的金刚密教，它的宗师是外来印度人善无畏、金刚智和不空。律宗讲戒律。戒律本来为佛教各派系所持守，但在中国有个如何适应本土环境的问题，中国的律师要解决这方面矛盾，研究相关问题。东晋以来中土译出四部主要律书（东晋佛陀跋陀罗与法显共译《摩诃僧祇律》，后秦佛若多罗与鸠摩罗什共译《十诵律》，前后秦佛陀耶舍与竺佛念共译《四分律》和宋佛陀什与竺道生等共译《五分律》），律宗持守和研究的是《四分律》，这也是后来中国佛教徒遵循的根本戒律。真正体现"中国佛教"特色的是另外四个宗派。其中天台和华严都标榜以外来经典为宗依（宗派佛教树立宗派所依据的经典）：天台以《涅槃》《法华》为所宗经；华严则以《华严经》为所宗经。它们的宗义都融入本土儒、道思想，实际是在本土文化土壤上来阐释、发挥外来教义，是外来思想与本土思想相融合的产物，对于中国的思想发展影响巨大。净土信仰被确立为宗派已是宋代的事（大乘佛教主张三世十方有无数佛和他们所在的佛国土。佛土清净，中国佛教创造出"净土"这个概念。中国佛教流行的主要是兜率天弥勒净土信仰和西方弥陀净土信仰。净土宗宣扬弥陀净土信仰，它的宗义、法系是后来总结、组织起来的）。不过净土信仰早自魏晋以来在民众间已形成广泛流传的潮流，经过南北朝、隋、唐一批净土大师大力弘扬，形成更为简单易行、更为普及的信仰法门，成为遍及社会各阶层的信仰。在八个宗派里，就传播广泛、影响深远说，禅宗与净土宗形势类似，但又形成鲜明对比。与净土广泛流传社会下层民众间不同，禅宗发挥影响主要在文人士大夫阶层；又净土信仰主要体现为简易的念佛、读经、造像等实践活动，而禅宗则发展出具有重大理论价值的思想体系，从而对于高层次的思想、文化活动造成巨大而深远的影响，对社会发展也就起到更大的作用。

如上所述，禅宗创立于唐初，当初与其他宗派并兴。但它很快就扩张势力，形成压倒诸宗的优势。到中、晚唐，朝廷御用佛教密教影响基本不出长安、洛阳两都，而禅宗却遍地开花，禅寺林立，特别是江南、两川、河北，成为众多禅师活跃的地方，遂形成禅宗几乎是一家独盛的局面。

前面计算从两汉之际佛教输入到禅宗兴起，经历两个三百年。禅宗从创建、兴盛到衰落大体与唐王朝相始终，跌宕起伏的过程大体又是三百年。唐、五代以降，虽然从形势看禅宗各派基本仍传继有序，仍有著名禅宿在社会上活跃并造成影响，但“禅、教合一”“禅、净合一”渐成潮流，回归传统，其创新能力已大为衰减。继而两宋理学兴起，理学在本质上乃是适应宋代中国专制体制形态的，以儒家经术为主导，儒、佛、道“三教”融合的产物。宋代建立起更严格、更有效的皇权统治体系，对宗教管束更为严厉，佛教思想特别是华严与禅的具有重大理论价值的思想被理学所剥夺、吸纳，佛教整体上更形衰落，尽管历代都有学养高深、才华卓著的禅宿为重振宗风而努力，但总体形势已不可扭转了。禅宗三百年兴起、发展、大盛的历史，创造出、留下了丰富的思想遗产，后世持续发挥广泛、巨大的影响。例如宋代理学里陆九渊的“心学”一派，就对禅宗的心性学说多所借鉴；后来明代王阳明继承了这一传统，继续加以发展，其弟子中的所谓“王学左派”更吸纳禅宗思想的积极成分，形成士大夫间影响巨大的“狂禅”思潮（本书下面将介绍，在中晚唐禅宗兴盛时期，出现慢教轻定、风格狂放的一派，有些人更呵佛骂祖，张扬毁经灭教。到晚明，士大夫间有一派人如李贽等人接受禅宗思想，激烈地反对经学传统与权威，反对他们的一派加以恶谥，诬之为“狂禅”），推进、丰富了一代文学、艺术创作。直到如今，禅和禅宗仍被人们相当广泛地关注，超越作为宗教信仰，成为社会文化生活的一个重要内容。

二

20世纪后期，国外佛教研究中出现一个先是由日本学者松本史朗、袴谷宪昭等提出、后来得到西方一些学者响应的不大不小的“批判佛教”思潮[①]。所谓“批判佛教”，“批判”的对象本来是日本佛教，但实际其内容已涵盖整个汉传佛教，包括中国佛教。开创潮流的松本史朗、袴谷宪昭以及参与“批判”的许多人都是学有专长的佛教学者。为了阐述他们的观点，陆续出版一批著作和论文集，还有不少文章，进行相当细致、不无说服力的论证。他们的观点得到学界一些人的响应，也引起激烈的争议。他们批判的矛头大体包括三个层面，分属佛学的、宗派的（主要集中在日本曹洞宗，特别是对其宗师道元著作的评价）和社会的（主要是揭示佛教传统的佛性论对于日本民族精神和社会价值取向造成的危害）。和本书论题相关的是这一派学人对禅宗（日本的禅宗是从中国输入的，又具有民族的、时代的特征。日本的禅宗派系与中国禅宗不尽相同，但基本宗义是大体一致的）的批判。从事“批判”的人意见并不完全相同，但基本看法大体一致。他们的基本观点是，“正确”的佛教应持有三个准则：宣说“缘起”（佛教概念“缘起”指现象界的一切存在都是“内因”即内在条件和“外缘”即外界条件和合而生起的），高张无我利他的理想（佛教概念“我”指客观实在的主体。大乘佛教主张“人无我”和“法无我”。“人无我”或称“人我空”，是说人乃是色、受、想、行、识“五蕴”和合而成；“法无我”或称“法我空”，是说客观现象界的一切都是因缘生、无自性、刹那灭的）和承认语言表显真谛的价值。而印度大乘佛教的如来藏思想（如来藏，梵文 tathāgata-garbha 的异译，本义是佛的“胎藏”“种子”，是佛性遍在

①参阅《修剪菩提树——“批判佛教”的风暴》，龚隽等译，上海古籍出版社，2004 年。这本书由美国学者 Jamie Hubbard 和 Paul Swanson 编辑，原题名 *Pruning the Bodhi Tree*：*The Storm over Critical Buddhism*，由夏威夷大学出版社出版。下面的介绍主要依据该书杰米·霍巴德所作《导言》和第一部分《批判佛教的本质及其缘起》的第一篇文章保罗·L. 史万森所作《他们为何说禅不是佛教：近期日本的佛性批判》。

众生的另一种表述，内涵三义：一切众生能含如来法身；一切众生为如来法身所摄；如来法身藏覆众生烦恼之中。阐述如来藏思想的经、论有《大涅槃经》《如来藏经》《胜鬘经》《宝性论》和《大乘起信论》等，都是南北朝后期流行的经典）和中国佛学据以提出的“本觉”论（佛教概念“本觉”指人的“心性”先天具有佛智，即人本有的、内在的觉悟；与“始觉”相对，始觉指后天修持得到的觉悟）是与之相对立的；进而论定中国佛教乃是在诸如“道”和“理”之类本土传统意识基础上加以理解的“格义”佛教，不能称为“正确”的或真正的佛教。具体到禅宗，他们主张诸如“无念无想”“直观”“不立文字”等一切作为禅的典型标志的观念，都是建立在“如来藏”和“本觉”思想基础之上的，禅又要求终止一切思维活动（包括净心、无念、绝观忘守等），否定佛教的方便说法，因而已“不是佛教”。从而他们得出结论说，禅在中国和日本取得胜利乃是本土传统思想成功地吸纳外来佛教内容的结果。

如此肯定禅不是佛教，像是惊世骇俗之论。但是，如果对这种“批判”加以分析，就会发现，他们的论证是不无道理的，甚至对于真切认识中国佛教包括禅宗的内容、性质、特征有所启发——尽管其结论值得商榷。所以有专门研究禅宗的学者认为“批判佛教”这种论述对于说明中国禅的特征是有价值的。禅宗自诩为“教外别传”，即意味着它自视为有别于传统佛教的另一种佛教，而不再是一般的佛教。“批判佛教”一派学者观点的偏颇在于他们持守自己所理解的佛陀教化的本义，否认历史上的佛教如一切社会现象一样，必然随着传播地域、社会发展而不断改变面貌，充实内容；进而他们忽视一种宗教传播到不同国度必然会实现民族化和本土化。“教外别传”的禅宗就是佛教在中国发展、变化，已经相当全面地脱卸印度佛教本来面貌的中国佛教，是相当彻底地实现“民族化”“本土化”的真正的中国佛教宗派。

和上述观点相关联，关于禅宗还有另一种判断。

近代利用社会科学方法整理禅宗史料、研究禅宗，胡适是开拓者。他在 1928 年与汤用彤通信，曾作出这样的论断：

> 总结一句话，禅宗革命是中国佛教内部的一种革命运动，代表着他的时代思潮，代表八世纪到九世纪这百多年来佛教思想慢慢演变为简单化、中国化的一个革命思想……佛教极盛时期(公元 700—850 年)的革命运动，在中国思想史上、文化史上，是很重要的。这不是偶然的。经过革命后，把佛教中国化、简单化后，才有中国的理学。①

胡适讲禅宗，一再使用“革命”这个概念。他这里提出的“佛教极盛时期”的开始年份公元 700 年是武则天久视元年，终止年份公元 850 年是唐宣宗大中四年，大体是从早期禅宗“东山法门”在两京兴盛到南宗禅马祖、石头门下第二、三代时期。“极盛”之后当然会“渐衰”。他关于禅宗历史发展的这个判断是有见地的，本书下面还会讲到。胡适讲南宗禅，又称之为“南方新佛教”②、“南方‘顿宗’的革命宗派”，认为“这种禅学运动，是革命的，是反印度禅、打倒印度禅教的一种革命”③，等等。他特别强调禅宗乃是佛教“中国化”的果实，在中国思想史、文化史上占有独特而突出的地位，做出了巨大贡献，成为理学的先驱。同样，钱穆介绍禅宗也曾说：

> 当时的禅宗兴起……单就宗教立场来看，也已是一番惊天动地的大革命。从此悲观厌世的印度佛教，一变而为中国的一片天机，活泼自在，全部的日常生活一转眼间，均已“天堂化”，“佛国化”，其实这不啻是印度佛教之根本取消。但在中国社会上，在中国历史上，如此的大激动，大转变，却很轻松很

---

①《禅宗史的一个新看法》，姜义华主编《胡适学术文集·中国佛学史》第 150—152 页，中华书局，1997 年。

②《论禅宗史的纲领》，《胡适学术文集·中国佛学史》第 38 页。

③《中国禅宗的发展》，《胡适学术文集·中国佛学史》第 77、93 页。

> 和平地完成了。只在山门里几度瞬目扬眉，便把这一大事自在完成。我们若把这一番经过，与西方耶教的宗教革命做一个比拟。他们是流血残杀，外面的争持胜过了内面的转变。我们则谈笑出之，内里的翻新胜过了外面的争持。这岂不已是中国文化最高目的之人生艺术化一个已有成绩的当前好例吗？①

这是钱穆《中国文化史》里的一段话。他说禅宗兴起是“一番惊天动地的大革命”，是“印度佛教之根本取消”，已经和前面介绍的“批判佛教”一派观点相呼应了。

以上是两位深谙中国文化历史底蕴的学术大师的看法。另有不少中国学者讲禅宗“革命”，不具引。同样，日本学者柳田圣山是禅宗史研究大家，他认为禅宗乃是由“印度传来的教相判释的佛教向扎根于中国民族特有的宗教意识的祖统佛教的全新的转变”。他同样也用了“革命”一语。他说：

> 对于所谓“禅宗”的形成，作为其革命的动机的，不正是作为最上乘的般若主义，特别是直指人心、见性成佛的立场吗？②

他是从体现佛教大乘教理的角度来讲禅宗“革命”的。

不言而喻，上述几位所说的“革命”，不是指政治革命或社会革命，是指佛教发展历史上重大的、带有根本意义的变革。还有美国著名的中国学家费正清也曾说：

> 禅宗崇尚自然与简单的生活，故实质上不过是经过改头换面的道家思想，并且因此很自然地成为诗人、艺术家灵感的

---

①《中国文化史导论》（修订本）第 167 页，商务印书馆，1994 年。

②《初期禅宗史書の研究》第 57、467 页，《禅文化研究所研究報告》第一册，日本禅文化研究所，1967 年。

主要来源。①

他没用“革命”这个词,但意思是清楚的。所谓“改头换面的道家思想”,也有不是印度佛教的思想。不过禅宗是不是道家思想,道家思想在禅宗里占多少成分,是应当商榷的。

这样,上述学者从不同角度论禅宗,都指出禅宗与印度佛教,与根源于印度、已在中国长期发展的传统佛教具有根本差异。用“革命”一语来定义禅宗,意味着它已“不是”传统形态的佛教。

三

又,禅宗祖师们提出的一些看法也与上述观点相通。他们中许多人特别强调禅宗乃是不同于传统佛教、真正体现佛陀救世本怀的另一种佛教。中唐时期的禅宗史书《宝林传》(智炬撰,是现存最早的记载禅宗传法系统的“灯录”体禅史;原十卷,今存七卷)上说:

> (佛陀)每告弟子摩诃迦叶:“吾以清净法眼、涅槃妙心、实相无相、微妙正法将付于汝,汝当护持。并敕阿难副贰传化,无令断绝。”②

这是宗门内部的佛陀示法、禅宗起源的传说,指禅宗所传乃是佛陀亲自传授给大弟子迦叶的“妙心”“正法”。这是现存文献里首次出现明确的“教外别传”观念。后来有一部伪经《大梵天王问佛决疑经》(这部伪经今传有两卷本和一卷本,所出年代不详,或以为形成于宋初、在《景德传灯录》编撰成之后;甚或以为形成迟至明代)就

---

①《中国:传统与变迁》第76—77页,世界知识出版社,2002年。

②《宝林传·传法正宗记》第10页,京都中文出版社,1983年。

这个情节加以发挥，成为一个富于情趣的故事，说佛陀一日在灵山（又称灵鹫山、耆阇崛山，在古印度摩诃陀国王舍城东北，今印度北部比哈尔邦的拉杰吉尔，佛陀悟道后长期居住、说法的地方）法会上，“无说无言，但拈莲华，入大会中，八万四千人、天，时大众皆止默然。于时长老摩诃迦叶，见佛拈华，示众佛事，即今廓然，破颜微笑。佛即告言：‘是也。我有正法眼藏，涅槃妙心，实相无相，微妙法门，不立文字，教外别传，总持任持，凡夫成佛，第一义谛。今方付属摩诃迦叶。’言已默然。尔时尊者摩诃迦叶，即从座起，顶礼佛足，而白佛言：……”①据说佛陀就这样“以心传心”，把“心法”传给了迦叶。而这种“心法”与佛教经典记载的佛陀金口所授教法不同。这就成为后世禅门所传第一“公案”。又北宋的睦庵（北宋末哲宗、徽宗时期人，俗姓陈，号善卿，后出家，晚年归隐睦州乡里），在所著《祖庭事苑》里，总括出“教外别传，不立文字，直指人心，见性成佛”十六个字，被后世看成是禅宗的纲领。后来中峰明本在《山房夜话》里说：

> ……殊不知达磨远继西天二十七祖以如来圆极心宗之谓禅也。此禅含多名，亦名最上乘禅，亦名第一义禅，与二乘外道、四禅八定之禅实天渊之间也。当知是禅不依一切经法所诠，不依一切修证所得，不依一切见闻所解，不依一切门路所入。所以云“教外别传”者也。②

他又说：

> 但涉经教中所陈修证法门，亦皆不与达磨所传直指之禅同途共辙耶。③

---

①《大梵天王问佛决疑经·拈华品》，《续藏经》第1册第442页上。

②《天目中峰和尚广录》卷一一上《山房夜话》上，蓝吉富主编《禅宗全书》第48册第101页，文殊文化有限公司，1989年。

③《天目中峰和尚广录》卷一一上《山房夜话》上，《禅宗全书》第48册第102页。

这样，按照禅宗内部说法，禅宗祖师所传的“禅”乃是“不立文字”的“佛心”“佛意”，是佛陀的真传、密意；对比起来，作为佛陀说法记录的经典和后来大菩萨们所造的论书不过是一种方便施设。这样，禅宗也就居于超越传统佛教之上的至高无上地位了。

由此看来，无论是中、外学者，还是禅宗内部；又无论人们对待佛教态度如何，都有不少人主张或者承认禅宗乃是不同于传统佛教的“教外”一派佛教，或可称之为“革命”的佛教。如吕澂先生所说：

> 他们（唐代的禅宿）运用经教极其自由，又还反对机械的解释，以为不问根器高下，不看时节因缘，终会成为格格不入的。也即由于这样情形，我们从典据的方面说，禅宗是佛学思想在中国的一种发展，同时是一种创作。在印度的纯粹佛学里固然没有这种类型，而它的基本理论始终以《起信论》一类的“本觉”思想贯串着，又显然是凭借中国思想来丰富它的内容的。①

钱穆又从另一个角度说：

> 韩愈更明白排佛，以孟子距扬、墨自任。但他并不能辟佛。实际真能辟佛者，转在佛门下之禅宗。②

这都是相当深刻、值得认真玩味的见解。

四

那么，如何理解“教外”？“教外”的禅宗还是不是佛教？钱穆

①《禅宗》，《吕澂佛学论著选集》第5卷第2988页，齐鲁书社，1991年。
②《纵论南北朝隋唐的儒学》，《钱宾四先生全集》第19卷第437页。

说禅宗是“印度佛教之根本取消”，“根本取消”了印度佛教的禅宗还算不算佛教？这就要考察佛教在中国传播、发展的总体轨迹。

佛教作为传播性宗教、世界宗教，同时是高度开放的思想文化体系。这也是它的特点和优长。斯坦因论佛教传播，曾说“古代印度、中国及希腊诸种文明相互交流融合……构成了人类文化史上光辉灿烂的篇章”①。印度佛教输入中国②，中国人以海纳百川的胸怀接受佛教，实现中、印两大民族文化传统的结合，从而丰富了中国文化，乃是世界文化交流史上的壮举。

佛教输入时期的中国已经是文化传统悠久而丰厚的国度。佛教作为外来宗教谋求在中国扎根、发展，必须适应本土思想、文化传统，适应中国的政治体制、社会制度、生活习俗等环境与条件；另一方面，它的生存和发展又必然受到中国社会不断变化的政治、经济、文化诸方面的制约。这样，佛教甫入中国，即在主动或被动地实现变革，步入所谓“中国化”的进程。这个“中国化”，从教义、教理到戒律，从僧团组织到活动方式，是相当全面的。例如，佛教本来是“出世”之道，是不重世俗伦理、不重孝道的；但“孝”乃是中国传统伦理的核心内容，历代统治者都标榜“以孝治天下”，因而早在佛教初传时期，东汉末年的《牟子理惑论》（这是中国本土最早的一部护法论著，据传作者是东汉牟融，但多有疑问。不过学术界一般认为出于东汉末年）已在为佛教不讲孝道的说法进行辩护，后来中国佛教一直努力与传统孝道相调和。又如，早期印度佛教僧人游行乞食谋生，相应地制定出不得占有金银、资财，不得参与劳动和经济活动的一系列戒规（当初佛陀“不许诸恶比丘畜八不净”，“八

①斯坦因（Aurel Stein）《沿着古代中亚的道路》（*On Ancient Central-Asian Tracks, Brief Narrative of Three Expeditions in Innermost Asia and North-Western China*）第2页，巫新华译，广西师范大学出版社，2008年。

②“印度佛教”是约定俗成的说法。佛陀诞生在今尼泊尔境内、喜马拉雅山南麓的迦毗罗卫，当时的南亚次大陆是分散的城邦国家，中国古时统称为“天竺”。

不净者，一田园，二种植，三谷帛，四畜人仆，五养禽兽，六钱宝，七褥釜，八象金饰床及诸重物”，《佛祖统纪》卷四《教主释迦牟尼佛本纪第一之四》）；但是在中国的社会条件和自然环境中，僧人要群居寺院，寺院经济成为谋生的资源，形成在国计民生中占据重要地位的经济实体。这样，在中国，有关僧团活动的戒规也必须加以变通。佛教“中国化”更为集中也更为深刻地体现在与世俗政权关系上。在古印度，僧侣是出家修道者，要接受俗人供养，世俗统治者是其主要外护，但僧人并没有受其管辖、为之服务的义务；可是在中国大一统的专制政治体制下，佛教被纳入国家统制体制之中，僧人必须依附世俗政权，受其保护、供养，同时要发挥“辅政”的作用。这是佛教在中国生存的先决条件，也决定了中国佛教与世俗政权相互依存、密切结合的关系。这样，佛教在中国的发展中，在信仰、思想、组织、戒律、仪轨诸层面相当全面地实现“中国化”，形成与印度佛教截然不同的面貌。其中最重要、最关键的变化就是政治化、“御用化”程度不断加深。因而，中国佛教确实已不同于印度佛教，即“不”再是印度佛教，而是另成体系的中国佛教即“汉传佛教”。而禅宗实现“中国化”更为彻底，则可以说它的形成与发展确乎实现了佛教的一次“革命”。

而从另一个角度看，中国佛教是从印度输入的佛教发展而来的，它的信仰的终极目标是印度所传佛陀指引的教导众生解脱成佛，它的戒律、仪轨、僧团组织与活动等等仍基本遵循外来佛教的内容与形态，特别是它的基本教理、教义仍遵循佛教大乘般若思想体系，而具体就禅宗说，如廖明活所指出：

> 整体看，惠能和（临济）义玄所谓“无念”“无事”“平常”，无非是般若的彻底荡相遣执作用落实在心想上和行为上的表征；它们所体现的，无非为……般若教学的融通和会精神。只是相应禅宗的反形式、重主体的教学特点，其陈义有较鲜明的针对性，生活色彩较浓厚，并且有明显的内在化、个人化倾向。

而这些也正是禅宗作为佛教教学的一门的独特之处。①

这样，禅宗宗义仍奠基在大乘般若思想之上。因而无论是从来源还是思想体系看，禅宗确乎又仍是佛教。而正由于禅宗乃是“汉传佛教”一个独具特色的宗派，才能够在中国传统的文化土壤上生存、扎根和发展；又正因为它是一个“革命”宗派，具有革新的思想、文化内涵，给中国文化补充了新的内容、新的生机，才能够兴旺发达一时，发挥出积极的历史作用。

因此可以说佛教“中国化”是对印度佛教的“革命”，通过这样的“革命”创建起独具特色的“汉传佛教”体系；禅宗又革新“汉传佛教”的传统体系，另外创建一个体系，进行一场更为深刻的“革命”。但这两种“革命”的性质和方向是截然不同的。概括地说，佛教“中国化”的“革命”基本是外来佛教适应中土思想、文化传统，纳入中国专制统治体制的过程；而禅宗的“革命”则是力求解决在它形成之前佛教“中国化”过程中造成的诸多矛盾、严重困境的过程。禅宗的“革命”形成一个声势浩大的潮流，鼓动激荡，如前所述，其兴盛时期按前面提到的胡适的说法是从武则天在位后期到 9 世纪中叶，这基本是唐王朝兴盛、发达时期，也是中国历史上文化大发展的时期。禅宗是当时兴旺发达的思想、文化潮流的构成部分，对于推动这种大发展起了积极的推动作用。

禅宗作为“宗教革命”在中国佛教史上、在中国文化史上演出了丰富多彩、光辉灿烂的一幕。它所留下的遗产值得珍视，它的演变、兴衰的历史作为中国文化发展历史的重要现象值得探讨和总结。当今继承文化遗产，禅宗当然是一份值得重视的内容。

---

①《中国佛教思想述要》第 530 页，台北商务印书馆，2006 年。

第二讲　从“印度禅”到“中国禅”

一

为了认识禅宗，首先要了解“禅”。如前所说，禅与禅宗是互相关联的不同概念。禅是印度佛教的主要修持手段之一；禅宗则是中国佛教的一个宗派。

禅，本是梵文 Dhyāna 音译“禅那”的略写，又意译为静虑、思维修等，或音义合译为禅定，本来是一种瑜伽术（yoga）。其基本做法是通过静坐、调息等手段达到心注一处。这本来是一种“系念寂静，正审思虑”①的思维方法，一种心理、生理的苦行，古印度人把这种瑜伽术转化为宗教修持方法，通行于各教派，包括佛教形成之前的主要宗教婆罗门教（婆罗门教是古印度的一种宗教，主张《吠陀》经典天启，信仰梵天、湿婆、毗湿奴三大主神，实行种姓制度即把人划分为婆罗门、刹帝利、吠舍、首陀罗四个先天品级。佛教当初创建，具有对抗婆罗门教的意义与作用。古婆罗门教后来发展为今天的印度教）。婆罗门教主张“人我”（ātman）和“神我”（puruṣa）分

①《瑜伽师地论》卷三三，《大正藏》第 30 卷第 467 页下。

别存在，通过禅定修习可以实现“梵我合一”、皈依主神自在天而得解脱。佛陀创教，吸收、借鉴了古印度宗教的思想观念和修持方法，“禅”是其中重要部分。佛教还有另一个概念，梵文 samādhi，音译为“三昧”“三摩地”“三摩提”等，意译为“等持”“定”等，与“禅”二者“名异体同”①。从早期佛教“八正道”(通向解脱涅槃的八个途径或方法：正见、正思维、正语、正业、正命、正精进、正念、正定)里的“正定”，到后来大乘佛教“六度”(六波罗蜜，通达涅槃彼岸的六种途径或方法：布施、持戒、忍辱、精进、禅定、智慧)里的“禅定”(羼提波罗蜜)，都把“禅”作为信仰者修持的主要方法之一。根据佛教教义，当修习达到“无想三昧”(asaṃprajnāta-samādhi)阶段，即已得到绝对的自由和最高的智慧。这样，“三昧”概念本身又形成一种悖论：人的意识无所知而又无所不知。这也体现宗教神秘主义与科学的心理锻炼不同的一面。佛教把“禅”与“慧”二者并列又加以统一，二者被看做是支撑全部修行活动的两翼。在佛教长期发展过程中，“禅”作为教理和修行方法形成复杂体系。在中国佛教里，外来佛教的“禅”发展为“中国禅”，再发展为宗派佛教的禅宗，经历了长期变革、不断创新的过程，取得丰硕的思想成果。禅思想作为一种观念、理论，禅修作为身心修养方法，禅所追求的人生态度、人生境界、人生理想，对历代中国人的精神、生活和文化造成巨大而深远的影响。

从心理学角度看，人的主观意识对于客观世界的感受、感知具有选择性。这是人的意识活动的主观能动性的表现之一。现实的人控制主观感受，使之达到虚静状态，作为思维方式，本是一种普遍的心理现象。中国《道德经》里讲“致虚极，守笃静”(第十六章)，《荀子》里讲“虚一而静”(《荀子·解蔽》)，《庄子》里说的“心斋”(《人间世》)、“坐忘”(《大宗师》)、“用志不分，乃凝于神”(《达生》)，

---

①《阿毗达摩俱舍论》卷二八，《大正藏》第 29 卷第 146 页下。

以至儒家的“正心诚意”的心性论和“独善其身”的人生观，等等，都有控制心神、持虚守静的意思。古代方术里有所谓“守一”“存神”“存真”“兼忘”等，后来道教吸收，也追求这类心理状态，不过被当做修仙的法术了。在这一点上，佛教的禅修与道教类似，都把精神控制当做一种宗教修持方法。禅是达到佛教修持终极目标——涅槃（“涅槃”是梵文 nirvāṇa 的音译，意译为“寂灭”“灭度”等，意思是从轮回中解脱出来，进入不生不灭的境界；通俗的理解就是成佛）的手段。

佛教在中土初传，已经是大乘佛教兴起时期，基本是同时传入了小乘佛教的“禅数”（佛陀寂灭，结集“三藏”，到大乘思想兴起，这是原始佛教和部派佛教时期，统称“小乘佛教”。小乘佛教的核心观念是“人我空”，修行的目的追求个人解脱，达到涅槃境界。何谓“禅数”，下面说明）之学和大乘佛教的般若思想（印度佛教的大乘运动兴起于公元纪元前后，其核心观念是“人我”“法我”皆空，修行的目标在自度度人，上求菩提，下化众生）。中国佛教史上第一位著名译师安世高（名清，东汉末来华），“其所出经，禅数最悉”①，所传即是小乘禅。他译的《安般守意经》，主要讲小乘禅的“系意著息”②。所谓“安般守意”，意指“数息观”“持息念”，即通过计数呼吸来控制、安定意念，让意识进入禅定境界。后来三国时的康僧会（？—280，祖居中亚康居，活动在三国吴国）传安世高禅法，递传至释道安（312—385，东晋僧人，在发挥佛教教理、翻译佛经、僧团建设方面贡献卓著，被称为中国佛教的第一建设者），他曾为安世高所译禅籍作过批注。佛教教理注重繁琐细密的名相辨析。小乘禅有所谓“五停心观”，即数息（安般）观、不净观、慈悲观、因缘观、界分别（念佛）观，目的在观身无我；又讲“四禅”（又称“四静虑”，修习

①释道安《安般注序》，《出三藏记集》卷六，第 245 页，苏晋仁、萧炼子点校，中华书局，1995 年。

②《佛说大安般守意经》，《大正藏》第 15 卷第 163 页上。

禅定的初禅、二禅、三禅、四禅四个阶段，克服“三毒”贪、嗔、痴，超脱生死，逐步深入地摆脱执着，直到断绝忧喜苦乐等感受、痛触知觉，达到内心清净的状态）、“八定”（“四禅”与“四无色定”合称为“八定”，“四无色定”指空无边处定、识无边处定、无所有处定、非想非非想处定；这是在四禅的基础上进一步修习禅观的四个阶段，进而达到灭除一切对外境思念与感受的境界）、“四念处”（“身念处”观身不净；“受念处”观受是苦；“心念处”观心无常；“法念处”观法无我）、“三十七道品”（又称“三十七菩提分”，达到涅槃修习的三十七个项目，文烦不赘）等，都是指示修禅的具体法门和一步步渐进深入的过程。小乘禅所讲的禅定内容之神秘和形式之繁琐都已发挥到极致。因为特别注重“数”的分析，因此被称为“禅数”之学。自东汉末年陆续输入的大乘佛教经典也有讲禅法的。例如东汉支娄迦谶（月氏僧人，东汉末来到洛阳）所译《般舟三昧经》，讲“般舟三昧”。“般舟”是梵文语 pratyutpanna 音译，意思是佛立现前；“三昧”前面已经解释过，义同“禅定”。“三昧”所达到的安定心神的状态是渐进的，有种种不同。根据佛教教理，当对某一对象达到“三昧”境界，就会获得一种神秘力量，就是所谓“神通”。“般舟三昧”是一种“观想念佛”法门，意指入此“三昧”则佛立即出现在面前。后来净土经典《观无量寿经》宣扬“观想念佛”，讲“十六观”，念佛时观想弥陀、观音、势至等等，就是这种禅观的发挥。又著名的《维摩诘经》里讲到佛陀派遣诸弟子慰问“示疾”（示现生病，借以说法）的维摩诘，即所谓“问疾”，派遣到舍利弗，舍利弗回忆往昔曾在林中宴坐即坐禅、受到维摩诘讥呵的故事，表示自己无力担当。支谦的“古译”（中国佛教译经的历史分为三个阶段：从东汉到 5 世纪初鸠摩罗什来华的译业称为古译，鸠摩罗什开创“旧译”时期，到唐初玄奘开创“新译”时期）是：

> 舍利弗白佛言：“我不堪任诣彼问疾。所以者何？忆念我昔常宴坐他树下，时维摩诘来谓我言：‘唯，舍利弗，不必是坐

为宴坐也。贤者,坐当如法,不于三界现身意,是为宴坐;不于内意有所住,亦不于外作二观,是为宴坐;立于禅以灭意、现诸身,是为宴坐。于六十二见而不动,于三十七品而观行,于生死劳垢而不造,在禅行如泥洹,若贤者如是坐,如是立,是为明晓如来坐法。'时我,世尊,闻是法,默而止,不能加报,故我不任诣彼问疾。"①

后来鸠摩罗什"旧译"本相应的关键两句译作"不舍道法而现凡夫事","不断烦恼而入涅槃"②,意思表达得更为简洁明白。《维摩诘经》作为重点宣扬大乘居士思想的经典,反对坐守枯禅的僧侣主义和形式主义,重在精神上对佛陀教法的体认。这是大乘禅观的一种发挥,其宏通开阔、不拘形式的风格大受中土士大夫的欢迎,也对后来中国禅与禅宗的发展造成重大影响。

佛教在中国传播,中国人接受佛教,首先要翻译经典,研习教义。这在记载僧人传记的僧传里则是"译经"和"义解"二科。早期佛教活动所重即在这两个方面。修行方面的"禅"则相对不够重视。东晋释道安曾发出"每惜兹邦禅业替废"③之叹。后来僧叡也说:

禅法者,向道之初门,泥洹之津径也。此土先出《修行》、大、小《十二门》、大、小《安般》,虽是其事,既不根悉,又无受法,学者之戒,盖阙如也。④

这是说,"禅法"本是佛教修行的最初的法门,达到涅槃("泥洹"是涅槃的另一译法)的途径,虽然《安般守意经》《修行道地经》(西晋

①支谦译《佛说维摩诘经》卷上《弟子品》,《大正藏》第14卷第521页中—下。
②鸠摩罗什译《维摩诘所说经》卷上《弟子品》,《大正藏》第14卷第539页下。
③《十二门经序》,《出三藏记集》卷六,第253页。本书引用近、现代学者整理、校勘典籍,个别文字、标点有更动。
④《关中出禅经序》,《出三藏记集》卷九,第342页。

竺法护译）等讲禅法的经典早已翻译成汉语，但人们对其义理的了解既不清楚，也没有掌握具体实践方法，因而不能流行。僧叡所说的这种状况也决定于中土的环境：先秦以来中国已经形成完整、严密的伦理体系，中国传统宗教道教又追求“长生久视”或“飞升成仙”的养炼法术，比较起来，外来的禅既繁琐神秘又不合中土思维重现世、重伦理的习惯，也就难于流传与实行。道宣《续高僧传》的《习禅论》说：

> 自释教道东，心学惟眇，逮于晋世，方闻睿公。故其序云：“慧理虽少，足以开神达命；禅法未传，至于摄缘系想，寄心无地。”时翻《大论》，有涉禅门，因以情求，广其行务。童寿弘其博施，乃为出《禅法要解》等经。自斯厥后，祖习逾繁。①

这里提到僧叡重视禅法的弘传和研习，请求鸠摩罗什翻译了《大智度论》和《禅法要解》，促成习禅的兴盛局面。

鸠摩罗什来华，开创译经史的新阶段，也开创佛教发展史的新阶段。鸠摩罗什和大体同时期来华活动的佛陀跋陀罗（359—429，意译“觉贤”，罽宾僧，弘始十年到长安，后南下庐山，转赴建康，参与修订《北本涅槃经》为《南本涅槃经》三十六卷）、昙无谶（385—433，中印度人，北凉僧，住姑臧〔今甘肃武威市〕从事译经，所译《大涅槃经》俗称《北本涅槃经》四十卷，是《大涅槃经》的全译本，在中国佛教史上意义重大，影响深远）等人基本把当时印度佛教经典翻译完备，同时又把一批中国本土的学僧培养起来。如果说在此之前还主要是中国介绍、传播、接受外来佛教的阶段，那么此后则开辟了中国人独立从事研究并在本土思想、文化传统基础上加以阐释、发展的时期。这也是外来佛教开始全面实现“中国化”的时期。禅的传播与发展正是这整体演进过程的重要部分。其成果即是胡

①《续高僧传》卷二一《习禅论》，中册第809页，郭绍林点校，中华书局，2014年。

适所说的"印度禅"逐渐发展、演变为"中国禅"。

鸠摩罗什(音译"童寿",344—413,天竺人,生于龟兹,后秦弘始三年〔401〕来到长安,在后秦主姚兴支持下组织译场,翻译佛经,门下培养出一批优秀弟子,如僧叡、竺道生等)来华,系统传翻大、小乘经论,基本完成了中国佛教介绍外来教典的任务。他又传译马鸣(印度佛教论师,又是诗人、戏剧家,大约活动在公元2世纪)禅法,译出新一代禅籍,给本土禅的发展提供了资源。他来到长安的第六天,弟子僧叡即开始从受禅法。他应僧叡之约,首先编译《禅要》三卷。僧叡介绍说:

> 寻蒙抄撰众家禅要,得此三卷。初四十三偈,是鸠摩罗罗陀法师所造;后二十偈,是马鸣菩萨之所造也;其中五门,是婆须蜜(世友)、僧伽罗叉(众护)、沤波崛(近护)、僧伽斯那(众军)、勒比丘(胁尊者)、马鸣、罗陀禅要之中,抄集之所出也。六觉中偈,是马鸣菩萨修习之以释六觉也;初观淫、恚、痴相及其三门,皆僧伽罗叉之所撰也;息门六事,诸论师说也。菩萨习禅法中,后更依《持世经》,益《十二因缘》一卷、《要解》二卷,别时撰出。①

这是说《禅要》是根据印度大、小乘论师所著禅籍抄集而成的。其中包括罗什造的四十三首偈、马鸣造的二十首偈,还有婆须蜜、勒比丘等活动在犍陀罗地区(今巴基斯坦白沙瓦谷地、阿富汗东部一带)的小乘说一切有部(简称"有部",音译"萨婆多部",主张一切诸法,各住自性,为心所缘,虽无常变化,可证为"有"。这个部派具有浓厚的肯定现世精神,传入中国时间早,影响大)论师的禅法。其中的内容为马鸣修习的"六觉"即贪、恚、痴三不净觉和与之相反的三净觉;又"观淫(不净观)、恚(因缘观)、痴相(界分别观)"三门和

---

①《关中出禅经序》,《出三藏记集》卷九,第342页。

“息门（数息观）六事”，大体即是前面提到的“五停心观”，为部派佛教诸师所说。接着说罗什依据《持世经》增益《十二因缘》一卷和《禅法要解》二卷，对大乘菩萨禅法加以补充。《持世经》四卷，罗什所译，依据大乘佛教诸法实相（梵文 dharma-dhātu 的意译，义指宇宙万物的真实相状，即空相；这是大乘佛教的基本观念）的原理来讲五蕴、十二因缘、八正道等法门。《十二因缘》已佚，《禅要》今存，从内容看，汇集了大、小乘各部派关于禅的说法，意义重大的是其中介绍了大乘禅理。例如其中解释禅定说：

> 定有二种：一者观诸法实相，二者观法利用。譬如真珠师，一者善知珠相贵贱好丑，二者善能治用。或有知相而不能用，或有治用而不知相，或有知相亦能治用。行者如是贤圣未离欲者，能观法相四真谛等而不能用，不行四无量故。如凡夫离欲行诸功德，能有利用，生四无量心，不能观实相故。如俱解脱阿罗汉等，能观实相，具禅定故，生四无量。四无量者，得解之法，以利用故，非为颠倒。①

这里讲禅定，把“观诸法实相”即证悟大乘空观放在首位，和“观法利用”即把禅用于实践修行（包括获得神通）并列，要求做到既能够知“相”又能够治“用”。所说“观法相四真谛”，所观指知苦、断集、证灭、修道“四谛”。他说圣贤如果没有生起慈、悲、喜、舍四无量心，虽然能观四真谛但不能实践应用；凡夫能够断绝欲念，生起四无量心，却不能观诸法实相。如此强调禅定的关键在观诸法实相，正突显了大乘般若空观的意义。不过，因为罗什所传禅法综合了大、小乘内容，也受到各方批评。曾是他的弟子的慧观后来说：

> 禅典要密，宜对之有宗。若漏失根原，则枝寻不全；群盲

①《禅法要解》卷上，《大正藏》第 15 卷第 290 页中。

> 失旨,则上慢幽昏,可不惧乎![1]

这是不满于罗什所传禅籍师承不一,统绪不清,因而失去了宗旨。

据吕澂考定,罗什在关中传授禅法是公元401年到407年的事。姚秦弘始十年(408),佛陀跋陀罗来到长安,同样弘传禅学,所传系统与罗什不同。后来他以"显异惑众"受到在长安僧众中居主导地位的罗什弟子们的摈斥,遂南下庐山依慧远(334—416,东晋僧人,他精佛义,通俗学,后半生长时期居庐山,广交僧俗,勤于著述,推动佛教"中国化",弘扬佛教文化,是中国佛教的奠基人之一),在庐山译出《修行方便禅经》又称《达摩多罗禅经》。慧远在介绍这部禅经的序文里说:

> 今之所译,出自达摩多罗与佛大先。其人西域之俊,禅训之宗,搜集经要,劝发大乘,弘教不同,故有详略之异。达摩多罗阖众篇于同道,开一色为恒沙。其为观也,明起不以生,灭不以尽,虽往复无际,而未始出于如。故曰:"色不离如,如不离色;色则是如,如则是色。"佛大先以为澄源引流,固宜有渐。是以始自二道,开甘露门,释四义以反迷,启归涂以领会。分别阴界,导以正观,畅散缘起,使优劣自辨。然后令原始反终,妙寻其极,其极非尽,亦非所尽,乃曰无尽,入于如来无尽法门。非夫道冠三乘,智通十地,孰能洞玄根于法身,归宗一于无相,静无遗照,动不离寂者哉![2]

佛陀跋陀罗受教于佛大先(佛陀斯那),佛大先是有部系统达摩多罗(法救)弟子。慧远说,这两位都是西域佛教中的杰出人物,他们搜集经典中的精粹,宣扬大乘思想,弘教方法不同而作出详略不同的解说。达摩多罗把众多篇章的观点统一到生灭如如的大乘空

---

①《修行地不净观经序》,《出三藏记集》卷九,第346页。
②《庐山出修行方便禅经统序》,《出三藏记集》卷九,第345页。

观。到佛大先，又明晰源流，循序渐进地予以说明。起始讲方便、胜进二道（说法教示的两种方法：方便，随宜施设，例如譬喻；胜进，证入真实义理），开示“甘露门”即如来真实教法，解释退（禅修功夫不坚则退）、住（安住于道）、升进（进取于道）、决定（坚住不移）四义，进而分别五阴、十八界，导以正观，对于缘起性空的大乘教理有所证悟，最后领悟法身无相、通达菩萨十地（菩萨修行的五十二位中第五个十阶位，从第一初证佛道的欢喜地到第十证得涅槃的法云地）境界。慧远如是解释，也是说佛陀跋陀罗所传禅法从小乘五门讲起，最终觉悟大乘。当然这里面有慧远本人的理解。

对于这一阶段翻译佛典有关外来禅的介绍，吕澂评价说：“大小乘禅法融贯的关键，在于把禅观与空观联系起来，罗什所传就是同实相一起讲的。”“禅学虽出于小乘系统，却已贯串着大乘思想而是大小乘融贯的禅了。这与安世高所传是不同的。鸠摩罗什如此，佛陀跋陀罗也是如此。”①中国佛典传译是大、小乘兼重的。这也是外来佛教“中国化”的体现之一，显示中国佛教的综合性质。对外来禅籍的译介也是如此。

以上讲的是“印度禅”。

二

对于“中国禅”的发展，对于禅宗的形成，外来翻译佛典里的一部经和疑为本土撰述的一部论提供了重要理论资源，起了重大作用。一部经即刘宋求那跋陀罗（394—468，中天竺僧人，南朝宋元嘉十二年〔435〕来华，译出《杂阿含经》《胜鬘经》《楞伽经》等重要经

---

①《中国佛教源流略讲》，《吕澂佛学论著选集》第5卷第2557页。

典)翻译的四卷《楞伽》,一部论即题为马鸣造、真谛译的《大乘起信论》。前者体现当时大乘佛教普遍佛性说发展的新潮流,后者则是这种潮流影响下中土发挥的产物。早期禅宗学人被称为“楞伽师”,派别被称为“楞伽宗”,四卷《楞伽》被当做这个新宗派所宗典据;又如本书前一章提到的“批判佛教”一派所指出的,禅宗的“自性清净”说本质上是与《大乘起信论》“本觉”思想相一致的。

中天竺求那跋陀罗于宋元嘉十二年(435)来华,二十年,译出四卷本《楞伽阿跋多罗宝经》,简称《楞伽经》。该经中土凡三译,除求那跋陀罗所出四卷本,还有北魏延昌二年(513)菩提流支译《入楞伽经》十卷和唐久视元年(700)实叉难陀译《大乘入楞伽经》七卷。宋译只有《一切佛语心》一品,文字简古,内容接近现存梵本。该经以“五法”(《楞伽经》所说的“五法”指:相,即一切事物的相状;名,即表诠一切现象的概念;分别,又称“妄想”,指世间心识;正智,指符合佛法的认识;如如,即正智证得的真如,最高智慧、觉悟)、“三种自性”(依他起自性,即一切事相皆依因缘而生;遍计所执自性,即由于周遍计度而执着于我、法;圆成实自性,即圆满成就诸法实相即空相。依大乘教理,诸法毕竟空,三性本不可立,但为悟他故,设此三自性以说明之,故“三自性”即“三无性”)、“八识”(对心、意、识三者,小乘有部等主张三者为同物之异名,然依大乘唯识说的“八识”,眼、耳、鼻、舌、身、意六识之外,第七末那识,第八阿赖耶识。末那义为我执,即自计有我,它以第八阿赖耶识为依,又是前六识与阿赖耶识的桥梁。第八阿赖耶识,又称“藏识”“异熟识”,含藏一切种子,种子熏习生起前七识杂染现行,乃诸法产生之根本,故亦称集起心,即阿赖耶识蓄积种子而能生起现行之意。八识中前六识称为“识”,即了别、认识作用;第七末那识称为“意”,即思维作用。将心之主体与从属作用分开时,前者称心王,后者为心所)、“二种无我”(人无我,法无我)概括全部佛法,阐发唯识无境(在主观的“识”体之外别无客观外境,一切存在不离于“识”)和如来藏佛性义，对大乘心性思想作了概括和发展。

题马鸣菩萨造、梁真谛译的《大乘起信论》是否本土撰作的“伪论”乃是学术界长期争执的课题。但不管真实情况如何，这部著作的内容反映大乘佛教思想在中土的发展则是没有疑问的。特别是其中阐发的“一心二门”的心性说，即主张一心的本体具有不生、不灭、不增、不减等绝对清净的无差别相，是为“心真如门”；一心的动相则具有生、灭、增、减等性质，体现为相对的差别相，是为“心生灭门”；“心真如门”为宇宙本体的觉性，“心生灭门”为宇宙现象的不觉性，二者是一体二面的关系。这就是所谓“本觉”思想，是佛教“心性本净”思想的新发展。这种思想，无论是观念还是表述，都体现鲜明的本土性格，是佛教“中国化”具有标志性意义的成果。

本来印度部派佛教里就有几个派别主张“心性本净”。世友(古印度犍陀罗国人，部派佛教论师)的《异部宗轮论》说：

> 此中大众部、一说部、说出世部、鸡胤部，本宗同义者……心性本净，客随烦恼之所杂染，说为不净。①

后来的大乘佛教讲“般若”空，主张“我、法两空”，而“空”也不是实体概念，“空”亦空。如此荡相遣执，排遣太过，会导致信仰失去依据。涅槃佛性思想继起，肯定“佛性”遍在，常、乐、我、净。在中国，相对于般若一系教理称“空宗”，涅槃一系教理称“有宗”。如来藏思想可看做是涅槃佛性思想进一步的具体论证。南北朝时期传翻许多相关内容经论，求那跋陀罗所出四卷《楞伽》是篇幅相对短小、表述精粹的一种。这部经后来有新出两种译本，但这个四卷本仍更为流行。

如前所说，在部派佛教的有部概念里，心、意、识三者同物异

①《异部宗轮论》卷一，《大正藏》第49卷第15页中—下。

名。《楞伽经》取大乘如来藏观点，对“心”的解释是：

> 此是过去、未来、现在诸如来、应供、等正觉性、自性第一义心（此心梵音肝栗大。肝栗大，宋言“心”，谓如树木心，非念虑心；念虑心，梵音云质多也）。以性自性第一义心，成就如来世间、出世间、出世间上上法。①

所谓“自性第一义心”即真如心、如来藏心，人人本来具足的真实心、清净心。值得注意的是，吕澂曾指出，《楞伽经》里的品名“佛以心为宗”的“心”本来是“枢要”的意思。在中国佛教里一般解释为人的心性的“心”“心地”，本是一种“曲解”。但这正体现中国本土的“心性本净”思想。正循着这样的思路，玄奘对“心性本净，客尘随烦恼之所杂染，说为不净”一句作出更清晰的解释：

> 无始以来，心体自净，由起烦恼染故名染。烦恼非心无始本性，故立客名。问：有情无始有，心称本性净，心性本无染，宁非本是圣？答：有情无始，心性亦然，有心即染，故非是圣。问：有心即染，何故今言心性本净，说染为客，客主齐故？答：后修道时，染乃离灭，唯性净在，故染称客。②

又宗密解释“禅源”一词含义，曾说：

> 禅是天竺之语，具云禅那，中华翻为思惟修，亦名静虑，皆定慧之通称也。源者，是一切众生本觉真性，亦名佛性，亦名心地。悟之名慧，修之名定，定、慧通称为禅那。③

这都可看做是中土人士对于《楞伽》经义的理解。

对“中国禅”和禅宗发展至关重要的还有四卷《楞伽》中关于禅的论述。在第二卷里说：

---

①《楞伽经》卷一《一切佛语心品》，《大正藏》第16卷第483页中。

②《异部宗轮论疏述记》卷一，《续藏经》第53册第582页中。

③宗密《禅源诸诠集都序》卷上之一，《大正藏》第48卷第399页上。

> 复次，大慧，有四种禅。云何为四？谓愚夫所行禅、观察义禅、攀缘如禅、如来禅。云何愚夫所行禅？谓声闻、缘觉、外道修行者，观人无我性，自相共相，骨锁无常、苦、不净相，计著为首。如是相不异观，前后转进，想不除灭，是名愚夫所行禅。云何观察义禅？谓人无我自相共相，外道自、他俱无性已，观法无我，彼地相义，渐次增进，是名观察义禅。云何攀缘如禅？谓妄想二无我妄想，如实处不生妄想，是名攀缘如禅。云何如来禅？谓入如来地，行自觉圣智相三种乐住，成办众生不思议事，是名如来禅。①

这里所说的“愚夫所行禅”即观“人无我”的二乘禅、小乘禅，“观察义禅”指观“法无我”的大乘禅，“攀缘禅”指观诸法实相的大乘禅，如来禅则指“自觉智境”即内证佛性的禅。这后一种禅居于禅悟的最高层次。后来宗密的解说大体亦是如此：

> 禅则有浅有深，阶级殊等。谓带异计、欣上压下而修者，是外道禅；正信因果、亦以欣厌而修者，是凡夫禅；悟我空偏真之理而修者，是小乘禅；悟我、法二空所显真理而修者，是大乘禅（上四类。皆有四色四空之异也）；若顿悟自心本来清净，元无烦恼，无漏智性，本自具足，此心即佛，毕竟无异，依此而修者，是最上乘禅，亦名如来清净禅，亦名一行三昧，亦名真如三昧。此是一切三昧根本。若能念念修习，自然渐得百千三昧。达摩门下展转相传者，是此禅也。达摩未到，古来诸家所解，皆是前四禅八定，诸高僧修之，皆得功用。②

这里是说佛法中的禅有种种等差，禅宗的禅比起传统的各类禅有根本区别而更为殊胜。

---

①《楞伽阿跋多罗宝经》卷二《一切佛语心品之二》，《大正藏》第16卷第492页上。
②宗密《禅源诸诠集都序》卷上之一，《大正藏》第48卷第399页中。

《楞伽经》卷三又讲到“说通”与“宗通”。“说通”指言教,是教法的方便;“宗通”指内证,是“心”的领悟,是达到真正觉悟的手段和途径。

后来《大乘起信论》出来,阐扬“本觉”思想,从基本内容看,不过是用本土的语言更清楚明确地表述大乘佛教的佛性新说,也就能够造成更大的影响。

三

除了译出或撰作阐发新的思想潮流的经论,本土人士也在发展禅思想上做出努力。对于外来的“印度禅”“中国化”而发展为“中国禅”,早期取得最为重要成就的当属竺道生。

鸠摩罗什在姚秦朝廷创设的译场译经,翻译过程也是讲解、问难的教学过程和探讨、辨析的研究过程。他主持的译场从而成为培养人才的教学机构和外来经典的研究机构。他的译场里成长起一批杰出弟子,佛教史上有“四圣”(道生、僧肇、道融、僧叡)、“八俊”(加上道恒、昙影、慧观、慧严)、“十哲”(再加上僧䂮、道标)之说。这些人全是本土学僧。这也标志着由外来译师主导中国佛教局面的结束,由本土人士主导佛教发展局面的开始。在这些杰出人物当中,对中国佛教发展贡献尤大的是竺道生。他是一位天资聪慧、勇于开拓、具有独立见解的佛教思想家。他结合中国传统心性学说发展的大乘禅观,成为后来禅宗宗义的滥觞。

竺道生(? —434),俗姓魏,巨鹿(今河北巨鹿县)人,寓居彭城(今江苏徐州市)。他幼年颖悟,依竺法汰(320—387,与道安同学,东晋著名学僧)出家,十五岁便登讲座,二十岁受具足戒;“中年游学,广搜异闻,自扬徂秦,登庐蹑霍。罗什大乘之趣,提婆(印度大乘论师，龙树弟子）小道之要，咸畅斯旨，究举其奥。所闻日优，所见逾赜。既而悟曰：‘象者理之所假，执象则迷理；教者化之所因，束教则愚化。’是以征名责实，惑于虚诞，求心应事，芒昧格言。自胡相传，中华承学，未有能出斯域者矣”[①]。他自东晋隆安元年(397)到庐山从慧远问学七年，元兴三年(404)又和慧叡、慧观、慧严等北上长安，从鸠摩罗什受学。他的自由解经的方式与守旧的义学沙门不同，不拘束于经典教条，“慧解入微，玄构文外”[②]，治学观念和方法十分开阔自由。据传秦后主姚兴曾命他与罗什另一高弟道融论难，往复百翻，言无不切，众人皆服。后来南下，回到建康，宋文帝刘义隆和士大夫领袖王弘、范泰、颜延之等皆相从问道，倍受礼敬。他曾说：“夫象以尽意，得意则象忘；言以诠理，入理则言息。自经典东流，译人重阻，多守滞文，鲜见圆义。若忘筌取鱼，始可与言道矣。”这是借用玄学“得意忘象”之说，表达对于佛教教理理解上的圆通态度。他著有《二谛论》《佛性当有论》《法身无色论》《佛无净土论》《应有缘论》等。僧传上评论这些著作“笼罩旧说，妙有渊旨。而守文之徒，多生嫌嫉，与夺之声，纷然竞起”[③]。其著作有《维摩诘经注》(佚文存僧肇等三家注《注维摩诘所说经》等著作中)、《妙法莲花经疏》《大般泥洹经义疏》(即《关中疏》，两书佚文存题为宝亮撰集《大般涅槃经集解》等著作中)和《答王弘书》；又谢灵运《辨宗论》传述“新论道士”学说，实为他的佛性思想的概括。

钱穆曾指出：

> 南朝自东晋以后，佛教亦大盛。那时南方佛教的风尚，与北方颇不同。北方佛法常受王室拥护，颇想造成一种神权政

① 慧琳《龙光寺竺道生法师诔》，《广弘明集》卷二三，《大正藏》第 52 卷第 265 页下。

②《高僧传》卷二《晋长安鸠摩罗什传》，第 53 页，汤用彤校注，中华书局，1982 年。

③《高僧传》卷七《宋京师龙光寺竺道生传》，第 256 页。

> 治而没有成功。南方佛法则多由士大夫自由研习，他们多用纯哲学的探究，要想把佛教哲学来代替儒家思想，成为人生真理之新南针。他们大体都是居士而非出家的僧侣。因此北方佛教常带“政治性”，南方佛教则多带“哲学性”。北方佛教重在“外面的庄严”，南方佛教重在“内部的思索”。在这方面，南方佛教实较北方佛教为解放。①

这种状况也反映在南、北义学不同的学风上。竺道生是南方义学的典型代表。关于竺道生思想特征，张曼涛评论说：

> 就中国文化的本身说，他继承了儒家的思维特质，道家的思维形式，而后溶解佛教。此儒家的思维特质，就是他思想中一贯所持的“理”，此理可说是遥承孟子而来，孟子讲穷理尽性，道生在《妙法莲花经疏》中则直承此义，而以之解《法华》的无量义，语曰：“穷理尽性，则无量义定。”此直是把儒家的心脉移来解佛。他既装进了“穷理尽性”此一儒学的心脉，而处处又用“理”字谈佛性义，谈顿悟义，则其思维本质自是来自此一脉络。②

不是讲神秘、超然的“悟”，而讲“穷理尽性”之“理”，体现本土思想传统的重理性的意味。这也是竺道生日久潜思、校阅真俗的收获。

竺道生对于中土佛教“佛性”论的贡献，首先在于发挥了前面提到的属于大乘新一代教理的普遍的佛性说。佛教史上记述他一段著名事迹：

> 又六卷《泥洹》先至京师，生剖析经理，洞入幽微，乃说阿阐提人皆得成佛。于时大本未传，孤明先发，独见忤众。于是

①《中国文化史导论》(修订本)第144页。

②《中国佛教的思维发展》，《中国佛教的特质与宗派》第66页，大乘文化出版社，1978年。

> 旧学以为邪说，讥愤滋甚，遂显大众，摈而遣之。生于大众中正容誓曰：“若我所说反于经义者，请于现身即表厉疾；若与实相不相违背者，愿舍寿之时，据师子座。”言竟拂衣而游。初投吴之虎丘山……俄而投迹庐山，销影岩岫，山中僧众咸共敬服。后《涅槃大本》至于南京，果称阐提悉有佛性，与前所说合若符契。①

主张众生悉有佛性的涅槃佛性说本是大乘佛教发展的新义，集中反映这一思想的是大乘《大般涅槃经》。当初法显在中印度求法，得到它的初分，于东晋义熙十三年(417)在建康道场寺与佛陀跋陀罗一起译出，这就是六卷本《大般泥洹经》。慧叡记述当时情形说：

> 此经云：“泥洹不灭，佛有真我。一切众生，皆有佛性。皆有佛性，学得成佛。”佛有真我，故圣镜特宗，而为众圣中王。泥洹永存，为应照之本。大化不泯，真本存焉。而复致疑，安于渐照，而排跋真诲，任其偏执，而自幽不救，其可如乎？②

范泰讨论“踞食”(踞坐而食是印度佛教僧人坐仪之一，本为中土僧人所持守。但中国传统认为这种坐姿是不敬的表现。刘宋时期郑道子、范泰批评踞食，主张不墨守外来成规，遂掀起一场争论)问题时给道生、慧观的信里也说：

> 提婆始来，义(慧义)、观(慧观)之徒莫不沐浴钻仰。此盖小乘法耳，便谓理之所极，谓无生方等之经，皆是魔书。提婆末后说经，乃不登高座。法显后至，《泥洹》始唱，便谓常住之言，众理之最，《般若》宗极，皆出其下。以此推之，便是无主于内，有闻辄变，譬之于射，后破夺先。③

①《高僧传》卷七《宋京师龙光寺竺道生传》，第256页。
②《喻疑》，《出三藏记集》卷五，第235页。
③《弘明集》卷一二《范伯伦与生观二法师书》，《大正藏》第52卷第78页中。

就都表明，六卷《泥洹》的普遍的佛性说已经遭到教团内部坚持旧学的保守派的反对，把“无生方等之经”即《泥洹经》视为“魔说”。但实际这部经里对于佛性的普遍性仍有所保留。卷四里有“一切众生皆有佛性，在于身中无量烦恼，悉灭除已，佛便明显，除一阐提”①的说法。而竺道生发挥独立思考，根据众生“悉有”观念，认为“禀质二仪，皆是涅槃正因，阐提含生之类，何得独无佛性？盖是此经来未尽耳”②，大胆批评“此经”的说法并不彻底，进而提出“阐提皆得成佛”的论断。至元嘉(424—453)年间，昙无谶所译北本《大涅槃经》传到江南，终于证明竺道生的佛性新说符合经义。这种包容更为广阔的佛性新说，体现了更为博大也更为积极地肯定人性的精神，乃是中国思想史上人性理论的一大进展。蒋维乔论述《大涅槃经》在中国的影响说：

> 盖《大般涅槃经》法身常住之思想，在我国佛教教理发展上，影响极大；何则？《大般涅槃经》之教理，其重大之根本要点，不外法身常住；而《大般涅槃经》四十卷所说，亦不外乎法身常住，佛陀真身不灭而已。故我国学者，呼为涅槃常住教，其法身常住说，一转而成佛性遍通论；唯佛之法身，非仅常住；我等一切生类之法身，与佛之法身，并无差别；因此之故，“一切众生，悉有佛性”；而佛性遍通论，即由之而生。且法身常住与佛性遍通二义，颇于我国佛教开示新意义。③

这样，竺道生为佛性思想在中国的发展增添了全新的内容，也开拓出全新的方向。

竺道生又说：

> 理既不从我为空，岂有我能制之哉！则无我矣。无我，本

①《大般泥洹经》卷四《分别邪正品》，《大正藏》第12卷第881页中。

②澄观《大方广佛华严经随疏演义钞》卷八，《大正藏》第36卷第59页中。

③《中国佛教史》第25页，上海古籍出版社，2004年。

无生死中我，非不有佛性我也。[①]

这是说，肯定“无我”并不是否定“佛性我”，“佛性我”的存在是“理”的体现。他又一再说“本有佛性，即是慈念众生也”[②]。正因为这“佛性我”遍在众生，所以众生皆当成佛。这样讲众生“本有”，显然和孟子讲人性本善、人人皆可成为尧、舜的思想相通；这样讲佛性之“理”，则又进一步肯定了这一观念的客观性质。这也是在中土传统思想基础上对于佛教般若空观所作的具有根本意义的发挥，是对于佛教“佛性”思想的创造性的发展，进而给“中国禅”的发展开拓了道路，也开中土学术讲“性理”的先河。

在佛性新说的基础上，竺道生提出被称为“大顿悟”的“顿悟成佛”说。佛教传统上讲修证成佛，主张需要经过繁难修持过程。一般按菩萨修行“十地”的阶梯，需要一地一地“渐悟”，至第七住得“无生法忍”方能彻悟，到第八位才能“不退转”。竺道生则认为“无生法忍”的佛慧，不需要从初住到十住一个个经历菩萨阶位，只要悟得一乘之理，作为大乘菩萨的凡夫立即可以成佛。这是疾速成佛的观念。他说：

夫真理自然，悟亦冥符。真则无差，悟岂容易？不易之体，为湛然常照。但从迷乖之，事未在我耳。苟能涉求，便反迷归极。归极得本，而似始起。始则必终，常以之昧，著寻其趣，乃是我始会之。[③]

慧达传述他的顿悟义则说：

而顿悟者，两解不同。第一竺道生法师大顿悟云，夫称顿者，明理不可分，悟语照极，以不二之悟，符不分之力。理智恚

---

①《注维摩诘经》卷三《弟子品》，《大正藏》第 38 卷第 354 页中。
②《大般涅槃经集解》卷一八，《大正藏》第 37 卷第 448 页中、下。
③《大般涅槃经集解》卷一，《大正藏》第 37 卷第 377 页中。

> 释，谓之顿悟。见解名悟，闻解名信。信、解非真，悟发信谢。理数自然，如果熟自零。①

就是说，因为“理”不可分，一切惑必然可以“顿”断，从而成佛。这里所谓“归极得本”，显然又与孟子“尽心知性”“至诚返本”的思路相通；而论“悟”不讲因缘，取“自然”义，又近于《庄子》的“体尽无穷”②、“体性抱神”③的“睹道”方式。后来谢灵运作《辨宗论》，意在辨析“求宗之悟”即成佛作圣之道，对“新论道士”的观点表示赞赏。这“新论道士”指的就是竺道生。他说：

> 释氏之论，圣道虽远，积学能至，累尽鉴生，方应渐悟。孔氏之论，圣道既妙，虽颜殆庶，体无鉴周，理归一极。有新论道士，以为寂鉴微妙，不容阶级，积学无限，何为自绝？今去释氏之渐悟，而取其能至；去孔氏之殆庶，而取其一极。一极异渐悟，能至非殆庶。故理之所去，虽合各取，然其离孔、释矣。余谓二谈救物之言，道家之唱，得意之说，敢以折中自许，窃谓新论为然。④

这是说，按佛教传统看法，成佛的宗极之悟十分艰难，需要渐悟，但灭惑（累尽，“累”即烦恼）就可以达到目标（鉴生）；而儒家圣道高妙，本是常人难以达到的（就是孔门高弟颜渊也只是“殆庶”），但由于理不可分，从而肯定一极之悟。按汤用彤的解释：

> 中国传统谓圣不能至固非，而圣不能学则是。
>
> 印度传统谓圣可至固是，而圣能学则非。
>
> 生公去二方之非，取二方之是，而立顿悟之说，谓圣人可

①《肇论疏》，《续藏经》第54册第55页下。

②《庄子》卷三《应帝王》。

③《庄子》卷五《天地》。

④《广弘明集》卷一八，《大正藏》第52卷第224页下—225页上。

> 至，但非由积学所成要在顿得自悟也。自此以后，成圣成佛乃不仅为一永不可至之理想，而为众生均可企及之人格。①

这样，竺道生的佛性新说又是儒、释兼弘的。它一方面发挥了大乘“众生悉有佛性”的教理，另一方面又牢牢植根于中土传统思想土壤上。竺道生的这些贡献对中国思想、学术影响至为深远。胡适曾总括地评价说：

> 把印度佛教变成中国佛教，印度禅变成中国禅，非达摩亦非慧能，乃是道生！②

在中国，无论佛教的发展，还是禅的发展，本来都是一种潮流，不能完全归结为某个人的功劳。但竺道生确实是推动这一潮流的一员主将，成为后来禅宗的先行者。

对于禅思想的发展做出重要贡献的还有南岳慧思和天台智顗。智顗及其弟子灌顶创立天台宗，组织法系，立慧思为三祖（初祖龙树，二祖慧文）。关于慧思（515—577），僧传上记述：

> 自江东佛法，弘重义门，至于禅法，盖蔑如也。而思慨斯南服，定、慧双开，昼谈理义，夜便思择。故所发言，无非致远，便验因定发慧，此旨不虚。南北禅宗，罕不承绪。③

他注重习禅，主张“定、慧双开”，既从事“理义”的研讨，又注重禅修的实践。他弟子众多，影响巨大。弟子中最杰出者就是智顗。智顗（538—597）著述宏富，是中国佛教史上贡献卓著的思想家。他提倡“止观”双修的解脱法门，提出“一心三观”“三谛圆融”的观法，注重禅修实践，发展系统的禅思想。后来禅宗兴起，有的学人把他列为习禅一派。如唐人李华就把北宗禅、南宗禅、牛头禅和“天台

---

①《谢灵运〈辨宗论〉书后》，《汤用彤学术论文集》第293页，中华书局，1983年。
②《中国禅学的发展》，《胡适学术文集·中国佛学史》第75页。
③《续高僧传》卷一七《陈南岳衡山释慧思传》，中册第622页。

法门”并列①；后来的宗密在《禅源诸诠集都序》里，举出“禅有诸宗……犹将十室”，天台也被列为禅宗诸派的一室②。慧思、智𫖮特别在义理层面对禅多所阐述，对禅思想的发展做出重大贡献，对禅宗形成也发挥了作用。

四

如果说理论上竺道生为“印度禅”演变为“中国禅”开拓先河，那么实践上做出巨大成绩、发挥重大影响的则有菩提达摩。这位外来僧人被后来的禅宗立为“初祖”。冯友兰早已说过，“禅宗中所传述之禅宗历史，关于菩提达磨及印度传法统系，不必即为真正的历史”③。印顺也曾客观地指出：“古代禅者事迹的研究，应该是求得一项更近于事实的传说而已。”④本来宗派佛教所传早期历史，多是出于构造法系、阐扬宗义的创造。但另一方面，又不能否认这种被“创造”出来的“历史”具有真实内容。因而，探求禅宗发展的历史，这类记述又是可以提供真实内容的不可忽视的资料。这就正如柳田圣山指出的：

> 看起来，称得上纯粹史实的史实时代极其短暂，它作为一种需要，应当说是宁可虚构的史实的时代，乃是一直贯穿包括道宣的灯史的时代，归根结底，正是达摩像的虚构与变化的历史的发展，乃是具体、生动的达摩禅的最为确切的历史。⑤

①参阅李华《故左溪大师碑》，《全唐文》卷三二〇，第3241页，中华书局，1983年。
②参阅《禅源诸诠集都序》，《大正藏》第48卷第400页中—下。
③《中国哲学史》第318页，商务印书馆，2006年。
④《中国禅宗史——从印度禅到中国禅》序第6页，正闻出版社，1987年。
⑤《初期禅宗史書の研究》第433页，《禅文化研究所研究報告》第一册。

如果就历史发展的真实状况说，不是达摩创建了禅宗，而是禅宗创造了达摩。这个判断有两个层面的意思：一是从历史发展看，禅宗确实不是达摩创造的，是后来在禅宗创建、发展过程中，构建“祖统”，创造出作为西天二十八祖、中土初祖的达摩祖师；进而再一个层面是，后世禅史所传达摩及其弟子一辈故事，可看作是为阐发宗义创作的“寓言”，说佛陀把“心法”“以心传心”传给大迦叶，一代代传到达摩，再由达摩传到东土，是为了证明中土创造的禅宗乃是佛法的真传、佛教的正宗。

关于菩提达摩，据现有史料，是一位模糊影响的人物。关于他，最早记载见杨衒之《洛阳伽蓝记》卷一“永宁寺”条关于永宁寺塔的记述：

> 时有西域沙门菩提达摩者，波斯国胡人也。起自荒裔，来游中土，见金盘炫日，光照云表，宝铎含风，响出天外。歌咏赞叹，实是神功。自云：“年一百五十岁，历涉诸国，靡不周遍。而此寺精丽，阎浮所无也。极物（佛）境界，亦未有此。”口唱南无，合掌连日。①

永宁寺创建于北魏熙平中（516—517），焚毁于天平元年（534）。《洛阳伽蓝记》是杨衒之武定五年（547）重返焚毁后的洛阳后写的，距离相关传说的时间仅二三十年。他写作的材料得自亲身见闻、传说或相关文献。上面一段是杨衒之得自传说记述的达摩。达摩弟子有僧副，据《高僧传》记载生于宋大明八年（464），卒于梁普通五年（524），于齐建武年（494—498）即三十多岁时住建康钟山定林下寺，师从达摩在此之前。根据上述材料，可推测达摩活动的大体时间。另一个早期史料是唐初道宣的《续高僧传》里的达摩传，则所述大不相同：

①范祥雍《洛阳伽蓝记校注》卷一《城内·永宁寺》，第5页，上海古籍出版社，1978年。

> 菩提达摩，南天竺婆罗门种。神慧疏朗，闻皆晓悟，志存大乘，冥心虚寂，通微彻数，定学高之。悲此边隅，以法相导。初达宋境南越，末又北度至魏。随其所止，诲以禅教。于时合国盛弘讲授，乍闻定法，多生讥谤。有道育、慧可，此二沙门，年虽在后而锐志高远，初逢法将，知道有归，寻亲事之。经四五载，给供谘接，感其精诚，诲以真法……摩以此法，开化魏土，识真之士，从奉归悟，录其言诰，卷流于世。自言年一百五十余岁，游化为务，不测于终。①

中间省略部分是下面所介绍的讲“二入四行”一段。这篇《达摩传》，除掉中间的“二入四行”一段，同样很简短。这也表明到道宣写作《续高僧传》时期，对达摩的情况所知仍然不多。不过《续传》的《法冲传》详细记载了达摩以后他的弟子师资传承统绪，说达摩禅法“传之南北，忘言忘念、无得正观为宗。后行中原，慧可禅师创得纲纽，魏境文学多不齿之。领宗得意者，时能启悟”②，表明达摩之后，他的学说经过弟子慧可的弘扬，尽管受到北魏学人的排斥，还是产生一定影响的。

把杨衒之和道宣两方记载加以对照，所述达摩出身国度不同，来华路线大有差异，表达观念也大不相同。《洛阳伽蓝记》记载达摩赞叹塔寺建筑，全然不同于后来反对经像崇拜的禅宗宗旨。《续高僧传》初成书于贞观十九年(645)，直到作者去世的前两年(麟德二年，665)仍在陆续增补，从内容看，达摩传记应属于原创撰作部分，即写作年代距离《洛阳伽蓝记》约半个世纪。就是说，在这半个世纪左右时间里，如果肯定道宣所述达摩与杨衒之所记载的是同一个人，内容显然更丰富了，但值得注意的是所述行迹与观念却都大有改变。至于后来禅史上记载他于普通(520—527)年间来梁、

①《续高僧传》卷一六《齐邺下南天竺僧菩提达磨传》，中册第565—566页。

②《续高僧传》卷二七《唐兖州法集寺释法冲传》，下册第1079页。

梁武问法、一苇渡江、少林面壁、付法说偈、只履西归等充满传奇色彩的故事，应当是后世传人为了神化“祖师”，更主要的是为了阐发禅宗宗义对于“祖师”形象的加工与创造。

根据上述有限的、相互矛盾的两份资料，可以肯定确曾有一位达摩，是北魏后期“游化”在民间的一位头陀（头陀，梵文 dhūta 的音译，僧人修道的苦行之一，原有十二项规定，一般指乞食）僧人，即所谓“游僧”之一。根据《续高僧传》，他宣扬一种新禅法，他的“言诰”在当时的佛教里标新立异，是和当时“盛弘讲授”的繁琐义学师说不同的，具有鲜明的反潮流性格。道宣传里那篇讲“二入四行”一段文字，就是他的“言诰”或“言诰”之一，被肯定为“真法”，在“识真之士”中流行，即得到那些对佛法有真知灼见的人的赞同。后来早期禅史《楞伽师资记》同样记载了这篇作品，文字有异，但内容相同，或许真是达摩作的，或起码可以肯定是反映达摩观点的。这样，剥离资料中的矛盾、可疑部分，严格地加以考实，可以认定在北魏末年，中国北方有达摩其人，提倡一种概括为“二入四行”的新的“定学”即禅法，开创一种习禅的新潮流。

关于菩提达摩来华前后中国佛教中习禅情形，柳田圣山总括说：

> 从南北朝末期到隋唐初期习禅的人，系统明确的有佛陀—道房—僧稠一派，勒那摩提—僧实系统，慧文—慧思—智颢的天台系统，以及摄山三论系的人各派。①

道宣的《续高僧传》说法略同：

> 高齐河北，独盛僧稠；周氏关中，尊登僧实。宝重之冠，方驾澄、安，神道所通，制伏强御。致令宣帝担负，倾府藏于云门；冢宰降阶，展归心于福寺，诚有图矣。故使中原定苑，剖开

①《初期禅宗史書の研究》第 25 页，《禅文化研究所研究報告》第一册。

> 纲领，惟此二贤，接踵传灯，流化靡歇。而复委辞林野，归宴天门，斯则挟大隐之前踪，舍无缘之高志耳。终复宅身龙岫，故是行藏有仪雅属。有菩提达摩者，神化居宗，阐导江、洛，大乘壁观，功业最高，在世学流，归仰如市。然而诵语难穷，厉精盖少，审其慕则，遣荡之志存焉，观其立言，则罪福之宗两舍。详夫真俗双翼，空有二轮，帝网之所不拘，爱见莫之能引。静虑筹此，故绝言乎！然而观彼两宗，即乘之二轨也。稠怀念处，清范可崇；摩法虚宗，玄旨幽赜。可崇则情事易显，幽赜则理性难通。所以物得其筌，初同披洗，至于心用壅滞，惟繁云之俦，差难述矣。①

柳田圣山提到的勒那摩提传弟子僧实（476—563，活动在北周，被北周朝廷尊为“三藏”），虽重禅法，但主讲《地论》（《十地经论》，印度大乘瑜伽学派典籍）。慧文到智𫖮一系主讲“止观”，后来发展为天台宗，前面曾说到，他们讲的“止观”对后来禅宗宗义形成与发展发挥一定影响。习禅派别影响巨大的是达摩和僧稠两系。僧稠可上溯跋陀。另外有影响的还有可上溯到佛陀跋陀罗的一系。

佛陀跋陀罗在前面已经介绍过。他是印度人，来华后，先在北方的姚秦传禅、律之学，由于与罗什门下学徒意有不合，南下庐山依慧远，翻译《达摩多罗禅经》；义熙十一年（415），东下建康，与法显等人翻译《大般泥洹经》《华严经》等。他在长安时“大弘禅业”②，炫耀神通，成为他被罗什弟子摈斥的原因之一。后来他在建康瓦官寺译经，也教习禅道。弟子慧观和他一起从北方南下，宣扬达摩多罗禅法，主张定、慧相合以定真如。慧观认为“禅智乃出世之妙术，实际之义标”，能够“三明内照，六通远振，辩才无碍，摧诸异

①《续高僧传》卷二一《习禅论》，中册第811页。

②《高僧传》卷二《晋京师道场寺佛驮跋陀罗传》，第71页。

论”①。“三明”即罗汉证得的宿命明、天眼明、漏尽明；“三明”异名“三通”，加上天耳通、他心通、神足通就是“六通”。“通”指神通。慧观的禅即以掌握、施展神通为目的。佛陀跋陀罗弟子玄高(402—444)、玄高弟子玄绍，相继在北方弘传禅道，都大肆张扬神通灵异。玄高曾“隐居麦积山。山学百余人，崇其义训，禀其禅道”，后来被摈斥到河北林阳堂山，往居山舍，徒众三百，“禅慧弥新，忠诚冥感，多有灵异”，据说他那里“磬既不击而鸣，香亦自然有气。应真仙士，往往来游。猛兽驯伏，蝗毒除害”。玄高学徒之中“游刃六门者，百有余人”。其中玄绍“学究诸禅，神力自在”，据说他也灵异非常，“手指出水，供高洗漱，其水香净，倍异于常。每得非世华香，以献三宝”，“后入堂术山而逝蝉蜕”②。玄高门下灵异如绍者达十余人之多。他这一派禅师以聚众和灵异为特色。僧稠禅法则是跋陀禅师(又称“佛陀禅师”。在《续高僧传》里佛陀〔跋陀〕禅师与佛陀扇多〔觉定〕分别在卷一六和卷一〔觉定，菩提流支传附〕立传，据考本是同一人)所传。他是天竺人，游历诸国，来到北魏，凿石为龛，结徒定念。嵩山少林寺就是孝文帝于太和二十年(496)为他创建的。他曾说“此少林精舍，别有灵祇卫护，一立已后，终无事乏”③。据说后来造者弥山，僧廪丰溢。他同样以灵异相夸炫。所传知名者有慧光、道房和僧稠。慧光(468—537，北魏僧，北魏末年曾任僧都；东魏时任国统)，幼年从佛陀禅师出家，善《十地经论》。僧稠(480—560，北齐僧)，从佛陀禅师弟子道房禅师修习止观，行“四念处”，“受十六特胜法(“特胜”谓卓异，指“知息入”“知息出”至“观灭”“观弃舍”等十六个修禅次第)，钻仰积序，节食鞭心，九旬一食，米惟四升，单敷石上，不觉晨宵，布缕入肉，挽而不

①《修行地不净观经序》，《出三藏记集》卷九，第346、347页。
②《高僧传》卷一一《宋伪魏平城释玄高传》，第409—410页。
③《续高僧传》卷一六《魏嵩岳少林寺天竺僧佛陀传》，中册第564页。

脱。或煮食未熟，摄心入定，动移晷漏，前食并为禽兽所啖，又常修死想”。他曾著《止观法》两卷，久佚，内容当是阐述他的主张的。佛陀称赞他“自葱岭以东，禅学之最”。后来他移住怀州（今河南焦作市沁阳市）马头山，魏孝明帝前后三召皆辞，魏孝武帝召亦不出，皆就山供养，至齐文宣帝，年过七十，终于被迎请入都。朝廷为在邺都（今河北临漳县）西南龙山之阳筑云门寺，文宣帝“并敕国内诸州别置禅肆，令达解念慧者就而教授，时扬讲诵，事事丰厚。帝曰：‘佛法大宗，静心为本。诸法师等徒传法化，犹接嚣烦，未曰阐扬，可并除废。’”并以国储三分之一扶植“三宝”。这即是《续传》所谓“宣帝担负”故事。他“练众将千，供事繁委，充诸山谷”，影响很大。他以神异炫惑世主，受到统治者欢迎。据说齐文宣帝曾问他：“弟子前身曾作何等?”他答说：“作罗刹王，是以今犹好杀。”即咒盆水，令帝自视，见其影如罗刹像。文宣帝又曾对他说：“弟子未见佛之灵异，颇得睹不?”他答说：“此非沙门所宜。”帝强之，乃投袈裟于地，帝使数十人举之不能动，稠命沙弥取之，初无重焉①。这与佛图澄对答石虎、炫耀灵异情形类似。上述这些禅师都是把守旧的小乘禅与中国传统鬼神方术结合起来，无论是观念还是实践都是保守、落后的。

上述流行的禅没有继承竺道生开拓的理性传统。就是与《维摩经》的大乘禅观相比较也大为倒退了。这一派僧人受到北朝统治集团的欢迎，御用色彩十分明显。与之相对比，达摩一派禅人活动在民间，所宣扬的“二入四行”，体现一种鲜明的反体制、反传统的开放、自由的风格。

“二入四行”见《续高僧传》和较后出的《楞伽师资记》，内容基本相同，前者文字简略如下：

> 入道多途，要唯二种，谓理、行也。借教悟宗，深信含生同

①《续高僧传》卷一六《齐邺西龙山云门寺释僧稠传》，中册第574—579页。

> 一真性，客尘障故，令舍伪归真，凝住壁观，无自无他，凡圣等一，坚住不移，不随他教，与道冥符，寂然无为，名理入也。行入四行，万行同摄：初报怨行者，修道苦至，当念往劫舍本逐末，多起爱憎，今虽无犯，是我宿作，甘心受之，都无怨怼。经云：“逢苦不忧，识达故也。”此心生时，与道无违，体怨进道故也；二随缘行者，众生无我，苦乐随缘，纵得荣誉等事，宿因所构，今方得之，缘尽还无，何喜之有？得失随缘，心无增减，违顺风静，冥顺于法也；三名无所求行，世人长迷，处处贪著，名之为求，道士悟真，理与俗反，安心无为，形随运转，三界皆苦，谁而得安？经曰：“有求皆苦，无求乃乐也。”四名称法行，即性净之理也。①

这简短的一段文字，包括禅观和禅修方法两部分内容，表述方式则突显中国学术传统上重简要、重实践的特色。所谓“深信含生同一真性”，义同“佛观众生类，悉有如来藏”②；“客尘障故”的客尘（非实谓“客”，染污喻“尘”）指烦恼；“令舍妄归真”，则突出众生舍烦恼而得涅槃的现实性。这是如来藏思想的基本观点。不讲众生在历劫轮回中所积累的“业报”，而强调“凡圣等一”，则与等级人性论划清界限，体现众生平等精神。“不随他教”，即主张习禅与“他教”即一般的说教无关，强调个人自主得救的悟道过程。值得注意的是，“理入”讲对“理”的理解、领悟，作为禅修的基础和前提，体现高度的理性精神；其内涵又包含对于人的本性和能力的肯定，具有鲜明的人本色彩。这些都是与僧稠一派上层沙门突出神通灵异的禅大不相同的。

“四行”讲行法，把禅修的方法大为简化，也更易于普及了：第一“报怨行”，讲宿命业报，这是对前世因果的认识，对宿世所作不

---

①《续高僧传》卷一六《齐邺下南天竺僧菩提达磨传》，中册第564—566页。
②《大方等如来藏经》卷一，《大正藏》第16卷第17页下。

应心怀怨怼;第二"随缘行",要求任命随缘,对苦乐得失无所计较,这是对现世的态度;第三"无所求行",讲无所贪著,摆脱利欲,这是要求对于未来无所欲求;对于过、现、未三世的透彻领悟,则是第四"称法行",即总括上述三者,符合佛说,最终归结到前面的"性净之理"的"理入"上来。"四行"是禅修的行法,也是一种伦理修养,是人生的一种态度和境界。这种态度和境界与儒家伦理有明显的相通之处,例如儒家讲恕道,反贪渎,要求乐天安命,乐以忘忧,等等。胡适又说它符合道教的人生观:

> 慧可颇通中国典籍,所以他能欣赏达摩的简单教义。达摩的四行,很可以解作一种中国道家式的自然主义的人生观:报怨行近于安命,随缘行近于乐天,无所求行近于无为自然,称法行近于无身无我。慧可是中国文人出家……可见达摩的简单教义在那第一代已得他们的了解和接受。我疑心这种了解和魏晋以来的老庄思想不无关系。①

这样,这篇"二入四行"的"言诰"又融合了中土传统的伦理观念与人本精神。这篇文字一反南北朝义学师说疏释经论所表现的繁琐的经院主义、教条主义,也丝毫没有当时流行禅法崇尚神通、夸炫灵异的神秘色彩,简洁明快,通俗易懂,容易实行。这也是达摩作为在民间活动的"游僧"的身份和性格决定的。

如果仅从这篇说法看,其中并没有什么更新鲜、更深刻的道理,也还看不出与《楞伽经》有什么直接关系。但是,作为适应佛教发展趋势的新的禅思想,它体现当时佛教发展中的新趋势,对于开拓禅的革新潮流是起了相当大的作用的。就当时佛教整体发展说,日本学者横超慧日曾指出:

> 净土教也好,禅也好,作为教团活动都是在入唐以后,但

---

①《楞伽宗考》,《胡适学术文集·中国佛学史》第101页。

> 其思想源流均在北魏……实际上把昙鸾和达摩称为北魏佛教的两大精华部分绝不过分。①

这是指出后来体现“中国化”佛教最为彻底的净土信仰和禅宗两大潮流均滥觞于北魏。而禅的部分则以达摩为代表。就更广阔层面的中国思想的历史发展说，“二入四行”所传的禅，一方面提出了与传统佛教截然不同的修持方向和目标：不再追求超越的、绝对的、神秘的涅槃，而是要实现“凡圣等一”的“真性”；不是依靠佛、菩萨的他力救济，而是要凭借自身修养“坚住不移”的努力，实现心性的转变。另一方面，这种禅观和禅修实践又实现了外来信仰与本土思想的进一步融合。如此把实现全部神圣佛法落实到平凡人的心性之中，明确凭借平凡人的努力可以实现心性的完善，肯定现实的人具有超越的、绝对的能力，这些观点在当时的思想环境中都是超凡绝俗的。从佛教“中国化”进程看，这简短的一篇文字里所涵蕴的人本观念和理性精神极大地消减了印度佛教的悲观主义、出世主义，对于当时佛教宣扬的他力救济的虔信更起到颠覆性的作用。在这些方面，不仅给后世禅宗提供了理论资源，对于中国思想整体发展也造成相当大的影响。后来禅宗立达摩为初祖是有合理的缘由的。

①《北魏佛教の基本的課題》，横超慧日编《北魏佛教の研究》第 46 页，平乐寺书店，1970 年。

第三讲 创建“禅宗”

一

唐初，大约在新朝刚刚建立的武德三年(620)，一位游方和尚道信(580—651)来到当时的蕲州黄梅县(今湖北黄梅县)长江北岸的双峰山，创建一座寺院，招引学众，倡导一种革新的禅法，后来称为“禅宗”。

黄梅地处大别山脉尾端，北部是丘陵，南靠长江。隋开皇十八年(598)设县，以县北黄梅山得名，属蕲春郡，唐属蕲州。据《隋书·地理志》，隋代的蕲春郡辖五县，人口三万四千六百九十户；又据《旧唐书·地理志》，贞观十三年(639)蕲州辖四县，户一万零六百一十二，口三万九千六百七十八，这样算起来，平均每县两千六百多户，每户人数不足四口①。古代的户口统计很难细密，特别是唐初动乱时期，会有相当数量的隐漏。虽然史书记载的数字只能作参考，但它们总能够反映当时、当地户口变动的大体趋势。把两

①参阅梁方仲编著《中国历代户口、田地、田赋统计》第76、81页，上海人民出版社，1980年。

书记载的隋代、唐初户口数加以对比，会发现经过隋末战乱，黄梅的人口反而增加了。这应当和群雄中原争战严重、流民南逃到这里有关系。道信和他聚集的徒众也应当是随着流民来到这里的。当时这里还是相当荒僻的地方。

道信之所以选择这样荒僻的地方，艰苦开拓，创建寺院，大概也是因为战乱之后，山区荒凉，土地无主，可以自主垦殖，拓展空间广阔；又地处长江边上，江南面对着佛教胜地庐山，多有僧人流动，交通又便利，容易聚集徒众。今天黄梅的四祖寺，就建在原来道信所立寺院的基址上。当然，历经沧桑，已经几度毁弃、重建，但原址没有改变。这座四祖寺就是中国禅宗第一座祖庭。又后来禅宗构建“祖统”，把达摩立为中土禅宗第一代祖师——“初祖”，道信为四祖。但按之历史实际，道信乃是中国佛教宗派禅宗的真正奠基者。

前面已经提到，“禅宗”作为宗派称呼是到中唐时期才开始行用的。为了叙述方便，本书采取通行权宜办法，把道信倡导的习禅新派系称为“禅宗”。又上一讲已经介绍晋宋以来“中国禅”发展的大致情形。道信开创的这个革新宗派从前代中国佛教发展诸多方面接受理论资源，包括众多翻译经典如《维摩经》《涅槃经》《楞伽经》和被视为疑伪论书的《大乘起信论》等，还有前辈佛教思想家慧远、竺道生、僧肇(384—414，鸠摩罗什弟子，著《不真空论》《物不迁论》等，提出“立处即真”“触事而真”，发挥大乘般若思想。柳田圣山指出：“后来中国式禅宗的兴起，可以追溯到如上所引僧肇的主张之中。”《禅与中国》第 83 页，三联书店，1988 年)等人的著作等。而这个新宗派直接承继的、后来也被本宗派史籍所公认的，则是达摩及其后辈一系所传禅法。本书后面还将说明，禅宗认定这样的先驱，对于确立宗派是必要的、起了重大作用的。

有关达摩身后弟子辈活动情况，如今留下来的材料不多，且多撰作、虚饰成分。这也体现宗教文献的一般性格。相关材料较早的，在道宣《续高僧传》里有较多记录。道宣撰写僧史，态度向称严谨，所述可信程度较高。在敦煌文献里发现《传法宝纪》《楞伽师资记》则是相当系统的早期禅史。特别是后者，作者净觉，他的书是根据师僧玄赜所作《楞伽人法志》编撰的。《楞伽人法志》已佚，玄赜于咸亨元年(670)曾亲自到黄梅冯茂山师事被尊为五祖的道信弟子弘忍，据考他在冯茂山一直住到咸亨五年弘忍圆寂。这部《楞伽师资记》较详细地记载了禅宗创始时期宗派形成情况。主要根据这些文献，当然还有些另外的资料，可以追溯禅宗形成前达摩一派活动的大致情形。

达摩弟子居首席的是后来被确认为禅宗二祖的慧可。上一讲曾引述道宣说的达摩禅法“传之南北，忘言忘念、无得正观为宗。后行中原，慧可禅师创得纲纽，魏境文学多不齿之。领宗得意者时能启悟”①。这是说达摩的禅流行中原，慧可把握其精髓，加以传播，不过接受者态度不同。“魏境文学”主要是指北魏上层义学沙门，他们对达摩的禅并不认同，表示鄙弃；而另有一派人则真正领会义旨，得到启悟。由此可见慧可活动的环境和他传播达摩禅法的努力与贡献。达摩弟子除了慧可，可考者还有道育、僧副②、昙林、慧胜③等人。其中昙林是“二入四行”论的记录者，与达摩应当有相当密切的关系。而慧可则被认为是达摩法统的继承人，应当和他艰苦求法、认真弘法的经历有关系。

道宣《续高僧传》的《慧可传》写他的事迹较详。他本来“外览

①《续高僧传》卷二七《唐兖州法集寺释法冲传》，下册第 1079 页。

②《续高僧传》卷一六《梁钟山定林寺释僧副传》：“有达摩禅师，善明观行，循扰岩穴，言问深博，遂从而出家。义无再问，一贯怀抱，寻端极绪，为定学宗焉。”中册第 559 页。

③《续高僧传》卷一六《梁钟山延贤寺释慧胜传》：“释慧胜，交阯人，住仙洲山寺。栖遁林泽，闲放物表，诵《法华》日计一遍，亟淹年序。衣食节约，随身游任。从外国禅师达摩提婆学诸观行，一入寂定，周晨乃起。”中册第 561 页。

坟素，内通藏典”，学养相当高；“年登四十”，已经是中年，“遇天竺沙门菩提达摩游化嵩、洛。可怀宝知道，一见悦之，奉以为师”；他从学达摩六载，精究一乘（指大乘教理），理事兼融，苦乐无滞，就是说无论是学理还是践行，都达到很高境界。达摩死后，起初慧可并没有立即开法，后来由于“昔怀嘉誉，传檄邦畿，使夫道俗来仪，请从师范。可乃奋其奇辩，呈其心要，故得言满天下”，广传达摩的言教，造成相当大的影响。至东魏天平（534—537）初，在邺都开创禅院。《慧可传》里记载另一位林法师事迹，与慧可同学，曾说“初，达摩禅师以四卷《楞伽》授可曰：‘我观汉地，惟有此经，仁者依行，自得度世。’可专附玄理，如前所陈。遭贼斫臂，以法御心，不觉痛苦，火烧斫处，血断帛裹，乞食如故，曾不告人”。说的应当是达摩在世的时候，但他“遭贼斫臂”是否直接和传法活动有关系，从上面记载看并不清楚。又据《楞伽师资记》记载，对于慧可，“亡心寂寞之士，莫不归信；取相存见之流，乃生讥谤”，他当时是个有争议的人物。《慧可传》里又记载有一位道恒，是守旧派禅师，“先有定学，王宗邺下，徒侣千计，承可说法，情事无寄，谓是魔语。乃遣众中通明者来殄可门。既至闻法，泰然心服，悲感盈怀，无心返告。恒又重唤，亦不闻命，相从多使，皆无返者……恒遂深恨，谤恼于可，货赇俗府，非理屠害，初无一恨，几其至死，恒众庆快……可乃纵容顺俗，时惠清猷，乍托吟谣”①，可知他确曾受过攻击、迫害，一直闹到官府里面去。这种情形，亦可见当时佛教中保守派势力的强大，新禅法传播之艰难。在《洛阳伽蓝记》和《续传》的《达摩传》里，都还没有关于传承《楞伽经》的明确记载。或许《楞伽经》本是慧可所传，后来托附到达摩身上了。慧可以后又遭遇周武毁佛，他“遂流离邺、卫，亟展寒温，道竟幽而且玄，故末绪卒无荣嗣”。这表明慧可晚年传道

①《续高僧传》卷一六《齐邺中释慧可传附向居士、化公、廖公、和公、法林、僧那、慧满》，中册第567—568页。本讲以下转述向居士、林法师、那禅师、慧满引文均据此传。

不畅，弟子中没有位高名重的人。

《慧可传》里关于慧可的弟子或友人有记述的另有七个人。其中有的记载相对较详，如友人向居士：

> 有向居士者，幽遁林野木食，于天保之初，道味相师，致书通好曰："影由形起，响逐声来。弄影劳形，不知形之是影；扬声止响，不识声是响根。除烦恼而求涅槃者，喻去形而觅影；离众生而求佛，喻默声而寻响。故迷悟一途，愚智非别。无名作名，因其名则是非生矣；无理作理，因其理则诤论起矣。幻化非真，谁是谁非，虚妄无实，何空何有？将知得无所得，失无所失。未及造谈，聊伸此意，想为答之。"可命笔述意曰："说此真法皆如实，与真幽理竟不殊。本迷摩尼谓瓦砾，豁然自觉是真珠。无明、智慧等无异，当知万法即皆如。愍此二见之徒辈，申词措笔作斯书。观身与佛不差别，何须更觅彼无余。"其发言入理，未加铅墨，时或缵之，乃成部类。具如别卷。

这里慧可的"述意"，用了七言偈颂，正符合《续传》说他"乍托吟谣"的记载。天保(557—559)是北齐文宣帝的年号，向居士"致书通好"已是慧可晚年。他与慧可"道味相师"，表明两个人观点一致。杜继文分析说：

> 向居士所谓的"迷悟一途，愚智非别"，慧可说的"无明智慧等无异""观身与佛不差别"，把愚与智、迷与悟、众生身与佛身这三者等同起来；也就是把愚人、迷人、众生的地位抬高到与智人、悟者、佛身等同的高度，为他们的生活，至少在宗教上，提供了自尊和信心。①

①《中国禅宗通史》第48页，江苏古籍出版社，1993年。

另和慧可有交谊的林法师：

> 时有林法师，在邺盛讲《胜鬘》并制文义。每讲人聚，乃选通三部经者，得七百人，预在其席。及周灭法，与可同学，共护经像。初，达摩禅师以四卷《楞伽》授可曰：“我观汉地，惟有此经，仁者依行，自得度世。”可专附玄理，如前所陈。遭贼斫臂，以法御心，不觉痛苦，火烧斫处，血断帛裹，乞食如故，曾不告人。后林又被贼斫其臂，叫号通夕，可为治裹，乞食供林。林怪可手不便，怒之。可曰：“饼食在前，何不自裹？”林曰：“我无臂也。可不知耶？”可曰：“我亦无臂，复何可怒？”因相委问，方知有功，故世云“无臂林”矣。

这里记载慧可曾“遭贼斫臂，以法御心”，前面已指出“斫臂”与传法活动的关系并不清楚。又有后出传说，说他初见达摩，晨夕参承，达摩端坐面壁，天大雨雪，他坚立不动，又潜取利刀，自断左臂，置达摩前，以表决心。这里又是说他自断其臂。“斫臂”的真相到底如何，传闻不同，应是构造宗师“圣传”的创作。林法师讲《胜鬘经》并制文义，本是义学法师，逢周武毁法，流落民间，与慧可“共护经像”，又表明慧可对经像十分重视。这在观念上是和《洛阳伽蓝记》记载达摩赞叹永明寺的建筑类似的，表明这一派僧众当初对于传统经教还保持相当尊敬的态度。在这段文字里，明确记载达摩向慧可传授《楞伽经》，慧可被认为是传授《楞伽经》师说的一派。又一位弟子那禅师：

> 有那禅师者，俗姓马氏，年二十一，居东海，讲《礼》《易》，行学四百。南至相州，遇可说法，乃与学士十人出家受道。诸门人于相州东设斋辞别，哭声动邑。那自出俗，手不执笔及俗书，惟服一衣一钵，一坐一食，以可常行，兼奉头陀，故其所往，不参邑落。

这是一位儒学教养程度很高的人，后来出家，行头陀行，继承了达摩在民间头陀游行的传统。又慧满是那禅师弟子，慧可下第二代：

> 有慧满者，荥阳人，姓张。旧住相州隆化寺，遇那说法，便受其道，专务无著，一衣一食。但畜二针，冬则乞补，夏便通舍，覆赤而已。自述一生无有怯怖，身无蚤虱，睡而不梦，住无再宿。到寺则破柴造履，常行乞食。贞观十六年(642)，于洛州南会善寺侧宿柏墓中，遇雪深三尺，其旦入寺，见昙旷法师，怪所从来。满曰："法友来耶？"遣寻坐处。四边五尺许雪，自积聚不可测也，故其闻有括访，诸僧逃隐。满便持衣钵，周行聚落，无可滞碍。随施随散，索尔虚闲。有请宿斋者，告云："天下无人，方受尔请。"故满每说法云："诸佛说心，令知心相是虚妄法。今乃重加心相，深违佛意。又增论议殊乖大理。"

前面的那禅师在相州(今河南安阳市)遇到慧可，慧满又在相州遇到那禅师，相州应当有寺院，是这一派僧人活动的基地。从行事风格看，慧满也是四处浪迹的头陀僧。后来慧满于贞观十六年(642)在洛阳会善寺会见昙旷法师，已经是黄梅道场创建之后的事；他又曾听说朝廷"括访，诸僧逃隐"，即检括沙汰无籍僧人，这类僧人"周行聚落，无可滞碍。随施随散，索尔虚闲"，只能在民间活动。正是这些散处在广大民众间的"游僧"聚合起来，构成禅宗的社会基础。贞观十六年(642)是《续高僧传》初成书前三年，上述记载应当是可靠的。

这样，达摩弟子慧可的活动已经造成相当大的影响。不过从有关他的友人、弟子的行迹看，风格并不全同，严格意义的派系显然还没有形成起来。

《慧可传》写达摩"以四卷《楞伽》授(慧)可"，写"那、满等师常赍四卷《楞伽》以为心要"。慧可这一派人显然已注重《楞伽经》传授,有意识地大力弘传《楞伽经》,并把它作为新禅法的典据。因而这一派人被称为“楞伽师”。早期禅史《楞伽师资记》即直接把禅宗法系记载为《楞伽经》的传承。而早在道宣《续高僧传》的《法冲传》又已详细记载慧可后这一派人热心疏释《楞伽经》的情形:

> 达磨禅师后,惠可、惠育二人。育师受道心行,口未曾说。可禅师后,粲禅师、惠禅师、盛禅师、那老师、端禅师、长藏师、真法师、玉法师(已上并口说玄理,不出文记)。可师后,善老师(出抄四卷)、丰禅师(出疏五卷)、明禅师(出疏五卷)、胡明师(出疏五卷)。远承可师后,大聪师(出疏五卷)、道荫师(抄四卷)、冲法师(疏五卷)、岸法师(疏五卷)、宠法师(疏八卷)、大明师(疏十卷)。不承可师自依《摄论》者,迁禅师(出疏四卷)、尚德律师(出《入楞伽疏》十卷)。那老师后,实禅师、惠禅师、旷法师、弘智师(名住京师西明,身亡法绝)。明禅师后,伽法师、宝瑜师、宝迎师、道莹师(并次第传灯,于今扬化)。①

这样,到慧可以下第三代,弟子众多,多以传扬《楞伽经》为务,这一派人已经走上义学师说阐扬专经专论的路子。在《慧可传》里作为预言已经写道:“每可说法竟,曰:‘此经四世之后,变成名相(名相,为佛教的概念;佛教义学以辨析名相为基础,这里“名相”指义学注疏繁琐的概念辨析),一何可悲。’”值得注意的是,道宣《续高僧传》把记述“楞伽师”传承的法冲收录在《感通篇》而不在《习禅篇》里,这种编排显然是有意识地把他这一派与道信等黄梅派人区分开来。《续传》写法冲“显庆三年言旋东下,至今麟德年(664—665),七十九矣”。他应当生于梁太平元年(556)或二年,卒年较道宣(596—667)仅早两年,活动的时期大体相同。《续传》上说,他年

①《续高僧传》卷二七《唐兖州法集寺释法冲传》,下册第1079—1080页。本讲以下介绍法冲均据此传。

二十四，遭母丧，发心出家，听《涅槃》三十余遍；又至安州（今湖北安陆市）暠法师下听《大品》、“三论”、《楞伽经》，然后入武都山修业，年三十，到冀州（今河北衡水市冀州区）。贞观初年剃落，时年已经四十多。他带领“逃僧”四十余人来到峄阳山，得到守宰救济，众僧依之，听他讲《华严》等经。他显然对义学深有研究。后来又回到安州。《续传》继续记载他与《楞伽经》和慧可的关系：

> 冲以《楞伽》奥典，沉沦日久，所在追访，无惮夷险。会可师后裔盛习此经，即依师学，屡击大节，便舍徒众，任冲转教，即相续讲三十余遍。又遇可师亲传授者，依南天竺一乘宗讲之，又得百遍。其经本是宋代求那跋陀罗三藏翻，慧观法师笔受，故其文理克谐，行质相贯，专唯念惠，不在话言。于后达磨禅师传之南北，忘言忘念、无得正观为宗。后行中原，惠可禅师创得纲纽，魏境文学多不齿之，领宗得意者时能启悟。今以人代转远，纰缪后学，可公别传，略以详之。

这里明确说他是继承“可师后裔”的“楞伽师”一系的。在记述《楞伽经》传继情形那一大段之后又说：

> 冲公自从经术，专以《楞伽》命家，前后敷弘将二百遍，须便为引，曾未涉文，而通变适缘，寄势陶诱，得意如一，随言便异。师学者苦请出义，乃告曰：“义者，道理也。言说已粗，况舒在纸，粗中之粗矣。”事不获已，作疏五卷，题为《私记》，今盛行之。

这就是和道信同时的“楞伽师”的活动，正应了《慧可传》所记“四世之后”所传“变成名相”的谶言。再值得注意的是，上面所述慧可身后弟子传承的记述相当详尽，却没有涉及道信。表明道信一派人开拓了另一个方向，一个不同于把禅“变成名相”的方向，从而创建起一个富于革新意识和实践精神的新宗派——禅宗。

二

道信创建习禅的新派系，又得利于隋末唐初的社会环境。经过长期战乱，造成社会上大量无以为生的流民，或称游民。在中国历史发展中，特别是在社会动乱或改朝换代时期，流民的活动发挥了重大作用。李慎之曾指出：

> 中国还有一个历来被文人学士忽视的游民社会，他们的意识形态不但与官方的、正统的意识形态对立，而且还支配着半个中国、半部历史……①

破产的流民在古代又都是充实僧团的渊薮。而在社会动乱中，僧众逃散，则成为流落民间的“游僧”，也是流民队伍的一部分。道信就是聚集起隋唐之际大乱之后游行民间求生的游僧，创建起黄梅僧团、构建成新宗派的。

前此的北魏（北魏太武帝拓跋焘于太平真君七年〔446〕在全国范围内废佛，焚毁经像，坑杀沙门，至文成帝拓跋濬即位的兴安元年〔452〕始渐恢复）、北周（北周武帝宇文邕于建德三年〔574〕下诏禁佛、道二教；建德六年，灭北齐，废佛扩展到原齐国境内；武帝死后〔578〕，佛教得以恢复）两度毁佛，对于佛教是历史上前所未有的两次“法难”。佛教受到严重打击，大量僧尼流落民间。后一次毁佛结束距隋朝建立仅三年。入隋，虽然文帝杨坚、炀帝杨广都尊崇佛教，但如昙迁（542—607）对隋文帝说的：“昔周武御图，殄灭三宝，众僧等或刬迹幽岩，或逃窜异境。”文帝因而下诏，“自十年四月

①《发现另一个中国——（王学泰）〈游民文化与中国社会〉序》，《李慎之文集》下册第416页，2004年。

已前,诸有僧尼私度者,并听出家。故率土蒙度数十万人”。十四年,昙迁“又上诸废山寺并无贯逃僧并请安堵,帝又许焉”①。隋祚短促,隋末群雄逐鹿,于大业十三年(617)起兵,战火迅速燃遍全国。唐朝是在公元618年(武德元年)建立的,但真正平定江南、统一全国要到武德七年(624)。在长时期、大规模的战乱中,特别是农民起义队伍,把寺院当成主要攻击、扫荡对象。所谓“隋运末龄,贼徒交乱,佛寺僧坊,并随灰烬,众侣分散,颠仆沟壑”②;“隋末崩离,吴中饥馑,道俗逃难,避地东西”③;“豺狼恣睢,龙象凋落,天宫坠构,劫火潜烧”④,等等;相关文献记载,不一而足。有些著名大寺,经过战乱,变成一片残砖败瓦。唐初道宣到郧西,看到僧稠所住云门寺:

> 大业之末,贼所盘营,房宇孑遗,余皆焚荡。余以贞观初年陟兹胜地,山林乃旧,情事惟新。触处荒凉,屡兴生灭之叹;周睇焚烬,频噎《黍离》之悲。⑤

在这种情况下,大批僧众流亡民间,只好聚集起来自救谋食。那些有一定威望的大僧则成为领导人物。下面是僧传记载的一些例子:

> 汾州光严寺志超:……至隋季多难,寇贼交横,民流沟壑,死者太半。而超结徒劝聚,余粮不穷,但恐盗窃相陵,便欲奔散。乃以法诫劝,无变尔情。⑥
>
> 并州大兴国寺释昙选:及大业末岁,兵饥交接,四方僧游,

①《续高僧传》卷一八《隋西京禅定道场释昙迁传》,中册第664、665页。
②《续高僧传》卷一五《唐泽州清化寺释玄鉴传》,中册第523页。
③《续高僧传》卷二三《唐苏州通玄寺释惠旻传》,中册第880页。
④李邕《嵩岳寺碑》,《文苑英华》卷八五八,第6册第4530页,中华书局,1966年。
⑤《续高僧传》卷一六《齐邺西龙山云门寺释僧稠传》,中册第579页。
⑥《续高僧传》卷二〇《唐汾州光严寺释志超传》,中册第754页。

寄食无地。兴国虽富,俭啬者多,每食时禁门自守,客僧拥结,终不之前。①

泽州清化寺释智徽:伪郑之初,洛城恒闭,徽以兵戈方始,开悟未因,乃杖锡出城,思济乡壤……既达高平,道俗欣赴,世接屯难,饥馁相委,乃遗以粮粒,拯济寔多,皂素赖之,皆餐法味。②

并州义兴寺释智满:……俄为文帝追瓒(禅师)入京,定门斯坏,众侣乖张,满乃录其同志五十余人,西入岚州土安山内,如前综业,大感学徒。隋季道消,贼徒蜂起,生民坠于沟壑,而满众宛然不散,斯亦道感之会也。③

这类情形,一直延续到唐初。如:

京师弘福寺释灵润:时天步饥馁,道俗同沾,化感一寺,独延宾侣,磨谷为饭,菽麦等均,昼夜策勤,弘道为任。故四方慕义,归者云屯,周赡精粗,无乖僧法,共餐菜果,遂达有年。斯诚至德冥符,兼济有日矣。④

雍州津梁寺释法喜:武德四年,右仆射萧瑀于蓝田造寺,名津梁。夙奉徽风,嘉其弘度,召而居之。时属运开,犹承饥荐,四方慕义,相次山门,便减撤衣资,用充继乏,禀归行务,众所宗焉。⑤

唐初还有一个情况,就是唐高祖李渊和唐太宗李世民都不信佛教。朝廷虽然在策略上采取保护佛教、尊崇僧尼的措施,但又一再沙汰僧尼,对佛教加以限制。这也是新朝发展经济、安定民生的

---

①《续高僧传》卷二五《唐并州大兴国寺释昙选传》,下册第932页。

②《续高僧传》卷一五《唐泽州清化寺释智徽传》,中册第522页。

③《续高僧传》卷一九《唐并州义兴寺释智满传》,中册第711—712页。

④《续高僧传》卷一五《唐京师弘福寺释灵润传》,中册第539页。

⑤《续高僧传》卷一九《唐雍州津梁寺释法喜传》,中册第729页。

措施。据《续高僧传》的《慧乘传》记载：

> 会隋室分崩，唐皇御历，武德四年，扫定东夏，有敕伪乱地僧，是非难识，州别一寺，留三十僧，余者从俗。上以洛阳大集，名望者多，奏请二百许僧，住同华寺。乘等五人敕住京室……①

《法融传》又记载：

> 武德七年……左仆射房玄龄奏称："入贼诸州，僧尼极广，可依关东旧格，州别一寺，置三十人，余有遣归编户。"②

在李渊去世前的武德九年五月，朝廷又下《沙汰僧道诏》，敕令"诸僧、尼、道士、女冠等，有精勤练行、守戒律者，并令大寺、观居住，给衣食，勿令乏短；其不能精进、戒行有阙、不堪供养者，并令罢遣，各还桑梓。所司明为条式，务依法教，违制之事，悉宜停断。京城留寺三所，观二所，其余天下诸州各留一所，余悉罢之"③。后来由于李渊受李世民逼迫禅位，诏令不行。唐太宗是在隋末动乱中与群雄逐鹿夺取政权的，对宗教有相当清醒的认识，对南北朝一些皇帝佞佛的恶果更深以为戒。和群臣论政，明确说到梁武好佛、老以至亡国，足为鉴戒，表示自己所好，"惟在尧舜之道、周孔之教"④。又曾对萧瑀明确说"至于佛教，非意所遵，虽有国之常经，固弊俗之虚术"⑤。他即位的贞观元年，即有"敕遣治书侍御史杜正伦检校佛法，清肃非滥"⑥之举。贞观初年，朝廷严禁私度。《续高僧传》的

①《续高僧传》卷二五《唐京师胜光寺释慧乘传》，下册第 940 页。

②《续高僧传》卷二一《唐润州牛头沙门释法融传》，中册第 801 页。

③《旧唐书》卷一《高祖纪》，第 17 页，中华书局点校本。本书引用《二十四史》，均据中华书局点校本，1959—1977 年。

④《贞观政要》卷六《慎好第二十一》，第 195 页，上海古籍出版社，1978 年。

⑤《旧唐书》卷六三《萧瑀传》，第 2403 页。

⑥《续高僧传》卷二五《唐京师大总持寺释智实传》，下册第 945 页。

《法冲传》记载“下敕有私度者处以极刑……时峄阳山中多有逃僧避难”[①]。这应是各地普遍情况。南北朝时期，南方佛教重义学研究，基本是上层沙门和贵族居士的精英佛教；北方佛教重信仰实践，在民众间更为普及。隋王朝统一，立国在北方，把南方著名的义学沙门迁移到长安。唐王朝立国，有意利用佛教来安定社会，也要笼络、重用那些名高位崇的大和尚。唐高祖时期朝廷任命十位有威望的僧人为大德，在《续高僧传》里有记录的七位。值得注意的是其中六位是从事教理研究的学僧[②]。表明当时朝廷给予支持的是佛门精英的贵族佛教、御用佛教。

相对比之下，隋末唐初那些民间“游僧”以习禅者为多。这也是他们所处环境使然。如前面已经提到的志超，北周时曾在太原比干山创建禅林：

> 武德五年，入于介山，创聚禅侣。岩名抱腹，四方有涧，下望百寻，上临千仞。泉石结韵于仙室，风雨飘清于林端。遂使观者至止，陶铸尘心，自强诲人，无倦请益。[③]

又骊山津梁寺善慧(589—635)：

> 武德初年，随住蓝田之津梁寺。俗本骊戎，互相梗戾，率奖陶化，十室而九。然而性爱英贤，乐相延致，自西自东，百有余里，名林胜地，皆建禅坊。所之逃逸之俦，赖其安堵。[④]

见于僧传的还有如隋释法懔“禅念为本”，“以禅静为正业”[⑤]；释道

---

①《续高僧传》卷二七《唐兖州法集寺释法冲传》，下册第1078页。

②参阅史丹利·外因斯坦(Stanley Weinstein)《唐代佛教——王法与佛法》(*Buddhism under the T'ang*)第16页，释依法译，佛光文化实业有限公司，1999年。

③《续高僧传》卷二〇《唐汾州光严寺释志超传》，中册第755页。

④《续高僧传》卷二九《唐骊山津梁寺释善慧传》，下册第1182页。

⑤《续高僧传》卷一六《后梁荆州玉泉山释法懔传》，中册第586—587页。

正“乐习禅行”[1]；释僧渊依僧实学定，“精研定道”[2]；初唐释僧定“归宗禅府……系念相续，不愧空景”[3]；慧超“禅念为业”[4]；释法应“学宗禅业”[5]；等等。适应这样的需求，隋唐之际各地建立起许多游僧栖止的“禅坊”“禅室”“禅宇”“禅居”。如陈智远“居荆州长沙寺禅坊”，后来卒于建业开善寺禅坊[6]；隋智舜“卒于元氏县屈岭禅坊”[7]；隋真慧“以大业十一年十月七日因疾卒麻谷禅坊”[8]；隋慧意“专习定行。宇文废法，南投于梁，与仙城山慧命同师，寻讨心要。后住景空于聪师旧堂，综业常住，不事灯烛，夜常大明。有乡人德广郡守柳静，殊不信法，乃请意于宅，别立禅室，百日行道”[9]；隋道哲(564—635)，本来住隋长安大庄严寺，因为“盩厔县民，昔以隐居骆谷，得信者多，相率迎请，乃往赴焉。营构禅宇，立徒策业，山俗道侣，相从屯赴”[10]；昙荣(555—639)在大业十四年(594)“务道西游，行至上党、潞城、黎城诸山，依岩结宇，即永潜遁。既懿德是充，缁素归仰，便开拓柴障，广树禅坊，四远闻风，一期翕至”[11]；明舜(547—606)则在后来道信所在的蕲州，有“福田寺……是南齐高帝所立也。三院相接，最顶别院，名曰禅居”[12]；“释道亮……十五厌于世网，投州界莎坦禅坊备禅师出家焉”[13]。这样，如杜继文所描述：

---

①《续高僧传》卷一六《隋沧州兰若沙门释道正传》，中册第 596 页。
②《续高僧传》卷一八《隋蜀郡福缘道场释僧渊传》，中册第 670 页。
③《续高僧传》卷一九《唐京师大庄严寺释僧定传》，中册第 695 页。
④《续高僧传》卷一九《唐并州大兴国寺释慧超传》，中册第 706 页。
⑤《续高僧传》卷一九《唐京师清禅寺释法应传》，中册第 698 页。
⑥《续高僧传》卷一六《陈钟山开善寺释志远传》，中册第 584 页。
⑦《续高僧传》卷一七《隋赵郡嶂洪山释智舜传》，中册第 646 页。
⑧《续高僧传》卷一八《隋蒲州栖岩道场释真慧传》，中册第 672 页。
⑨《续高僧传》卷一六《隋襄州景空寺释慧意传》，中册第 603 页。
⑩《续高僧传》卷二〇《唐京师大庄严寺释道哲传》，中册第 740 页。
⑪《续高僧传》卷二〇《唐潞州法住寺释昙荣传》，中册第 742 页。
⑫《续高僧传》卷一一《隋西京日严道场释明舜传》，上册第 381 页。
⑬《续高僧传》卷二三《唐并州义兴寺释道亮传》，中册第 874 页。

> 禅僧聚众，或游动，或山居，到隋唐之际，可以说是遍地皆是，官方一般视作危险而又无法根本制止；禅众们则惶惶不安，游离于合法与非法之间。这种情况，随着唐王朝的巩固而有所缓和，但直到武则天做皇帝，才将禅宗得以立宗的最后基石安置妥当。①

这些民间“禅坊”“禅室”成为游僧习禅的据点。其中栖止的是活动在社会底层的僧众。他们不同于接受朝廷和权贵供养的上层沙门，他们的思想观念、组织方式、修行方法也必定和朝廷支持的贵族佛教、御用佛教截然不同。

其中道信在黄梅创建的，就是这类“禅坊”的一个。而道信不但有内容积极又相当系统的禅思想，又有组织能力和号召能力，遂招引众多僧众聚集在他的周围，建设起一个有规模、有影响的禅修基地。

三

《续高僧传》的《道信传》写到他永徽二年(651)亡殁，作者道宣卒年(667)在道信圆寂后的十六年。又《续高僧传》初稿完成于贞观十九年(645)，还是道信生前，后经不断增补，《道信传》显然属于后来增补部分。如前所说，道宣著述态度严谨，所述有关道信的内容应当是可靠的。据道宣记载②，“释道信，姓司马，未详何人”。在重视士族家系的唐初，对于出身叙述如此忽略，表明道信所出应当

①杜继文、魏道儒《中国禅宗通史》第104页，江苏古籍出版社，1993年。

②《续高僧传》卷二一《唐蕲州双峰山释道信传》，中册第807—808页。以下叙述道信事迹均据此传。

是非世家大姓的平民。他幼年出家,也应当是家境贫穷,为了谋求生计。这也是古代僧人出身的一般情况。关于他的师承,道宣记载"初七岁时,经事一师……经于五载……又有二僧,莫知何来,入舒州皖公山静修禅业,闻而往赴,便蒙授法。随逐依学,遂经十年",没有明确指出是什么人。《续高僧传》的《法冲传》记载"楞伽师"传承,"可禅师后"有一位"粲禅师"("粲"后来改写为"灿""璨")。后来北宗组织法统,确认粲禅师就是"二僧"中的一人,道信是他的弟子。这个认定并没有确切依据,有人认为是为创建"祖统"的后出附会,下面还将说明。

道宣记载他得法后,"师往罗浮……国访贤良,许度出家,因此附名住吉州寺"。依行年推算,这是他二十二岁、隋文帝仁寿元年(601)的事。据《资治通鉴》"开皇二十年(600)"项下记载,"帝晚年深信佛道鬼神"①,有诏禁毁佛、道造像,可见朝廷当时对佛教曾采取一些禁限措施。据道宣记载,他在次年"许度出家",表明他之前一直是随附僧人的行者或者是私度身份。再过十年,他"欲往衡岳,路次江州,道俗留止庐山大林寺"。这样,他长期游行在远离政治、经济中心的南方。即是说,他没有在隋王朝那些通都大邑的御用大寺里活动过。这对于他,无论是了解社会、增长见识,还是个人修行、发展禅思想,都会起到积极作用。"又经十年",他个人思想显然更成熟了,也有一定的声望了,"蕲州道俗请度江北黄梅县众造寺。依然山行,遂见双峰有好泉石,即住终志"。计算起来,这大约是唐室初建的武德三年(620)的事。说他被蕲州道俗迎请,当是溢美说法。据说他初到双峰山,"当夜大有猛兽来绕",表明他来到山里,人迹稀少,十分荒僻。可以设想当时开辟的艰难。

前面已经指出,黄梅地处长江中游北岸,南岸就是著名的佛教胜地庐山,这里交通便利,正是流民、游僧活动的通衢要道。道信

①《资治通鉴》卷一七九《隋纪三》,第5586页,中华书局,1956年。

有一定声望，一些游方僧众陆续集中到他这里。就在道信开拓黄梅禅居后的武德七年(624)，唐朝廷颁布均田令。唐代均田本是沿袭北朝办法，一项重要变革是给僧、道授田。“凡道士给田三十亩，女冠二十亩，僧、尼亦如之。”①这样把僧、道纳入编户，也是因为大乱之后，隙地很多，授田给僧、道，有利于社会安定，又可以增加朝廷赋税来源。黄梅山区荒僻，朝廷既有政策，道信也就有可能收纳僧众大举拓殖。他在山上经营“三十余载，诸州学道，无远不至”。游僧陆续聚集在这里，垦殖土地提供了僧团生存、发展的基本条件。中国佛教的生存与发展仰赖寺院经济，土地是其生命线。唐初实行均田制，特别给在民间活动的僧众提供了稳定的经济保证。

据道宣说，道信弟子最多达五百余人，按当时黄梅人口只有两千多户看，这个数目显然是夸大了。

道信弟子见于现存资料记载的，有法显、玄爽、善伏、弘忍等几个人。

据道宣《续高僧传》记载②，法显，江陵(今湖北荆州市江陵县)人，十二岁出家于故乡四层寺，也应是贫苦家庭出身。隋末战乱，“炎灵标季，荐罗戎火，馁残相望，众侣波奔”，正是前面所述战火扫荡寺院情形。他独守寺院大殿，“旦资蔬水，中后绝浆”。历经艰辛，于贞观末年来到黄梅，投依道信。玄爽，南阳(今河南南阳市)人，同样“游习肆道”，“覃思远诣”，也是游行四方以求生路的民间游僧，后来“往蕲州信禅师所，伏开请道，亟发幽微”，然后返南阳本乡，“惟存摄念，长坐不卧，系念在前”，显庆三年(658)卒。善伏(577—654)，常州义兴(今江苏宜兴市)人，比前两位更年幼的五岁

---

①《唐六典》卷三《户部尚书》，第74页，陈仲夫点校，中华书局，1992年。

②《续高僧传》卷二一《唐荆州四层寺释法显传》，中册第783—784页；《续高僧传》卷二一《唐荆州神山寺释玄爽传》，中册第784—785页；《续高僧传》卷二一《唐衡岳沙门释善伏传》，中册第794—796页。

时出家，大约也是迫于贫困，后来曾还俗入州学，但志乐佛法，又逃隐为僧，曾游学苏州、越州、天台，南行到交、桂、广、循诸州，上荆、襄，来到黄梅，“见信禅师，示以入道方便”。后离开黄梅，游方到庐山等处，永徽二年被括还俗，五年卒。上面这几个人的简单经历，有明显的共同处：他们都年幼出家；都有过长时期游走四方的经历，这种云游名义上是为访师求法，实则多数情况是谋衣求食，寻求生路；他们来到黄梅，双峰山给他们提供了栖止之处。显然黄梅僧团领袖道信也是他们所叹服的。通过这几个人的经历可以了解道信主持的黄梅僧团的构成情形。这是一批出身和活动在民间的游僧，观念和性格显然与社会上层的高级沙门不同；他们一般对佛教经院学问较少了解，思想观念也就较少受到固有传统的束缚；他们与道信师资道合，开拓荒山野岭，建设起一个禅修基地，也开拓出禅思想的新境界。

道信弟子中最重要的是弘忍(601—674)。根据禅宗后世祖师递世单传之说，他被尊为“五祖”。关于他的生平，同样多有模糊不明之处。直到宋代还流传有荒诞无稽的传说，如惠洪(1071—1128，北宋学僧，与苏轼、黄庭坚等著名文人交游，能诗善艺，著有《冷斋夜话》《石门文字禅》等)《林间录》上记载：

> 旧说四祖大师居破头山，山中有无名老僧，唯植松，人呼为“栽松道者”。尝请于祖曰：“法道可得闻乎?”祖曰：“汝已老，脱有闻，其能广化耶？傥能再来，吾尚可迟汝。”乃去，行水边，见女子浣衣，揖曰：“寄宿得否?”女曰：“我有父兄，可往求之。”曰：“诺，我即敢行。”女首肯之，老僧回策而去。女，周氏季子也，归辄孕，父母大恶，逐之。女无所归，日庸纺里中，夕于众馆之下，已而生一子，以为不祥，弃水中。明日见之，溯流而上，气体鲜明，大惊，遂举之。成童，随母乞食，邑人呼为“无姓儿”。四祖见于黄梅道中，戏问之曰：“汝何姓?”曰：“姓固有，但非常姓。”祖曰：“何姓?”曰：“是佛性。”祖曰：“汝乃无姓

耶?”曰:“姓空,故无。”祖化其母,使出家,时七岁。众馆今为寺,号佛母,而周氏尤盛。[①]

这种神孕产子传说,是中外宗教史上制作“圣传”的例行故事。《宋高僧传》免掉过分荒唐的情节,只是说“其母始娠,移月而光照庭室,终夕若昼。其生也灼烁如初,异香袭人,举家欣骇。迨能言,辞气与邻儿弗类”。仍然保留传统的吉兆神话。又说他“姓周氏,家寓淮左浔阳,一云黄梅人也”[②]。净觉的《楞伽师资记》转录其师玄赜的《楞伽人法志》也说他“姓周,其先浔阳人,贯黄梅县也”。弘忍俗姓周,是黄梅本地人,应当没有问题。《楞伽人法志》说他“父早弃背,养母孝彰,七岁奉事道信禅师”[③]。这个早年跟随道信的说法又见《历代法宝记》《祖堂集》惠洪的《林间录》《宋高僧传》等资料。但另一部早期禅史《传法宝纪》说“童真出家,年十二事信禅师”[④];《历代法宝记》说“七岁事信禅师,年十三入道披衣”[⑤],记载略有不同。然而根据《楞伽人法志》,说他圆寂于咸亨五年(674),活了七十四岁,计算起来,生于仁寿元年(601),遇见道信应当在隋大业八年(612)。而如上所述,道信大约在武德三年(620)才来黄梅,这是不合理的。如果他是道信在贞观初来到黄梅的第一批门徒,应当已经二十多岁了。据说他初入道场,在寺院里做杂务,“混迹趋给”,侍奉僧众,实际身份是寄住在寺院里的行者,这是合乎情理的。如上所述,当时朝廷限制度僧人数,依

①《林间录》,《续藏经》第87册第248页上—中。

②《宋高僧传》卷八《唐蕲州东山弘忍传》,上册第171—172页。

③《楞伽師資記》,柳田圣山《禅の語録2　初期の禅史Ⅰ》第273页,筑摩书房,1971年。以下引录《楞伽师资记》均据此本。

④杜朏《伝法宝紀》,柳田圣山《禅の語録2　初期の禅史Ⅰ》第386页,筑摩书房,1971年。以下引述《传法宝纪》均据此本。

⑤《歷代法宝記》,柳田圣山《禅の語録3　初期の禅史Ⅱ》第92页,筑摩书房,1976年。以下引录《历代法宝记》均据此本。

附寺院的许多人没有身份。后来慧能的情形也一样，下面还将说到。道信于永徽二年(651)去世，他接替道信领导僧团。这几十年间他活动的具体情形记载缺如。但是可以推测，能够继承道信的僧团领导位置，应当是在道信门下进德修业，僧格、才学、人品都相当出众，得到僧众信服的人物。事实也是，他扩建禅团，教育僧众，发展道信的禅思想，并把黄梅的影响进一步广大，确实是道信合格的继承人。

弘忍在原来道信所建寺院所在的双峰山东十里冯茂山(凭墓山)另辟禅院，广引四方学众。这就是现存的五祖寺。因为寺院在双峰山东面，又称"东山"。他为什么另立门庭，或许是僧众日渐增多，需要扩展寺院规模，或许是僧团内部有矛盾，缘由不得而知。但可以肯定，原来的四祖寺还没有成为占地广阔的经济实体。弘忍显然更具号召力，《楞伽人法志》上说"四方请益，九众师模，虚往实归，月逾千计"；另一部早期禅史《传法宝纪》上说："令望所归，裾履凑门，日增其倍。十余年间，道俗受学者，天下十八九。自东夏禅匠传化，乃莫之过。"这类记载当然也有夸大不实的嫌疑，参照上面介绍的当时黄梅户口数，是不可能供养上千人的僧团的。但他更善于教化，门庭更为广大，当是事实。前来投奔的，仍多是那些流落无依的游僧和流民。典型的如投奔他的嵩岳慧安①，隋文帝开皇十七年(597)朝廷下敕条括天下私度僧尼，他本是私度身份，不得不"亡入山谷。大业中，开通济渠，追集夫丁，饥殍相望。安巡乞多钵食，救其病乏"，后来又"潜入太和山"；到隋末，"海内扰攘，乃杖锡登衡岳寺，行头陀法。贞观中，至蕲州，礼忍大师"。这是一位年纪相当大、阅历相当丰富的游僧。和道信相比较，弘忍显然更注意网罗弟子。《楞伽人法志》记载他临终

①以下慧安事迹并见《宋高僧传》卷一八《唐嵩岳少林寺慧安传》，下册第452—453页。

时对玄赜说：

> “如吾一生，教人无数，好者并亡。后传吾道者，只可十耳。我与神秀论《楞伽经》，玄理通快，必多利益；资州智诜、白松山刘主簿兼有文性；莘州惠藏，随州玄约，忆不见之；嵩山老安，深有道行；潞州法如，韶州惠能，扬州高丽僧智德，此并堪为人师，但一方人物；越州义方，仍便讲说。”又语玄赜曰：“汝之兼行，善自保爱。吾涅槃后，汝与神秀当以佛日再晖，心灯重照。”

以上，加上玄赜本人，是十一个人，当是“教人无数”里的杰出者。慧安离开黄梅在“麟德元年(664)，游终南山石壁而止。时所居原谷之间，旱霜伤苗稼，安居处独无。四十里外，皆苦青女之灾矣。天皇大帝闻而召焉，安不奉诏。永淳二年(683)，至滑台草亭居止，中坐绳床，四方坦露，敕造寺以处之，号‘招提’是也。如是却还家乡玉泉寺。时神秀禅师新归寂，咸请住持，安弗从命”。可见慧安在禅宗早期是活动年限相当长、又是有重要地位的人物。还有弘忍对玄赜提到的法如(638—689)，地位也很重要。文献里留有一篇《唐中岳沙门释法如禅师行状》①，上面说他俗姓王，上党(今山西长治市)人，幼随舅任(住)澧阳，事青布明(慧明，唐初僧，常衣大布，称“青布明”；他在山十年念禅，七日不食，是旧派禅师)为师。后者的记述应当更可靠，前者应是出于当时重门第习俗的附会。《行状》上说他年十九出家，志求大法，经人建议，来到蕲州弘忍会中。《行状》上又说“至咸亨五年(674)，祖师灭度，始终奉侍，经十六载。既淮南化掩，北游中岳。后居少林寺，处众三年……垂拱二年(686)，四海标领众僧，集少林精舍，请开禅法……犹是谦退三让，久乃许焉”。按他在黄梅十六年计算，来到弘忍门下当在显庆

①此《行状》录文见柳田圣山《初期禅宗史書の研究》附录《資料の校注》(一)，第487—489页。

四年(659)。下面还将说到,他应当是弘忍的重要继承人,在当时有相当大的名声和影响。又弘忍说"教人无数,好者并亡",如今可以考知的,如《宋高僧传》卷八记载的金陵延祚寺法持,"年十三,闻黄梅忍大师,特往礼谒,蒙示法要,领解幽玄"。弘忍去世时对玄赜说:"后传吾法者可有十人,金陵法持即其一也。"[①]则把法持列入十大弟子之一。又"释道俊,江陵人也,住枝江碧涧精舍,修东山无生法门,即信、忍二祖号其所化之法也。勤洁苦行,迹不出寺,经四十余载。室迩人远,莫敢请谒者,唯事杜默。如是声闻于天,天后、中宗二朝崇重高行之僧,俊同恒景应诏入内供养。至景龙(707—710)中,求还故乡。帝赐御制诗,并奘、景同归枝江,卒于本寺焉"[②]。还有越州僧达,"后乐游方,见黄梅忍禅师,若枯苗得雨,随顺修禅,罔有休懈"[③]。宗密《圆觉经大疏释义钞》上说:"大师广开教法,学徒千万。于中久在左右、升堂入室者,即荆州神秀、潞州法如、襄州通、资州智诜、越州义方、华州慧藏、蕲州显、扬州觉、嵩山老安,并是一方领袖。"[④]这里举出九个人,其中襄州通、蕲州显、扬州觉三人不在弘忍本人列举十人之中,则弘忍门下弟子杰出者达二十人左右。他所主持的黄梅僧团人数显然比道信时期多得多,整体水平也大为提高。这不能不归功于弘忍育人有方。特别是在他的领导下,继承和发展了道信的革新禅思想,对于以后禅宗的发展具有重大意义。他的弟子来自全国各地,分散到各地弘化。其中慧能、印宗到广东,神秀到两京、荆州,玄赜、玄约、道俊到湖北,智诜到蜀中,义方、僧达到浙江,法照到安徽,慧明到江西,如此等等,把这个禅修的新佛教广传天下四方,扩大了影响。

①《宋高僧传》卷八《金陵延祚寺法持传》,上册第182页。
②《宋高僧传》卷八《唐荆州碧涧寺道俊传》,上册第183页。
③《宋高僧传》卷二九《唐越州妙喜寺僧达传》,下册第719页。
④《续藏经》第9册第277页上。

四

在诸宗并立局面下，各宗派都创建自己的“祖统”。这是确立本宗派作为佛陀教法真传地位的需要，也是构成宗派的客观标志。黄梅僧团扩展，形成一定规模，也要争取独立宗派的地位，构建、确立本宗派的“祖统”。“祖统”构建成功，标志着禅宗作为宗派组织结构已经成形。

众所周知，古印度没有清晰的历史概念。有关佛教发展、经典结集、部派传承等具体情形也没有准确的记录。《阿育王传》卷四有“五师相承”说：

> 涅槃时到，尊者迦叶以法付嘱阿难而作是言：“长老阿难，佛以法藏付嘱于我。我今欲入涅槃，以法付汝，汝善守护。”阿难合掌答尊者言：“唯然，受教。”……尊者阿难语商那和修：“佛以法付嘱尊者迦叶，迦叶以法付嘱于我。我今欲入涅槃，汝当拥护佛法。”……商那和修答言：“唯然，受教。”……尊者阿难付嘱商那和修佛法已……尊者阿难语言：“世尊以法付嘱于我而入涅槃，我今亦付嘱汝之佛法而入涅槃，汝等当于罽宾国中竖立佛法。佛记我涅槃后当有摩田提比丘，当持佛法在罽宾国。”尊者阿难以法付嘱摩田提比丘已……①

僧祐《出三藏记集》的《萨婆多部师资记目录序》里，记载萨婆多部即说一切有部（部派佛教〔小乘〕上座部分化出来的部派之一，主张世间的有为法和无为法的法体恒有；该部论书《大毗婆沙论》

---

①《大正藏》第50卷第114页中—116页中。

等对中国佛教影响甚大)“源起天竺,流化罽宾,前圣后贤,重明叠耀”[①]的传承,从大迦叶到达摩多罗计五十三人。按印顺说,这五十三人“虽看做律学,而实是禅法的相承”[②]。不过其中记录的师资传承关系并没有确切的历史依据。题署元魏西域三藏吉迦夜共昙曜译的《付法藏因缘传》在《出三藏记集》里著录为缺本[③],今传本一般以为是根据传世材料编纂的,记录佛陀法系二十四世。天台智𫖮在《摩诃止观》卷一开头据以历述佛陀付法世系,从大迦叶以下“二十四人,诸师皆金口所记,并是圣人,能多利益”[④]。佛陀跋陀罗所出《达摩多罗禅经》是讲禅的,记录佛法传授关系,提出九世:

> 佛灭度后,尊者大迦叶,尊者阿难,尊者末田地,尊者舍那婆斯,尊者优波崛,尊者婆须蜜,尊者僧伽罗叉,尊者达摩多罗,乃至尊者不若蜜多罗。诸持法者以此慧灯次第传授。[⑤]

这只是“持法者”的传继关系,与后世传宗递代示法、证悟、传灯的关系不同。禅宗在发展中创建、完善自宗的“祖统”,构成一个“教外别传”的系统。

印度佛教主张断绝世俗情缘,没有中国传统反映血缘世袭制度敬宗庙、恭祖旧的观念。按照传统的血缘世袭关系构建子孙传承的法系乃是中国宗派佛教实现“中国化”的具体体现之一。这一方面证明宗派的渊源有自,另一方面明确每个“祖师”在宗派整体发展中的地位。最早创建的天台宗把法脉追溯到印度的龙树,二祖北齐慧文,三祖陈慧思(516—577),接着是智𫖮、灌顶师弟子。他们两人是天台宗的实际创建者。三论宗的创始人是隋唐之际的

---

①《出三藏记集》卷一二《杂录序》,第 466 页。
②《中国禅宗史》第 195 页。
③《出三藏记集》卷二《新集撰出经律论录第一》,第 62 页。
④《摩诃止观》卷一,《大正藏》第 46 卷第 1 页中。
⑤《大正藏》第 15 卷第 301 页下。

吉藏(549—623),法统同样追溯到印度龙树,在中国则向前到鸠摩罗什、僧肇,以下僧朗、僧诠、法朗(507—581)、吉藏。后来的慈恩宗、华严宗也同样构筑自宗的法系。这些宗派所拟定的法系的前几代是后人追认的,递代传承也并不全都是师弟子关系。到弘忍在东山开法,声势大兴,称“东山法门”,也要构建自己的传法统序即“祖统”。

《楞伽师资记》上说弘忍“承信禅师后”。弘忍弟子众多,杰出者有前述神秀、玄赜、慧能等二十人左右。其中神秀年高,在弘忍门下资格老,后来又被武则天迎请,名声大,自然被视为弘忍的传人。如今所能见到有关禅宗法系的最早资料是前述永昌元年(689)的《唐中岳沙门释法如禅师行状》,其中说:

> 南天竺三藏法师菩提达摩,绍隆此宗,武步东邻之国,《传》曰:神化幽赜,入魏传可,可传粲,粲传信,信传忍,忍传如……

其中又记载法如在五祖弘忍会中,“稽请毕已,祖师默辩先机,即授其道”①云云。这是六世传继,不过弘忍之后不是神秀,而是法如。今存禅史最早一部——《传法宝纪》出于8世纪初(据考是睿宗时期〔710—712〕编撰的,印顺定在“713年顷”),作者杜朏是北宗信徒。这部书讲禅宗历史,从慧远的《庐山出修行方便禅经统序》讲起,说佛陀付法给阿难,“阿难传末田地,末田地传舍那婆斯,则知尔后不坠于地,存乎其人”,下面接着讲菩提达摩“发迹天竺,来到此土”,然后自“东魏惠可以身命求之,大师传之而去,惠可传僧璨,僧璨传道信,道信传弘忍,弘忍传法如,法如及乎大通(神秀)”。这部书不是讲佛陀付法给迦叶,而是阿难(佛教史上讲,佛陀圆寂,众弟子结集佛陀教诲,由大迦叶主持,“经”的部分由阿难诵出);与后

---

①《金石续编》卷六。

来标准的北宗六祖传承说法比较，在弘忍和神秀之间又多出个法如（这更符合历史实际情况）。这同于《法如行状》的说法，大概也是当时一般的看法。法如的位置应当在弘忍之后，神秀弟子辈为推崇神秀而把他抹杀了。这部书和《法如行状》一样，明确记载达摩从天竺来到"此土"，把他当做禅宗的开创者。

时代稍后的另有一部禅史《楞伽师资记》（据柳田圣山考证应编撰于先天二年〔713〕至开元四年〔716〕之间），前面已经提到，作者净觉是北宗弟子。它的题目已明确标榜新宗派是楞伽师的传承。"楞伽"指南齐求那跋陀罗所译四卷本《楞伽经》。这部书从求那跋陀罗来华，"译出《楞伽经》，王公道俗，请开禅训"讲起，作为第一世，并借求那跋陀罗的话说"此土地居东边，修道无法。以无法故，或坠小乘二乘法，或坠九十五中外道法，或坠鬼神禅，观见一切物，知他人家好恶事。苦哉！大祸大祸，自陷陷他"，因此他翻译《楞伽经》，传授的是不同于传统"修道"的"安心"法门。接下来所述则是菩提达摩、慧可、粲禅师、道信、弘忍、神秀六代递传付法，即北宗的六祖传承。这部书反映当时《楞伽经》对于禅宗形成与早期发展的影响，也表明后世定型的"祖统"当时仍在组织过程之中。

这样，禅宗的"祖统"在弘忍弟子辈逐步组建起来。其中有个环节，就是僧粲作为三祖在文献里没有确切根据。在《楞伽师资记》里有"可禅师后，其粲禅师"的记载。《续高僧传》的《道信传》则记载道信"未详何人。初七岁时，经事一师，戒行不纯，信每陈谏，以不见从，密怀斋检，经于五载，而师不知。又有二僧，莫知何来，入舒州（今安徽安庆市）皖公山，静修禅业，闻而往赴，便蒙授法。随逐依学，遂经十年"①。如前所述，最初是在武后永昌元年（689）的《法如行状》里明确记载"可传粲，粲传信"的。这距离写《续高僧传》的道宣去世（667）只过了二十多年，距离道信去世不到四十年。

①《续高僧传》卷二一《唐蕲州双峰山释道信传》，中册第809页。

道宣著述的时候，搜集道信材料应当是比较容易的。但是《续传》里没有关于僧粲的记载，《法如行状》忽然做出这样的记述，根据是什么，不得而知。不过这样的传承关系在早期禅史里却被确认下来。后来独孤及于大历五年(770)守舒州，写纪念僧粲的《舒州山谷寺觉寂塔隋故镜智禅师碑铭并序》，其中说“菩提达摩大师始示人以诸佛心要，人疑而未思，惠可大师传而持之，人思而未修。迨禅师三叶，其风浸广……双峰大师道信其人也。其后信公以教传弘忍，忍公传慧能、神秀，能公退而老曹溪，其嗣无闻焉。秀公传普寂，寂公之门徒万人，升堂者六十有三”[①]云云，显然是出于确立祖统的需要，在为北宗张目。

《法如行状》提出了“祖师”概念。传统上“祖师”的本义是指学术创始人。如《汉书·外戚传下》里说：“定陶丁姬，哀帝母也，《易》祖师丁将军之玄孙。”颜真卿注：“祖，始也。《儒林传》，丁宽，《易》之始师。”[②]这是说丁将军是《易》学的祖师。后来“祖师”用以指学术、技艺、宗教的创始或权威人士。翻译佛典多借用“祖师”一词来指称佛陀或诸佛。《法如行状》里记载法如在五祖弘忍会中，“稽请毕已，祖师默辩先机，即授其道”[③]云云，称弘忍为“祖师”，是为禅宗称“祖师”的滥觞。到8世纪初，“北宗禅”兴盛，神秀弟子“普寂禅师在嵩山竖碑铭，立七祖堂”[④]，是为禅宗创立“祖堂”之始。欧阳修《集古录》卷七：

> 唐龙兴七祖堂颂(天宝十年)
>
> 右龙兴寺《七祖堂颂》：陈章甫撰，胡霈然书……[⑤]

---

①《毗陵集》卷九。

②《汉书》卷九七下《外戚传下·定陶丁姬传》，第4002—4003页。

③《金石续编》卷六。

④《菩提达摩南宗定是非论》下卷，胡适校敦煌唐写本《神会和尚遗集》第284页，台湾胡适纪念馆，1982年。

⑤同样记载见宋赵明诚《金石录》。

就这样，禅门中开始用“祖堂”取代一般供佛的殿堂。把七代传人当做“祖师”，建殿堂供奉，认定达摩以来递代相传的七个人是“祖师”，简称“祖”。称新宗派传人为“祖师”，提高了这些禅师的地位，进而也提升了这一宗派的地位①。

后来神会在滑台无遮大会上树立南宗宗旨，继承北宗办法，用慧能取代神秀，也就否定了普寂的七祖地位。再后来百丈怀海的《古清规》里规定“唯树法堂”，“祖堂”，可视为“法堂的滥觞”，从而把禅寺建立祖堂、供奉祖师制度化了。

如此有意识地组织起“祖统”，意义是十分重大的。构造祖统的过程实际即是创建宗派的过程。如上所说，宗派佛教的祖统多有虚构成分，但构建起来之后被认可，宗派也就有作为佛法正统的根据了。就禅宗的情况，如柳田圣山所说：

> 看起来，称得上纯粹史实的史实时代极其短暂，它作为一种需要，应当说是宁可虚构的史实的时代，乃是一直贯穿包括道宣的灯史的时代，归根结底，正是达摩像的虚构与变化的历史的发展，乃是具体、生动的达摩禅的最为确切的历史。②

印顺指出：“北宗、南宗，都是重祖师（甚至比佛更重要）。”③后来慧能、神会创立南宗禅。神会开元年间在河南滑台的无遮大会上“为天下学道者定宗旨”④，其“宗旨”的重要内容之一就是树立南宗的祖统。神会提出的“祖统”前五代沿袭北宗说法，只是第六代用慧能取代神秀，也是因为前五代已经被普遍确认。不过神会又

①《至大金陵新志》卷一三下之下《人物志》记载传说：“唐贞观中，四祖信禅师传达磨心印，在蕲州双峰，知（法）融可以传道，遂来山中，授以法要。后寺僧日多，融自往南丹阳负米，相去八十里，负米石有八斗，供三百人食。住建初寺，卒葬鸡笼山，号一代祖师，其寺与山遂号‘祖堂’云。”

②《初期禅宗史書の研究》第 433 页，《禅文化研究所研究報告》第一册。

③《中国禅宗史》第 293 页。

④《菩提达摩南宗定是非论》上卷，胡适校敦煌唐写本《神会和尚遗集》第 264 页。

提出一些新的说法，就是达摩所传的印度源头：“自如来付西国与唐国，总经有一十三代”，而“一代只许一人承后”。他提出的十三代是西国八祖和东土五代加慧能。西天八祖是“菩提达摩承西国僧伽罗叉，僧伽罗叉承须婆蜜，须婆蜜承优波崛，优波崛承舍那婆斯，舍那婆斯承末田地，末田地承阿难，阿难承迦叶，迦叶承如来付”①。这几位基本是按慧远《庐山出修行方便禅经统序》所述大迦叶以下的“持法者”，神会利用已有史料加以捏合，并特意用“菩提达摩”取代了“达摩多罗”。为了神化慧能，又制造出一个达摩“传衣”传说，编造出一系列北宗学人迫害慧能的故事，并大力攻击神秀及其弟子普寂，说他们“师承是旁，法门是渐”。这样南、北分宗，南宗用新的“祖统”确立起达摩以来嫡传至慧能的正统地位。这个“祖统”得到相当普遍的承认，连出于四川保唐系的《历代法宝记》在弘忍弟子中也特别突出慧能了。

西天二十八祖的说法是后来南宗学人确立的。不过在相当长时期也没有得到普遍认定。例如文宗朝（827—840在位）宰相贾悚的《扬州华林寺大悲禅师碑铭并序》里说：

> 自大迦叶亲承心印，二十九世传菩提达摩，始来中土，代袭为祖，派别为宗。故第六祖曹溪惠能，始与荆州神秀分南、北之号。曹溪既没，其嗣法者神会、怀让又析为二宗。②

这里提出“二十九代”说法。晚唐活动在懿宗（860—874在位）朝的公乘亿在《魏州故禅大德奖公塔碑》里则说：

> ……代代相付，肇自摩诃迦叶，迄于师子尊者，统为二十三代，而后达摩多罗降于汉土，至能、秀分之为七，而后苞披叶

①《菩提达摩南宗定是非论》下卷，胡适校敦煌唐写本《神会和尚遗集》第282、294—295页。

②《全唐文》卷七三一，第8册第7546页。

附，派别脉分，其真宗不泯不灭者，则我大觉大师固有系焉。[①]

这则仍是二十四世说，并坚持中土初祖是达摩多罗。不过持守慧能及其《坛经》的一派南宗子孙势力强盛，二十八祖说终成定论。后来胡适说南宗的灯史是“伪造的禅史”，也指这方面的内容。

构成“祖统”的一代代祖师被看做是真正权威的持法者、弘法者。确立起“祖统”标志着禅宗创建宗派完成了最后一步。后来梁肃攻击禅宗，说它“自立为祖，继祖为家，反经非圣，昧者不觉”[②]，就是指斥禅宗通过树立祖统，确立起自宗“教外别传”的地位。这也凸显出创建祖统对于禅宗发展的重大意义。

①《文苑英华》卷八六八，第6册第4582页。

②《删定止观》卷一，《续藏经》第55册第692页上。

第四讲 “安心”方便法门

一

一种思想运动——禅宗本质上乃是披着宗教外衣的思想运动——能否超越少数创始人的圈子，在社会上普及开来，能否发挥积极的甚或巨大的社会影响，决定于它的内容，又和它的表现形态有关系。道信、弘忍能够适应时代发展形势的需要提出了具有重大理论价值和革新意义的思想即“宗义”（中国佛教的各个宗派对佛教教理进行独立的阐发，形成本宗派的思想理论体系，区别于佛教“教义”称谓，称“宗义”），并利用适当的形式表现出来，不但成功地征服、教育了集中在黄梅的徒众，且很快流传开来。具有关键意义的是进入作为政治中心的两京，被朝廷上下所接受。所谓“上”，上到皇帝，包括武则天；所谓“下”，直到统治阶级底层的庶族士大夫。

佛陀创教的根本目的即在启发觉悟，改造人心，把人从构成轮回根源的根本烦恼贪、嗔、痴解脱出来；一代代佛门弟子创造出千经万论（按照佛教传统说法，佛说“经”，菩萨造“论”，但实际不只是“论”，“经”也是佛灭后陆续结集起来的。内容不同的经典结集的过程，也是佛教发展的过程），基本内容就是给人指引解脱的方法和途径。道信、弘忍把佛教不同派系（包括印度佛教的“部派”和中国佛教的“学派”）充满矛盾的庞大的理论堆积简化为“安心”法门，提出净化自身的简单易行的方法、道路和前景。这种宗义又充分体现了中土传统的理性精神和人本思想，富于积极的现实意义。在唐初社会关系正在发生巨大变革的时期，这种宗义适应社会整体发展形势，与积极进取的思想潮流相呼应，对于推动社会演变发挥了积极作用，遂蓬蓬勃勃地发展起来。

前面曾经说到，净觉编撰《楞伽师资记》所述有据，内容比较可靠。其中道信部分录入一篇《入道安心要方便法门》，字数是全书的大约一半，可见编撰者对这篇作品的重视。这篇文字显然是被当做新宗派的纲领性文件来看待的。不过无论是理论层面还是实践层面，这部作品都显得驳杂。这在新宗派创建宗义体系时期是不可避免的。比如所引据经典，一开始就说：“我此法要，依《楞伽经》‘诸佛心第一’，又依《文殊说般若经》‘一心三昧’。”[①]这是说在教理上，作为宗派典据的是《楞伽经》和《文殊说般若经》。但在行文里又引用了《般若经》《普贤观经》《华严经》《法华经》《大涅槃经》《无量寿经》等教理体系各不相同的经典。这固然反映作者学识广博，但同时也表明思路并不清晰。讲到修禅，又说“欲入一行三昧，应处空闲，舍诸乱意，不取相貌，系心一佛，专念名字，随佛方所，端身正向，能于一佛念念相续，即是念中能见过去、未来、现在诸佛”。这实则是传统的念佛三昧法门。这也表明在新的禅思想形成阶段，理论体系还不能完全摆脱传统教义的羁束。值得注意的是，作者对经典的解释往往采取自由态度。如对《楞伽经》，吕澂指出：“他们还特别指出要依《经》‘佛语、心第一’来重视‘心’。事实上，

---

①本讲以下引用《楞伽师资记》，均据柳田圣山点校本《禅の語録2　初期の禅史Ⅰ》，筑摩书房，1971年，不另注出版本、页码。

四卷本《楞伽经》只是用《一切佛语心第一》作为品名，而且这个‘心’字，意思同于‘枢要’、‘中心’，即是说佛教中的重要意义在《楞伽经》中都已具备了，并非指人心之心。但楞伽师望文生义地曲解这一含义，却要求人们专向内心用功夫。”①这类似后来理学的心学一派“六经注我，我注六经”的办法。又《文殊说般若经》，该经凡二译，即梁曼陀罗仙所出《文殊师利所说摩诃般若波罗蜜经》和梁僧伽波罗所出《文殊师利所说般若波罗蜜经》，是属于大乘般若系统的经典，异译还有《大宝积经》卷一一六和玄奘《大般若经》卷五七五的《曼殊室利品》。其中所说“一行三昧”本属大乘禅的一种，指观察唯一法界实相的三昧，又称“一相三昧”。天台智𫖮把它作为“四种三昧”里“常坐三昧”的依据。天台、华严、净土等派系都讲“一心三昧”。道信同样给予自由的解释来说明他新的禅思想。不过正是这种自由解经的方式开创了禅宗特有的学风。

如《楞伽师资记》书名表明的，早期禅宗，起码是净觉等一派有势力、有影响的传人，是把新宗派看做是《楞伽经》的持守者的。《楞伽经》阐扬新一代大乘瑜伽行学派的唯识学说，理论体系属如来藏系统。如来藏思想乃是大乘涅槃思想的新论证、新发展。南北朝时期，《如来藏经》《不增不减经》《大法鼓经》《胜鬘经》《无上依经》《宝性论》等一批宣扬如来藏思想的经典陆续传译。如来藏思想讲“三种义”（所摄，如来含藏一切众生；能摄，一切众生具足如来及如来一切功德；隐覆，如来藏被烦恼所隐覆）、“九相”（常、无染、德相具足、无碍、法尔、常住不变、不坏不动、清凉、寂静，这是如来藏佛性的性质）、“十门”（体、因、果、业、相应、行、时差别、遍一切处、不变、无差别，这是如来藏佛性的相状）、“九喻”（“隐覆义”的九个譬喻，如真金坠不净处、贫家有真宝藏等）等。《楞伽经》又讲前面已经介绍过的“五法”“三自性”“八识”“二无我”，论证“唯识无

①《中国佛教源流略讲》，《吕澂佛学论著选集》第5卷第2753页。

境”“境由心造”诸义。这都体现佛教教理条分缕析地进行详密思辨的特征。到《大乘起信论》,发挥“本觉”思想,实际是对于如来藏佛性说的简洁、清晰的说明。

正是在此基础上,《入道安心要方便法门》(方便,梵文 upāya 的意译,音译“沤波耶”,谓根据众生根机施行教化的权智之道;法门,僧肇曰:“言为世则谓之法,众圣所由谓之门。”即通于佛法的门径。道信把自己所著命名为“方便法门”,表现了强烈的自主革新精神)对基于如来藏思想的普遍佛性说做出更加简单、明确的概括与发挥:

> 夫身心方寸,举足下足,常在道场,施为举动,皆是菩提。

《维摩诘经》论“道场”,有所谓“直心是道场,无虚假故;发行是道场,能办事故;深心是道场,增益功德故;菩提心是道场,无错谬故……”的说法,又说“诸有所作,举足下足,当知皆从道场来,住于佛法矣”①。“道场”本义是指佛当初在尼连禅河畔娑罗双树下成道的场所,引申用来表示佛或佛法的所在。僧肇《不真空论》里又曾说:“不动真际为诸法立处。非离真而立处,立处即真也。然则道远乎哉?触事而真。圣远乎哉?体之即神。”②所谓“真”即绝对“真实”,也就是佛法、佛性。如此讲佛性遍在的道理,即是把它落实到现实人生之中。而道信则进一步把遍在的佛性归结到“身心方寸”即现实的人“心”,乃是对“悉有如来藏”思想的发挥。他进而提出这“心”与“佛”相一致,即人的心性与佛性本是一体无二的:

> ……离心无别有佛,离佛无别有心。念佛即是念心,求心即是求佛。所以者何?识无形,佛无形,佛无相貌。若也知此道理,即是安心。常忆念佛,攀缘不起,则泯然无相,平等不

①《维摩诘所说经》卷上《菩萨品》,《大正藏》第 14 卷第 542 页下—543 页上。

②《肇论》卷一,《大正藏》第 45 卷第 153 页上。

二。入此位中，忆佛心谢，更不须征。即看此等心，即是如来真实法性之身，亦名正法，亦名佛性，亦名诸法实性实际，亦名净土，亦名菩提、金刚三昧、本觉等，亦名涅槃界、般若等。名虽无量，皆同一体，亦无能观、所观之意。如是等心，要令清净，常现在前，一切诸缘，不能干乱。何以故？一切诸事，皆是如来一法身故。住是心中，诸结烦恼自然除灭。

这样，道信把正法、佛性、诸法实性（即“空性”）、净土、菩提（梵文bodhi的音译，意译为“道”“觉”，指无上智慧、佛慧）、金刚三昧（最深一层三昧，“金刚”喻坚固，能断一切烦恼，得一切善果）、本觉、涅槃、般若等等佛教各派所宣扬的神圣、绝对的境界，统统归之于一“心”；这种“心”是人人平等具有的“身心方寸”；而如是等心，攀援不起，断绝诸缘，则烦恼性空，即获得解脱；“知此道理，即是安心”。佛教各学派、各部派有关心性理论有染净（心的本性是染还是净乃是关于心性的截然不同的观念，这是自印度部派佛教时期就存在的两种完全不同的心性观点）、性具性起（性具与性起分别是天台宗和华严宗关于佛性的观点。根据性具说，三千大千世界一切现象，都是缘感而生，但法性本来具足，因之众生的业果全在于后天的行为与修习；根据性起说，世间、出世间一切法，均由真如法性生起，此法性乃是一切事物、现象的本质。前者类似中土传统的“善恶俱”说，后者则类似“性善”说）等等不同，但都要求现实的人性向绝对的佛性靠拢，追求超越普通人性而回归佛性，得到解脱。道信超越了所有这些争论而强调“心”“佛”一致。所谓“离心无别有佛，离佛无别有心”，因而“念佛即是念心”，即把“心”放在与“佛”等一的位置上。如此说人心即是佛心，一方面可说是捕捉到佛教大乘心性思想的真谛，把原来的《涅槃》教理、“如来藏”思想、瑜伽行学派的“唯识”说的繁琐论证简单化、通俗化了；另一方面，又进一步对大乘佛性思想加以发挥，其中包含对于“心”的概念的有意曲解：小乘佛教的心、意、识指精神现象、精神作用，乃是宇宙所有现象的总根源，主张"万法唯心"；瑜伽行派的唯识说主张"心"即阿赖耶识，窥基（632—682，玄奘弟子，参与玄奘译场，参译《成唯识论》等，疏释所译经论，弘扬玄奘学说，和玄奘共同创建中国法相宗〔慈恩宗〕）解释说：

> 梵云质多，此名心也。《摄论》第一云："由种种法积集种子等"，即积集义是心义，集起义是心义。以能集生多种子故，或能熏种于此识中。既积集已，后起诸法，故说此识名为心义。①

这就是所谓"万法唯识"的"心"。而道信所说"心"则是清净心、佛心，也是现实的人心。这样就把神圣但难以捉摸的佛心等同于现实的人心。不再求人心向佛性靠拢，不再需要千经万论所宣扬"六度""十地"等修持，简单、直截地归结为现实的人的心性。这样，需要通过读经、坐禅修习等长久、烦难修持来达到的内心"清净"本来就是人的本性。正据此，道信提出"安心"的"方便"法门。

道信说"念佛心是佛，妄念是凡夫"。他仍然肯定妄念与念佛心的区别，这也是凡夫与佛的区别。正如道信说法题目里"入道安心"四个字所表达的，凡夫"安心"需要"入道"，这是由凡夫转化为佛的关键。他具体提出五种善巧方便，即禅修实践的具体方法：

> 当知佛即是心，心外更无别佛也。略而言之，凡有五种：一者知心体，体性清净，体与佛同；二者知心用，用生法宝，起作恒寂，万惑皆如；三者常觉不停，觉心在前，觉法无相；四者常观身空寂，内外通同，入身于法界之中，未曾有碍；五者守一不移，动静常住，能令学者明见佛性，早入定门。②

这里他从"体""用""觉""观""守"五个方面说明实现"即心即佛"的

①《成唯识论述记》卷三，《大正藏》第43卷第343页下—344页上。

②《楞伽師資記》，柳田圣山《禅の語録2　初期の禅史Ⅰ》第225页。

途径。分析起来，五者里第一讲的是“体”，实即如来藏思想的如来藏、佛性，《大乘起信论》里的“本觉”；另四者则讲“用”，这是禅修的实践层面。他要求在觉悟心体本来清净、心用恒常寂净的基础上，通过自我“观身”“觉心”的修持，达到“守一不移”、自我解脱的目标。如后来永明延寿概述道信的心性观念所说：“……理尽归心。心既清净，净即本性，内外唯一心，是智慧相。明了无动心，名自性定。”①这样一来，道信就把传统的禅修方式大幅度改变了：不再注重对外在佛法的追求和体悟，更不注重禅修的形式，而集中在内省功夫，通过调适自心，达到“动静常住”“明见佛性”的境界。后世所传北宗资料，讲到达摩告诉慧可无心可安〔《祖堂集》卷二《菩提达摩和尚》：“（慧可）又问：‘请和尚安心。’师（达摩）曰：‘将心来，与汝安心。’进曰：‘觅心了不可得。’师曰：‘觅得岂是汝心？与汝安心竟。’”〕，慧可告诉弟子无所忏悔〔《祖堂集》卷二《慧可禅师》：“有一居士……云：‘弟子身患风疾，请和尚为弟子忏悔。’师（慧可）曰：‘汝将罪来，为汝忏悔。’居士曰：‘觅罪不可见。’师曰：‘我今为汝忏悔竟……’”〕，僧璨讲不需解脱（《景德传灯录》卷三《僧璨大师》：“有沙弥道信，年始十四，来礼师曰：‘愿和尚慈悲，乞与解脱法门。’师曰：‘谁缚汝？’曰：‘无人缚。’师曰：‘何更求解脱乎？’信于言下大悟。”），等等，都是指示一心本来绝对地圆满具足，自力觉悟即可得到解脱、不须他求的道理。这就确立起一种平凡人实现自性圆满的全新的禅修观念。

在修持实践方面，他并不否定坐禅，用了很大篇幅来教人坐禅。这也是“安心”的具体方法：

> 若初学坐禅时，于一静处，真观身心，四大五阴，眼耳鼻舌身意，及贪嗔痴，若善若恶，若怨若亲，若凡若圣，及至一切诸法，应当观察从本以来空寂，不生不灭，平等无二；从本以来无

①《宗镜录》卷九七，《大正藏》第48卷第940页上。

所有，究竟寂灭；从本以来清净解脱。不问昼夜，行住坐卧，常作此观……初学坐禅看心，独坐一处，先端身正坐，宽衣解带，放身纵体，自按摩七八翻，令心腹中嗌气出尽，即滔然得性，清虚恬静，身心调适，能安心神，则窈窈冥冥，气息清冷，徐徐敛心，神道清利，心地明净，观察分明，内外空净，即心性寂灭。如其寂灭，则圣心显矣。性虽无恒，志节恒在。然幽灵不竭，常存朗然，是名佛性。①

这里指示禅修的方法，实际是两部分：一部分"真观身心"，觉悟到"从本以来空寂"，从而"清净解脱"，这是观"心"的内容；一部分"坐禅看心"，是禅修的具体方法，在静处端身正坐，安定心神，调适身心，使心地明净，心性寂灭，从而圣心显现，与佛性合一。宗教讲究仪轨，这是宗教修持不同于一般的道德教养的重要一点。在这方面，道信还没有达到《维摩经》所述禅不需坐的境界。这也是禅宗初创仍然因袭传统禅修方法的一面。

敦煌卷子里存有《大乘无生方便门》一卷（S. 2503），撰者不详，从内容看，应出自道信一派学人。这是个残佚写本，无论题目还是观点，都和道信的《入道安心要方便法门》类似。在敦煌卷子里另有异本，即 S. 0735 背面的同题写本和 P. 2270 的《大乘方便门北宗》，可见它流传之广。三个写本的内容同样主要讲"五方便"，只不过相应部分文字有异。S. 2503《大乘无生方便门》写卷首先阐明四弘誓愿、劝请、忏悔等授戒做法，接着分述五门要义。第四门明诸法正性，只保留前面部分，以下及第五门皆残缺。拿三个写本相互参校，可补足全文大意。

《大乘无生方便门》所讲入道五门即：

第一总彰佛体、第二开智慧门、第三显示不思议法、第四

---

①《楞伽師資記》，柳田圣山《禅の語録 2　初期の禅史Ⅰ》第 248—255 页。

明诸法正性、第五自然无碍解脱道。

这“五门”虽然和道信的“五方便”文字不同，但基本精神是一致的。其中说“佛心清净，离有离无，身心不起，常守真心……佛是西国梵语，此地往翻名为‘觉’……法界一相，即是如来平等法身，于此法身，说名本觉，觉心初起，心无初相，远离微细念，了见心性。性常住，名究竟觉”[①]云云，实即道信的“知心体”。把“佛心”和人的“觉心”“见性”等同起来，是地道的“本觉”思想。这篇文字里同样要求“看心”“守心”：

和言：一切相总不得取。（所）以《金刚经》云：“凡所有相，皆是虚妄。”看心若净，名净心地。莫卷缩身心。舒展身心，放旷远看，平等尽虚空看。

和问言：见何物？子云：一物不见。和：看净，细细看，即用净心眼，无边无涯除（处）远看。

是没是佛？佛心清净，离有离无，身心不起，常守真心。是没是真如？心不起，是真如；色不起，色真如。心真如故心解脱，色不起故色解脱。心色俱离，即无一物，是大菩提树。[②]

后来宗密在《圆觉经大疏钞》卷三之下指出北宗禅的大意是“拂尘看净，方便通经”[③]，曾拿《大乘无生方便门》的大意作为证据。

二

弘忍，根据《楞伽师资记》记载，“生不属文”，可是“道俗奔会”，

①《大乘无生方便门》，《大正藏》第85卷第1273页下。

②《大正藏》第85册第1273页下。

③《圆觉经大疏释义钞》卷三之上，《续藏经》第9册第532页下。

他大概不善文墨，更为热心的是教导、培养弟子。今存敦煌本《导凡趣圣悟解脱宗修心要论》，有的文本题《蕲州忍和尚》，又简称《修心要论》，如今所知已经有十五个写本。这篇作品还以《最上乘论》为名流传在三韩和日本。从文字看，全篇结构并不严密，据推测是弘忍弟子辈所记录的札记类型作品。印顺拿这篇文字的一些段落和《楞伽师资记》所述慧可所说相比较，发现两者间多有吻合之处。加以《楞伽师资记》说弘忍"萧然静坐，不出文记，口说玄理，默授于人"，所以他认为那些"传为慧可所说的，倒可能是弘忍所说；再由弘忍后人，扩充改编而成。这部《修心要论》，代表东山门下观心的一流"①。从思想内容看，这篇作品基本与道信所说略似。这也是道信对于创建禅宗宗义有开拓之功的证明。弘忍则承续了他的学说，其功绩主要在把道信提出的新的禅思想发扬光大，并广招学众，扩大僧团规模，把道信创建的黄梅习禅基地加以扩展，造成更大的影响。

这篇文字论心体说：

> 夫修道之本体，须识当身心本来清净，不生不灭，无有分别。自性圆满清净之心，此是本师，乃胜念十方诸佛。

这是文章主旨。这个对"道之本体"的判断，明确地提出了"圆满清净之心"作为"本体"的观念，和道信的"知心体"是相一致的。值得注意的是，这里所谓"本体"的含义，大体是与如今哲学上所说"本体"概念等同的。接下来，文章由问答构成：

> 问曰："何知自心本来清净？"答曰："《十地经》云：'众生身中有金刚佛性。'犹如日轮，体明圆满，广大无边，只为五阴黑云之所覆；如瓶内灯光，不能照辉；譬如世间云雾八方俱起，天下阴暗，日岂烂也，何故无光？光元不坏，只为云雾所覆。一

①《中国禅宗史》第 79 页。

切众生清净之心亦复如是，只为攀缘妄念、烦恼诸见黑云所覆。但能凝然守心，妄念不生，涅槃法自然显现。故知自心本来清净。”①

这一节前面对“自心本来清净”的说明，引用《十地经》，是取《华严经》“性起”观念大意；接下来的譬喻，遵循的是传统的如来藏思想，说明人的本性圆满具足；要求据以“守心”，则是道信“安心要方便”的进一步发挥。文中反复说：

问曰：“何名自心为本师？”答曰：“此真心者，自然而有，不从外来，不□束修。于三世中，所有至亲，莫过自守于心。若识心者，守之则到彼岸；迷心者，弃之则堕三涂。故知三世诸佛以自心为本师。故《论》云：‘了然守心，则妄念不起，则是无生。故知心是本师。’”

问曰：“何名自心胜念彼佛？”答曰：“常念彼佛，不免生死。守我本心，则到彼岸……”

问曰：“众生与佛，真体既同，何故诸佛不生不灭，受无量快乐，自在无碍，我等众生，堕生死中，受种种苦耶？”答曰：“……守本真心，妄念不生。我、所心灭，自然与佛，平等无二。”

问曰：“真如法性，同一无二，迷应俱迷，悟应俱悟。何故佛觉性，众生昏迷，因何故然？”答曰：“……守心第一。此守心者，乃是涅槃之根本，入道之要门，十二部经之宗，三世诸佛之祖。”②

接下来又一一解释“守本真心”乃“涅槃之根本，入道之要门，十二部经之宗，三世诸佛之祖”。因为肯定心性本来清净为前提，所以

①《最上乘论》，《大正藏》第 48 卷第 377 页上—中。
②《最上乘论》，《大正藏》第 48 卷第 377 页中—下。

持守“真心”即可。

至于“守心”的方法，他和道信一样教人坐禅。当问到“若为超得到无余涅槃，愿示真心?”他答说：“会是信心具足，志愿成就，缓缓静心。更重教汝：好自闲静身心，一切无所攀缘，端坐正念，善调气息，惩其心不在内，不在外，不在中间，好好如如，稳看看熟，则了见此心识流动，犹如水流阳焰，晔晔不住。既见此识时，唯是不内不外，缓缓如如，稳看看熟，则返覆销融，虚凝湛住。其此流动之识，飒然自灭。灭此识者，乃是灭十地菩萨众中障惑。此识灭已，其心即虚凝寂，淡泊皎洁泰然。”①在《楞伽师资记》里也记载弘忍的类似说法：

> 你坐时，平面端身正坐，宽放身心，尽空际远看一字，自有次第。若初心人攀缘多，且向心中看一字。澄后坐时，状若旷野泽中，迥处独一高山，山上露地坐，四顾远看，无有边畔。坐时满世界宽放身心，住佛境界，清净法身，无有边畔。其状亦如是②

“守心”就这样成为所谓“住心”“凝心”进而达到“安心”境界的手段。这里教授的坐禅方法，和道信一样，仍是沿袭传统的。弘忍所重，显然更注重道信“五方便”的“常觉不停”“常观身空寂”“守一不移”后三项。据说后来武则天曾问神秀所传禅谁家宗旨，答称秉承蕲州东山法门；又问依何典诰，答称依前面已经提到的《文殊说般若经》所说“一行三昧”。曼陀罗仙所出《文殊说般若经》所提出的“一行三昧”本是指以法界一相为三昧境界，“系心一佛，专称名字，随佛方所，端身正向，能于一佛念念相续，即是念中能见过去、未来、现在诸佛”③。神秀“借教悟宗”，把“念佛”等同于“安

①《最上乘论》，《大正藏》第48卷第379页上。

②《楞伽師資記》，柳田圣山《禅の語録2　初期の禅史Ⅰ》第287页。

③《文殊师利所说摩诃般若波罗蜜经》卷下，《大正藏》第8卷第731页中。

心”,得出“念佛即是念心”的结论。这里也包括对经典的曲解。

这样,道信、弘忍汲取大乘佛性思想发展的新潮流,提升出人的本性清净、人心与佛心相统一的观点,继而把禅修归结到简单的“看心”“守心”的“方便”法门。但就禅修的具体做法来说,它们仍不能与佛教传统的禅法割断联系。后来神会归纳“北宗”宗义是“凝心入定,住心看净,起心外照,摄心内证”①,宗密概括北宗禅是“拂尘看净,方便通经”,都是根据这一点。这也成为后来南宗学人对北宗诟病的要害。宋代永明延寿概括弘忍的禅思想是“欲知法要,心是十二部经之根本。唯有一乘法。一乘者,一心是。但守一心,即心真如门。一切法行,不出自心,唯心自知,心无形色。诸祖只是以心传心,达者印可,更无别法……一切由心,邪正在己,不思一物,即是本心。唯智能知,更无别行”②,突出守本真心、更无别行的新兴观念,则更精准地揭示了弘忍思想的基本内容,肯定他对于大乘心性思想所做出的积极发挥。正是在这方面,道信和弘忍给禅宗后来的发展包括南宗各派宗义体系的形成奠定了基础。

三

这样,道信、弘忍主要是依据“如来藏”思想和《大乘起信论》的“本觉”观念,肯定众生被攀援妄念、烦恼诸见所系缚的心本来是清净心,而实现心的清净首先要“知自心本来清净”的“本体”,然后“看心”“凝然守心”,“努力会是守本真心,妄念不生,我、所心灭,自

①《菩提达摩南宗定是非论》(下),胡适校敦煌唐写本《神会和尚遗集》第285页。
②《宗镜录》卷九七,《大正藏》第48卷第940页上。

然与佛平等不二”[1],从而自证自心就是佛心,实现“明见佛性,早入定门”[2]。这是对佛教“性净”思想的创造性的发挥,具有鲜明的人本内容和实践品格。他们虽然仍从佛教经论寻求典据,但从根本义理上说是“不随文教,与理冥符”的。他们虽然还没有和传统的坐禅方法隔断联系,但强调的是自心的领悟。这就不仅超越了前此外来的和本土的各部派、各学派的关于佛性和禅修的观点,比起同时期另一些宗派的禅思想,比如天台的止观、净土的念佛禅等更为殊胜。

道信、弘忍提出的新佛教的纲领内容深刻、新颖,表达形式更简洁、明快,又体现鲜明的民族特色。吕澂曾指出:

> 我们从典据的方面说,禅宗是佛学思想在中国的一种发展,同时是一种创作。在印度的纯粹佛学里固然没有这种类型,而它的基本理论始终以《起信论》一类的“本觉”思想贯串着,又显然是凭借中国思想来丰富它的内容的。[3]

关于实践层面,吕澂又指出:

> 道信的禅法非常重视实践,特别提出了“明净之心”作为根源,这与当时倡导的“他力信仰”是对立的。“他力信仰”是依靠佛力帮助来解决问题,例如,净土教等。道信则强调以心为源,应该凭借自力去做,因而有反对他力的性质。[4]

一种思想表现为理论,只有更简洁、更明晰才能够被更广大的人群所理解并得以广泛传播和实践。这也是中土思维重简明扼要的习性所要求的。与禅宗相前后兴盛起来的天台、慈恩、华严诸宗派,

---

①《最上乘论》,《大正藏》第 48 卷第 377 页下。

②《楞伽師資記》,柳田圣山《禅の語録 2　初期の禅史Ⅰ》第 225 页。

③《禅宗》,《吕澂佛学论著选集》第 5 卷第 2988 页。

④《中国佛教思想源流》,《吕澂佛学论著选集》第 5 卷第 2759 页。

它们宗义不同,与中土传统融合的程度不同,但都是延续和发展六朝义学师说传统,继承佛教经教所特有的极其繁琐、细密的名相辨析和理论思辨方法,构建系统、严密的理论体系。这些宗派在思想、学术上都有所创获,在思想史上做出一定贡献,但它们终究是僧团精英所做的经院学问,对于一般僧众和民众的信仰与实践影响有限。这也是这些宗派终于没落的内在原因。而道信、弘忍师弟子所倡导的全新的“修心”“看心”“守心”“安心”的宗义和简单易行、直截了当的学风和宗风,则能够在教内外赢得广泛的信重,也就开拓了这个新宗派不断发展的广阔前途。

就更深一层佛教教理的发展来说,黄梅兴起的这个新宗派对大乘佛教心性理论作出自主的重大发挥,具有动摇、否定传统经教的神圣性与稳固性的意味,实际是创建一种“教外别传”的新的传统。在道信、弘忍所作理论拓展的基础上,沿着他们所开拓的反对谨守经教的本本主义和张扬福报的神秘主义的精神,后世一代代禅宿发展、完善禅宗宗义体系,把已经严重偶像化、经院化、律仪化的佛教变成纯任自心、自我解脱的新佛教。就社会现实意义说,李泽厚说:

> 以庄、禅为代表,追求理想人格和人生境界的本体论哲学,构成了中国思想发展中的另一个重要方面。①

道信的“安心”法门、弘忍的“看心”“守心”之说,肯定平凡人自我心性本来完善,指示实现这种完善的具体途径,从而让佛法烦难、神秘的修持回归到中国重人本、重理性的传统上来。在中国大一统的专制政治体制之下,这种思想客观上更具有人性平等、个性解放的意义,从而能够适应初唐社会政治上、思想上发展形势的要求,不断开拓进取,蓬蓬勃勃地传播开来。

---

①《漫述庄禅》,《中国社会科学》1985 年第 1 期;收入《中国思想史论》上册《庄玄禅宗漫述》,第 182 页,安徽文艺出版社,1999 年。

这样，道信、弘忍在黄梅创建的僧团是独立自主、不依附社会统治权威的，即是非政治的；它超越是非善恶，超脱世俗教化，是非伦理的；它不重传统经教，学风自由开放，是非经院的。这是一种全面革新的新佛教。它的出现，不仅是佛教重大变革的开端，更开启了范围广阔、影响深远的思想、文化运动，对于唐代政治与社会生活也发挥了巨大作用。

黄梅偏僻山区一个由民间游僧创建的小小的禅坊发展成声势强大的佛教宗派，掀起浩荡的宗教运动、思想运动、文化运动，再次证明历史上的“革新”所具有的强大能量。

第五讲　黄梅宗风

一

伊利亚德在其名著《宗教思想史》的《前言》里曾指出："正是由于宗教发展的深层危机以及从这些危机中诞生的宗教创新更新了宗教传统本身。"[①]禅宗正是中国佛教在发展陷入重重危机的形势下为摆脱危机所做出的努力。这有无数教内外人士参与、推动的努力，掀起了一次规模宏伟、影响巨大的宗教革新运动，促进对中国佛教的发展，对中国思想、文化作出了重大的贡献。

当初道信来到黄梅双峰山，人迹罕见，野兽出没，在这无主的荒山，他和少数门徒艰辛垦殖，辟地谋生，习禅弘法。经过大约三十年刻苦经营，到永徽二年(651)圆寂，一个新型的禅修道场已经具有一定规模。他的弟子弘忍继承他的事业，又在冯茂山(东山)开辟新的禅苑，到他于咸亨五年(674)圆寂时，寺院规模更大，也吸引更多僧众。师弟子二人就这样在五十余年的时间里创建起一个

①伊利亚德(Mircea Eliade)《宗教思想史》(*Histoire des croyances et des idées religieuses*)第4页，晏可佳、吴晓群、姚蓓琴译，上海社会科学出版社，2004年。

新的佛教宗派。这个宗派后来被称为“禅宗”，以后竟笼盖佛教诸宗，成为声势最为强盛、影响最为深远的宗派。能够短时期形成这样一个新宗派，有主客观方面诸多条件。道信、弘忍作为僧团领袖人物的人格、品德、才学、能力当然是主要条件。更为重要的是，他们领导的僧团发展出具有重大理论价值和积极意义的禅思想，得到社会上以庶族士大夫为主的革新势力的支持，适应时代的要求，对社会发展起了推动作用。

如前所述，佛教甫入中土，就进入了“中国化”过程。佛教作为中国历史上前所未有的规模巨大的教团宗教（中国历史上另一个规模巨大的教团宗教是道教。而道教由分散的民间教派逐渐整合为太平道和五斗米道这样的教团是在东汉末年佛教输入之后），能够在陌生的土壤上牢固扎根，顺畅发展，不只要体现外来宗教输入一个民族或国度的“民族化”，在中国大一统的专制政治体制的环境中，还必须适应、融入国家统治体制，依附于、服务于这个体制。佛教在中国，不可能确立超然于世俗统治的神学权威，也不可能游离于世俗统治体制之外。中国佛教僧团明确标榜为也普遍被视为“方外”团体，历史上也不乏在理念上甚至行动上“不敬王者”的“高僧”，但实际上它必须成为世俗统治的附庸。

东晋十六国、南北朝是佛教“中国化”过程急速演进的时期，也是佛教与政治结合日趋紧密、相依附的关系也日趋密切的时期。随着这种演进进程，在佛教内、外也造成诸多矛盾，而且形势日益严重。到南北朝后期，表面上南、北佛教发展形势极其兴盛，实则已陷入严重的重重困境。在北方，北魏太武帝、北周武帝两度毁佛就是这种矛盾激化酿成的，是朝廷从外部摆脱困境所采取的极端手段。南方的梁、陈两朝没有激烈的毁佛行动，但朝廷上下激烈反佛，声浪腾涌。不过对于佛教这样已经融入中国思想、文化传统的宗教，无论是毁灭性的打击还是绝对的排斥、压制都不是解决矛盾有效、可行的办法。隋王朝立国，执行支持佛教的传统方针，把江南有名望的大僧迎请到都城长安，经受冲击的佛教很快恢复了声势。

隋、唐两个王朝相继建立，隋朝在历史发展上可视为唐朝的序幕。隋、唐的创建不同于中国历史上一般的改朝换代，这是中国历史上由“中世”过渡到“近世”实现转变的开始（“中世”“近世”是近代日本汉学家内藤湖南提出的、被国际学术界广泛应用的中国历史分期概念。“中世”指东晋十六国到唐中叶；“近世”指宋代以后到清代；这中间的晚唐五代算作过渡期。他主要是根据社会统治结构做出划分的：“中世”是贵族政治，门阀士族专政，君主乃是其中的一员；步入“近世”，社会统治基础扩大了，一方面门阀士族解体，上层的君主势力强化，另一方面士绅阶层壮大，成为下层管理社会的主要力量）。隋、唐的统一，不仅是东晋十六国以来近三个世纪国家分裂局面的结束，又是众多少数民族活跃的北方与持守中华文明传统的南方的统合，这种统一蕴涵着巨大的社会变革的可能；另一方面，则是社会结构发生根本的变化，魏晋以来士族统治势力衰落，南北朝后期“寒门”的地位已逐渐上升，经过隋、唐之际社会大动乱，士族阶层受到严重冲击，唐王朝建立起皇族亲贵、士族、庶族、富商、上层僧道联合统治的政权。在这个政权中，庶族士大夫阶层是地位逐渐扩大、力量不断提升、富有革新意识和进取精神的力量。

社会变革也给佛教的革新提供了条件。从根本上说，禅宗的宗教革新乃是整个社会变革的构成部分。它在社会变动的推动下形成和发展，又对社会变动持续发挥推动作用。它的革新的动力来自其革新的宗风。当时不是各地创建的所有禅坊都具有如黄梅僧团那样鲜明的革新意识与行动。在道信、弘忍领导下，黄梅僧团确实在理论、实践多层面走出一条革新的道路，才能够不断发展，终于形成强盛的宗派。

黄梅的革新宗风，体现在以下几个方面：

第一,黄梅僧团不依附、服务于朝廷、权贵,它面向民众、扎根民众之中,适应民众信仰的需求。

随着佛教"中国化"进程加速、加深,自印度输入的、以实现个人救济为目的的修道型佛教迅速改变成适应中国政治和文化土壤的"政教合一"的教化型宗教。东晋释道安明确说"不依国主,则法事难立"①是具有指标意义的,即佛门领袖已经清楚意识到佛教在中国的现实环境中必须受庇并服务于专制皇权才能生存和发展。外来佛教的"中国化",是从信仰到组织、从思想观念到生存形态实现全面转变,逐步融入中国的政治、社会体制的过程。中国佛教这一发展的总体结果的得失姑且勿论,一个具体后果是这一演变带来诸多问题与矛盾,而且这些问题和矛盾随着佛教声势的扩展而日渐严重。到齐梁时期,如道宣在《续高僧传》里所说"季世佛法,崇尚官荣"②——如从东晋立国算起,仅仅过了一百几十年,教团上层已经严重官僚化、贵族化,伴随着的是僧团的腐化与堕落。

在南、北朝廷的大力支持以至直接参与之下,佛教势力迅速膨胀,大量寺院兴建,僧团急剧扩张。法琳(572—640,唐僧人,撰《破邪论》《辩正论》,为佛教辩护)记载西晋两京寺院还只有一百八十所,僧尼三千七百余人;到偏安南方的东晋,寺院已达一千七百六十八所,僧尼两万四千人③。法琳出于护法动机,所记数字难免夸大,但所反映两晋间寺院和僧尼数量迅猛增长的趋势当是真实的。此后南北各朝,皇室、后妃、公主、亲贵、朝臣,佞佛无度,竞造寺院。如《世说新语》刘孝标注引《晋阳秋》说:"何充(292—346,晋明帝庾皇后妹夫;晋成帝朝,与庾冰同参录尚书事;穆帝即位时年幼,为辅弼)性好佛道,崇修佛寺,供给沙门以百数。久在扬州,征役吏民,功赏万计,是以为遐迩所讥。充弟准,亦精勤,唯读佛经,营治寺庙

①《高僧传》卷五《晋长安五级寺释道安传》,第178页。

②《续高僧传》卷一六《齐林虑山洪谷寺释僧达传》,中册第572页。

③《辩正论》卷三《十代奉佛上篇第三》,《大正藏》第52卷第502页下—503页上。

而已矣。"[①]梁武帝(502—548在位)更以大量造寺著名。他在位时期,皇室和臣僚、僧侣纷纷效仿,大造佛寺。据许嵩《建康实录》记录的就有长干寺、法王寺、永建寺、佛窟寺、敬业寺、敬居寺、光宅寺、明庆寺、涅槃寺、翠微寺、本业寺、解脱寺、劝善寺等。这还只是部分名目。北朝则盛行开凿大型石窟群,主要也是由朝廷或地方官僚主持。例如北魏文明太后之兄"(冯)熙(?—495,姑为北魏太武帝左昭仪,妹为文成帝后,尚穆帝女博陵长公主,封昌黎王,文帝时累官侍中、太师,性贪纵,信佛法)为政不能仁厚,而信佛法,自出家财,在诸州镇建佛图精舍,合七十二处,写一十六部一切经。延致名德沙门,日与讲论,精勤不倦,所费亦不赀"[②]。北齐幼主高恒(在位仅一年,577)"凿晋阳西山为大佛像,一夜然油万盆,光照宫内。又为胡昭仪起大慈寺,未成,改为穆皇后大宝林寺,穷极工巧,运石填泉,劳费亿计,人牛死者不可胜纪"[③]。这些皇室权贵创建的大寺寄居着大批僧众,其上层成为僧团的也是社会的统治阶层。晋、宋时期,名士与名僧交往成为风尚,当时基本还是儒、释知识精英的结合;但到齐、梁时期,名僧依附权势,权势利用名僧,贵族沙门出入宫禁,参与俗务,干预朝政,佛事、俗务融为一体。在北朝,如后赵佛图澄(232—348,西晋僧,受到国主石勒、石虎信重,参与军国大事,多有谋议)、泰山僧朗(佛图澄弟子,后住泰山琨瑞谷,受到南燕、北魏等国主和东晋朝廷尊礼)、北魏法果(北魏僧,太祖拓跋珪任命为沙门统,元明帝拓跋嗣永兴〔409—413〕中前后加辅国宜城子、忠信侯、安城侯,历史上俗官加僧自此始)、昙曜(北魏僧,被任命为"昭玄僧统",管理僧众,和平〔460—465〕年间,规划、主持开凿云冈石窟)等,都位高势重,对政治发挥相当大的影响;在南

---

①余嘉锡《世说新语笺疏》卷下之下《排调》,第814页,中华书局,1983年。

②《魏书》卷八三上《冯熙传》,第1819页。

③《北齐书》卷八《幼主齐本纪》,第113页。

朝，上层沙门接受朝廷或权贵供养，耗费资材无算。梁武帝时扶南僧伽婆罗在建康寿光殿译经，《续高僧传》记载：

> 敕沙门宝唱、慧超、僧智、法云及袁昙允等相对疏出，华质有序，不坠译宗。天子礼接甚厚，引为家僧，所司资给，道俗改观。婆罗不畜私财，以为嚫施，成立住寺。太尉临川王宏接遇隆重。①

这些著名的义学沙门出入宫廷和贵族沙龙，成为天子或权贵的“家僧”。如法宠(451—524)，曾出入竟陵王萧子良(460—494，齐武帝萧赜子，封晋陵郡王，武帝时历官司徒、中书监等；郁林王萧昭业即位，进位太傅，恐其夺取帝位，深受猜忌，抑郁而死；居建康鸡笼山西邸，延揽学人，抄集典籍，讲说佛教)西邸，梁武帝“每义集，以礼致之，略其年腊，敕常居坐首，不呼其名，号为‘上座法师’，请为家僧。敕施车牛人力，衣服饮食，四时不绝。寺本狭小，帝为宣武王修福，下敕工人缮改张饰以待宠焉，因立名为宣武寺也”②。法云(467—529，义学僧，曾为梁大僧正)同样得到梁武帝的礼重，“帝云：‘弟子既当今日之位，法师是后来名德，流通无寄，不可不自力为讲也。’因从之。寻又下诏，礼为家僧，资给优厚。敕为光宅寺主，创立僧制，雅为后则”③。一批这样的大僧借助朝廷、亲贵势力来施展权威，掠夺财富，实则已成为社会上巧取豪夺的恶势力，又是世俗政权的臣仆、宫廷宗教生活的点缀。

魏晋以来，佛教里本来有山居习禅的另一种传统，形成所谓“山林佛教”。《水经注》(郦道元〔470？—527〕著，本是历史地理著作，其中包含许多宗教史方面的资料，为其他文献所不见，值得珍视)里记载了各地民间的“禅窟”“禅房”和“栖禅之士”的活动，如：

---

①《续高僧传》卷一《梁扬都正观寺扶南国沙门僧伽婆罗传》，上册第5—6页。
②《续高僧传》卷五《梁扬都宣武寺沙门释法宠传》，上册第152页。
③《续高僧传》卷五《梁扬都光宅寺沙门释法云传》，上册第162页。

清水出河内修武县(今河南省焦作市修武县)之北黑山……南峰北岭,多结禅栖之士;东岩西谷,又是刹灵之图。竹柏之怀与神心妙远,仁智之性共山水效深,更为胜处也。

天门山……南北七百步,四面险绝,无由升陟矣。上有比丘释僧训精舍,寺有十余僧,给养难周,多出下平,有志者居之。①

这是今河南北部情况。后一处天门山精舍,由于僧人给养困难,不得不移居平原地区。再如今山东地区淄水支流:

阳水东径故七级寺禅房南,水北则长庑遍驾,迴阁承阿林之际,则绳坐疏班,锡钵闲设,所谓修修释子,眇眇禅栖者也。②

至于一般的山林寺院,如河北地区的:

滱水自倒马关(今河北唐县西北)南流与大岭水合。水出山西南大岭下,东北流出峡。峡石山侧有祇洹精庐,飞陆陵山,丹虹盘梁,长津泛澜,萦带其下。③

又如:

鲍丘水又东,巨梁水注之,水出土垠县北陈宫山,西南流径观鸡山,谓之观鸡水。水东有观鸡寺,寺内起大堂,甚高广可容千僧,下悉结石为之,上加涂塈,基内疏通,枝经脉散,基侧室外,四出爨火,炎势内流,一堂尽温。盖以此土寒严,霜气肃猛,出家沙门率皆贫薄,施主虑阙道业,故崇斯构,是以志道者多栖托焉。④

---

①《水经注》卷九《清水》,第178、181页,陈桥驿点校,上海古籍出版社,1990年。
②《水经注》卷二六《淄水》,第518页。
③《水经注》卷一一《滱水》,第237页。
④《水经注》卷一四《鲍丘水》,第285页。

鲍丘水在今河北北部,是更荒僻的地方。这座观鸡寺有一定规模,却是结石构造,修道僧人显然十分贫乏。而如由于郭璞诗而著名的青溪:

> 沮水南径临沮县(在今湖北荆州市境)西,青溪水注之……盛弘之云:"稠木傍生,凌空交合,危楼倾崖,恒有落势,风泉传响于青林之下,岩猿流声于白云之上,游者常若目不周玩,情不给赏。是以林徒栖托,云客宅心,泉侧多结道士精庐焉。"①

这里所说的"道士"即佛教僧侣。郭璞诗里曾说"青溪千余仞,中有一道士"②,这里乃是传统的隐逸之地。

这些远避都市繁华、山林栖禅修道的僧人,体现与作为统治者附庸的都市上层沙门截然不同的另一种民间传统,也是延续古代文化中避世隐逸的传统。前述隋末唐初遍地创建"禅坊"正是延续了这样的传统。它们形成当时朝廷支持的佛教主流之外的另一派支流,黄梅僧团民间游僧所创建的就是这类山林禅坊的一个。它的发展得力于唐初天时、地利、人和的主客观条件:所谓"天时",正值唐室初建,朝廷立足未稳,需要得到佛教支持,这类民间"禅坊"提供了安置流民的去处,有利于安定大乱之后的社会秩序;所谓"地利",黄梅山区荒僻,兼之战乱后隙地很多,可供垦殖,给创建寺院、供养僧众提供了经济上的保证。如今不知道当地均田制执行的具体情况。按授永业田僧三十亩、尼二十亩的规定,寺院僧众增加,随之能够更多占田,这给黄梅僧团扩展提供了条件。所谓"人和",有了这样有利的客观环境,又有道信、弘忍这样杰出的领导者,能够招引、团结僧众,把一个在"一空二白"的山区创立的小小的"禅坊"扩展为大型禅寺,在遍布各地的"禅坊"中颖脱而出。

①《水经注》卷三二《沮水》,第619—620页。

②《文选》卷二一《游仙》。

黄梅远离中原政治中心。道信、弘忍经营黄梅僧团，相当自觉地改变依附、服务世俗统治的旧体制。《楞伽师资记》记载：学人问道信："学道何故不向城邑聚落，要在山居？"答曰："大厦之材，本出幽谷，不向人间有也。以远离人故，不被刀斧损斫，一一长成大物后，乃堪为栋梁之用。故知栖神幽谷，远避嚣尘，养性山中，长辞俗事，目前无物，心自安宁，从此道树花开，禅林果出也。"①这是有意识地延续和发展古代隐逸修道传统。值得注意的是，"栖神""养性"都是道家观念（又"栖神"在《传法宝纪》作"栖真"，"真"即道教的"仙真"）②。本来古人隐逸的动机和目的各种各样，其中主要的一个就是要疏离现世统治体制，保持观念、行动的独立自主。吕澂指出：

> 道信住在双峰山的时间那样长，徒众那样多，在史传中却看不到有什么官僚豪门的支持，而是用自给自足的方法解决生活问题，这与当时居于城市依赖权贵的佛徒是不同的。③

杜继文则从另一方面指出了在禅宗创始时期这方面的特点，又避免了与统治阶级利益相冲突：

> 禅宗早期的群众基础是成分复杂的流民，由此带来的一系列特点，即多据边远山野地带，不建大寺，不造偶像；成佛不限于剃度，在家同样可以修持，诸如此类同占据富丽豪华寺庙为活动据点的其他宗派相比，大大缩小了与国家的矛盾，从而成为佛教中最容易得到宽容的力量。早期的禅宗文献，几乎都有批判梁武帝的言论，异口同声地否定"造寺、布施""铸像、度人"等功德作用。这类论点是南宗当时所处地位卑下的反

---

①《楞伽師資記》，柳田圣山《禅の語録 2　初期の禅史 I》，第 268 页。

②参阅《初期禅宗史書の研究》第 272 页，《禅文化研究所研究報告》第一册。

③《中国佛教源流略讲》，《吕澂佛学论著选集》第 5 卷第 2754 页。

> 映，客观上则与统治阶级的利益相调和。①

这样，外来佛教实现"中国化"，从总体趋势看，与世俗统治的结合越来越紧密，对世俗统治的依附越来越强化。而黄梅僧团一举扭转了这个发展趋势，创建起一个具有鲜明民众性、群众性的教派。至于禅宗在后来发展中不能不与朝廷官府、与社会统治势力发生关系，以至终于回归到旧的"以教辅政"的传统中来，那是中国现实环境下宗教生存的不得不然的"宿命"，是另一层面的问题了，后面还将讨论。

二

第二，与上一点相关联，新的禅宗僧团靠自力谋生。黄梅僧团不再做受众人供养的"僧宝"，而是自谋生计、自我修行的劳动者。经济上的自主也给僧团活动的独立提供了保障。

印度佛教戒律禁止僧侣参加农耕劳作（避免杀生），游行乞食为生（即所谓"头陀行"，又作"杜荼""杜多"，意译曰"抖擞""浣洗"等，意谓除去衣、食、住三种贪著的行法，是有关衣、食、住的十二项规定，如着粪扫衣、日一食等，即"十二头陀"；其中主要一项是游行乞食为生）。但是在中国的社会环境和自然条件下，僧人群居寺院，寺院成为一种经济实体，也就放松了从事劳作的限制。从而劳动进入佛门，实现了佛教生存形态的巨大变革。这也是佛教"中国化"的主要表现之一，对其发展关系十分重大。东晋以后，寺院经济规模扩展，僧团内部分化为上层僧侣剥削阶层和下层僧侣被剥削阶层，寺院内部的等级关系成为社会统治体制的缩影。寺院的

①《中国禅宗通史》第203页。

这种等级形态不仅对佛教发展造成严重腐蚀,随着其经济实力的增强,也给社会带来多方面问题和矛盾。

不受约束的权力带来腐化,僧团也是如此。两晋时期寺院数量和规模都还有限。但随着佛教传播渐广,南北朝时期,在世俗统治支持下,上层僧侣建寺院,度僧徒,置田庄,积金帛,寺院经济随之逐步膨胀起来,形成社会经济生活中举足轻重、对民众严重盘剥压榨又较少受到约束的经济实体。寺院又成为和世俗统治争夺权益、扰乱社会正常秩序的巨大力量。上层僧徒广占田园,鲜衣美食,境胜人丰,成为社会上层统治集团的一部分。东晋僧人道恒(庐山慧远弟子)的《释驳论》已经描述当时的僧团"营求孜汲,无暂宁息:或垦殖田圃,与农夫齐流;或商旅博易,与众人竞利;或矜恃医道,轻作寒暑;或机巧异端,以济生业;或占相孤虚,妄论吉凶;或诡道假权,要射时意;或聚畜委积,颐养有余;或抵掌空谈,坐食百姓。斯皆德不称服,行多违法"①。到齐、梁时期,帝王佞佛,权贵好佛,大肆创建、扩充寺院,纵容僧团腐败。梁武帝作为"菩萨皇帝",是历史上佞佛帝王的典型。时有郭祖深,为南梁郡丞,徙后军行参军,曾舆榇上书,中谓:

> 都下佛寺五百余所,穷极宏丽。僧尼十余万,资产丰沃。所在郡县,不可胜言。道人又有白徒,尼则皆畜养女,皆不贯人籍,天下户口几亡其半。而僧尼多非法,养女皆服罗纨,其蠹俗伤法,抑由于此。请精加检括,若无道行,四十已下,皆使还俗附农。罢白徒养女,听畜奴婢。婢唯着青布衣,僧尼皆令蔬食。如此,则法兴俗盛,国富人殷。不然,恐方来处处成寺,家家剃落,尺土一人,非复国有。②

这是僧团势力膨胀、腐化的真实写照。另有荀济,与梁武帝本布衣

①《弘明集》卷六,《大正藏》第52卷第35页中。

②《南史》卷七〇《郭祖深传》,第1721—1722页。

相知，及梁台建，不得志，常怀悒怏二十余载，见梁武佞佛，寺像崇盛，以八十高龄上书，指斥佛教贪淫，奢侈妖妄，讥刺建造同泰寺营费太甚，必为灾患。长长的表章是对佛教弊害十分详尽的揭露和抨击。如钱锺书所说：当初周朗、郭祖深等人批评佛教，“并非辟佛废释”，“只斥僧寺之流弊而不攻佛法为异端”，荀济则是“一概摈弃”[①]。这一篇奏章除了抨击僧徒违逆忠孝、贪伪奸诈、虐害生命等罪恶行径，特别揭露、抨击其贪淫腐化，列为十等：

> 僧出寒微，规免租役，无期诣道，志在贪淫，窃盗华典，倾夺朝权。凡有十等：一曰营缮广厦，僭拟皇居也；二曰兴建大室，庄饰胡像，僭比明堂宗佑也；三曰，广译妖言，劝行流布，铄帝王之诏敕也；四曰交纳泉布，卖天堂五福之虚果，夺大君之德赏也；五曰豫征收赎，免地狱六极之谬殃，夺人主之刑罚也；六曰自称三宝，假托四依，坐傲君王，此取威之术也；七曰，多建寺像，广度僧尼，此定霸之基也；八曰三长六纪，四大法集，此别行正朔，密行征发也；九曰设乐以诱愚小，俳优以招远会，陈佛土安乐，斥王化危苦，此变俗移风征租税也；十曰法席聚会，邪谋变通，称意赠金，毁破遭谤，此吕尚之六韬秘策也。凡此十事，不容有一，萌兆微露，即合诛夷。今乃恣意流行，排我王化，方又击鸿钟于高台，期阙庭之箭漏，挂幡盖于长刹，仿充庭之卤簿，征玉食以斋会，杂王公之享燕，唱高越之赞呗，象食举之登歌，叹功德则比陈词之祝史，受儭施则等束帛之等差，设威仪则效旌旗之文物。凡诸举措，窃拟朝仪云云。[②]

书奏，梁武大怒，召集朝士，拟加显戮。荀济秘密逃到北方的东魏，又欲匡正孝静帝，事露，后被北齐文襄帝高澄烧杀之。

---

①《管锥编》第 4 册第 1455—1456 页，中华书局，1979 年。

②《广弘明集》卷七《叙列代王臣滞惑解下》，《大正藏》第 52 卷第 128 页下—131 页中。

北朝情况类似。神龟元年(518),司空公、尚书令、任城王元澄(467—519)鉴于"灵太后锐于缮兴,在京师则起永宁、太上公等佛寺,功费不少",曾上表谏诤削减营造,节省功力。他本是虔诚的信仰者,出来揭露佛教所造成的社会危机,意在加以整肃。在他去世前一年,更有长篇论疏,专事揭露私造寺庙、滥度僧尼的弊端,其中说:

……然比日私造,动盈百数。或乘请公地,辄树私福;或启得造寺,限外广制。如此欺罔,非可稍计……都城之中及郭邑之内,检括寺舍,数乘五百,空地表刹,未立塔宇,不在其数……今之僧寺,无处不有。或比满城邑之中,或连溢屠沽之肆,或三五少僧,共为一寺。梵唱屠音,连檐接响,像塔缠于腥臊,性灵没于嗜欲,真伪混居,往来纷杂。下司因习而莫非,僧曹对制而不问。其于污染真行,尘秽练僧,薰莸同器,不亦甚欤! 往在北代,有法秀之谋;近日冀州,遭大乘之变。皆初假神教,以惑众心,终设奸诳,用逞私悖。太和之制,因法秀而杜远;景明之禁,虑大乘之将乱……昔如来阐教,多依山林,今此僧徒,恋着城邑。岂湫隘是经行所宜,浮喧必栖禅之宅,当由利引其心,莫能自止……非但京邑如此,天下州、镇僧寺亦然。侵夺细民,广占田宅,有伤慈矜,用长嗟苦。且人心不同,善恶亦异。或有栖心真趣,道业清远者;或外假法服,内怀悖德者。如此之徒,宜辨泾渭。若雷同一贯,何以劝善……①

这是从作为统治阶层一员的虔诚信仰者的角度提出的批评,包括指出太和(477—499)年间法秀"大乘匪"(北魏末年,冀州〔今河北、山西二省及河南黄河以北〕一带战乱凶年相继,以僧人法庆为首利用弥勒信仰发动叛乱,自号大乘,一时声势浩大)造成的动乱,痛切指陈佛教无限制膨胀酿成的社会危机。

①《魏书》卷一一四《释老志》,第3044—3046页。

至于庞大的寺院经济对于民众的侵夺，对于国计民生的损害，史载北魏“正光(520—525)已后，天下多虞，工役尤甚，于是所在编民，相与入道，假慕沙门，实避调役，猥滥之极，自中国之有佛法，未之有也。略而计之，僧尼大众二百万矣，其寺三万有余”①。杨衒之的《洛阳伽蓝记》描述洛阳一地情况，他说北魏立国之后，“王侯贵臣，弃象马如脱屣；庶士豪家，舍资财若遗迹。于是招提栉比，宝塔骈罗，争写天上之姿，竞模山中之影”②。按他的记载，洛阳兴盛时期，佛寺达一千三百六十七所。天平元年(534)迁都邺城，洛阳残破，仍有佛寺四百二十一所。北齐刘昼上书，也说到“佛法诡诳。避役者以为林薮”，“今僧尼二百许万”③。人丁和赋税本是国家经济运转的基础，户口如此严重流失，成为直接关系国家存亡的重大危机。文献里另有诸多相关材料，毋庸赘述。总之，佛教的窳败不仅成为众多社会矛盾的根源和焦点，对于社会统治体制也已造成严重危机，以至著名的日本佛教学者塚本善隆说：“南朝灭亡的悲剧，也是代表江南文化的繁荣的佛教教团的悲剧。”④

这样，不断膨胀的佛教成为有影响的政治势力，又是十分强大、不受约束的经济实力。对于民众，寺院经济的盘剥更是难以承受。它虽然给流民提供了逋逃薮，但僧团扩张，赋税、劳役、兵役就加在数量日渐减少的平民编户身上，造成更多的人不得不流亡，包括出家为僧。在如此恶性循环的趋势中，佛教危害社会安定，也动摇了社会统治基础。

而道信、弘忍领导的僧团作为经济上自主经营的群体出现，不论对于社会还是对于佛教自身，都是具有重大积极意义的变革。

①《魏书》卷一一四《释老志》，第 3039、3042、3048 页。

②范祥雍校注《洛阳伽蓝记校注序》，第 1 页。

③《广弘明集》卷六《叙列代王臣滞惑解上》，《大正藏》第 52 卷第 128 页上、中。

④《塚本善隆著作集》第三卷《中国中世仏教史論攷》第 147 页，大东出版社，1975 年。

道信对门人说:"能作三五年,得一口食塞饥疮,即闭门坐。"①即表明,开始时他和一起来到黄梅的人们衣食无着,他要求大家一起劳作,做到糊口充饥,然后共同习禅学佛。弘忍的情形则是,"自出家处幽居寺,住度弘悯,怀抱贞纯,缄口于是非之场,融心于色空之境。役力以申供养,法侣资其足焉。调心唯务浑仪,师独明其观照,四仪皆是道场,三业咸伪佛事。盖静乱之无二,乃语默之恒一。时四方请益,九众师横,虚往实归,月逾千计"②。这样一方面,这个群体的成员上下共同参加劳动,耕作农田被看做是禅修的一种方式。劳作中也就弭平了寺院中人的等级,对于这个新宗派的思想观念和行为模式的确立都具有重大意义。这就是后来所谓"农禅"制度的滥觞。这样做,当然也是由于这个僧团没有权势可依恃,在荒僻山区得不到足够的外来资助,因而不得不自谋生路。经济上的自力更生对于这个新宗派的发展起到多方面的积极作用。后来南宗禅得以兴盛,也是延续了这样的传统。

在社会生活中,无论是个人还是群体,经济独立乃是人格独立、思想独立的先决条件。黄梅僧团不再寄生而是自给,也就有可能削弱、摆脱现实统治体制的管束、统制;而经济上的自力又会促进观念上的变化,精神得到自由舒展,有助于形成和保持独立的人格,培养理性心理与态度。这些对于后来禅宗发展的作用与意义也是相当重大的。

三

第三,道信、弘忍作为僧团领导者,一反南北朝义学拘泥经典

---

①《伝法宝紀》,柳田圣山《禅の語録 2　初期の禅史Ⅰ》第 380 页。

②《楞伽師資記》卷一,柳田圣山《禅の語録 2　初期の禅史Ⅰ》第 273 页。

的教条主义和本本主义，继承、发掘大乘心性思想，建设起简要精粹而又适应实践的新宗义，使严重偶像化、经院化、律仪化的佛教变成纯任自心、反对教条、张扬人性的新佛教。

中国等级专制体制之下的社会结构，反映在佛教里，形成所谓“皇室佛教”“贵族佛教”和“民间佛教”，“城市佛教”和“山林佛教”等对立的形态，造成在不同社会等级中、在不同文化层次上的分化。这种分化形成佛教在中国传播的“小传统”。这种状态对于中国佛教的整体发展态势，对于它在社会、经济、文化各方面所发挥的作用关系重大。在南北朝时期，这种分化又与南北各地的地域、民族活动有关系。中国北方历来民风笃实而刻苦，又是从北方南下的少数民族集中活动地区，这里的佛教注重修持实践，僧俗热衷凿窟造像，做有为功德；南方社会则有玄学发展的思想基础，风气浮华，讲学之风更盛，义学沙门与士族文人兴办法会，疏解经论，注重学理的论辩与发挥。当时中国文化发展重心在南方，佛教活动重心也在南方。繁琐的义学师说成为上层沙门和高等士族的经院学问。当然它取得相当丰硕的理论成果，但就宗教意义说，脱离了群众的信仰实践，学理论辩在很大程度上又变成概念的游戏，也成为佛教发展困境的一个重要原因。

典型的现象，如齐竟陵王萧子良开西邸，集合僧俗，讲论佛法是活动的主要内容之一。参与的僧侣多是高级义学沙门和贵族学士文人。萧子良本人热心抄写和节略佛经，有关佛法的著作由僧祐辑录为《法集录》十六帙一百一十六卷。下面是他讲《十诵律》和节略《成实论》情形：

> 齐永明七年十月，文宣王招集京师硕学名僧五百余人，请定林僧柔法师、谢寺慧次法师于普弘寺迭讲，欲使研核幽微，学通疑执。即座仍请（僧）祐及安乐智称法师，更集尼众二部名德七百余人，续讲《十诵律》，志令四众净业还白。公每以大乘经渊深，漏道之津涯，正法之枢纽。而近世陵废，莫或敦修，

> 弃本逐末，丧功繁论。故即于律座，令柔、次等诸论师抄比《成实》，简繁存要，略为九卷，使辞约理举，易以研寻。八年正月二十三日解座，设三业三品，别施奖有，功劝不及，上者得三十余件，中者得二十许种，下者数物而已。即写《略论》百部流通，教使周颙作论序，今录之于后。①

这一次参与他组织的讲经的人数两部分达五百余和七百余，包括僧柔（431—494，齐、梁僧人，通达经论，犹善《成实论》）、慧次（434—490，宋、齐僧人，善《成实》、"三论"〔《中论》《百论》《十二门论》〕）、僧祐（445—518，齐、梁僧人，精律部，佛教史学家，著《出三藏记集》，编辑《弘明集》等）、智称（429—500，宋、齐僧人，精律部）等著名义学沙门，从永明七年（489）十月到次年的正月，时间长达三月余，讲解《十诵律》、节略《成实论》，对优秀宣讲者加以奖励，诸师讲解内容加以记录，成为《略论》。不只是萧子良，世子巴陵王萧伦也有《法集》，并批注过《百论》。这是皇室贵族的风气。

梁武帝萧衍"笃信正法，尤长释典，制《涅槃》《大品》《净名》《三慧》诸经义记，复数百卷。听览余闲，即于重云殿及同泰寺讲说，名僧硕学，四部听众，常万余人"②。史书上关于他临幸寺院、召集无遮大会、亲自讲经、主持佛教典籍撰著等活动多有记载。他除了组织僧俗编撰上面所说的几部经典注疏之外，特别器重智藏（458—522，梁僧人，通达经律，尤精《成实》）、僧旻（467—527，齐、梁僧人，善《成实》，奉敕注《般若经》，著《四声指归》等）、法云（467—529，齐、梁僧人，曾任大僧正，尤精《成实》）等"三大法师"为主的义学论师。智藏等二十人在他的支持下编撰《义林》八十卷，虞阐、到溉等编撰《佛记》三十卷，宝唱等编撰《经律异相》五十卷，等等。

"三大法师"中的僧旻，"齐文惠帝、竟陵王子良深相贵敬，请遗

---

①僧祐《略成实论记第六》，《出三藏记集》卷一一，第 405 页。

②《梁书》卷三《武帝纪下》，第 96 页。

连接。尚书令王俭延请僧宗讲《涅槃经》，旻扣问联环，言皆摧敌……文宣尝请柔、次二法师于普弘寺共讲《成实》，大致通胜，冠盖成阴。旻于末席论议，词旨清新，致言宏邈，往复神应，听者倾属。次公乃放麈尾而叹曰：'老子受业于彭城，精思此之五聚，有十五番，以为难窟，每恨不逢勍敌，必欲研尽，自至金陵累年，始见竭于今日矣。且试思之，晚讲当答。'及晚上讲，裁复数交，词义遂拥。次公动容，顾四坐曰：'后生可畏。斯言信矣。'"[①]这里关于辩难的具体内容不得而知，但可以推测不外乎名相概念、逻辑义理等层面琐细处的论难。当时高僧讲经，手执麈尾，正是魏晋名士风度。又法云："（齐武帝）建武四年(497)夏，初于妙音寺开《法华》《净名》二经，序王条源，群分名类。学徒海凑，四众盈堂，佥谓理由言尽，纸卷空存。及至为宾，构击纵横，比类纷鲠，机辩若疾风，应变如行雨，当其锋者，罕不心詟。宾主咨嗟，朋僚胥悦，时人呼为'作幻法师'矣。讲经之妙，独步当时。齐中书周颙、琅琊王融、彭城刘绘、东莞徐孝嗣等，一代名贵，并投莫逆之交。"这里反映讲经实况：设为宾主，相互攻驳，类似辩论技巧的表演。入梁，法云受到梁武帝器重，"皇高亟延义集，未曾不敕令云先入。后下诏，令时诸名德，各撰《成实义疏》，云乃经、论合撰，有四十科，为四十二卷。俄寻究了，又敕于寺三遍敷讲，广请义学，充诸堂宇，敕给传，诏车牛吏力，皆备足焉。至七年，制注《大品》……自从王侯逮于荣贵，莫不钦敬"[②]。又宝亮(444—509，齐、梁僧人，精《成实》，多有著述)，当初"齐竟陵文宣王躬自到居，请为法匠，亮不得已而赴。文宣接足恭礼，结菩提四部因缘。后移憩灵味寺，于是续讲众经，盛于京邑。讲《大涅槃》凡八十四遍，《成实论》十四遍，《胜鬘》四十二遍，《维摩》二十遍，其《大》《小品》十遍。《法华》《十地》《优婆塞戒》《无量

①《续高僧传》卷五《梁扬都庄严寺沙门释僧旻传》，上册第154—155页。
②《续高僧传》卷五《梁扬都光宅寺沙门释法云传》，上册第161—162页。

寿》《首楞严》《遗教》《弥勒下生》等，亦皆近十遍。黑白弟子三千余人，谘禀门徒常盈数百”①。到天监(502—515)年间，他接受梁武帝敕命，编撰《大涅槃经义疏》，今传本七十卷，是六朝涅槃师说的总结性著作，是典型的辨析细密、行文繁琐的义疏文体。

北方讲学风气不如南方，但局面也颇为可观。如北魏永平元年(508)至四年，勒那摩提和菩提流支译出大乘瑜伽行学派的重要论书《十地经论》，开创研究《地论》的学派。后来出现慧光、法上、道凭、道宠等一批地论师，阐扬瑜伽行学派的佛性思想，对唯识法相之学的发展起了奠基作用。又《续高僧传》记载北齐情形：

> 属高齐之盛，佛教中兴，都下大寺，略计四千，见住僧尼，仅将八万，讲席相距，二百有余，在众常听，出过一万。故宇内英杰，咸归厥邦。有太学寺融智法师，大齐国统法上之神足也，解贯众师，道光二藏，学徒五百，负帙摩肩，常讲《涅槃》及《十地论》，嵩(释靖嵩)闻之，乃投诚焉。北面从范，攻研数载，随闻覆述，每击奇致。于即学徒举目，相与推师。②

顾随曾说：

> ……宗教哲理，陈义愈高，析理愈细，即索解愈难，去人愈远；而其自身亦由是而孤立，而衰颓，而澌灭矣。③

南北朝义学师说的要害即在于此。

杨衒之在《洛阳伽蓝记》里已经表达对于义学繁琐学风弊端的批判。其中写到崇真寺比丘慧凝死后七日复活，具说与五比丘同被阎罗王检阅；有宝明寺智圣，“坐禅苦行，得升天堂”；融觉寺昙谟最善讲《涅槃》《华严》；禅林寺道弘造一切经并佛像十躯，却被打入

---

①《高僧传》卷八《梁京师灵味寺释宝亮传》，第 337 页。

②《续高僧传》卷一〇《隋彭城崇圣道场释靖嵩传》，上册第 337—338 页。

③《揣籥录》，《顾随说禅》第 51 页，上海古籍出版社，1998 年。

黑门，等等。又据说这个故事流传之后，“京师比丘，悉皆禅诵，不复以讲经为意”①。这是北方某些僧众的看法，是和当时南方盛行的讲经在观念上相对立的。

道信、弘忍创立新的宗义，走避繁琐而求简洁的路子。这也体现中土传统思维形式的特征。韦政通拿禅宗比较另一些宗派所说：

> 佛教在中国发展到天台、华严，义理上已达登峰造极之境；同时也可以说，文字的高级游戏，也到了山穷水尽的地步。明乎此，华严宗的同时，为什么会兴起以不立文字为标榜的禅宗，也就不难理解了。②

从今存文献看，黄梅建设、发展的新宗义只是有限的几篇文字。而且无论是内容，还是篇幅，它们与义学师说卷帙浩繁的义疏相比都不成比例。但是它们把基本观点阐释得很清楚，指示的禅修方法也易于实行。后来禅宗宗旨有“不立文字”之说。“不立文字”并非不用文字、否定文字，而是不重传统经教的文字，也不用繁难思辨的文字。在这一点上，也是继承了达摩、慧可的传统。如前引《续高僧传》的《法冲传》说：“（慧可）专唯念惠，不在话言。于后达磨禅师，传之南北，忘言忘念、无得正观为宗。”③《法如行状》上说：

> 天竺相承，本无文字，入此门者，唯意相传。④

《传法宝纪》序言说：

---

①范祥雍《洛阳伽蓝记校注》卷二《城东》，第 80—81 页。

②《中国思想史》下册第 581 页，上海书店出版社，2003 年。

③《续高僧传》卷二七《唐兖州法集寺释法冲传》，上册第 1079 页。

④《唐中岳沙门釋法如禅師行狀》，《初期禅宗史書の研究》第 487 页，《禅文化研究所研究報告》第一册。

> 我真实法身法佛所得，离诸化佛言说、传乎文字者，则此真如门乃以证心自觉而相传耳。是故论云：“一切法从本已来，离言说相，离名字相，离心缘相，毕竟平等，无有变异，不可破坏，唯是一心，故名真如。”……是故若非得无上乘传乎心地，其孰能入真境界者哉。①

“得意忘言”本是玄学的观念。阐述宗义取言简意赅的优长，摆脱文字障，也是给自由地发展新宗义创造条件。

四

第四，道信、弘忍反对僧稠等守旧一派禅法的神秘主义和他力救济信仰，体现鲜明的中国文化固有的理性精神和人本观念。从一定意义说，这也可说是回归到佛陀创教重人生、重理性的本怀。

中国固有思想传统中缺乏救济观念。佛教在中国发展，与本土信仰与方术相结合，滋长了固有的他力救济信仰和神通灵验法术。早期来华僧人往往以神通灵异相夸炫，如佛图澄等，在统治阶层中活动，以卜算、预言、分身、尸解等神通变化赢得崇信。后来一些外来僧人往往相沿不改，如北魏从印度来华的菩提留支，“神悟聪敏，洞善方言，兼工咒术，则无抗衡矣。尝坐井口，澡罐内空，弟子未来，无人汲水，流支乃操柳枝聊㧖井中，密加诵咒，才始数遍，泉水上涌，平及井栏，即以钵酌，用之盥洗。傍僧具见，莫测其神，咸共嘉叹‘大圣人也’”②；隋朝印度来华的那连提黎耶舍，“每于宣

①柳田圣山《禅の語録2　初期の禅史Ⅰ》第331页。

②《续高僧传》卷一《元魏南台洛下永宁寺北天竺沙门菩提留支传》，上册第16页。

译之暇,时陈神咒,冥救显助,立功多矣"①。就习禅一派说,前面已经介绍过南北朝玄高、僧稠等守旧一派禅法惑乱的一般情形。《楞伽师资记》以求那跋陀罗为传播革新禅法的第一代,讲到他来华时禅修风气说:

> 此土地居东边,修道无法。以无法故,或坠小乘、二乘法,或坠九十五种外道法,或坠鬼神禅,观见一切物,知他人家好恶事。苦哉!大福大祸,自陷陷他,我悯此辈长劫落鬼神,久受生死,不得解脱。或堕术法,役使鬼神,看他人家好恶事。诈言我坐禅观行,凡夫盲迷不解,谓登圣道,皆悉降伏。不知是鬼神邪魅法也。②

这里说的是当时盛行的小乘禅、外道禅宣扬鬼神迷信的情形。道信、弘忍的禅显然是自觉地抵制这些"鬼神邪魅法"的。又钱穆曾指出:

> 印度佛教,本与其它宗教不同,它虽亦有偶像崇拜和神话粉饰,但到底是更倾向于人生哲学之研寻,并注重在人类内心智慧之自启自悟的。尤其在当时中国的佛教,更可说是哲理的探求远超过宗教的信仰。③

如果说义学师说繁琐教条的经院学问已经背离大乘佛教的信仰实践,那么神秘守旧的禅法也丧失大乘佛教"倾向于人生哲学之研寻,并注重在人类内心智慧之自启自悟"的基本精神。黄梅禅风在从实践层面挽救这两方面的缺失。

本来南北朝时期的苦难现实极大地助长了他力信仰潮流。当时不仅是佛教,道教也同样,都在大力张扬他力救济。就佛教说,

①《续高僧传》卷二《隋西京大兴善寺北天竺沙门那连提黎耶舍传》,上册第35页。
②《楞伽師資記》,柳田圣山《禅の語録2　初期の禅史Ⅰ》第93页。
③《中国文化史导论》(修订本)第147页。

晋宋以来,《法华经》和《阿弥陀经》等宣扬观音与净土一类经典广泛传播,鼓吹他力救济,得到受苦受难的广大民众的欢迎。到南北朝后期,社会动乱,民不聊生,简易的净土法门兴起并广为流行(净土信仰自东晋已广泛弘传,南北朝后期至唐初,昙鸾〔476—542〕、道绰〔562—654〕等相继鼓吹净土信仰,宣扬随愿往生净土的"易行道",倡导念佛法门,净土信仰遂大兴于民间,后来组织宗派,成为净土宗)。另有民间教派三阶教兴起(隋代信行创立的教派,把全部佛教按时、处、机〔人〕分为三阶,即正法、象法、末法三个时期,认为当时已进入末法时期,应信奉三阶普法教义,反对偶像崇拜,忍辱苦行,置"无尽藏"维持寺庙、发布信施,唐开元年间被禁止),一批义理单纯、表述简单的伪经("伪经"指中土人士假托翻译经典制作的经典,它们往往更集中地反映本土的信仰实态和思想观念)如《清净法行经》《佛说像法决疑经》等陆续制作出来并盛行于世,也都鼓吹他力救济。道信、弘忍的禅正与这种潮流全然对立。如吕澂指出:

> 道信的禅法非常重视实践,特别提出了"明净之心"作为根源,这与当时倡导的"他力信仰"是对立的。"他力信仰"是依靠佛力帮助来解决问题,例如,净土教等。道信则强调以心为源,应该凭借自力去做,因而有反对他力的性质。①

著名的宗教社会学家韦伯曾说:

> 要判断一个宗教所体现的理性化阶段时,可以运用两个在很多方面互相联系的尺度。其一是,这个宗教摆脱巫术的程度;其二是,这个宗教将上帝和世界之间的关系,以及由此而来的这个宗教自身与世界的伦理关系,有系统地统一起来

---

①《中国佛教思想源流》,《吕澂佛学论著选集》第 5 卷第 2759 页。

的程度。[①]

用韦伯提出的两个尺度来考察,拿当时中国佛教各派相比较,道信、弘忍的禅的“理性化”程度应当说是最高的。这也是佛教固有精神与中土文化传统相融合的成果,显示了这个新的佛教宗派观念上和实践上的殊胜。这也保证了新禅法的发展前景。后来观音信仰、净土信仰在民间得到广泛普及,但就对于中国思想与文化发展的贡献来说,禅宗是无与伦比的。

五

最后第五,黄梅僧团本来形成于民间,组织上具有自由开放的性格,有利于培养人才。

如前面介绍的,道信门人见于记录的,只有善伏等四个人。到弘忍主持东山寺时期,如前所述,姓名可考的已达二十人以上,可见这个团体扩展的迅速。构成黄梅僧团的这批人来自全国各地,如远自资州(四川资中县)来的智诜、莘州(山东莘县)来的慧藏、潞州(山西长治市)来的法如、岭南来的慧能,还有高丽僧智德等。中原、东南本来是佛教发达地区,出身其间的更多。这当中有一批世寿和僧龄相当长的老一辈僧人,也有像慧能那样还没有剃度的青年行者;有像玄赜那样有文化的学僧,也有流落民间的一般头陀僧。黄梅僧团集合了各地来的佛门精英,他们把各地佛教各具特色的发展成果和经验带到黄梅。又从今存有限记录看,黄梅僧团

---

①韦伯(Max Weber)《儒教与道教》(*Konfuzianismus und Taoismus Gesammelte Aufsätze zur Religionssoziologie*, Tübingen: Mohr, 1978)第 8 章《结论:儒教与道教》,第 256 页,洪天富译,江苏人民出版社,1995 年。

的教育与修习不重经教，注重启发，相当自由。例如神秀、慧能题壁示法故事，虽然不必视为史实，却也真实地传达出弘忍施行教化的一般风气。弘忍弟子留在黄梅的时间有长有短，其中相当一批人学有成就，分散到各地，弘法于四方，成为传播、建设新的禅宗宗派的骨干。其中有些人进入中原，活跃于两京，进入宫廷，使这个本来形成于民间的小小的派系融入主流社会之中。这对于它后来的发展意义极其深远。这后一方面发展情况及其利弊将在下一讲介绍。总之，新宗派得以发展的决定性因素，也在道信、弘忍善于培养人才。

主要在以上五个方面，黄梅僧团对于中国长期流传、但在发展中已经内外矛盾丛生、陷入重重困境的佛教进行了全面的、深刻的变革，或称作“革命”，确立起全新的宗风，开拓出中国佛教发展的新方向、新道路，给柳田圣山所赞扬的“最具有强烈的生活意味，这是在辽阔广漠的中国大地上诞生的人文主义的宗教”①的禅宗的未来发展奠定了基础。

禅宗作为个人觉悟的宗教，与替统治者制造幻想、以教辅政的佛教相对立；作为自力修持的宗教，与宣扬神通灵验、他力救济的佛教相对立。在它兴起前后，佛教不同宗派如天台、华严还有本来已很兴盛的净土信仰也都讲究禅法，提倡禅修，但唯独禅宗的“禅”却得到社会广泛层面特别是庶族士大夫阶层的欢迎和认同，也是因为这个宗派的“禅”在理论上和实践中都体现了鲜明的革新精神，具有丰富的革新内容。而这些都为黄梅僧团的革新宗风提供了发展动力和保证。

---

①《無の探求·中国禅》第139页，岩波书店，1985年。

第六讲 “东山法门”

一

弘忍住持黄梅东山，很快扩展影响，“东山法门”名闻天下，引起统治阶级的重视，佛教这一派新兴势力很快延伸到当时政治、文化中心的两京。这一发展是社会形势大变动促成的，是其时社会思想、文化演变的一部分。

前面说过，唐王朝创建，建立起皇室亲贵、士族、庶族、富商、高级僧道等构成的品级联合政权，社会统治结构发生巨大变化。对于社会发展发挥重大作用的是没有品级身份的庶族士大夫阶层不断扩展势力。特别是武则天朝，进一步打击皇族亲贵和六朝以来的旧士族，不次选拔人才，更助长了庶族势力的扩张。值得注意的是，唐代所谓“庶族”，和魏晋南北朝相比有了新的含义。魏晋南北朝时期的士、庶之分全凭门第。但到唐代，经过隋、唐之际社会大动荡，原有的社会品级已发生重大变化。杜甫赠诗给曹霸，说“将军魏武之子孙，于今为庶为清门”①。就是说，在当时人观念里，本

①《丹青引赠曹将军霸》，仇兆鳌《杜少陵集详注》卷一。

出自帝王世系的曹霸已经沦落到统治阶级下层，算作“庶族”了。又如著名文人如王勃、王维都出身于山东郡姓太原王氏，李华和后来的李观出身于山东郡姓赵郡李氏，杜甫出身于关中郡姓京兆杜氏，李贺更是皇室疏属，但他们在社会地位、思想观念等方面都是地地道道的庶族士大夫了。这样，自唐王朝建立伊始，在社会大变动中成长起来的一批庶族士大夫得到跻身统治集团上层的机会，成为富于革新意识的、政治上积极进取的社会力量。对于推动唐初政治、思想、文化各领域的发展，包括推动禅宗主导的宗教领域的变革，这个阶层也发挥了主导作用。

社会风气的变革首先在文学创作中直接反映出来。显示文风变革实绩的是“初唐四杰”和陈子昂的创作。“四杰”指王勃(650—676?)、杨炯(650—693?)、卢照邻(634? —686?)、骆宾王(627? —684?)，这四个人都身份低微，命途多舛。高宗朝吏部尚书裴行俭曾评论说：“炯虽有才名，不过令长，其余华而不实，鲜克善终。”①闻一多则说，对“四杰”“通常的了解……是唐初开创期中负起了时代使命的四位作家，他们都年少而才高，官小而名大，行为都相当浪漫，遭遇尤其悲惨(四人中三人死于非命)”②。他们生活在新朝正在繁荣起来的时期，个人沦落的处境被衬托得更为凄惨，他们的作品也就能够直面现实，抒发不平，一改南北朝浮靡华艳的诗风。陈子昂(661—702)的文章开始解散骈偶，是中唐“古文运动”的先声，友人卢藏用称赞他“卓立千古，横制颓波，天下翕然，质文一变”③；后人赞扬他“继往开来，中流砥柱，上遏贞观之微波，下决开元之正派”④。以“四杰”和陈子昂为代表，文坛上刮起一股强烈的积极变革的新风。

①张说《赠太尉裴公神道碑》，《张燕公集》卷一五。
②《四杰》，《闻一多全集》第3卷第23页，三联书店，1982年。
③《右拾遗陈子昂文集序》，《全唐文》卷二三八，第3册第2402页。
④高棅《唐诗品汇·五言古诗叙目》。

初唐史学成就巨大，特别体现在史学观念上。如今所传“正史”《二十四史》里的八部是唐初编纂的，即《晋书》《梁书》《陈书》《北齐书》《周书》《北史》《南史》和《隋书》。这些书著述情况不一，有所谓“敕撰”，有私家著述，也有在个人著述基础上敕命编修的。但不论每部书的具体水平如何，总反映了几百年动乱、割据之后朝野对于总结历史经验的重视，也都不同程度地对南北朝士族专政体制加以批评。在吴兢编撰的《贞观政要》里，记录唐太宗李世民与臣下论政的言论，清楚表明在统治集团中某些开明之士具有民为邦本、仁恻信义、任贤纳谏、以史为鉴等进步的历史发展观念。后来刘知幾(661—721)三为史臣，再入东观，以二十年修史经历，著《史通》二十卷四十九篇(其中三篇已佚)，全面总结历朝修史的经验教训。特别是他发扬了非圣疑古的理性、批判精神，显示不受传统观念束缚、敢于坚持真理的勇气。他把批判矛头指向神圣的《五经》，举出“《五经》立言，千载犹仰，而求其前后，理甚相乖”的不少例子。例如对《尚书》，他就提出十条疑问，认为其中所述尧“克明俊德”、尧舜“禅让”本不可信；他又指责圣人孔子，说他修《春秋》“外为贤者，内为本国，事靡洪纤，动皆隐讳……斯验圣人之饰智矜愚、爱憎由己者多矣”[①]。他又具体指出《春秋》的五“虚美”、十二“未谕”，说该书“巨细不均，繁省失中”[②]，“真伪不分，是非相乱”[③]。他的这种“一家独断”[④]之学，不只在史学上具有解放思想、开拓思路的意义，更是当时整个思想意识领域的批判潮流的一部分。

学术史上认为唐人不重经术。唐代经学著述不多是事实，但经学的成就也不可忽视。特别值得注意的是经学自唐初已适应时代形势开始发生转变。早在隋代，大儒刘焯已经对“贾、马、王、郑

①《史通》卷一三《外篇·疑古第三》。

②《史通》卷一三《外篇·惑经第四》。

③《史通》卷一〇《内篇·疑古第三十三》。

④《史通》卷一〇《内篇·辨识第三十五》。

所传章句,多所是非”。他和另一位儒学家刘炫同被称赞是“学通南北,博极古今”①,已经偏离传统“章句之学”专守一家的治经方法。隋唐之际的徐文远博览五经,犹明《左氏》,“所讲释,多立新义,先儒异论,皆定其是非,然后诘驳诸家,又出己意”②;盖文达,博涉经史。犹明《三传》,“论难,皆出诸儒意表”③。这都开创了批判地对待传统经学的风气。到武则天统治时期,经学也出现怀疑、批判的潮流。先后有刘知幾、吴兢、元行冲、朱敬则、王玄感等人,研究“三礼”之学,他们不满于“章句之士,坚持昔言,特嫌知新意,欲仍旧贯”④。后来清人赵翼总结“唐人之究心《三礼》,考古义以断时政,务为有用之学,而非徒以炫博也”⑤。这样,旧传统最为牢固的经学领域也出现了革新、开放的气象。

正是这种思想、学术领域普遍的批判的、革新的潮流,推动着社会政治、经济的发展。唐初百余年间,朝廷变乱不断。唐太宗发动“玄武门之变”夺取政权,武则天篡权建立武周朝,时为临淄王的李隆基镇压“武韦之乱”,等等;但是国家整体上却日趋繁盛,终于造成“开元全盛”之局。这当中,不管朝廷如何变动,一个势力日渐强盛的庶族士大夫阶层在思想、政治层面发挥了重要作用,成为推进社会进步的关键因素。

中国佛教在唐代发展至鼎盛。所谓“鼎盛”,不是指寺院、僧尼众多或信仰的虔诚程度。在这些方面,从整体态势看,隋唐远不及南北朝。至于唐代佛教,反而受到朝廷一定程度的抑制。唐代佛教的“鼎盛”,主要表现在发展形态的充分和丰富、所取得的思想、

①《隋书》卷七五《儒林传》,第 1707 页。

②《旧唐书》卷一八九上《儒学传上》,第 4943 页。

③《旧唐书》卷一八九上《儒学传上》,第 4951 页。

④《旧唐书》卷一〇二《元行冲传》,第 3179 页。

⑤《二廿史札记》卷二〇《唐初三礼汉书文选之学》,第 294 页,曹光甫点校,凤凰出版社,2008 年。

文化成就以及所造成影响的巨大与深远。特别是初唐，是多数宗派陆续创建、并兴时期。汉传佛教的宗派本是佛教“中国化”的成果。本书前面已经具体指出，中国佛教史上一般认定具备充分条件的宗派有八个。这些条件主要是：有依据佛教基本教义、教理发展出的思想体系，即系统的“宗义”；有本宗派的“教相判释”方法（佛教庞大的经典群内容丰富、庞杂，歧义、矛盾甚多，把这些经典视为佛陀一生不同时期、针对不同对象的说法记录，组织成一个体系，进而确定哪一部或哪一类经是佛陀的最终了义说法，作为某一宗派所宗经，是为“教相判释”），从而确认自宗是体现佛陀创教本怀的、最为殊胜圆满的“圆教”；已构成本宗派递代相传的统序即“祖统”，这是模仿中国传统宗法制度组织起来的（不过如上所述，这个递代祖师相传的统序不一定是真实的，特别是宗派初期上溯世代多出于虚构）；形成本宗派独具特色的修持目标与方法；最后，创建起构成宗派的僧团和作为宗派弘法基地的寺院，这些寺院又是有规模的经济实体。本书前面又已经指出过，一般被认可的八个宗派“中国化”的程度不同，发展状况各异。有的宗派基本传承外来经典的教义，保持外来佛教的面貌，如三论宗是印度大乘佛教中观学派教理的发挥，慈恩宗（法相宗）可算作瑜伽行学派的嫡传，密宗所传是印度大乘佛教烂熟时期的金刚密教。这类宗派的基本内容是教条、保守的。这也是它们不能广泛得以传播的根本原因。而如天台宗和华严宗则依据外来经论，在本土思想土壤上发展出具有鲜明民族特色的宗义体系，在思想理论层面取得重大成果，从而也就能够对中国思想发展造成影响。但是这两个宗派的宗义体系作为佛门精英创造的精致理论，对于一般群众的影响有限。他们的著作、他们的思想难以传播到民众中去。而净土与禅宗宗义简要明了，同是富于群众性的，但基本观念是正相反对的：净土信仰体现典型的“他力信仰”，相信、祈求、仰赖外在神明施与救济；而“明心见性”的禅则主张“自力”“自度”，“心净土净”，体现鲜明的革新精神。唐初善导等净土大师争取广大信众，净土信仰兴盛一时，但道信、弘忍创建的禅宗则发展出一个具有重大理论价值和革新意义的思想体系，能够把影响扩展到社会主流文化之中，形成更强大的生命力，开拓出更广阔的发展前途。

这样从根本上说，禅宗的形成与发展乃是初唐社会变动促成的，禅宗又成为促进这一变动的有利因素，对社会进步发挥了重大、积极的作用。

二

“东山法门”兴盛在武则天专政和称帝时期。它在两京造成声势，发挥的影响很快超越当时并立的佛教诸宗派，又和朝廷对佛教采取的策略、佛教总体发展形势有关系。前面一再说到禅宗的形成与发展适应了社会发展的客观形势，当时佛教的现状也是这种形势的构成部分。

唐高宗李治实际执政时间只有短短十年。他在贞观二十三年(649)四月唐太宗去世后嗣位，次年改元永徽，到显庆五年(660)十月中风，朝政即归委皇后武则天裁决。在他主政的十年间，对待宗教基本延续太宗时期“以教辅政”方针。当初唐皇室为抬高自身族出身份(魏晋以来，士族专政，形成注重族出门第的风气。唐高祖李渊自称出身陇西李氏，是西凉王李暠的后嗣。但据陈寅恪考证，李渊的祖父李虎出身北魏末年六镇之一的武川镇，西魏时宰相宇文泰建府兵统帅部，他是将领八柱国之一。在后来形成的所谓“关陇贵族集团”里，李虎一系是重要成员。李唐皇室的母系高祖、太宗、高祖的母亲都是胡人。因此陈氏论定“李唐血统其初本是华夏，其与胡夷混杂，乃一较晚之事实也”，详《唐代政治史述论稿》)，自称出身陇西李氏，奉道教祖师老子为先祖，遂尊崇道教。武则天执政，大力兴建佛寺，兴造龙门石窟，宠任薛怀义等一批御用僧侣，倚重佛教，作为压抑李姓宗室的手段，后来更作为她篡权称帝的助力。载初元年(690)，东魏国寺沙门法明等表献“新译《大云经》”(贞观八年，唐太宗有诏规定长安僧众必须每个月里有十四天念诵《仁王经》和《大云经》，据信这两部经有保护国家免受灾难的功德，见《辩正论》)，该经第三十七品讲净光天女笃信佛法、绍继王位故事。武则天利用这个故事为她篡权称帝背书，从而“以释教开革命之阶”①(武则天天授二年〔691〕《释教在道法之上制》：“朕先蒙金口之记，又承宝偈之文，历教表于当今，本愿标于曩劫。《大云》阐奥，明王国之贞符；《方等》发扬，显自在之丕业……”)。当年九月，应百官、百姓、四夷首领、沙门、道士合六万人之请，登上帝位，称神武皇帝，改国号为周，颁制天下，命两京及诸州各寺藏《大云经》一本，度僧千人，册封御用僧侣薛怀义、法明等为县公，赐紫袈裟、银鱼袋。她即皇位的第二年(天授二年，691)，下诏佛教位列道教之上。长寿二年(693)，她启用“金轮圣神皇帝”尊号。印度佛教传说圣王握有轮宝，无坚不摧，“金轮”乃是佛法象征。又经过两年即证圣元年，尊号又加上“弥勒”二字，表示她是弥勒佛化身。在她主政和称帝的四十多年间，佛教得到朝廷荫庇、优宠，寺院营造无度，大量兼并土地，以致“公私田宅，多为僧有”②。而被武则天当做“内宠”的薛怀义和洛阳大僧法明等一批御用僧侣，出入宫廷，建内道场，干乱朝政，持权作恶。薛怀义后来“厌入宫中，多居白马寺，刺血画大像，选有膂力白丁度为僧，数满千人”③。这样，佛教膨胀不仅严重危害国计民生，更干乱朝廷纪纲，引起正直朝臣的抗争。

久视元年(700)(即下面将说到的迎请神秀那一年)，武则天拟

①《资治通鉴》卷二〇四《唐纪二〇》，第 6473 页。

②《资治通鉴》卷二〇五《唐纪二一》，第 6498 页。

③《旧唐书》卷一八三《武承嗣传附薛怀义传》，第 4742 页。

在洛阳白马坂营造大像，当时宰相狄仁杰上疏，揭露佛教膨胀造成的严重危害。他指出：“游僧皆托佛法，诖误生人，里陌动有经坊，阛阓亦立精舍。化诱所急，切于官征；法事所须，严于制敕。”又说：“梁武、简文，舍施无限，及三淮沸浪，五岭腾烟，列刹盈衢，无救危亡之祸，缁衣蔽路，岂有勤王之师。”①同时宰相李峤也上疏说：

> 臣以法王慈敏，菩萨护持，唯拟饶益众生，非要营修土木。伏闻造像，税非户口，钱出僧尼，不得州县祇承，必是不能济办，终须科率，岂免劳扰。天下编户，贫弱者众，亦有佣力客作以济糇粮，亦有卖舍贴田以供王役。造像钱见有一十七万余贯，若将散施，广济贫穷，人与一千，济得一十七万余户。拯饥寒之弊，省劳役之勤，顺诸佛慈悲之心，沾圣君亭育之意，人神胥悦，功德无穷。②

另一位监察御史张廷珪上疏则说：

> 夫佛者，以觉知为义，因心而成，不可以诸相见也……如佛所言，则陛下倾四海之财，殚万人之力，穷山之木以为塔，极冶之金以为像，虽劳则甚矣，费则多矣，而所获福不愈于一禅房之匹夫。菩萨作福德，不应贪著，盖有为之法不足高也……又营筑之资，僧尼是税，虽乞丐所致，而贫阙犹多。州县征输，星火逼迫，或谋计靡所，或鬻卖以充，怨声载路，和气未洽。岂佛标随喜之义，愍愚蒙而不忍夺其产哉！且边朔未宁，军装日给，天下虚竭，海内劳弊……臣以时政论之，则宜先边境，蓄府库，养人力；臣以释教论之，则宜救苦厄，灭诸相，崇无为。伏愿陛下察臣之愚，行佛之意，务以理为上，不以人废言，幸甚幸甚。③

①《资治通鉴》卷二〇五《唐纪二一》，第6549—6550页。

②《旧唐书》卷九四《李峤传》，第2993—2994页。

③《旧唐书》卷一〇一《张廷珪传》，第3151—3152页。

这样，朝廷中的一些有识之士纷纷指出当时佛教膨胀造成的弊害之严重。实际上，武则天当初崇重佛教，主要是利用佛教达到政治目的（武则天晚年又求长生，重道教。如此在两教间游移，实际表明她对于宗教重在利用的基本态度。关于这个问题，可参阅饶宗颐《从石刻论武则天的宗教信仰》）。她同样清楚意识到佛教造成的社会危机，到晚年，对佛教的态度逐渐发生变化。在狄仁杰等人上疏之前就已经对洛阳御用僧侣加以整肃。天册万岁元年（695）处死她的面首薛怀义；处死薛怀义之后，去除尊号中"慈氏越古"四个字。到狄仁杰等人上疏的久视元年，声势浩大地迎请"东山法门"代表人物神秀入东都，标志着朝廷佛教方针的重大转变。

又武则天早年已经结识华严宗创始人法藏（643—712，字贤首，华严宗实际创始人）。当初法藏在长安参学，住武则天敕建的太原寺得度。后来他经常被召请到宫中办法会，做法事，先后讲《华严经》达三十余次。被看做阐述华严宗纲领的《华严金狮子章》就是法藏在朝堂阐释宗义的记录。在法藏建议下，证圣元年（695），武则天邀请于阗僧实叉难陀到洛阳重译《华严经》，并亲自帮助抄写。次年完成，她仿效唐太宗和唐高宗为高僧译经作序，给义净译经写了《三藏圣教序》，为新译八十《华严》写了《大周新译大方广佛华严经序》。后者中有"朕曩劫植因，叨承佛记。金仙降旨，《大云》之偈先彰；玉扆披祥，《宝雨》之文后及。加以积善余庆，俯集微躬，遂得地平天成，河清海晏"①之语。宗派佛教的华严宗就是这样在她的直接支持下创建、发展起来的。华严宗根据如来藏思想和"真如缘起"（"缘起"指一切事物因缘而起。佛教不同部派、学派、宗派所主缘起的根据不同。"真如缘起"主张一切法皆依真如本体而起，真如不守自性，一念无明，生起万法）教理，弘扬法界性起、相即相入、重重无尽、圆融无碍的宗义，开显事法界、理法界、理

①《大周新译大方广佛华严经序》，《全唐文》卷九七，第1002页。

事无碍法界、事事无碍法界“四法界”说，论证现实统治秩序的合理性，客观上是适应武则天朝的政治需要的。胡建明指出：

> 华严宗所主张的“一真法界”“一心”，曾是武周王朝的皇统意志，乃至唐王朝的“君臣合一”“一统天下”的皇统思想相结合，从其现实意义上来说，是一种救世性的佛教思想，一种掺合了佛教后变了相的儒学，与儒家的经世之学不无相通之处。①

武则天晚年礼敬法藏，热衷华严教理，表明她对佛教更加理性的态度。但如前面已经指出的，华严宗构造宗义，采取传统的繁复细密的名相辨析和理论思辨办法，新兴的禅宗与之相比较，观念上更适应时代发展的要求，特别是受到庶族士大夫阶层的欢迎。而武则天朝正是庶族士大夫势力上升的时期，也成为大力支持这一朝的社会基础。

武则天从执政柄到登帝位，一直着力排挤、打击李姓皇族亲贵和支持李姓王朝的旧士族，不次选用庶族士大夫精英。中唐时期的陆贽曾说：

> 则天太后践祚临朝，欲收人心，尤务拔擢，宏委任之意，开汲引之门，进用不疑，求访无倦，非但人得荐士，亦得自举其才。所荐必行，所举辄试，其于选士之道，岂不伤于容易哉！然而课责既严，进退皆速，不肖者旋黜，才能者骤升，是以当代谓知人之明，累朝赖多士之用。②

具有革新意识的庶族士大夫依靠政能文才得到武周政权拔擢，又成为武则天篡权称帝和施行统治所依靠的主要力量。其中不少人更成为后来辅佐唐玄宗实现“开元之治”的能臣。禅宗张扬人的心

---

①《宗密思想综合研究》第 2 页，中国人民大学出版社，2013 年。

②《请许台省长官举荐属吏状》，《翰苑集》卷一七。

性平等，主张修行在自身，给庶族士大夫与门阀士族做斗争中在理论上提供一份依据，思想上也得到支持和鼓舞。所以禅宗被称作“适合中国士大夫口味的佛教”①。

庶族出身的朝官抨击薛怀义、法明等佛教的腐败分子，批评朝廷所采取的纵容佛教无限制膨胀的政策，大抵并不反对佛教本身。他们所持观点多与禅宗类似或相同。这可见禅宗在当时的影响，也可知这些人与禅宗相互支持的关系。例如上引狄仁杰上疏里又曾说：

> 损命则不慈悲，损人则不济物，荣身则不清净，岂大圣大神之心乎？臣以为非真教，非佛意，违时行，违人欲。②

后来到中宗、睿宗朝，连续有朝官上疏反佛。如韦嗣立，针对中宗时期充饰寺观、滥食封邑加以批判，言及佛教的“修心”作用：

> 苟非修心，定惠诸法，皆涉有为。至如土木雕刻等功，唯是殚竭人力，但学相夸壮丽，岂关降伏身心？③

中宗朝宰相桓彦范、侍御史宋务光、睿宗朝中书舍人裴漼等陆续上疏排佛，意见大体类似。再以后，玄宗朝贤相姚崇，玄宗即位之初颁布一系列禁限佛教的诏书应出自他的手笔，他开元八年(720)去世，留下遗令说：

> 且佛者，觉也，在乎方寸。假有万像之广，不在五蕴之中。但平等慈悲，行善不行恶，则佛道备矣。何必溺于小说，惑于凡僧，仍将喻品，用为实录，抄经写像，破业倾家，乃至施身亦无所吝，可谓大惑也……正法在心，勿效儿女子曹终身不

---

①范文澜《中国通史简编》(修订本)第3编第2册第601页，人民出版社，1965年。
②《旧唐书》卷一〇一《辛替否传》，第3157页。
③《旧唐书》卷八八《韦思谦附韦嗣立传》，第2870页。

悟也。①

这里的“佛者,觉也,在乎方寸”的“正法在心”观念,反对有为功德,肯定“修心”的“佛意”,说法完全和“东山法门”宗义相合。值得注意的是,这些人大体是靠政能文才进身的庶族新秀,时称“东山法门”的禅宗得以在朝廷扩展势力正得力于这个社会阶层的支持与参与。

二

久视元年(700),弘忍弟子、被北宗尊称“六祖”的神秀被迎请入都(东都洛阳),成为禅宗发展史上具有标志性意义的大事件。在这之前,起码有八位这个新宗派的禅师已被武则天召请进入两都活动②。这样,在武则天执政晚期和接下来的中宗朝,即7世纪后二十年和8世纪头十年,禅宗新宗派已成为两京佛教声势显赫的力量。《楞伽师资记》上说:

> 唐朝荆州玉泉寺大师讳秀,安州寿山寺大师讳赜,洛州嵩山会善寺大师讳安,此三大师,是则天大圣皇后、应天神龙皇帝、太上皇前后为三主国师也。并忍大师授记云:“后传吾道,只可十耳。”俱承忍禅师后。③

《楞伽师资记》还记载弘忍圆寂之后,“前兵部尚书陇西李迥秀(李迥秀是相当有势力的人物,事迹附《旧唐书》卷六二、《新唐书》

①《旧唐书》卷九六《姚崇传》,第3028页。
②参阅史丹利·外因斯坦《唐代佛教——王法与佛法》第74页。
③《楞伽師資記》,柳田圣山《禅の語録2 初期の禅史Ⅰ》第295页。

卷九九《李大亮传》。他是陇西李氏出身，得到武则天信任，长安初〔701〕为相，以"托附权幸，倾心以事张易之、昌宗兄弟，由是深为谠正之士所讥。俄坐赃出为庐州刺史。景龙〔707—710〕中，累转鸿胪卿、修文馆学士"[①]，终兵部尚书）为赞曰：猗欤上人，冥契道真。摄心绝智，高悟通神。无生证果，现灭同尘。今兹变易，何岁有邻。"[②]可知弘忍当时已名闻朝廷。前面提到的弘忍弟子法如，在弘忍灭度之后，北游中岳，后居少林寺，处众三年……垂拱二年（686），四海标领众僧，集少林精舍，请开禅法"[③]。十年后的天册万岁元年（695），武则天召请嵩山慧安弟子仁俭上殿，启问禅法，他曾进短歌一十九首，武则天览而嘉之，厚加赐赉[④]；仁俭师事的慧安，从弘忍得法，住长安南终南山石壁，后来也被"武后征至辇下，待以师礼，与神秀禅师同加钦重"[⑤]。万岁通天二年（697），弘忍弟子智诜应武则天之召来到京城[⑥]，然后又到东都洛阳广开禅法，得到中宗皇后韦庶人弟弟净觉皈依。净觉下面将另作介绍。被弘忍列入十大弟子的随州大云寺玄约也曾在武则天内道场接受供养[⑦]。这些人都在两都造成一定影响。正是以这些人的活动为机缘，才有武则天征召神秀之举。

神秀入朝，造成颇大轰动："道俗翻花，幢盖充溢衢路，乘辇椆上，从登御殿，顶拜长跪，瞻奉洁斋。授戒宫女，四会仰归，有如父

---

①《旧唐书》卷六二《李大亮传附李迥秀传》，第 2391 页。

②《楞伽師資記》，柳田圣山《禅の語録 2　初期の禅史Ⅰ》第 273 页。

③《唐中岳沙门釋法如禅師行狀》，《初期禅宗史書の研究》第 488 页，《禅文化研究所研究報告》第一册。

④《景德传灯录》卷四《洛京福先寺仁俭禅师》，第 58 页，日本京都东寺藏东禅寺本，禅文化研究所，1990 年。

⑤《景德传灯录》卷四《嵩岳慧安国师》，第 55 页。

⑥《歷代法宝記》，柳田圣山《禅の語録 3　初期の禅史Ⅱ》第 137 页。

⑦《歷代法宝記》，柳田圣山《禅の語録 3　初期の禅史Ⅱ》第 129 页。

母焉。王公以下,歙然归向。”①他在京荣宠及其圆寂情况,《楞伽师资记》详加记载:

随驾往来二京教授,躬为帝师。则天大圣皇后问神秀禅师曰:“所传之法,谁家宗旨?”答曰:“禀蕲州东山法门。”问:“依何典诰?”答曰:“依《文殊说般若经》一行三昧。”则天曰:“若论修道,更不过东山法门。”以秀是忍门人,便成口实也。应天神龙皇帝神龙元年(705)三月十三日敕:“禅师迹远俗尘,神游物外,契无相之妙理,化有结之迷途,定水内澄,戒珠外彻,弟子归心释教,载伫津梁,冀启法门,思逢道首。禅师昨欲归本州者,不须。幸副翘仰之怀,勿滞枌榆之恋。遣书示意,指不多云。”禅师二帝钦承,两京开化,朝野蒙益,度人无数。敕于本生大村李为置报恩寺。以神龙二年二月二十八日不疾宴坐,遗嘱三字云:“屈,曲,直。”便终东都天宫寺,春秋一百余岁。②

神秀这一派“东山法门”称呼得到朝野认可,他本人又得到朝廷“大通禅师”谥号(是为后来唐朝廷给禅师加封谥号之始),他这一派代表人物陆续进入朝廷权势圈子,入主两京及其附近大寺,不只确立了在佛门里还有社会上的显要地位,也走出禅宗发展史上关键的一步。柳田圣山曾指出:

(武则天时期)革命利用佛教、佛教利用革命的倾向是巨大的。许多高僧,姑且不问个人意志的善恶,都乘革命所带来的变化之机,各派佛教盛行帝都,形成所谓北宗禅的基础,确实是武周革命的结果。③

---

①《伝法宝紀》,柳田圣山《禅の語録2 初期の禅史Ⅰ》第403页。

②柳田圣山《禅の語録2 初期の禅史Ⅰ》第298、302页。

③《初期禅宗史書の研究》第44—45页,《禅文化研究所研究報告》第一册。

所谓"各派佛教盛行京都",包括献上《大云经》的御用僧人,也有菩提流支等著名译师,还有法藏那样的宗派佛教大师。

在后来南宗文献里,神秀被当做"北宗"创始人。北宗受到攻击、贬抑,他也被描写成一个骄傲而浅薄的人。就教理层面说,他确实没有在道信、弘忍取得成就的基础上做出更多开拓,但他对禅宗发展所做出的贡献是不可小觑的。如他的一生行事坦荡,确实具有作为宗教领袖人物的优秀素质;他内、外学丰厚,求法刻苦认真;弘法努力,培养一批优秀弟子;他经过多年历练,获得广泛声誉,至年高德劭,争得朝野敬重。在当时环境下,朝廷的认可、崇重对于新宗派的发展具有重要意义。道信、弘忍在偏远山区创建的民间新兴教派没有权势可以依恃,也没有值得夸耀的传统,至神秀领导僧团,他本人终于争得与高僧玄奘、法藏等同等的声望和地位。这对宗派的进一步发展关系是相当重大的。

神秀(606—706),如前所述,是弘忍高足之一。记述他的生平事迹,睿宗、玄宗两朝担任宰相的著名文人张说曾作《唐玉泉寺大通禅师碑》。这类纪念文字难免有溢美成分,但基本事实应是可信的;另有早期北宗禅史《楞伽师资记》《传法宝纪》,把他作为弘忍嫡传记述,反映的当然是北宗观点,也提供了重要史料;《宋高僧传》里的《神秀传》是后人作出的总结性成果,也有参考价值。利用这些资料,可以勾勒出他的大体面貌。他出身中原经济、文化发达地区的汴州尉氏县(今河南尉氏县),俗姓李。早年经历《传法宝纪》所述较详,从情理看也较真实,说他"年十三,属隋季王世充扰乱,河南、山东饥役,因至荥阳义仓请粮,遇善知识出家"。即是说,在隋唐易代动乱之际,他作为流民,跟随僧人出家。这和当时许多僧人的境遇是相同的。后来他"便游东吴,转至闽,游罗浮、东蒙、台、庐诸名山,嘉遁无不毕造"①,即他曾流落四方,艰苦谋生。又说他

①《伝法宝紀》,柳田圣山《禅の語録 2　初期の禅史Ⅰ》第 396 页。

二十岁受具足戒[①]，四十六岁到黄梅东山弘忍处，时在永徽二年(651)，计算起来他在各地游方时达二十多年。永徽二年是弘忍开始住持黄梅僧团那一年，这是与张说《碑》所述“天命之年(五十而知天命)，自拔人间之世，企闻蕲州有忍禅师，禅门之法胤也”，遂前往服勤是大体一致的。张说《碑》又说他“服劳六年，不舍昼夜”[②]，所谓“服勤”“服劳”，表明他当初在黄梅给僧团做劳役。《传法宝纪》上说“(弘忍)一见重之，开指累年，道入真境”，表明他一边服劳役，人品、才能得到器重、赏识，因而弘忍对他认真教导，使他学养大进。据《宋传》，“初，忍于咸亨初(670)命二三禅子各言其志，神秀先出偈，惠能和焉。乃以法衣付惠能……”[③]，这讲的是他与慧能题壁示法的传说。张说《碑》写到弘忍传法给他，然后到荆州玉泉寺：

> (弘忍)大师叹曰：“东山之法，尽在秀矣。”命之洗足，引之并坐。于是涕辞而去，退藏于密。仪凤中，始隶玉泉，名在僧录。寺东七里，地坦山雄，目之曰：此正楞伽孤峰，度门兰若，荫松藉草，吾将老焉。云从龙，风从虎，大道出，贤人睹。岐阳之地，就去成都；华阴之山，学来如市，未云多也。后进得以拂三有、超四禅，升堂七十，味道三千，不是过也。[④]

《传法宝纪》则记载他后来离开黄梅，经过一段波折，“自所证莫有知者。后随迁谪，潜为白衣，或在荆州天居寺十年所，时人不能测”。这里所说“迁谪”，“潜为白衣”，又说他“所证莫有知者”，张说

①伊吹敦已指出因为神秀后来成为“禅宗的指导者”，以帝权把“受戒时间特意改为二十岁”，见《神秀得度受戒年代考》，《禅文化研究所紀要》第31辑，2011年。

②《荆州玉泉寺大通禅师碑》，《文苑英华》卷八五六，第6册第4521页。

③《宋高僧传》卷八《唐蕲州东山弘忍传》，上册第172页。

④《荆州玉泉寺大通禅师碑》，《文苑英华》卷八五六，第6册第4521页。

《碑》又说他离开黄梅，“退藏于密”，则他离开黄梅一段时间曾隐没民间。直到仪凤(676—679)中，即已年过古稀，“荆楚大德数十人，共举度当阳玉泉寺”，“名在僧录”。从这样的记载看，他之前大概没有朝廷度牒的私度身份，这时才正式纳入“僧录”，即《唐六典》上规定的“凡道士、女道士、僧、尼之簿籍亦三年一造”的“簿籍”①。《楞伽师资记》又说他从弘忍得法后“禅灯默照，言语道断，心行处灭，不出文记”，则可与《传法宝纪》所谓“自所证莫有知者”的说法相印证。就是说，到荆州后一段时间，他既没有公开传法，也没有从事著述，直到隶名玉泉寺，方声名鹊起。张说《碑》里拿三个典故比喻他的遭遇：一是《国语·晋语八》记载“昔(周)成王盟诸侯于岐阳”；二是《后汉书·张楷传》记载“(张)楷……隐居弘农山中，学者随之，所居成市”；三是据传孔子弟子三千，其中杰出者七十二贤人。这三个典故表明神秀在荆州活动的成绩和影响。后来宋之问作《为洛下诸僧请法事迎秀禅师表》，赞扬神秀，说“陛下载宏佛事，梦寐斯人……久在荆南，与国有缘，今还豫北，九江道俗，恋之如父母，三河士女，仰之犹山岳”，他已经成为名闻四海的高僧，遂有久视元年(700)武则天敕命迎请之举。宋之问表文里又说：

> 某闻住持真教，先凭帝力；导诱将来，远属能者。伏见月日敕遣使迎玉泉寺僧道秀……朝夕诣阙。此僧契无生至理，传东山妙法，开室岩居，年过九十。形彩日茂，弘益愈深……倘得焚香以遵法王，散花而入道场，则四部衔恩，万人生善……②

可见当时神秀的声望和热烈奉迎情形。他来到朝廷，受到礼遇，张说《碑铭》记载：

①《唐六典》卷四《尚书礼部》，第126页，陈仲夫点校，中华书局，1992年。

②《为洛下诸僧请法事迎秀禅师表》，《文苑英华》卷六〇五，第4册第3102页。

> 久视年中，禅师春秋高矣，诏请而来，趺坐觐君，肩舆上殿。屈万乘而稽首，洒九重而宴居。传圣道者不北面，有盛德者无臣礼。遂推为两京法主，三帝国师……每帝王分座，后妃临席……圣敬日崇，朝恩代积。当阳初会之所，置寺曰度门；尉氏先人之宅，置寺曰报恩……累乞还山，既听中驻。……①

《宋传》上说：“则天太后闻之，召赴都，肩舆上殿，亲加跪礼。内道场丰其供施，时时问道。敕于昔住山置度门寺，以旌其德。时王公已下，京邑士庶，竞至礼谒，望尘拜伏，日有万计。洎中宗孝和帝即位，尤加宠重。中书令张说尝问法执弟子礼，退谓人曰‘禅师身长八尺，庞眉秀目，威德巍巍，王霸之器也。’”②神秀于中宗神龙二年(706)二月二十八日圆寂，诏使吊丧，侯王馈赠，三月二日，册谥为“大通禅师”。这是朝廷给予禅宗祖师谥号之始。到八月，正式举行葬礼：

> ……太常卿鼓吹导引，城门郎监护丧葬。是日，天子出龙门，泫金榇，登高停跸，目尽回舆。自伊及江，挟道哀候，幡花百辈，香云千里。维十月哉生魄明，即旧居后冈，安神起塔，国钱严饰，赐逾百万……③

给予他如此荣宠，也表明当时禅宗已经取得崇高地位和造成巨大影响。他圆寂之后，弟子辈继续在两都活动，他这一派系发展声势延续数十年。下面还将介绍。

如前引《楞伽师资记》所述，神秀“不出文记”，即不热心著述，又记述他入京接受武则天咨询：“依何典诰?”答曰：“依《文殊说般若经》一行三昧。”这表明他谨守弘忍“东山法门”传统。今存敦煌本《观心论》(S. 646，S. 2959)，另有朝鲜、日本传本，据考是他的说法记录，一般为学术界所认可。其中阐述的正是道信、弘忍一派观

---

①《荆州玉泉寺大通禅师碑》，《文苑英华》卷八五六，第6册第4521页。

②《宋高僧传》卷八《唐荆州当阳山度门寺神秀传》，上册第177页。

③《荆州玉泉寺大通禅师碑》，《文苑英华》卷八五六，第6册第4522页。

点。例如说：

心是众善之源，是万恶之主……但能摄心内照，觉观常明，绝三毒永使消亡，六贼不令侵扰，自然恒沙功德，种种庄严，无数法门，悉皆成就。

以六根清净，不染世尘，即出烦恼，可至菩提岸也。①

张说《碑》总括神秀禅法：

尔其开法大略，则专念以息想，极力以摄心。其入也，品均凡圣；其到也，行无前后。趣定之前，万缘尽闭，发慧之后，一切皆如。持奉《楞伽》，递为心要。过此以往，未之或知。

又说：

虚受与沃心悬会，高悟与真乘同彻。尽指妄识，湛见本心，住寂灭境，行无是处。有师而成，即燃灯佛所；无依而说，是空王法门。

最后铭文说：

额珠内应，匪指莫效。心镜外尘，匪磨莫照。海藏安静，风识牵乐。不入度门，孰探法要。②

这基本就是宗密《圆觉经大疏钞》里所说北宗“拂尘看净，方便通经”③的宗旨，《楞伽师资记》说他“以方便显”，也是指出他继承道信的“五方便门”。当然这些说法也体现张说本人对神秀禅法的理解。如下面将要讲到的，这种“品均凡圣”的人性平等观念是特别受到张说这类庶族文人的欢迎的。

总的看来，神秀虽然在禅宗的理论建树方面有限，但对于推进

①《观心论》，《大正藏》第85卷第1273页上—中、1971页上。

②《唐玉泉寺大通禅师碑》，《文苑英华》卷八五六，第6册第4521—4522页。

③《圆觉经大疏释义钞》卷三，《续藏经》第9册第532页下。

“东山法门”的弘传，特别是扩展它在朝廷的影响，所发挥的作用是巨大的。而正是后一方面，给新兴的禅宗开拓出更大的发展机遇和前途。

三

神秀圆寂之后，接受付嘱的几位弟子——普寂、敬贤、义福、惠福、思恒、净藏先后活跃在两京。开元年间，他们备受荣崇，位高势重，煊赫一时。

普寂(651—739)，据李邕《大照禅师塔铭》，俗姓冯，河东人，祖、父都是庶族出身的“居士”。他少年时也曾钻研儒家经籍，但有志“别求法缘，幽寻释教”，遂从大梁(今河南开封市)壁上人习佛教经论，依东都端和尚受具。其时法如正开法少林，他曾有意往投，适法如圆寂；他远到荆州玉泉寺，师事神秀六年，受到赏识。后来神秀被召请入都，推荐他住持嵩山。神秀去世之后，唐中宗派遣考功员外郎武平一到嵩岳寺宣诏，命他继神秀“统领其众”。“开元十三年，恩诏屈于敬爱寺宴坐。逮十五年，皇上将幸于京师也，优诏曰：‘慎言、义福宜从驾，和上留都兴唐寺安置。’……自南自北，若天若人。或宿将重臣，或贤王爱主，或地连金屋。或家蓄铜山，皆毂击肩摩，陆聚水咽，花盖拂日，玉泉盈庭……二十七年秋七月，诲门人曰：‘吾受托先师，传兹密印，远自达摩菩萨导于可，可进于璨，璨钟于信，信传于忍，忍授于大通，大通贻于吾，今七叶矣。尸波罗蜜(持戒)是汝之师，奢摩他门(止)是汝依处，当真说实行，自证潜通。不染为解脱之因，无取为涅槃之会。诸生殊不知其故，呜呼！’”①他圆寂时，上闻朝廷，玄宗下诏褒崇，敕赐“大照禅师”；及

①《大照禅师塔铭》，《全唐文》卷二六二，第2658—2659页。

葬，河南尹裴宽及其妻子并缞麻列于门徒之次。《宋传》又曾说：“神秀禅门之杰，虽有禅行，得帝王重之无以加者，未尝聚徒开法也。洎乎普寂，始于都城传教，二十余载，人皆仰之。”[①]这里拿他和神秀相比，说神秀“未尝聚徒开法”。如前介绍，神秀当年在荆州并没有广收门徒；迨久视元年北上入都，已经九十多岁，行动显然受到限制，六年后就圆寂了。而普寂培养众多僧、俗弟子，威望崇高，影响更为广泛；特别是他门下有众多女弟子，下面一并另行记述。

义福，据严挺之《大智禅师碑铭》和杜昱《大唐故大智禅师塔铭》[②]，俗姓姜，上党铜鞮（今山西沁县）人，祖、父都“栖身衡门”，“隐居不仕”。年轻的时候曾师事东都福先寺朏法师，此人即应是著早期禅史《传法宝纪》的“京兆杜朏字方明”者（日僧圆仁《入唐求法目录》里著录“《南岳思和尚法门传》二卷　卫尉丞杜朏撰”，亦应是同一人。柳田圣山推测，杜朏在大福先寺为僧，后来还俗还本名[③]）。然后他又到嵩山法如处访学，和当年普寂的情形一样，值法如去世。他于载初（689）年间落发，到荆州玉泉寺往投神秀，“周旋十年，不失一念，虽大法未备，其超步之迹，固以远矣”，得到印可。神龙（705—707）年间，被群公所请，入居终南山感化寺，“宴居寥廓廿年”，“开演先师之业，懋宣至圣之教”，学众群聚，不远千里。开元十年（722），长安道俗请住慈恩寺；十三年，玄宗幸东都，命住东都福先寺；十五年，放还长安；二十一年，恩旨复令入都，住南龙兴寺；二十四年卒。玄宗特降中使慰赗，赐号“大智禅师”[④]，缙绅缟素者数百人。其时“中书侍郎严挺之躬行丧服，若弟子焉，又撰碑文”，“福初在东都，召其徒戒其终期，兵部侍郎张均、太尉房琯、礼部侍

①《宋高僧传》卷九《唐京兆慈恩寺义福传》，上册第197页。

②杜昱《大唐故大智禅师塔铭》，周绍良主编《唐代墓志汇编》下册第1455页，上海古籍出版社，1992年。

③柳田圣山《禅の語録2　初期の禅史Ⅰ》第24—26页。

④严挺之《大智禅师碑铭》，《全唐文》卷二八〇，第2841—2844页。

郎韦陟常所信重,是日皆预造焉”[1],可见他当时在朝廷中的影响。

敬贤(一作“景贤”,660—723),据羊愉《唐嵩山会善寺故景贤大师身塔石记》,俗性薛,世为著族,在当阳玉泉寺从神秀受教。神秀“照彼精恳,喻以方便”。后来他客居巴峡,“中宗闻风,召请内度,法众仰德,乞留都下”。开元十一年(723)圆寂,玄宗赐书塔额,署曰“报恩”[2];二十年又起身塔于嵩山北岩下。门人有法宣、慧巘、敬言、慧林等。

思恒(649—726),俗姓顾,吴郡人,士族出身。他是持世法师弟子,精于律,后来“诣秀禅师,受微秒理,一吾真谛,果符宿心。寂而无生,而法身常在,湛然不动,而至化常流。于是能事毕矣,福德具矣”[3]。终于大荐福寺。有弟子智舟等。

此外,羊愉《唐嵩山会善寺故景贤大师身塔石记》说“赫赫大通,济济多士,寂、成、福、藏,烂其盈门”,这里指的分别是神秀弟子普寂、义福、兖州东岳降魔臧,“成”不知何人。又智达,京兆长安人,“年甫弱冠,便入嵩山,初事安阇梨,晚归秀和尚,并理符心会,意授口诀,二十余年”[4],弟子有重莹,俗弟子有崔宠、裴炯、崔玄哲等。见于记载的还有郓州安国院巨方、河中府安国院智封、郢州大佛山香育、三峰道树、洛京崇珪、淮州都梁山全植等,都曾参与神秀法席或为弟子。

值得注意的有前面已经提到的写作《楞伽师资记》的净觉(683—?)。王维曾作《碑铭》,又有佚名《大慈禅师墓志铭并序》,周绍良藏拓本。后者记载:“禅师本姓李,名隶于崇敬寺,自称曰净

①《宋高僧传》卷九《唐京兆慈恩寺义福传》,上册第197页。

②羊愉《唐嵩山会善寺故景贤大师身塔石记》,周绍良主编《唐代墓志汇编》下册第1469—1470页。

③佚名《唐大荐福寺故大德思恒律师志文并序》,《唐代墓志汇编》下册第1322页。

④崔宽《六度寺侯莫陈大师寿塔铭文并序》,《唐代墓志汇编》上册第1155页。

觉，号之曰方便慈，众称之曰大慈。”①这里“姓李”应为“姓韦”，“李”“韦”形近，大概是碑文漫漶，过录有误。王维碑上说：

> 禅师法名净觉，俗姓韦氏，孝和皇帝庶人之弟也。中宗之时，后宫用事，女谒浸盛，主柄潜移。戚里之亲，同分珪组，属籍之外，亦绾银黄，况乎天伦，将议封拜。促尚方令铸印，命尚书使备策。诘朝而五土开国，信宿而驷马朝天。禅师叹曰：“昔我大师，尚以菩提释位；今我小子，欲以恩泽为侯。仁远乎哉，行之即是。”裂裳裹足以宵遁，乞食糊口以兼行，入太行山，削发受具……②

净觉是中宗李显韦皇后弟弟。当初中宗被武则天篡权夺位，至神龙元年(705)复位，后(710)韦皇后和女儿安乐公主拟效武则天称制故事，毒死中宗，李隆基通过宫廷政变杀韦后等，立李旦为帝，是为睿宗。王维的《碑铭》里说，就在韦皇后权势正隆，其“戚里”大肆封拜、荣宠加身的时候，他断然离俗出家，皈依北宗禅师玄赜，当是出于避祸的动机。据佚名《墓志铭》，他舍俗出家之后，“初趣大智和尚，悬解禅门；后谒于大照禅师，吻合心地；其后住终南山寺，亦十余稔”③。他根据玄赜所著禅史《楞伽人法志》撰写《楞伽师资记》，是大力张扬北宗法系做出贡献的人。他作为皇室外戚、统治集团核心里的人物，成为新兴禅宗宗派成员，对其又有十分深入的了解，亦可见当时禅宗深入宫廷的情形。

再下一代，以普寂弟子最多，《景德传灯录》记载终南山惟正等四十六人④，遗漏不少。最重要的如《宋传》记载的一行(673？—

①《唐故大慈禅师墓志铭》，《唐代墓志汇编》下册第1625页。

②《大唐大安国寺故大德净觉师碑铭》，陈铁民《王维集校注》第4册第1164—1165页，中华书局，1997年。

③《大慈禅师墓志铭并序》，《唐代墓志汇编》下册第1625页。

④《景德传灯录》卷四，第43—44页。

727)，谓“因遇普寂禅师大行禅要，归心者众，乃悟世幻，礼寂为师，出家剃染，所诵经法，无不精讽。寂师尝设大会，远近沙门如期必至，计逾千众。时有征士卢鸿，隐居于别峰，道高学富，朝廷累降蒲轮，终辞不起。大会主事先请鸿为导文，序赞邑社。是日鸿自袖出其文，置之机案，钟梵既作，鸿谓寂公曰：‘某为数千百言，况其字僻文古，请求朗俊者宣之，当须面指擿而授之。’寂公呼行，伸纸览而微笑，复置机案。鸿怪其轻脱。及僧聚于堂中，行乃攘袂而进，抗音典裁，一无遗误。鸿愕视久之。降叹不能已。”①这里称赞一行的才学。一行明律，后来接受密宗大师金刚智灌顶，协助翻译密法，他在文化史上又以精天文历算之学著称，是著名科学家。又载南岳明瓒，“初，游方诣嵩山，普寂盛行禅法，瓒往从焉。然则默证寂之心契……”②同是《宋传》记载的还有法融，“后游云水，见嵩岳普寂禅道风行，密付心印”③；长安安国寺灵著，他“晚岁请问大照禅师，领悟宗风，守志弥笃”④。见于碑志的，还有如常一(699—770)，谥号法津，开元中受具，“旋至长安花严法师所听《花严经》，又于东京大照禅师所习定宴座”⑤；同光禅师(799—770)，早岁出家，后“持钵东山，归心禅祖大照，屡蒙授记，许为人师”⑥；法玩(715—790)，俗姓张，“年十八，学道于大照大师”⑦。义福弟子著名者有思睿，“因诵十轮经，日彻数纸，翌日倍之，后又倍之，自尔智刃不可当矣。

①《宋高僧传》卷五《唐中岳嵩阳寺一行传》，上册第 91 页。

②《宋高僧传》卷一九《唐南岳山明瓒传》，下册第 491—492 页。

③《宋高僧传》卷二九《唐阆州长乐寺法融传》，下册第 737 页。

④《宋高僧传》卷九《唐京师大安国寺楞伽院灵著传》，上册第 201 页。

⑤锐璨《大唐荷恩寺故大德法津禅师塔铭并序》，吴刚主编《全唐文补遗》第 4 辑第 7 页，三秦出版社，1997 年。

⑥郭湜《唐少林寺同光禅师塔铭并序》，国家图书馆善本金石组编《历代石刻史料汇编・隋唐五代》第 2 编第 1 册第 444—446 页，北京图书馆出版社，2000 年。

⑦李充《大唐东都敬爱寺故开法临坛大德法玩禅师塔铭并序》，国家图书馆善本金石组编《历代石刻史料汇编・隋唐五代》第 2 编第 1 册第 474—475 页。

开元中,杖锡嵩少问道,时义福禅师禅林密致,造难其人,一言相入,若石投水。既饮甘露,五载而还,趺坐居定,日不解膝。远迩击问,求其玄理,如堵墙焉”①。

前面说到普寂门下有不少女弟子,义福也同样,形成一时风气。如诗人王维的母亲崔氏,“师事大照禅师三十余岁,褐衣蔬食,持戒安禅,乐住山林,志求寂静”②;上面说到的裴宽妻子也是一位;又李府君夫人严氏,“大照和尚摩顶受记,号真如海”③;灵觉,是武则天次女④;汝州刺史李府君夫人韦氏,“服丧之后,禅悦为心,尝依止大照禅师”⑤;等等。义福女弟子有济度寺大德比丘尼惠源,“遇高僧义福者,常宴坐清禅,止观传明,殊礼印可”⑥;薛氏夫人优婆夷未曾有,出身范阳卢氏,历代冠冕,她“宗师大智,茂修禅法”⑦;智通(683—751),俗姓张,“童年有济世之量,曾请益于大智尊者,晚节当付属之重”,“前刺史裴宽以师继然一灯,请传觉印;后太守韩朝宗以师道高五众,请师为僧宝”⑧;东都安国寺临坛大德澄空(738—793),俗姓皇甫氏,浙东观察使皇甫温的妹妹,死后“窆于龙门西南所置之蓝若,具大智和尚塔之右”⑨;等等。这一方面表明他们门庭

①《宋高僧传》卷二四《唐太原府崇福寺思睿传》,下册第613页。

②王维《请施庄为寺表》,陈铁民《王维集校注》第4册第1085页。

③马巽《大唐故府君夫人严氏墓志铭并序》,《唐代墓志汇编》下册第1523页。

④《大唐都景福寺威仪和尚龛塔铭》,《唐代墓志汇编》下册第1485页。

⑤《大唐故汝州刺史李府君夫人邓国夫人韦氏墓志铭并序》,《唐代墓志汇编》下册第1647页。

⑥杨休烈《大唐济度寺故大德比丘尼惠源和尚神空志铭》,《唐代墓志汇编》下册第1473页。

⑦杜昱《有唐薛氏故夫人实信优婆夷未曾有功德塔铭并序》,《唐代墓志汇编》下册第1479页。

⑧复珪《大唐栖岩寺故大禅师塔铭》,《唐代墓志汇编》下册第1702页。

⑨《唐故澄空舍利墓石》,《唐代墓志汇编》下册第1873页。

之盛①,另一方面这些妇女多是世家大族出身,她们皈依普寂、义福这样的新兴宗派禅师,表明这个宗派的影响已深入到贵族家庭之中。这也表明“东山法门”性质的衍变。下面还将说明。

以上是神秀以下一、二代的情况,他们大都于开、天年间活跃在两都。

四

从武则天篡夺帝位到唐玄宗在位前期,虽然朝廷动乱不绝,但从总体看,社会一直保持上升的态势。“东山法门”重在“修心”的禅法,能够担负起内训门徒、外化民众的作用,又由于它在当时发展程度有限,还没有造成与朝廷争夺人丁、赋税的矛盾,因而得到朝廷的容纳和欢迎;另一方面,它张扬平等的“心性”观念,又得到庶族官僚士大夫阶层的大力支持和积极参与。关于后一个层面,几位写作禅师碑文的作者可作例子。

张说(667—730)是如今所知第一位写作禅宗祖师碑文的朝官,又是著名文人,开拓其后文人为禅师撰写碑文的风气。他出身寒门庶族,祖、父俱官称不显;武后策贤良方正,他对策第一,授太子校书,累官至凤阁舍人,是武后朝不次拔擢的典型人物。长安初(701),他预修大型类书《三教珠英》,参加者有李峤、阎朝隐、刘知幾、沈佺期、宋之问、富嘉谟等,皆朝官中一时之选。同年,他上《谏避暑三阳宫疏》,被武后器重。开元年间他曾两度为相,是辅佐“开

①禅宗女弟子还有王氏夫人号曼殊,鲁王府主簿山丘之孙,高苑令处宾之女,“归心禅门,受祺旷劫”(《唐京兆王氏妻清河崔夫人墓志》,《唐代墓志汇编》下册第1452页),不清楚师事何人。

元之治”的名臣。吕澂注意到：

> 张说的碑铭里也有些叙述：“其开(示禅)法大略，则慧念以息想，极利益摄心。其入也，品均凡圣，其到也，行无前后。”这就是说凡圣的根基都一样，即从达摩以来提倡人人都有佛性，人人平等的说法。①

在所作神秀碑文最后，他表白自己的无限景仰之情：

> 於戏法子，永恋宗极。痛慈舟之遽失，恨涌塔之迟开。石城之叹也不孤，庐山之碑焉可作。窃比子贡之论夫子也，生于天地，不知天地之高厚，饮于江海，(不知江海)之广深。强名无迹，以慰其心。②

他大力赞扬神秀，也赞同神秀一派禅师的观点。

神秀嫡传弟子普寂，被立为“第七祖”，杜甫所说的“门求七祖禅”即为所指③。给他写《塔铭》的李邕(676？—746)，同样出身寒门，是唐初著名《文选》学者李善之子。则天朝，他以词高行直为李峤等举荐，拜谏官左拾遗，也是靠政能文才出仕的。他任职期间，曾依附以刚正著称的名臣宋璟，举奏张易之兄弟奸邪，后来又因为与贤相张柬之相善被贬官。“季年理卫州，便人反谤；移青州，又遭所佞谬旨阴中，以东宫之姻，妄词连之，千里狱讯，不得谳报……卒以强死”④。他行事不拘细行，屡遭贬抑，而人品甚高，被认为是信陵、贾谊之流。李白有《上李邕》诗，中有“大鹏一日同风起，抟摇直上九万里”之句，其少年豪气正与这位名士相投。中宗朝，他曾疏谏重用妖人郑普思，其中说到“若以普思可致佛法，则汉明、梁武久

①《吕澂佛学论著选集》第5卷第2768页。

②《荆州玉泉寺大通禅师碑》，《文苑英华》卷八五六，第6册第4522页。

③《秋日夔府咏怀寄郑监李宾客一百韵》，仇兆鳌《杜少陵集详注》卷一九。

④李昂《唐故北海郡守秘书监江夏李公墓志铭并序》，《唐代墓志汇编》下册第1766页。

应得之，永有天下，亦非陛下今日可得而求”①，表明他对佛教怀抱相当理性的态度。而在《塔铭》里，他写普寂从神秀得法，谓“良马易进，良田易平，加之思修，重之勤至。宝镜磨拂，万象乃呈，玉水清澄，百丈乃见”②云云，表达的则是早期禅宗“拂尘看净”观念。李邕还写过《嵩岳寺碑》，这也是书法史上著名文字。其中说：

> 达磨菩萨传法于可，可付于璨，璨受于信，信畀于忍，忍遗于秀，秀钟于今和上寂，皆宴坐林间，福润禹内。其枕倚也，阴阳所启，居四岳之宗；其津梁也，密意所传，称十方之首。莫不佛前受记，法中出家，湛然观心，了然见性。学无学，自有证明；因非因，本末清净。开顿渐者，欲依其根；设戒律者，将摄乎乱。然后微妙之义，深入一如；广大之功，遍满三界。则知和雅所训，皆荷法乘；慈悲所加，尽为佛子。是以无言之教，响之若山；不舍之檀，列之如市。则有和上侄、寺主坚意者，凭信之力，统僧之纲，崇现前之因，鸠最后之施，相与上座崇泰、都维那昙庆（寺）等，至矣广矣，经之营之，身田底平，福河流注。今昔纷扰，杂事夥多，是以功累四朝，法崇七代……③

这里宣扬北宗的祖统，所述“观心”“见性”等等，表明他对北宗禅的了解是相当清楚、深入的。

写作神秀另一位弟子义福的碑——《大智禅师碑铭》的是严挺之。挺之（673？—742?）亦寒门进士起家，神龙元年（705）举进士，时姚崇执政，引为右拾遗；开元中，累迁给事中，典贡举，选人平允；二十年，擢刑部侍郎；张九龄执政，与相友善，为尚书右丞，知吏部选，不附权臣李林甫，“薄其为人，三年，非公事竟不私造其门”，终于被奸相李林甫排挤，出为洺州（今河北永年县）刺史，移绛郡（今

①《谏郑普思以方技得幸疏》，《全唐文》卷二六一，第2654页。

②《大照禅师塔铭》，《全唐文》卷二六二，第2658页。

③《文苑英华》卷八五八，第6册第4531页。

山西绛县)太守,归东都养疾,郁郁而卒(严氏家族有信仰佛教的传统。严挺之子严武,是杜甫友人,杜甫流落四川,即是投奔时任剑南节度使的严武)。《旧唐书》本传上记载:"挺之素归心释典,事僧惠义,及至东都,郁郁不得志成疾,自为墓志……春秋七十,无所展用,为人士所悲。其年九月寝疾,终于洛阳某里之私第;十一月,葬于大照和尚塔次西原,礼也……开元末,惠义卒,挺之服缞麻送于龛所。"①惠义即普寂弟子义福,所作《碑铭》中写义福临终付嘱:"吾问道在心不在事,法由己不由人,当自勤力,以济神用。"②这种话充分体现对于主观心性的自信。

写《为洛下诸僧请法事迎秀禅师表》的宋之问(656? —712?)是著名诗人,上元二年(675)进士及第,受到武则天提拔,依附张易之兄弟,担任左奉宸内供奉,这是侍从游幸的职务;神龙元年,张易之被诛杀,贬泷州(今广州罗定市)参军,后逃还,以其弟告变之功,复入朝为官,终以谗附武三思流钦州(今广西钦州市),赐死贬所。这是一个无行的文人,得到武则天器重,也是不次用人的一例。

再看上述三篇碑铭和其他资料里提到的归心"东山法门"的人物。

张说《碑铭》里说当神秀圆寂之后,"岐王范、燕国公张说、征士卢鸿各为碑诔。服师丧者,名士达官不可胜计"③。岐王李范是唐睿宗李旦四子,唐玄宗在位,鉴于唐朝建立以来宫廷政变的教训,对诸王防范甚严。《旧唐书》记载:

> 范好学工书,雅爱文章之士,士无贵贱,皆尽礼接待。与阎朝隐、刘庭琦、张谔、郑繇篇题唱和。又多聚书画古迹,为时所称。时上禁约王公,不令与外人交结。驸马都尉裴虚己坐

①《旧唐书》卷九九《严挺之传》,第 3105 页。

②《大智禅师碑铭》,《全唐文》卷二八○,第 2843 页。

③《宋高僧传》卷八《唐荆州当阳山度门寺神秀传》,上册第 178 页。

与范游谳,兼私挟谶纬之书,配徙岭外;万年尉刘庭琦、太祝张谔皆坐与范饮酒赋诗,黜庭琦为雅州司户,谔为山茌丞。①

从这样的记载可见李范受到玄宗猜忌,也可以推测他的精神状态。李范结交文人,年轻的王维来到长安,他待之如师友;杜甫在长安也常出入他的门下,晚年回忆,曾写出"岐王宅里寻常见"②诗句。卢鸿,一名鸿一,幽州范阳人,是著名隐士。他少有学业,隐居嵩山,开元初,屡征不起;玄宗召升内殿,拜谏议大夫,固辞,许还山,有高名,聚徒五百人,是个性不偕俗的人物。

《大照塔铭》提到武平一和裴宽。武平一(? —741),据《新唐书》,"名甄,以字行,颍川郡王载德子也。博学,通《春秋》,工文辞。武后时,畏祸不敢与事,隐嵩山修浮屠法,屡诏不应。中宗复位,平一居母丧,迫召为起居舍人……"③又《曹溪大师别传》记载,"有殿中侍御史韦据,为大师(慧能)立碑。后北宗俗弟子武平一,开元七年磨却韦据碑文,自著武平一文"④。这一段记载可能出于传说,但武平一是北宗虔诚弟子是可以肯定的。

裴宽,以拔萃出身,"通敏,工骑射、弹棋、投壶,略通书记"⑤,景云(710—711)中为润州(今江苏镇江市)参军;在朝与张说相善,后徙河南(今河南洛阳市)尹,不避权贵,河南大治。哭送普寂即在这个时候。《唐书·严挺之传》记载:"宽为河南尹,僧普寂卒,宽与妻子皆服缞绖,设次哭临。妻子送丧至嵩山。"后来他也以不附李林甫被陷害。《宋传》上说:"裴尹之重寂,职有由矣。寂之阐化,神异颇多,裴皆目击,又得心印,归向越深。时多讥诮,裴日夕造谒,执

①《旧唐书》卷九五《惠文太子范传》,第 3016 页。

②《江南逢李龟年》,《杜少陵集详注》卷二三。

③《新唐书》卷一一九《武平一传》,第 4293 页。

④《曹溪大师别传》,《续藏经》第 86 册第 52 页下。

⑤《新唐书》卷一三〇《裴漼传附裴宽传》,第 4488 页。

弟子礼曾无差脱。”①

又《大智碑铭》里说：“禅师（义福）之季曰道深，力方坟而心静；弟子庄济等，营丰碑而志勤。伊余识昧，昔尝面禀，非以文词取拙，将为克慕在怀……有太仆卿濮阳杜昱者，与余法利同事，共集禅师众所知见实录……”②庄济无考。杜昱，玄宗朝宰相杜暹的弟弟，先天二年（713）举手笔峻拔超越流辈科及第，历官监察御史、户部员外郎、太仆卿，开元二十六年任河南少尹。

《宋传》记载义福，“兵部侍郎张均、太尉房琯、礼部侍郎韦陟常所信重，或日皆预造焉”③。张均为张说之子，早年有文名，担任兵部侍郎在开元二十六年以前，后被李林甫所抑；他在“安史之乱”时曾受伪职，这是后话。

房琯（697—763），宰相房融之子。房融，武后朝为相，神龙元年配流高州（今广东茂名市高州市），卒于贬所。他是《首楞严经》的笔受者。房琯年轻时为张说拔擢，但不得大用，担任过校书郎和卢氏（今河南卢氏县）令；开元二十二年，拜监察御史；“安史之乱”中，玄宗奔蜀，他驰至普安郡（今四川剑阁县）进谒，以功拜相；后来唐肃宗命统兵，大败陈涛斜，受志大才疏之讥；官终刑部尚书。值得注意的是，他与神会亦有交往，《神会语录》里有两人对谈的记录。他和杜甫关系密切，又与李适之友善。李也是怀才不遇的人物；李曾作《法现碑》，法现是弘忍弟子。

韦陟（696—760），武后朝宰相韦安石之子，袭封郇国公。他早年风标俊整，独立不群，张九龄为中书令，引为中书舍人，与孙逖、梁涉对掌文诰，时人以为美谈；后为礼部、吏部侍郎；天宝年间，遭李林甫疏忌，出为襄阳（今湖北襄阳市）太守，回京后又受到贬平乐

①《宋高僧传》卷九《唐京师兴唐寺普寂传》，上册第199页。

②严挺之《大智禅师碑铭》，《全唐文》卷二八〇，第2843页。

③《宋高僧传》卷九《唐京兆慈恩寺义福传》，上册第197页。

(今广西桂林市平乐县)尉;肃宗即位,曾任江东节度使等职。他本有任相之望,但屡受压抑,忧愤成疾而卒。

以上是文献里有记载的武后至玄宗朝支持禅宗活动的人物:他们大都是庶族出身的知识精英,有的人虽然出身华贵但实际身份已经同于庶族;他们大都又是新进官僚,政治态度积极进取,在朝廷里基本属于清明革新一派;他们多数文采辞华杰出,在文坛上有一定影响。这些人在武周朝至玄宗在位前期相当活跃。他们中有些人虽然仕途并不顺利,受到权贵打击,但在社会上的声望和影响是相当大的。“东山法门”适应这个积极进取的、具有强大政治能量的阶层的政治、思想和精神需求,其一时大盛,得力于这个阶层的大力支持和积极参与。

第七讲 “南宗”兴起

一

前面说过，武则天和中宗朝，起码先后有慧安、玄赜、神秀等八位禅师受到邀请来到两京。接下来他们的弟子辈纷纷入住京城及其附近大寺，受到王公亲贵的崇敬和供养，位高势尊，走上了御用佛教的老路。神秀入京荣宠之隆重不必说了。普寂、敬贤的情况前面也已经介绍过。又如神秀弟子思恒，“和帝(中宗)代，召入内道场，命为菩萨戒师，充十大德，统知天下佛法僧事。图像于林光殿，御制画赞”①；义福“及游步上都，载脂咸洛，法梁是荷，人宝归尊，有如王公四业，下逮裨贩百族，明发求哀，涕泪勤请”②。这些记载反映的是当时禅宗大僧的一般情况。与在黄梅东山的情况相比较，身份、地位大不相同了。特别是一些亲贵家属进入僧团，如前面提到的净觉是外戚亲贵；普寂女弟子有比丘尼灵觉，“俗姓武氏，则天(下缺)之次女也。外□父泗□刺史(下缺)国太□长公主……

①佚名《唐大荐福寺故大德思恒律师志文并序》，《唐代墓志汇编》下册第1322页。
②杜昱《大唐故大智禅师塔铭》，《唐代墓志汇编》下册第1455页。

□山普□禅师□□□□授以禅法”①；师事义福的比丘尼惠源是梁皇族后裔、唐初宰相萧瑀的孙女②，等等。这样，改变了僧团成分，禅宗的性质不能不随之变化。如本书前面指出的，在朝廷纵容下，当时御用僧侣政治上、经济上势力膨胀，武后朝“公私田宅，多为僧有”③，中宗时“天下之财而佛有七八”④。普寂等人也成为那些占地广阔的朝廷敕建大寺的寺主。

这样，自武周朝后期，“东山法门”大盛于宫廷与亲贵间，无论是组织还是宗风，都逐渐蜕变，革新精神逐渐丧失。而当时的社会环境仍保持对于宗教革新的强烈要求，禅宗内部也就随之涌动起新的变革潮流。这就是慧能和神会提倡“南宗”的背景。

慧能取代神秀，被确认为达摩之下历代嫡传的“六祖”，他的说法记录《坛经》则是中国和尚名下的唯一一部“经”(至于这部经文本的形成，各种文本有多少慧能本人的言论是另外的问题)。在后世禅宗“祖统”里，一系列“祖师”占据传递真正“佛意”的地位，慧能及其以后“祖师”们的说法记录则成为这一宗派的新经典，《坛经》则是根本经典。

关于慧能生平，《坛经》里有记载。这篇著作历来被看做是慧能的说法记录。明清以来流行的是元宗宝本。在敦煌文书里发现了文字不同的、更简短的写本(有两个完整的文本，另有残卷)。20世纪前期在日本寺院里又陆续发现几种文本，应是宋人改写本。今传诸本《坛经》都不是慧能说法的原始记录。今传最早的敦煌本，据考大约是在中唐建中(780—783)年间写定的。推想今传各本应当有个“祖本”。这个“祖本”面貌如何？今传各本与“祖本”

①《大唐都景福寺威仪和尚龛塔铭》，《唐代墓志汇编》下册第1485页。

②杨休烈《大唐济度寺故大德比丘尼惠源和尚神空志铭》，《唐代墓志汇编》下册第1473页。

③《资治通鉴》卷二〇五《唐纪二一》，第6498页。

④《旧唐书》卷一〇一《辛替否传》，第3158页。

间、它们相互间关系如何？哪些内容是更原始的？哪些内容是后人添加的？这些都难以考定。敦煌本《坛经》可分为三部分，根据郭朋校释本（中华书局，1983年）划分，第一节至十二节是慧能传记部分，第三十八节至最后五十七节是慧能传法部分，中间第十三节至三十七节是慧能说法部分。前、后两部分应当是后人编撰，中间部分应当是弟子辈的记录。如果肯定敦煌本写定在8世纪80年代初，又如果按一般考定慧能圆寂于8世纪20年代，这中间间隔六十多年时间。如果历史上一代人所占时间大体三十年，那敦煌本《坛经》形成就经过两代人之手，所述可信度应当是较高的。

就性质说，如前所说，《坛经》乃是阐发南宗宗义的经典。今传诸本《坛经》前一部分关于慧能生平的记述，内容大致相同，基本是宗教“圣传”性质的创作，即其中所描写的作为南宗禅创始人的慧能，可看做是为了树立“祖师”形象、阐发宗义的“寓言”。当然其中包含人物传记成分。在史料缺乏情况下，对于了解人物，发掘、清理隐没在这类“寓言”里的史实十分重要。所幸有关慧能生平还有三篇唐代文人写的碑铭，即王维的《能禅师碑》、柳宗元的《曹溪第六祖赐谥大鉴禅师碑》和刘禹锡的《大唐曹溪第六祖大鉴禅师第二碑》。这三位作者都是一代文坛耆宿，他们写作年代距离慧能生存时期都不远。王维碑更是受神会请托所作，他又亲自听受神会说法，可说是他的俗弟子，所作应当包含后者提供的材料。另有日本所传《曹溪大师别传》已被鉴定为唐写本，江户时期（1603—1867，即德川幕府统治时期）出版时命名为《唐韶州曹溪宝林山国宁寺六祖惠能大师传法宗旨并高宗大帝敕书兼赐物改寺额及大师印可门人并灭度时六种瑞相及智药三藏玄记等传》。从这个长长的题名可以知道书的内容的大概。这部书据考形成于建中二年（781，这是柳田圣山在《初期禅宗史書の研究》一书里提出的看法）。作为给祖师作传的宗教文书，这部书里更多夸张和臆想的内容。

慧能生前还不被看做是宗派祖师，现存资料中有关于他行年、事迹记载矛盾很多，又包含不少夸饰不实成分。如今只能根据现有材料梳理出他生平的大体轮廓（考证比较翔实可信的是印顺《中国禅宗史》第五章《曹溪大师慧能》）。不过不可否认，即使那些显然与实际情形不符的传说，背后往往隐藏着真实内容。比如《坛经》里说慧能“不识字”，有人表示怀疑，有人做出辩解。从《坛经》所记录的他的说法内容看，他对《楞伽》《金刚》《涅槃》《维摩》《法华》等经典是相当熟悉的。他阐发自己的观点，往往拿这些经典作依据，并对这些经典中的相关论述进行发挥。再联系古时寺院普及教育情形，一位大僧“不识字”更难令人置信。描写这个细节，只是强调禅宗不重文字、不重经典的性格。而不重文字、不重经典的另一面，则是不受传统经教束缚，更注重追求个人内心的觉悟。

二

根据现存资料，可以恢复慧能生平经历大体情形如下：

慧能，俗姓卢，范阳人。据传其父行瑫贬官到岭南新州（今广东新兴县），他在那里出生。新州是古代百越之地，唐代属岭南道，是人烟稀少的荒僻地区（两《唐书・地理志》均不载户口数，宋《太平寰宇记》记载户二百五十）。范阳卢氏本是北朝以来著名的山东士族五大姓之一，说慧能是士族卢氏后裔，不知是否属实，这样的记述显然是有意抬高他的身份。依据《坛经》及其后资料的一致说法，他生于贞观十二年(638)，先天二年(713)入灭。据说他出生不久，父亲就去世了，家境很贫困。他作为流官后人，这应当是符合实际的。他青、少年时期的情况，具体记载阙如。可以想见，生活在贫瘠地区，家无资产和奥援，是很艰苦的。这种艰苦的人生经历，锻炼他倔强自主、不畏权势、勇于进取又耐得起艰难的品格，对他后来的成长造成很大影响。永徽二年(651)道信圆寂，弘忍继续领导黄梅僧团。这时唐王朝建立已三十余年，社会已安定下来，经济得到恢复，弘忍的僧团也就有条件在东山创建更大的禅修基地。龙朔元年(661)，二十多岁的慧能来到黄梅。他和当时的许多游民一样，到佛门寻求生路，来到黄梅弘忍处。弘忍收留他在碓房劳作，是寺院里的杂工，行者身份。可以推测，慧能在弘忍处一边劳作，同时接受教诲，见解迅速得到长进。这也是他生平接受寺院教育的重要一段。据说他在黄梅停留时间并不长，一说仅仅八个月，就发生了下面将介绍的题壁书偈、弘忍授法故事。相关描述特别凸显出慧能禅解的优胜。据说五祖见慧能偈，知其已悟大意，遂于夜间三更为他说《金刚经》，秘密授法传衣(禅宗传说当初释迦牟尼把一件金缕僧迦梨衣传与摩诃迦叶，以后递代相传，以为“教外别传”的授法表信。达摩把这件法衣带到中土，继续递传到弘忍。又说弘忍传慧能，作为南宗乃是达摩嫡传正统的依据。并说慧能顾虑引起后世纷争，以后遂不再传衣)，并对他说：“惠能，自古传法，气如悬丝，若住此间，有人害汝，汝即须速去。”①慧能遂急急逃奔，回到岭南。至于他离开黄梅具体情形，《坛经》里描写他连夜逃出，弘忍亲自送他到九江驿，很有戏剧性。他本是“行者”身份，即不是著籍在寺院的僧人，这种人流动性自然很大，很有可能是逃避官府搜检，不得不离开黄梅，回到岭南家乡。《坛经》里又渲染慧能离开黄梅是为了逃避“同学”的迫害，又有惠顺追他到大庾岭上、企图夺取法衣的情节。实则以当时慧能行者身份，在黄梅僧团里不可能有多高地位、多大影响，僧团内部也未必有那么激烈的派系斗争。这样的故事不过是后来禅宗内部派系斗争的反映而已。《宋传》说他离开黄梅的时间是“咸亨初”(《弘忍传》；或具体的“咸亨四年”

①郭朋《坛经校释》第19页，中华书局，1983年。

〔673〕《慧明传》)；王维碑里又有“临终密授”(即弘忍临终前私下秘密授法与慧能)之说，则是咸亨五年，显然都与他滞留黄梅八个月的记载不合，且相差时间悬殊，已难以考实。

有关材料记载慧能回到岭南，混迹市廛。王维碑说他“杂居止于编人”，“混农商于劳侣”①；《曹溪大师别传》说“能大师南归……便于广州四会、怀集两县界避难，经于五载，在猎师中”②；《宋传》说他“隐于四会、怀集之间”③。这些资料记载情况类似，应当是事实。就是说慧能从黄梅回到岭南有一段隐遁民间的经历。因为他既没有正式出家人身份，也不是均田制下的编户，也就不得不隐匿山林。这就是一般宗教“祖师”“圣传”大多要写到的“法难”。宰相狄仁杰在长安(701—704)年间上疏，说当时“逃丁避罪，并集法门。无名之僧，凡有几万，都下检括，已得数千”，慧能应当即是这类“逃丁”的一员。但是关于从弘忍付法传衣到后来在法性寺受具这段时间，诸书记载互有出入。王维说“积十六载”；《历代法宝记》说“恐为人识，常隐在山林，或在新州，或在韶州，十七年在俗，亦不说法”④；《别传》则说是“五载”。后一说当较为可靠。依《别传》记载，到乾封元年(666)，他在南海(今广东广州市)法性寺受戒，正式出家，这一年大约三十岁。

此后到他圆寂的约四十年间，他行化于广州和韶州(今广东韶关市)。当时的岭南地区还相当荒僻，华夷杂处，文化落后，是一个较少受到官府管束也没有陈旧传统束缚的思想更为自由开阔的天地。据《旧唐书·地理志》记载韶州贞观十三年(639)户口数，领县四，户六千九百六十，口四万零四百一十六；《新唐书·地理志》记载天宝元年(742)户口数，始兴郡(韶州)领县六，户三万一千，口十

①王维《能禅师碑并序》，陈铁民《王维集校注》第3册第817页。

②《曹溪大师别传》卷一，《续藏经》第86册第50页中—下。

③《宋高僧传》卷八《唐韶州今南华寺慧能传》，上册第174页。

④《歷代法宝記》，《禅の語録3 初期の禅史Ⅱ》第123页。

六万八千九百四十八。总体看来这里人烟稀少。而两组数字相对照,又表明这是户口迅速增长的地区,这也是佛教发展的有利条件。这里又是朝廷需要安抚绥靖的地区。后来柳宗元说到岭南情形:"越人信祥而易杀,傲化而偭仁……户易耗,田易荒,而畜字不孳。董之礼则顽,束之刑则逃,唯浮图事神而语大,可因而入焉,有以佐教化"①。这类地区佛教也就得到官府支持。据传慧能回到韶州曹溪宝林寺,又曾应韶州刺史韦璩和道俗之请,到州城大梵寺说法授戒。他说法的内容由门人法海编录,即是《坛经》。王维《碑铭》上说:

> 既而道德遍覆,名声普闻。泉馆卉服之人,去圣历劫;涂身穿耳之国,航海穷年。皆愿拭目于龙象之姿,忘身于鲸鲵之口。骈立于户外,趺坐于床前。林是旃檀,更无杂树;花惟薝卜,不嗅余香。皆以实归,多离妄执。九重延想,万里驰诚。思布发以奉迎,愿叉手而作礼。则天太后、孝和皇帝并敕书劝谕,征赴京城。禅师子牟之心,敢忘凤阙;远公之足,不过虎溪。固以此辞,竟不奉诏。遂送百衲袈裟及钱帛等供养。②

这里形容他在当地的声望,特别是对于教化边地居民发挥的作用;又写他声闻朝廷,武则天和唐中宗都曾征召并送袈裟、钱帛供养。大体就在慧能活动于广东的后期,弘忍弟子多人应诏入京,他的名声传入朝廷,得到征召,当是事实。但他显然与那些应诏的北宗禅师态度不同,没有北上。神龙元年(705),当初上表朝廷请求到龙门奉迎神秀的宋之问,因为依附张易之兄弟贬泷州(今广东罗定市),路经韶州,进谒慧能,有诗曰:

> 谪居窜炎壑,孤帆淼不系。

①《柳州复大云寺记》,《柳河东集》卷二八。

②《能禅师碑并序》,陈铁民《王维集校注》第3册第827—828页。

别家万里余,流目三春际。
猿啼山馆晓,虹饮江皋霁。
湘岸竹泉幽,衡峰石囷闭。
岭嶂穷攀越,风涛极沿济。
吾师在韶阳,欣此得躬诣。
洗虑宾空寂,焚香结精誓。
愿以有漏躯,聿薰无生慧。
物用益冲旷,心源日闲细。
伊我获此途,游道回晚计。
宗师信舍法,摈落文史艺。
坐禅罗浮中,寻异穷海裔。
何辞御魑魅,自可乘炎疠。
回首望旧乡,云林浩亏蔽。
不作离别苦,归期多年岁。①

这是慧能直接与文人交涉的一例,亦可知他当时的声望和影响。

慧能弟子众多,据说他所在的曹溪成为聚众千人的大道场。这当然是夸饰之词。《坛经》里记录了他的“十弟子”:法海、志诚、法达、智常、志通、志彻、志道、法珍、法如、神会;《景德传灯录》里记载四十三人,其中在禅宗史上著名的有青原行思、南岳怀让、司空山本净、西京慧忠等;不被纳入两者之中而相当有名气的还有永嘉玄觉、嵩山净藏等。不过就总体说,比较当初弘忍的“十弟子”分布广远、进驻两京,慧能生前弟子活动大多不出岭南。当然也有个别例外,如净藏(675—746),据《嵩山□□□故大德净藏禅师身塔铭并序》,他是济阴(今山东菏泽市定陶区)人,十九岁出家,在弘忍弟

①《自衡阳至韶州谒能禅师》,《全唐诗》卷五一,第2册第622页,中华书局,1960年。宋之问有《游韶州广果寺》诗;《旧唐书》卷一九一《神秀传》:“慧能者,新州人也,与神秀行业相埒。弘忍卒后,慧能住韶州广果寺。”

子嵩山慧安门下十余年；慧安圆寂后，南下韶州，向慧能咨问禅道，言下流涕，“遂至荆南寻睹大师（嵩山慧安），亲承五载，能遂印可，付法传灯”。他长时期接受几位禅宗祖师的教诲，后来住嵩山会善寺西塔安禅师院，造写经藏五千余卷，“化流河洛，屡积岁辰，不惮劬劳，成崇圣教”①。他并没有发扬慧能的风格。

直到慧能死后三十年，神会北上中原，树立“南宗”宗旨，定慧能为“六祖”，才开始确立他作为禅宗“祖师”的地位。

三

《坛经》诸传本文字差异很大，文本文体明显不同。今存敦煌本题署弟子法海所作慧能在大梵寺说法记录，如上所说并非说法“原本”。南阳慧忠（？—775）行年大致承接慧能，他已指责南方来的禅客所传是“聚却三五百众，目视云汉，云是南方宗旨，把它《坛经》改换，添糅鄙谭，削除圣意，惑乱后徒，岂成言教”②。就是说，慧能的弟子辈已经在不断添改《坛经》内容。因而研究慧能本人思想，今存各本《坛经》均不足为据。但是从另一个角度看，如果研究作为南宗禅“祖师”的慧能，有受神会请托王维所作《能禅师碑》和敦煌写本神会说法的一批资料等相参证（胡适曾认为《坛经》是神会创作的，这仅仅是个推测。不过神会是慧能的入室弟子，历来被看做慧能的嫡传，把他的看法看做慧能思想的参照资料是合乎情理的），敦煌本《坛经》又确实是后世南宗弟子以为信实的慧能说法，勾勒出慧能思想的轮廓又是可能的。

①《嵩山□□□故大德净藏禅师身塔铭并序》，《唐代墓志汇编》下册第1598页。
②《景德传灯录》卷二八，《大正藏》第51卷第438页上。

如上所说,《坛经》第一部分关于慧能传记的记载可视作广义的寓言。如开头他参见弘忍故事:

> 弘忍和尚问惠能曰:“汝何方人?来此山礼拜吾,汝今向吾边复求何物?”惠能答曰:“弟子是领南人,新州百姓,今故远来礼拜和尚。不求余物,唯求作佛。”大师遂责惠能曰:“汝是领南人,又是獦獠,若为堪作佛?”惠能答曰:“人即有南北,佛性即无南北,獦獠身与和尚不同,佛性有何差别!”大师欲更共语,见左右在旁边,大师更不言。①

关于“獦獠”一词的读法和含义,郭朋主张“獦”“音葛,兽名”,潘重规以为“獦”为“猎”的俗写②,蒙默则以为是“仡佬”的异文③。无论读法如何,这当是对岭南土著人的贱称。慧能答话不过表达大乘涅槃佛性思想的一般主张,和达摩《二入四行》里所说“含生同一真性”是一个意思,也是道信、弘忍着力阐述的见解,并无多少新意。如果这真是他来到黄梅时对弘忍的答话,得到赏识,也是因为他的观点符合弘忍门下一派人的常识。这件事被置于《坛经》的开头,不过是表述禅宗的基本理论主张而已。

《坛经》里记载的作偈题壁故事,则是另一个象征南、北二宗宗义分别、优劣的“寓言”。敦煌本记述略曰:

> 五祖忽于一日唤门人尽来,五祖曰:“汝总且归房自看,有智惠者,自取本性般若之知,各作一偈呈吾,吾看汝偈,若悟大意者,付汝衣法,禀为六代。火急急!”门人得处分,却来各至自房。上座神秀思惟,诸人不呈心偈,缘我为教授师,我若不呈心偈,五祖如何见得我心中见解深浅。秀上座三更于南廊下中间壁上秉烛题作偈,人尽不知。偈曰:

①郭朋《坛经校释》第8页。

②《敦煌写本六祖坛经中的“獦獠”》,《中国文化》1994年,第9期。

③《〈坛经〉中“獦獠”一词读法》,《中国文化》1995年,第11期。

身是菩提树，心如明镜台，时时勤拂拭，莫使有尘埃。

五祖平旦忽见此偈，遂唤秀上座于堂内问："是汝作偈否？若是汝作，应得我法。"秀上座言："罪过！实是秀作。不敢求祖，愿和尚慈悲，看弟子有小智惠、识大意否？"五祖曰："汝作此偈，见即未到，只到门前，尚未得入。汝且去，一两日来思惟，更作一偈来呈吾，若入得门，见自本性，当付汝衣法。"秀上座去数日，作不得。

有一童，于碓坊边过，唱诵此偈，惠能一闻，知未见性，即识大意。童子引能，至南廊下，能即礼拜此偈，为不识字，请一人读。惠能闻已，即识大意。惠能亦作一偈，又请得一解书人，于西间壁上提着，呈自本心。不识本心，学法无益，识心见性，即悟大意。惠能偈曰：

菩提本无树，明镜亦非台，佛性常清净，何处有尘埃！

又偈曰：

心是菩提树，身为明镜台，明镜本清净，何处染尘埃。

五祖夜至三更，唤惠能堂内，说《金刚经》。惠能一闻，言下便悟。其夜受法，人尽不知，便传顿法及衣……①

正如有些学者指出的，这些半通不通的偈文是出于后世南宗学人美化祖师慧能的并不高明的编纂（陈寅恪有《禅宗六祖传法偈之分析》一文，指出"其意旨皆相符会"，是"半通半不通之偈文"，"譬喻不适当"，"意义未完善"）。但是就这两首神秀和慧能名下的偈文所表现的观念说，则确实反映了南、北二宗"心性"说的不同。敦煌本《坛经》记载，慧能在来到黄梅前，在南海卖柴，"忽见一客读《金刚经》。惠能一闻，心明便悟，乃问客曰：'从何处来？持此经典？'客答曰：'我于蕲州黄梅县东冯茂山，礼拜五祖弘忍和尚，现今在

①参阅郭朋《坛经校释》第9—19页。郭朋校释中华书局本《坛经》是目前国内流行的版本，本讲以下引用《坛经》均据该本，不另注出。

彼，门人有千余众。我于彼听见大师劝道俗，但持《金刚经》一卷，即得见性，直了成佛。’惠能闻说，宿业有缘，便即辞亲，往黄梅冯茂山礼拜五祖弘忍和尚。”这就是禅宗史上所说的从弘忍到慧能所循教理实现了由宗主《楞伽经》到宗主《金刚经》的转变。《楞伽经》的瑜伽行派思想，主张佛性本具而有染，因而需要由迷转悟（渐悟），要“修心”“净心”“守心”，这就需要勤勤拂拭的功夫，或称为“渐修”；《金刚经》主张“应无所住而生其心”，荡相遣执，诸法性空，心性本来清净（敦煌本《坛经》记述弘忍夜间向慧能授法，只是写“说《金刚经》”，到宋代以后各本都记述慧能听到“应无所住而生其心”一句“言下便悟”或“言下大悟”），所以迷悟不二，“修心”“拂拭”没有对象，只需自我觉悟功夫，即是所谓“顿悟”。“顿悟”“见性”乃是《坛经》所传南宗思想的支柱。

慧能禅观的主旨，《坛经》上说：

> 善知识！我此法门从上以来，顿渐皆立无念为宗，无相为体，无住为本。

“无相为体”，《金刚经》上说“凡所有相，皆是虚妄，若见诸相非相，则见如来”①；《法华经》讲“诸法实相”即是“空”相。如此否定任何实体存在，是一种“本体论”。《坛经》上说：“离一切相，是无相；但能离相，性体清净。”“无住为本”，《金刚经》上说“诸菩萨摩诃萨应如是生清净心。不应住色生心，不应住声、香、味、触、法生心，应无所住而生其心”②。这是因为万法性“空”。《坛经》上说：“念念时中，于一切法上无住。”“无念为宗”，传统佛法的“八正道”第二项是“正思维”，即“正念”，即要求心识不可驰散，舍相入实，是为“正念”。《坛经》上说：“于一切境上不染，名为无念。”王维碑里说：“（慧能）乃教人以忍。曰：忍者，无生方得，无我始成，于初发心，以

①鸠摩罗什译《金刚般若波罗蜜经》，《大正藏》第8卷第749页上。
②鸠摩罗什译《金刚般若波罗蜜经》，《大正藏》第8卷第749页下。

为教首。""无生""无我"即"无相";而所谓"忍",不是一般意义的"忍耐",而是指"心""意识"不动,即"无念"。这种"无念"就是"自见本性"的"顿悟",是终极之悟。这样,慧能发挥了《金刚经》阐发的大乘"般若空"教理,确立起由"无相""无住"而达到"无念"的禅修实践纲领。

大乘涅槃学说、如来藏思想主张"性净"但"有染",因而强调人实现这"本净"的"心"需要经过清除污染的修持过程;道信、弘忍也只是把这个过程简化了而已①。而慧能则一举而截断众流,昌言"不悟,即是佛是众生;一念若悟,即众生是佛",从而把成佛的关键归结到"无念"的一"悟"——"顿悟"。

关于禅修,《坛经》上说:

> 一行三昧者,于一切时中,行住坐卧,常行直心是。《净名经》曰:"直心是道场。""直心是净土。"……但行直心于一切法,无有执着,名"一行三昧"。

所谓"一行三昧",本是传统禅定的一种,指内心专于一行(如专注于法界平等之理,或专注于念佛,等等)而修习正定,又称"真如三昧""一相三昧""一相庄严三摩地"等。《大智度论》上说:

> 一庄严三昧者,得是三昧,观诸法皆一。或一切法有相故

---

①隋末唐初佛教"本性清净"观念已经相当流行。如长安大庄严寺昙伦,"述般若无底,空华焰水,无依无主,不立正邪,本性清净"。他十三出家,依端禅师,"然端学次第观,便诫伦曰:'汝系心鼻端,可得静也。'伦曰:'若见有心,可系鼻端。本来不见心相,不知何所系也?'咸怪其言。嗟其近学,如何远悟,故在众末。礼悔之时,随即入定,大众弹指,心恒加敬。后送钵上堂,未至中路,卓然入定,持钵不倾。师大深赏。异时告曰:'令汝学坐,先净昏情,犹如剥葱,一一重重剥却,然后得净。'伦曰:'若见有葱,可有剥削,本来无葱,何所剥也?'师曰:'此大根大茎,非吾所及。'不敢役使。"《续高僧传》卷二〇《京师大庄严寺释昙伦传》,中册第778、777页。

一,或一切法无故一,或一切法空故一,如是等无量皆一。[1]

《文殊师利所说摩诃般若波罗蜜经》则说:

> 欲入一行三昧,应处空闲,舍诸乱意,不取相貌,系心一佛,专称名字;随佛方所,端身正向,能于一佛念念相续,即是念中,能见过去、未来、现在诸佛。[2]

上面《大智度论》一段所讲的“一行”是“理”,即观一切法皆“空”的“理”;《文殊说般若经》一段所讲则是专注念佛的实践。这都是要求进入神秘的禅定境界。而慧能所说的“一行三昧”则把禅定内容和形式都扩展了。就内容言,他主张“长行直心”。“直心”,《坛经》里引用《维摩经》“直心是道场”,“直心是净土”。“三家注”本:“(僧)肇曰:‘直心者,谓内心真直,外无虚假,斯乃基万行之本,坦进道之场也。’(竺道)生曰:‘以无虚假为怀者,必得佛也。’”[3]“直心”本义指本具的清净心。敦煌本《坛经》里说:“此法门中,坐禅元不著心,亦不著净,亦不言不动。若言看心,心元是妄,妄如幻故,无所看也。若言看净,人性本净,为妄念故,盖覆真如,离妄念,本性净……看心看净,却是障道因缘。”王维《能禅师碑》铭文里又说:“至人达观,与佛齐功,无心舍有,何处依空?不着三界,徒劳八风,以兹利智,遂与宗通。”[4]这可看做是对“直心”的全新的解释,即内心“不着三界”、无所系缚的“无念”状态。就禅修形式言,《维摩经》里佛派遣大弟子前往毗耶离大城慰问“示疾”的维摩诘,舍利弗回忆自己在林下坐禅,受到维摩诘讥诃,居士告以“不舍道法而现凡夫事”“不断烦恼而得涅槃”[5]、不可坐守枯禅的道理。慧能发挥了

---

①《大智度论》卷四七,《大正藏》第25卷第401页中。

②《文殊师利所说摩诃般若波罗蜜经》卷下,《大正藏》第8卷第731页中。

③僧肇等注《注维摩诘所说经》卷四《菩萨品》,第79页,上海古籍出版社,1990年。

④陈铁民《王维集校注》第3册第840页。

⑤《注维摩诘所说经》卷二《弟子品》,第39、40页。

这种观念，指出习禅不拘形式，禅即在行住坐卧的人生践履之中。

《坛经》里又说：

> 我此法门以定、惠为本，第一勿迷言定、惠别。定惠体一不二，即定是惠体，即惠是定用。即惠之时定在惠，即定之时惠在定。善知识！此义即是定、惠等。

中国佛教传统上主张“定、慧双修”（这个提法初出净影慧远的《大乘义章》卷一〇《三归义三门分别》，《大正藏》第44卷第666页下。而僧传传统划分科目，一般“译经”之外，“义解”和“习禅”为主），“因定发慧”。而这里认为“定”“慧”是体用关系：“定、惠犹如何等？如灯光。有灯即有光，无灯即无光。灯是光之体，光是灯之用。名即有二，体无两般。此定、惠法亦复如是。”王维碑里又有“定无所入，慧无所依”的说法。因为心性本净，也就没有“所入”“所依”的对象；接着又说“大身过于十方，本觉超于三世”。所谓“大身”即“法身”，在慧能则是“自心”，就是“本觉”，它是本来具有、不受“三世”“十方”时空限制的。因而“根尘不灭，非色灭空”（根谓六根，眼、耳、鼻、舌、身、意；尘谓六尘，色、声、香、味、触、法。两者分别指感官及其感知对象），后面铭文里又重复说“五蕴本空，六尘非有，众生倒计，不知正受”，即众生所见的“五蕴”“六尘”本来是虚幻不实的，“顿悟”这一点就“行愿无成，即凡成圣”了。这是从定慧关系做出的关于“顿悟”的另一番说明。

《坛经》强调自性自度，顿悟成佛全靠自力：

> 此法门中，一切无碍。外于一切境界上念不起为坐，见本性不乱为禅。何名为禅定？外离相曰禅，内不乱曰定。外若着相，内心即乱；外若离相，内心不乱。本性自净自定，只缘境触，触即乱，离相不乱即定。外离相即禅，内不乱即定。外禅内定，故名禅定……善知识！见自性自净，自修自作自性法身，自行佛行，自作自成佛道。

这样，“自悟自修”，“自性自度”，也就摒弃“他力救济”，对“三身如来”也作出独特的解释：“一切法自在性，名为清净法身”；“思量即是自化。思量恶法，化为地狱；思量善法，化为天堂”；“莫思向前，常思于后；常后念善，名为报身”。这样，“三身佛”就在“色身”之中，世人皆具，只为迷而不见。所以“三皈依”就是要归于自性，“自性不归，无所依处”。西方净土之类他力信仰从而也就没有存在余地了。

这样，根据《坛经》和相关资料，综合考察慧能思想，其基本内容是综合大乘般若空观和如来藏思想普遍、平等的佛性本具说，创造性地发挥出“顿悟”“无念”“自性自度”的心性理论。他把道信、弘忍的“修心”“净心”“守心”心性修养功夫演变平凡人内心的一悟境界。这就一方面极大地肯定了个人实现超越的可能性和现实性，另一方面也更强化了禅宗非政治化、非伦理化、非经院化的性格，从而把禅宗宗义向前发展了一大步，开拓出禅宗历史的新方向、新阶段。

而就思想史、社会史层面说，佛性问题归根结底是人性问题。能否与如何成佛作祖的问题实际是如何看待人的能力的超越性与绝对性的问题。欧大年指出：

> 尽管在纯粹的经院背景中，慧能成为受人尊敬的僧侣，但在教派人士看来，他代表了俗家智慧和精神权威的真实性，因而(慧能)这个人物标志着拯救真理的传播过程发生了根本转变。他们认为，从慧能以后，旧的经院传统被基于世俗生活的传统所替代；而在他们看来，慧能正是肩负全新使命的开山祖师。①

《坛经》不仅肯定每个人都本具佛性，而且主张靠个人觉悟“顿悟”“无念”即是成佛。这种思想更加深化了佛教的人性平等观念，客观上具有张扬人的主观心性、解放和发展人的个性的意义，相当充

---

①《宝卷——十六至十七世纪中国宗教经卷导论》第 23 页，中央编译出版社，2012 年。

分地体现中国传统的理性精神和人本观念。这在中国古代专制社会体制下确实是石破天惊的思想。慧能的这种思想明显具有理论上的优势,后来他的弟子神会与北宗学人争论,能够所向披靡,也就是必然的了。

第八讲 南、北分宗

一

当初慧能在岭南活动，虽然造成一定声势，但相对“两京法主，三帝国师”的神秀及其弟子普寂等人，终究是“一方人物”。神会在滑台无遮大会上说：“能禅师……门徒道俗近有数（胡适注：此下似脱“十”字，或“百”字）余人，无有一人敢滥开禅门。”①表明即使是慧能有能力的弟子如司空本净、永嘉玄觉、嵩山法藏、天竺人崛多三藏等当初都没有积极地从事弘法活动。后来标举所谓“南宗”宗旨，分判南、北二宗并明确二者对立的是他的弟子神会。这是一位才华卓著、具有巨大活动能力、又富于斗争激情的宗教家。他张扬南宗，攻击北宗，以“南顿北渐”相标榜，当然有争夺“祖统”的意气之争的意味。但他继承、发扬慧能的“南宗”宗义，观念上确实比他所攻击的“北宗”内容更为丰富和积极，也具有更大的理论价值。而他在论战中能够取得主动，占据优势，则与前一讲所述神秀及其弟子辈在两京活动的形势有直接关系。

①《菩提达摩南宗定是非论》下卷，胡适校敦煌唐写本《神会和尚遗集》第283页。

当初道信、弘忍率领黄梅僧团一反南北朝佛教“贵族化”“教条化”、僧团严重腐化等诸多弊端，提倡一种追求自心清净、自我解脱的革新的佛教，不只给佛教发展开拓出另一条出路，给信众提供一条更简易、更方便的救济之道，在思想上又提出了一系列积极、进步的观念和主张。但是，这个后来以“东山法门”著称的宗派一经形成规模，扩展影响，很快向权势靠拢，被朝廷器重、笼络、利用，又走上作为中国宗教传统特征的“与政治结合”的旧路，改变了当初宗教革新的初衷与方向。如前面介绍的，神秀弟子普寂、义福一辈已经融入统治阶层之中，成为朝廷供养的高级沙门，出入宫廷，平交王侯，也就丧失了思想的活力，理论上也不再有什么新的发挥和建树。而大体同一时期，慧能在岭南民间活动，进一步发展禅思想，聚拢起一批追随者，培养出神会这样的门徒。后来神会北上政治、经济中心的中原，打出“南宗”旗号，讨伐北宗。在宗教变革意义上，这是实现一轮否定之否定：由游僧构成的黄梅僧团、“东山法门”是对南北朝贵族佛教的否定，神会等“南宗弟子”起来对“北宗”“贵族化”倾向进行讨伐，对它加以否定。慧能、神会代表的新教派就这样挽救了禅宗发展中的危机，使它重新回归创造、革新的轨道。

杜继文指出：

> 促使北宗衰落的主要原因，是官方的严格控制，使它逐渐失去禅宗固有的个性。相反，南宗大都茅蓬岩居，生路自谋，经济上无需依赖国家和权贵的供养，独立性和稳定性相对较强，与底层群众联系也相对比较密切。它在吸收流民方面的功能和教人以安心自足的哲理，被多数地方政府视作一种安定社会的因素，能够得到政府方面长期持久的支持。安史之乱后，中央对于江南经济上的需要日益迫切，它终于以完整的禅宗个性，得到王朝的承认，成为必然。①

①《中国禅宗通史》第206页。

南宗作为禅宗的革新派系在远离政治中心的荒僻岭南形成，逐渐兴盛，势力扩展到中原。这是重复了当初北宗发展的路子。它得到庶族官僚士大夫阶层的欢迎和支持，也和当年北宗情形相同。两者势力延伸到中原，间隔时间仅三四十年。但在这三四十年间，唐王朝整体形势已发生巨大变化。唐玄宗即位初期，励精图治，政治清明，经济也延续武周朝的发展势头，创造出“开元盛世”局面。辅佐唐玄宗的姚崇、宋璟等是一批贤明、有才能的臣僚。这些人大多庶族出身，是武周朝培养、提拔起来的。但随着玄宗在位日久，政治渐趋衰败。关于唐代由盛而衰，有一种看法以开元二十四年(736)张九龄(673或678—740，岭南韶州曲江人，进士登科为朝官，开元二十一年晋升宰相，二十四年被李林甫谗毁罢相，出为荆州长史)罢相为转折点。张九龄被斥逐，阴柔奸狡著名的李林甫(683—753，唐宗室，高祖祖父李虎五世孙，自开元十四年历任御史中丞、刑部、吏部侍郎，开元二十二年进位宰相，在位蔽塞言路，排斥贤才，专朝政十九年，助长唐玄宗腐败，助成“安史之乱”)专朝政，政治纲纪大乱。就是在这个时候前后，南宗进入两京。这是和当年北宗所处全然不同的政治环境。又当年北宗禅师得到武则天朝廷上下的大力崇重。而自开元后期，玄宗行事逐渐缪乱，祈求长生，迷信道教，对佛教则倾心鼓吹诡怪神异的密宗。这一时期庶族士大夫阶层仍然是支持南宗的主要社会力量，但与当年得到武周朝廷拔擢、器重，许多人如张说又处在当权地位那一批人完全不同。这一时期庶族阶层出身的贤明人士往往受到打击、排斥，多是处在统治集团边缘的落魄人物。这样，南宗禅在两京也就不会遭遇当初北宗大僧受到热烈欢迎那种局面。

不过就长远发展看，南宗遇到这种看似对其发展不利的局面又是值得庆幸的：上面说它从远离京城的荒僻地方进入中原，重复了北宗的发展道路；而与北宗不同，遇到这种不利的发展局势，却避免它走上北宗那种与统治权势结合的道路。不久之后发生“安史之乱”，变乱平定，朝廷威权大失，形成藩镇割据局面。藩镇割据意味着政治、经济、文化发展向各地扩散。因应这种局面，在以后的百余年间，南宗禅基本离开朝廷，向地方主要是今湖南、江西、四川、浙江等地发展，创造出遍地开花、几乎是一宗独大的极盛局面。这也得益于它所处的客观形势。

二

神会的生平，《祖堂集》《景德录》有专章记载，《宋传》有传，都是后出文献；1983 年洛阳龙门西北宝应寺遗址神会墓出土慧空于永泰元年(765)撰写的《大唐东都荷泽寺殁故第七祖国师大德于龙门宝应寺龙岗腹建身塔铭并序》，内容错讹很多；中唐宗密《圆觉经大疏释义钞》(简称《大疏钞》。《圆觉经》，全称《大方广圆觉修多罗了义经》，题唐佛陀多罗译。“圆觉”义即如来藏、真如、佛性。自古及今，对该经所出颇多疑问。中唐宗密始重视、张扬此经，多作注疏，成为禅宗所重经典。不论这部经是否本土撰述，但其在学术上具有多方面重要价值、造成深远影响是肯定的)提供一些材料；所幸敦煌文书里发现他的一批“语录”写本，提供了关于他本人思想也是南宗禅的直接、可信的材料。

神会(684—758)，俗姓高(《大疏钞》谓“和尚姓万”①，繁体“萬”当是“高”之讹)，襄阳(今湖北襄阳市)人。他初学“五经”和《老》《庄》，接受传统俗学教养。这也是他后来有能力系统地总结、阐发自己一派观点的条件之一。据说他当初读《汉书》，始知有佛教，遂倾心佛法而终于出家。他曾经到荆州师事神秀三年。后来神秀被

①本讲以下引用宗密《大疏钞》文字，据《续藏经》第 9 册第 532 页中—下。

武则天召请入都，他南下岭南，于大足元年(701)抵达曹溪，就学慧能。《大疏钞》描写他在慧能门下，一方面刻苦服役，“行门增上苦行供养，密添众瓶，斫冰济众，负薪檐水，神转巨石等”；另一方面认真修行，“策身礼称，燃灯殿光，诵经神卫，律穷五部，禅感紫云”，遂成为慧能上首弟子。他如此先后就学于被南、北二宗分别尊为“六祖”的两位大师门下，遂有可能接受、总结南北朝以来一百几十年各派禅学发展的成果，在此基础上接受、传继、发挥慧能的思想。开元八年(720)，即慧能去世七年之后，他被敕配南阳(今河南南阳市)龙兴寺，具体原因不明。但由这件事可知当时他已经有一定声望。《大疏钞》描述禅宗发展形势说，“能大师灭后，二十年中，曹溪顿旨，沉废于荆吴，嵩岳渐门，炽盛于嵩岳(《圆觉经大疏略钞》作“秦洛”)”。在“荆吴”的主要指神会，在“嵩岳”的则指普寂。当时普寂得到“朝臣归崇”，声势大张。神会以南阳为活动基地，声望亦渐高，结交许多官僚士大夫，号称“南阳和尚”。后来一位曾担任唐山(今浙江昌化县)主簿的刘澄，结集神会自在南阳活动以来长时期与朝野僧俗谈禅内容，成《南阳和尚问答杂征义》。这部著作的写卷胡适于 1926 年访欧时分别在伦敦、巴黎所藏敦煌文书里发现，经他考证、整合、校订，定名为《神会语录》，收录在他编著、于 1930 年出版的《神会和尚遗集》里。这乃是中国学术史上具有重大意义的发现；这部《南阳和尚问答杂征义》也成为中国禅宗史上最早一部被正式定名的《语录》。该语录相当全面地记录了神会活动情形特别是他与官僚士大夫的交往，这些人大都是玄宗朝著名人物，多数又是具有进步政治倾向、但在前面所述政治局面下基本又是被疏忌、排斥、远离权势的人物。例如：

王琚(685？—746)：《旧唐书》卷一〇六有传。玄宗先天二年(713)，以参与削除太平公主及其同党有功，拜户部尚书，封赵国公。其后一度削封，出放外郡，曾任滑州(今河南滑州市)刺史和邓州(今河南邓州市)刺史。当时南阳县属邓州。下面将讲到，神会在滑州主持无遮大会树立南宗宗旨。这可能是他们相会的机缘。

崔日用(663—722):《唐旧书》卷九九有传。崔日用也曾参与平定太平公主之乱,任黄门侍郎,封崔国公;开元十年去世。其子崔宗之袭封,见杜甫《饮中八仙歌》:“宗之潇洒美少年,举觞白眼望青天,皎如玉树临风前。”[1]杜诗写“八仙”意在抒发朝廷嫉贤妒能、迫害贤才的感慨。开元八、九年日用任汝州(今河南临汝县)刺史,汝州在南阳北,这可能是他接触神会、请益问道的时间。

苏晋(667—734):《旧唐书》卷一〇〇有传。苏晋开元十四年任吏部侍郎,也曾出任汝州刺史,可能在那里与神会交往。他同样是《饮中八仙歌》里的人物:“苏晋长斋绣佛前,醉中往往爱逃禅。”他如此好禅,当与和神会交往有关系。

张说:前面已经介绍,《旧唐书》卷九九有传。他以除太平公主有功,拜中书令,封燕国公,“前后三秉大政,掌文学之任凡三十年”。他对神秀执弟子礼,写《大通禅师碑铭》,对禅宗尊崇有加。他卒于开元十八年,在神会于滑台树立南宗宗旨以前。与神会交往的详情无考。在他生前南、北二宗的分歧尚未突显。

苗晋卿(689—765):《旧唐书》卷一一三有传。开元二十三年任吏部郎中,二十九年晋升为侍郎,天宝二年被贬出京。他与神会交往机缘不详。

李炼:《旧唐书》卷六四有传。他是高祖李渊曾孙李微之子,开元二十五年袭封嗣道王。玄宗在位,对宗室诸王防范甚严。这应当与前面介绍过的岐王李范情形类似,乃是他倾心佛教的原因。

王维(701? —761):《旧唐书》卷一九〇下有传。著名诗人,好佛喜禅,有“诗佛”之称。开元二十八年(740)冬,他以殿中侍御史知南选,从长安赴岭南,途中应经过南阳,有会见神会的机会。这之前他与神会交往情况不明。次年他回到长安,一直没有离开。

---

①《杜少陵集详注》卷二。

神会入京后，两人应当多有交往。他承神会请托，撰写《能禅师碑》。

房琯（697—763）：《旧唐书》卷一一一有传。他是房融子；房融，武后朝为相，神龙元年配流高州（今广东茂名市高州市），卒于贬所。他是《首楞严经》笔受者。房琯年轻时得到张说拔擢；开元二十二年拜监察御史，仕途不顺，历官中外。他和李适之友善，李也是怀才不遇人物；又李曾作《法现碑》，法现是弘忍弟子。房琯与杜甫交好，其中也有共同好佛的因缘。“安史之乱”中，他一度受命统兵抗敌，大败陈陶斜，受志大才疏之讥，杜甫写诗表示同情。

值得注意的是，上述诸人里有几位是杜甫《饮中八仙歌》里描写的人物或者与杜诗所写人物有关系。杜甫诗中所颂多是颉颃傲世、不合时俗、仕途坎壈的人士，也就是前面一再提及的庶族知识精英。从中也可以看出神会活动的社会基础。

开元十八年和接下来的两年，神会在滑台主持无遮大会，和神秀一系很有声望的山东崇远禅师进行辩论（《菩提达摩南宗定是非论》开头说到“从开元十八、十九、廿年，其论本并不定……今取廿载一本为定”[①]云云，如此记载“论本”的三个年代，可以理解为一次辩论有三个文本，也可以理解为三次辩论的文本，合理的推测是神会在滑州应活动过一段时间，连续弘法、辩论）。这次辩论由弟子独孤沛记录，成《菩提达摩南宗定是非论》上、下两卷。在其中神会高揭“南宗”旗帜，树立“南宗”宗旨，大肆攻击辩论对方崇远法师所代表的神秀、普寂一派为“北宗”，明确了禅宗两大派系的分化与对立。

如前所说，神会活动时期，朝廷上层对佛教方针趋于严峻。前面曾说过，武周朝后期，佛教膨胀，造成的社会矛盾日趋严重。睿宗（710—712在位）曾下诏：“寺观广占田地及水碾硙，侵损百姓，宜

---

①胡适校敦煌唐写本《神会和尚遗集》第260页。

令本州长官检括,依令式以外,及官人、百姓将庄田宅舍布施者,在京并令司农即收,外州给贫下课户。”①玄宗本是靠宫廷政变上台的。玄宗为太子,太平公主和仆射窦怀贞阴谋废黜,参与者有僧慧范。逮阴谋败露,抄出公主家财牟于御府,慧范亦有数十万缗。这应当是玄宗不喜佛教的一个原因。他即位之初,针对佛教发出连串诏书,沙汰僧尼,禁止民间铸像写经,禁止僧尼游历郡县恣行教化、以神异误导百姓,禁止僧尼出入市廛,僧尼传教限于寺院之内且内容限于戒律,等等,即是整顿朝政举措的一部分。开元十年,又下令清理寺院占据土地,天下寺观田宜准均田法给数外一律收管,分配给贫下欠田丁。这则是玄宗整顿均田举措的一部分。后来玄宗在位日久,到开元后期,李林甫、杨国忠弄权专政,他不务朝政,耽于享乐,又沉溺道教仙术,尊崇密教。在这整个政治形势变动中,给神会活动留下的空间始终有限。对比当年北宗大僧陆续入京,成为帝王的“法主”“门师”,全然是两种局面。直到天宝四载(745),神会才应请兵部侍郎宋鼎(据《旧唐书》卷一二四《令狐彰传》,宋鼎天宝中曾任河南道采访使)之请,入居洛阳的荷泽寺。宋鼎是南宗门徒。

《历代法宝记》记载:

> 东京荷泽寺神会和上,每月作檀场为人说法,破清净禅,立如来禅,立知见,立言说。为戒、定、惠不破言说,云:“正说之时即是戒,正说之时即是定,正说之时即是惠。”说无念法,立见性。开元中,滑台寺为天下学道者定其宗旨。会和上云:“更有一人说,会终不敢说。”为会和上不得信袈裟。天宝八载中,洛州荷泽寺亦定宗旨。②

宗密《大疏钞》则说当时形势是“正道易申,谬理难固。于是曹溪了

①《申劝礼俗诏》,《全唐文》卷一九,第223页。

②《歷代法宝記》卷一,柳田圣山《禅の語録3　初期の禅史Ⅱ》第154—155页。

义，大播于洛阳；荷泽顿门，派流于天下”①。他又说：“其有性浮浅者，才闻一意，即谓已足，仍恃小慧，便为人师，未穷本末，多成偏执。故顿、渐门下，相见如仇雠；南、北宗中，相敌如楚、汉。洗足之诲，摸象之喻，验于此矣。”②这表明，神会入住洛阳荷泽寺，活动范围有限，影响也有限。当时北宗的声势还相当强盛，双方矛盾尖锐，神会的活动自然受到限制。

《宋高僧传》记载：“会于洛阳荷泽寺崇树能之真堂，兵部侍郎宋鼎为碑焉。会序宗脉，从如来下西域诸祖外，震旦凡六祖，尽图缋其影。太尉房琯作六叶图序。”③而这之前“普寂禅师在嵩山竖碑铭，立七祖堂”④，则是树立北宗“祖统”的殿堂，如前所述，是为禅宗创立“祖堂”之始。欧阳修《集古录》卷七：

> 唐龙兴七祖堂颂（天宝十年）
>
> 右龙兴寺《七祖堂颂》：陈章甫撰，胡霈然书……⑤

这应当是普寂的“祖堂”。南、北宗对立，南宗弟子竖立宋鼎所写慧能碑。《宝刻丛编》记载：

> 《唐能大师碑》
>
> 唐兵部侍郎宋鼎撰，河南阳翟县丞史惟则八分书……天宝七年，其弟子神会建碑于巨鹿郡之开元寺。（《集古录目》）
>
> 《曹溪能大师碑》
>
> 天宝十一载二月立。（《金石录》）⑥

---

①《圆觉经大疏释义钞》卷三，《续藏经》第9册第532页下。

②《禅源诸诠集都序》卷一，《大正藏》第48卷第402页中。

③《宋高僧传》卷八《唐韶州今南华寺慧能传》，上册第175页。

④《菩提达摩南宗定是非论》下卷，胡适校敦煌唐写本《神会和尚遗集》第284页。

⑤同样记载见宋赵明诚《金石录》。

⑥陈思《宝刻丛编》卷六。

二者记载不同，或许立碑不止一处。

天宝年间在京城活动的慧能弟子还有些人。如“司空山释本净，姓张氏，东平人也。少入空门，高其节操，游方见曹溪六祖，决了疑滞。开元初，于南岳司空山闲放自处。人不我知，蔽伪之故也。天宝中，因杨庭光采药，邂逅相逢，论道终日。回奏诏赴京，于白莲华亭安置。帝知佛法幽深，孰堪商榷，敕召太平寺远法师及两街三学硕德发问锋起，若百矢之逐一兔焉。净举措容与，四面枝梧，譬墨翟之解九攻机械矣。既而辩若建瓴，酬抗之余，乃引了义教援证，复说伽陀，一无留滞。皇情怿悦，观者叹嗟”①。这也是当时南宗学人活动的一例。

由于北宗势力还很强大，神会终于不能在洛阳立足。《圆觉经大疏钞》上记载：

> 然北宗门下，势力连天。天宝十二年，被谮聚众，敕黜弋阳郡（唐江西弋阳县），又移武当郡（唐均州，今湖北丹江口市）。至十三载，恩命量移襄州（今湖北襄阳市）；至七月，又敕移荆州（今湖北荆州市）开元寺。皆北宗门下之所〔毁〕也。②

《宋高僧传》具体记载是出于御史卢奕的谮毁。卢奕，《旧唐书》卷一八七下有传，天宝十一载为御史中丞，分司东都，“安史之乱”时留守不去，被叛兵杀害。《宋传》上记载他“阿比于（普）寂”③，应当是开元中普寂在世、任京兆司录参军时的事，或者“阿比”的是普寂北宗一派。

“安史之乱”(755—763)骤起，唐玄宗逃亡四川，唐肃宗即位灵武（今宁夏银川市灵武市），建立流亡朝廷。当时大规模用兵，财源困窘。至德元载(756)十月，唐肃宗进驻“彭原郡（今甘肃宁县），以

①《宋传》卷八《唐金陵天宝寺智威传》，上册第186页。
②《圆觉经大疏释义钞》卷三，《续藏经》第9册第532页下。
③《宋传》卷八《唐洛京荷泽寺神会传》，上册第180页。

军兴用度不足，权卖官爵及度僧尼”①。所谓“度僧尼”即贩卖度牒。《宋传》记载：

> 副元帅郭子仪率兵平殄，然于飞挽索然。用右仆射裴冕权计，大府各置戒坛度僧，僧税缗谓之香水钱，聚是以助军须。初洛都先陷，会越在草莽。时卢弈为贼所戮，群议乃请会主其坛度。于时寺宇宫观鞠为灰烬，乃权创一院，悉资苫盖，而中筑方坛，所获财帛，顿支军费。代宗、郭子仪收复两京，会之济用颇有力焉。肃宗皇帝诏入内供养，敕将作大匠并功齐力，为造禅宇于荷泽寺中是也。②

天宝十四载(755)十一月，十二月在范阳起兵，攻陷洛阳，至德二载(757)十月洛阳收复。先是，天宝十三载七月神会到荆州。《宋传》记载他“安史之乱”开始时“越在草莽”，在什么地方不清楚，可能仍在荆州；《宋传》又记载他在洛阳荷泽寺设坛度僧，这已经是收复东京以后的事。很可能就在朝廷有诏贩卖度牒的时候，神会即于所在之处积极行动，到洛阳收复之后，筹措钱财更多。可以设想，动乱中的朝廷又亟需倚重佛教来安定社会秩序，神会又能够提供军需，以此备受优崇。

根据慧空《塔铭》和《大疏钞》推算，神会乾元元年(758)圆寂于荆州。唐军驻守洛阳两年，乾元二年九月，洛阳再度被史思明叛军攻陷。应当是由于战局动荡，神会从洛阳又回到荆州。《塔铭》记载：

> 有庙堂李公嗣虢王再迎尊颜于龙门，别有施主功臣高辅成、赵令珍奏寺度僧，果乎先愿。③

---

①《旧唐书》卷一〇《肃宗纪》，第244页。

②《宋高僧传》卷八《唐洛京荷泽寺神会传》，上册第180页。

③《大唐东都荷泽寺殁故第七祖国师大德于龙门宝应寺龙岗腹建身塔铭并序》，《文物》1992年第3期《洛阳唐神会和尚身塔塔基清理》。

这里的虢王指唐宗室高祖孙嗣虢王李邕第二子，开元年间袭封，至德二年洛阳收复后任河南尹充东都留守判尚书省事。他在洛阳时间不久，乾元二年即被贬遂州（今四川遂宁市）刺史。应当是在神会圆寂之后，他主持迎灵到龙门，但洛阳再度失陷，待收复后身塔建筑方才完成。所以《塔铭》记录的年份是永泰元年（765）十一月十五日。

关于神会圆寂情形及死后哀荣，《大疏钞》记载较详：

> 至乾元元年四月后，频告门人，令数问法，再三深叹无为一法。五月十三日中夜示灭，年七十五。其夜，山南东道节度使荆州刺史李广珠，见大师座空中过，空有声云"往开元寺，迎神会和尚去"云云。二年，迁厝于东京，龙门置塔。宝应二年，敕于塔所置宝应寺。大历五年，敕赐祖堂额，号"真宗般若传法之堂"。七年，敕赐塔额，号"般若大师之塔"。贞元十二年，敕皇太子集诸禅师，楷定禅门宗旨，遂立神会禅师为第七祖。内神龙寺敕置碑记见在。又御制七祖赞文，见行于世。①

这样，朝廷赐师号，赐塔额，表明对他的高度礼重；后来又集合禅师楷定禅宗宗旨，立神会为七祖。有朝命确认神会在禅宗祖统里的地位，肯定荷泽一系乃是禅门正统。

神会活动时期长，游学广，前后有众多弟子捃集门下。著名者有扬州灵坦、黄龙惟忠、磁州智如、益州南印、宣州志满、沂州光瑶、遂州道圆、袁州阳岐山广敷、邓州乌牙山圆振、五台山法华院神英等，都是有一定影响的人物。见于资料记载的还有如宁州道隐，"因愿游方，得荷泽顿明心要"②；怀安郡进平，"于洛下遇荷泽禅师了悟"③；著名诗僧皎然弟子福琳，"登满足法已，躬礼荷泽祖师，乃

①《圆觉经大疏释义钞》卷三，《续藏经》第 9 册第 532 页下。
②《宋高僧传》卷二九《唐宁州南山二圣院道隐传》，下册第 726 页。
③《宋高僧传》卷二九《唐怀安郡西隐山进平传》，下册第 725 页。

契真心”[①]；荆州行党，“后于洛都遇会禅师开悟玄理，秉心矫迹”[②]；南岳皓玉，“出尘于法清寺，后于荷泽会下，大明心印”[③]；太行山法如，“往嵩少间，游于洛邑，遇神会祖师授其心决”[④]，等等。他曾住洛阳荷泽寺，这一系后来称为“荷泽宗”。其中遂州道圆一系，四传至中唐时期的宗密。宗密学养丰厚，兼祧禅与华严，有关禅的著述宏富，其中包括前面提到的《圆觉经》的一系列注疏，在禅宗史乃至佛教史上贡献卓著。又东京圆绍，算起来是神会下五世法孙，三湘五岭，二蜀两京，一皆参礼，大中十年(856)，裴休来镇魏郊，一言道合，聚集禅徒，成大丛林，又得到宰相王铎的器重，奏赐院额师号，行化四十载，弟子五百人。

三

神会的著述，历史资料里只有零星记载。敦煌写本里发现一批他说法记录的写本，包括前面提到的刘澄集《南阳和尚问答杂征义》，是在南阳弘法时期不同场合、对不同人的说法记录，胡适定名为《神会语录》；《南阳和尚顿教解脱禅门直了性坛语》，是南阳时期登坛说法的纪录；《菩提达摩南宗定是非论》，是在河南滑州主持无遮大会与北宗和尚崇远辩论、独孤沛所作记录；还有韵文《顿悟无生般若颂》《五更转》等。

如果说慧能是南宗的创建者，那么使之得以发扬光大则靠神会。而从禅宗发展史的角度看，有了神会和南宗禅，才扭转了普寂

①《宋高僧传》卷二九《唐湖州杼山皎然传》，下册第730页。
②《宋高僧传》卷二九《唐荆州国昌寺行觉传》，下册第731页。
③《宋高僧传》卷二九《唐荆州国昌寺行觉传》，下册第732页。
④《宋高僧传》卷二九《唐杭州天竺寺道齐传》，下册第734页。

一派北宗弟子严重的御用化、贵族化和经院主义偏向，挽救了北宗大僧给这个宗派造成的严重挫折，使它获得新的生机，进而开拓此后百余年蓬勃发展的局面。这不能不说是神会继承慧能的开拓之功。胡适当年编辑、出版《神会和尚遗集》，在卷首《荷泽大师神会传》末尾热情洋溢地赞美说：

> 南宗的急先锋，北宗的毁灭者，新禅学的建立者，《坛经》的作者，——这是我们的神会。在中国佛教史上，没有第二个人有这样伟大的功勋，永久的影响。①

这种评价不免有夸大不实之嫌：后来北宗也并没有被神会"毁灭"，说他作《坛经》纯属揣测，但称他为南宗的急先锋则是当之无愧的，他也确实是"新禅学的建立者"中最为重要的一员。

按宗密所说："秀弟子普寂化缘转盛，为二京法主，三帝门师，但称达磨之宗，亦不出南、北之号。"②当初作为"二京法主，三帝门师"并不是普寂而是神秀，但这里指出起初只有"达磨之宗"，神秀弟子普寂一派"化缘转盛"，并无所谓南、北宗则是事实。到开元十八年神会在滑台活动，自称"南宗"（神会当初为什么自称"南宗"，后人没有定说。《续高僧传》的《法冲传》说当年慧可传《楞伽经》"依南天竺一乘宗"③，显然意在表明所传出自佛教来源地的古印度；同一书《达摩传》又说菩提达摩是"南天竺婆罗门种"④，也是同一意思；更简单的理解是慧能在南方创建这个新宗派，所以称"南宗"。到 9 世纪，南宗一派占据禅宗各派的主流地位，统称"禅宗""禅门"，贬称传统佛教为"教下"），攻击对方为"北宗"，遂揭开两大派系斗争的序幕，禅宗史遂进入一个发展的新阶段。

---

①《胡适校敦煌唐写本神会和尚遗集·卷首》第 90 页。

②《中华传心地禅门师资承袭图》，《续藏经》第 63 册第 31 页中。

③《续高僧传》卷二七《唐兖州法集寺释法冲传》，下册第 1079 页。

④《续高僧传》卷一六《齐邺下南天竺僧菩提达磨传》，中册第 565 页。

神会在滑台论战里自诩是在“为天下学道者辨是非，为天下学道者定其宗旨”①。其所立“宗旨”的重要内容之一就是与普寂所宣扬的“祖统”相对立，揭橥达摩以来六世单传到慧能的法系，否定“普寂禅师在嵩山竖碑铭，立七祖堂，修《法宝记》，排七代数”，自诩达摩到慧能的六代传承乃是禅宗正统。神会的提法，如前面讲“祖统”所介绍的，是“自如来付西国与唐国，总经有一十三代”，而且一代“只许一人承后”②。这十三代由西国八祖和东土六代构成，东土六代是：

> ……达摩遂开佛知见，以为密契，便传一领袈裟，以为法信，授与惠可。惠可传僧璨，璨传道信，道信传弘忍，弘忍传慧能。六代相承，连绵不绝。③

这里弘忍以前几代传承依北宗所传相沿不改，是因为这已是当时普遍看法；而用慧能取代神秀，则是为了确立南宗，也意在表彰自己作为慧能大弟子的嫡传地位。

关于“一代只许一人承后”，神会比喻说：

> 譬如一国唯有一王，言有二者，无有是处；譬如一四天下唯有一转轮王，言有二转轮王者，无有是处；譬如一世界唯有一佛出世，言有二佛出世者，无有是处。④

这三个譬喻落实在“一佛出世”，即把禅宗置于佛陀教法唯一真传、慧能（自己则继承慧能）乃是这个教法的唯一传人。

为了确定慧能在祖统中的嫡传正统地位，南宗学人又编造出

---

①《菩提达摩南宗定是非论》上卷，胡适校敦煌唐写本《神会和尚遗集》第263—264页。

②《菩提达摩南宗定是非论》下卷，胡适校敦煌唐写本《神会和尚遗集》第289、295、282页。

③《菩提达摩南宗定是非论》上卷，胡适校敦煌唐写本《神会和尚遗集》第263页。

④《菩提达摩南宗定是非论》下卷，胡适校敦煌唐写本《神会和尚遗集》第282页。

一个达摩"传衣"传说，创作出一系列北宗学人迫害慧能的故事。神会在回答远法师的质问中说："唐朝忍禅师在东山将袈裟付嘱与能禅师，经今六代。内传法契，以印证心；外传袈裟，以定宗旨。从上相传，一一皆与达摩袈裟为信。其袈裟今见在韶州，更不与人。"①传衣一事，亦见敦煌本《坛经》。其中说慧能受法，"(弘忍)便传顿法及衣：'汝为六代祖，衣将为信禀，代代相传法。以心传心，当令自悟。'"②接着慧能逃离黄梅，还有大庾岭上惠顺追赶前来夺取衣法故事。关于传衣，在经典里有根据，《杂阿含经》里有记载："佛告迦叶：'汝当受我粪扫衣，我当受汝僧伽梨。'"③。既然认定达摩的禅是迦叶的真传，也就设想达摩西来带一件佛陀粪扫衣，代代相传，传给慧能。这个传说起在什么时候不清楚，神会拿来作为"定宗旨"的证明。这样，神会用达摩到慧能六代相承的"祖统"取代普寂门徒确立的"祖统"。他的说法后来逐渐被公认，甚至出于四川保唐系的《历代法宝记》在弘忍弟子中也特别突出慧能了。

值得注意的是，在滑台大会上，远法师问："秀禅师为两京法主，三帝门师，何故不许充为六代？"他回答说："从达摩已下，至能和尚，六代大师，无有一人为帝师者。"④神秀作为"两京法主，三帝门师"即被朝廷承认和尊崇，曾被视为荣耀，北宗拿来作为确立第六代"祖师"的论据。但在神会看来，作为"帝师"反倒成了不能作为"祖师"的证据。这清楚表明慧能一派的禅不同于依附统治体制的北宗的"民间"性质。这也表明南、北宗之争不仅是关于宗统派系之争，也不只是关于人事的意气之争，是能否坚持早期黄梅僧团革新路线继续发展之争。柳田圣山曾指出：

---

①《菩提达摩南宗定是非论》下卷，胡适校敦煌唐写本《神会和尚遗集》第281—282页。

②《坛经校释》第19页。

③《杂阿含经》卷四一，《大正藏》第2卷第303页中—下。

④《菩提达摩南宗定是非论》下卷，胡适校敦煌唐写本《神会和尚遗集》第284页。

> 南、北二宗的对立，不只是禅佛教的问题，也是拷问中国佛教本质的根本性的课题。《六祖坛经》讲即心即佛，不讲辅教之功。明确了七佛以降所传法，歌唱的是彻底的世间法的无功德。慧能生涯不出曹溪，却显示原本禅佛教之所在。①

这是从佛法传继角度讲的。而指出南宗"不讲辅教之功"，不求世间"功德"，则正是神会所提倡的南宗的革新精神关键所在。

四

考察敦煌诸写本里的神会言论，大体与今存敦煌本《坛经》相同。如前面所介绍，后者写定于中唐。到底是神会因袭慧能的思想，还是后人根据神会的见解修订了这本《坛经》，已经难于考定。但可以肯定这是慧能、神会嫡传一系的观点。

神会大力攻击神秀及其弟子普寂"师承是旁，法门是渐"。即就"祖统"论，他们"师承是旁"；就宗义说，他们"法门是渐"，遂总结出北宗宗义"凝心入定，住心看净，起心外照，摄心内证"②十六个字。如此区分法门的顿、渐，表明他所主张的"南宗"超越"北宗"的绝对殊胜。

北宗肯定心性本净，主张通过"修心""净心""守心"等禅修"方便"使平凡的个人实现这清净自性；而慧能给出"坐禅"的全新定义："外于一切境界上念不起为坐，见本性不乱为禅。"③因而"禅"不是传统的"四禅八定"的神秘境界，也不需要"净心"等等修持功夫，

①《語録の歴史》，《東方學報》(京都)第 57 册第 480 页，1985 年。

②《菩提达摩南宗定是非论》下卷，胡适校敦煌唐写本《神会和尚遗集》第 285 页。

③《坛经校释》第 37 页。

只是保持自我本性不散乱即是“见性”的禅悟境界。因为“自性”本来“清净”,“自净”“自悟”即可。神会在《菩提达摩南宗定是非论》里同样说“念不起为坐”,“见本性为禅”①。他严格把“修心”“见性”两种观点、做法区分开来,在回答远法师“如此教门岂非是佛法,何故不许”的疑问说:

> 皆为顿、渐不同,所以不许。我六代大师一一皆言,单刀直入,直了见性,不言阶渐。夫学道者须顿见佛性,渐修因缘,不离是生,而得解脱。②

志德法师曾问神会:“禅师今教众生,唯求顿悟,何故不从小乘渐修?未有升九重之台,不由阶渐而能登者?”神会做了长篇回答,是对“顿悟”的详尽解说:

> 理智兼怿,谓之顿悟。不由阶渐而解,自然故,是顿悟义。自心从本已来空寂者,是顿悟。即心无所住,为顿悟。存法悟心,心无所得,是顿悟。知一切法,是顿悟。闻说空,不著空,即不取不空,是顿悟。闻说我,不著我,即不取无我,是顿悟。不舍生死而入涅槃,是顿悟……又《经》云:“一切众生,本来涅槃,无漏智性,本自具足。”欲善分别自心现与理相应者,离心意识,离五法、三自性、八识、二无我,离外见、内见,离有、无二法,毕竟平等,湛然常寂,广大无边,常恒不变。何以故?本自性清净体不可得故。如是见者,即得本性。若人见本性,即坐如来地。如是见者,离一切诸相,是名诸佛。如是见者,恒沙妄念,一时俱寂。(如)是见者,恒沙净妙功德,一时等备。如是见者,名无漏智。如是见者,名一字法门。如是见者,六度圆满。如是见者,名法眼净。如是见者,为无所得,即真解脱,

①《菩提达摩南宗定是非论》下卷,胡适校敦煌唐写本《神会和尚遗集》第288页。

②《菩提达摩南宗定是非论》下卷,胡适校敦煌唐写本《神会和尚遗集》第286—287页。

即同如来知见，广大深远，无差别故。如是知者，是如来应正遍知。如是见者，放大智惠光，照无余世界。所以者何？世界者，即心也。心空寂，更无余念，故言照无余世界。①

这段引文前段利用一系列排句讲“顿悟”，除了讲“不由阶渐”的直截了当的“悟”，主要讲心本“空寂”“心无所著”，即“顿悟”乃是真正“无我”的境界；后段讲这种“悟”离开心意识，离一切诸相，断一切妄念，内心真正空寂“无所得”，也就是“如来应正遍知”（“应”，应供，即理应接受供养；“正遍知”，又译为正等正觉，绝对的觉悟。这是佛陀十个名号里的两个）。这样，以肯定自性清净为出发点，把佛教所追求的我法两空、如来知见等绝对真实统统归之于一念的“顿悟”，从而对于“自性自悟”加以绝对肯定。“顿悟”本来是中国大乘佛教的基本观念。按佛教历史说，当初佛陀在菩提树下成道，就是“顿悟”的。在中土，谢灵运早就说：“有新论道士（指竺道生），以为鉴寂微妙，不容阶级，积学无限，何为自绝？”②这是说竺道生主张“顿悟”。竺道生是从“真理自然”“理”不可分的角度讲“顿悟”的。《楞伽经》上也说：“譬如明镜顿现一切无相色相，如来净除一切众生自心现流，亦复如是顿现无相无有所有清净境界。”③这与竺道生的看法相符合。如印顺所说：“中国虽有过渐悟、顿悟的辩论（如刘虬《无量寿经序》所说），而大乘经义，从来都是‘悟理必顿’的。”④隋唐各宗派也大多把“顿悟”当作最高境界，称许自宗是“圆顿”教法。实际上“北宗”也并不否定“顿悟”。属于“北宗”系的大乘和尚、义福弟子曾到吐蕃传教，就禅与印度佛教大师莲华藏辩论，这就是著名的“拉萨宗论”。关于这次辩论胜负有异说，但敦煌

①《神会语录第一残卷》，胡适校敦煌唐写本《神会和尚遗集》第130—133页。

②《辩宗论》，《广弘明集》卷二〇，《大正藏》第52卷第225页上。

③《楞伽阿跋多罗宝经》卷一，《大正藏》第16卷第486页上。

④《中国禅宗史》第311页。

本河西观察判官朝散大夫殿中侍御史王锡所作《顿悟大乘正理决》序里说：

> 我大师忽奉明诏曰："婆罗门僧等奏言：'汉僧所教授顿悟禅宗，并非金口亲说，请即停废。'"①

另一方面，"南宗"也并不排斥渐修。前面引述神会回答远法师也说到"渐修因缘"。他还利用譬喻说过：

> 学道者须顿见佛性，渐修因缘，不离是生而得解脱。譬如母顿生子，与乳渐渐养育，其子智慧自然增长。顿悟见佛性者，亦复如是，智慧自然渐渐增长。②

对于学道者来说，进修的境界本来是无止境的，所以"渐修"不可否定。尽管如此，神会却把"顿悟"与"渐修"对立起来，作为划分南宗与北宗的根本区别。这里虽然有宗派情绪在起作用，但确也表明他所主张的"自性自净""自性自悟"的绝对的、顿达本源的性格。

王维的慧能碑铭讲"定无所入，慧无所依"，《坛经》里讲"定慧体一"，"定是慧体，慧是定用"，因而"定慧等"，认为真正的禅定与智慧不可分隔，是一体的两面。所以不是传统主张的"因定发慧"，而是定、慧二者本无分别，不分前后。如此理解"禅定"，"定"就是"慧"，从而赋予它浓厚的理性品格。这也是禅宗具有强大生命力的重要原因之一。神会在回答哲法师"云何是定慧等义"的提问时说：

> 念不起，空无所有，名为正定。能见念不起，空无所有，名为正惠。即定之时是惠体，即惠之时是定用，即定之时不异惠，即惠之时不异定。即定之时即是惠，即惠之时即是定。何

①敦煌写本 S.2672 号，黄永武编《敦煌宝藏》第 22 册第 177 页，新文丰出版公司，1984 年。

②《菩提达摩南宗定是非论》下卷，胡适校敦煌唐写本《神会和尚遗集》第 287 页。

以故？性自如故。即是定慧等学。①

这里是说意念不生，没有妄念，这是正定，也是正慧。神会又说“妄念本空，不待消灭”，是说妄念性空，唯有正念，“直了见性”。这不是坐守枯禅的神秘境界，也不是断绝知觉的“无记空”，这是“定”，也是“慧”。神会在《坛语》中批判北宗说：

本体空寂。从空寂体上起知，善分别世间青红赤白，是慧；不随分别起，是定。即如“凝心入定”，堕无记空。出定已后，起心分别一切世间有为，唤此为慧，经中名为“妄心”。此则慧时则无定，定时则无慧。如是解者，皆不离烦恼。“（凝心入定），住心看净，起心外照，摄心内证”，非解脱心，亦是法缚心，不中用。②

同样在《坛语》中，又纳入“戒”，戒、定、慧“三学等”：

要须三学（等），始名佛教。何者是三学等？戒、定、惠是。妄心不起名为戒，无妄心名为定，知心无妄名为慧，是名三学等。③

这样，戒、定、慧三而一，一而三，归结到“但行直心”，妄心不起，就是“顿悟”“见性”。需要持守的繁琐的戒条也被“见性”的定、慧取代，全部佛法修持就成为内心省悟功夫了。这就是禅，是最高的智慧，也是严格的持戒。

《坛经》把这种“见性”实践归结到“无念”。神会同样做了发挥，他在《菩提达摩南宗定是非论》里说：

云何为人演说？不取于相。云何不取于相？所谓如如。

---

①《神会语录第一残卷》，胡适校敦煌唐写本《神会和尚遗集》第128—129页。

②《南阳和尚顿教解脱禅门直了性坛语》，胡适校敦煌唐写本《神会和尚遗集》第239页。

③《南阳和尚顿教解脱禅门直了性坛语》，胡适校敦煌唐写本《神会和尚遗集》第229页。

> 云何如如？所谓无念。云何无念？所谓不念有无，不念善恶，不念有边际无边际，不念有限量无限量。不念菩提，不以菩提为念。不念涅槃，不以涅槃为念。是为无念。是无念者，即是般若波罗蜜。般若波罗蜜者，即是一行三昧……见无念者，六根无染。见无念者，得向佛知见。见无念者，名为实相。见无念者，中道第一义谛。见无念者，恒沙功德一时等备。见无念者，能生一切法。见无念者，能摄一切法。[①]

“无念”的本意“不作意”。杜诗《绝句漫兴九首》之八：“隔户杨柳弱袅袅，恰似十五女儿腰。谁谓朝来不作意，狂风挽断最长条”[②]，风吹柳条是不会起心动念的。僧肇批评早期般若学“心无于万物”的“心无”一派，曾经说“此得在于神静，失在于物虚”[③]，是指责这一派主张的“神静”沦为一无所知的所谓“顽空”、绝对的虚无。他认为这是不符合“般若”智的。也是从这个意义上，神会把“无念”等同于“般若波罗蜜”，即最高一层的觉悟。神会显然更突出“慧”的作用。所以后来宗密评论说是“寂知指体，无念为宗”[④]，“知之一字，众妙之门”[⑤]。廖明活评论慧能和后来的临济义玄南宗禅说：

> 整体看，惠能和义玄所谓“无念”“无事”“平常”，无非是般若的彻底荡相遣执作用落实在心想上和行为上的表征；它们所体现的，无非为……般若教学的融通和会精神。只是相应禅宗的反形式、重主观的教学特点，其陈义有较鲜明的针对性，生活色彩较浓厚，并且有鲜明的内在化、个人化倾向。而

---

①《菩提达摩南宗定是非论》下卷，胡适校敦煌唐写本《神会和尚遗集》第308—309页。

②仇兆鳌《杜少陵集详注》卷九。

③《肇论·不真空论》，《大正藏》第45卷第152页上。

④《圆觉经大疏》上卷之二，《续藏经》第9册第334页下。

⑤《圆觉经大疏》上卷之二，《续藏经》第9册第345页下。

> 这些也正是禅宗作为佛教教学的一门的独特之处。①

这种“有较鲜明的针对性，生活色彩较浓厚，并且有鲜明的内在化、个人化倾向”的禅富于理性精神和现实性格，把佛法繁难的修持转化为对于“自性”的觉悟。作为人的实践，这样的禅已远远超越了信仰领域；作为理论，乃是对于人性，对于人的主观精神，对于人的主体性，进而对于人的能力的绝对性的肯定，是中国人性论发展史上具有重大理论价值的思想。

这样，慧能、神会的南宗禅把道信、弘忍的禅思想向前推进了一大步。他们提倡一种具有比北宗禅更丰厚的理性色彩和人本精神的、贯彻在人生践履中的禅。领悟这种禅，不需要隐遁出世，不需要凝神静坐，不需要严守戒律，也不需要阶渐修证；因为清净自性是每个平凡人与生俱来、圆满具足的，所以也不分人的品级高下、身份的贵贱，也无关智能辩才的高低。禅只是“无念”“见性”的“顿悟”，是自我觉醒，是认识、肯定“自己”。这种禅，作为佛教法门的一种，对于传统佛教教理与实践进一步全面革新，客观上更具有重大的社会现实意义。杜继文说：

> 南宗理直气壮地以卑贱的愚民形象站立起来，同出身高贵、儒学传家的同行们公然对立，其意义大大超过了禅宗本身的范围，而与隋唐以来社会整体的经济结构、阶级结构和政治结构的变化有密切关系。事实上，一部禅宗史，也可以看成是一部社会史的投影。②

如果说，宗教伴随着社会演变发展，宗教的发展与社会变动相互作用，禅宗也是适应现实社会的要求发展的。南宗禅后来得到长足发展，到中、晚唐极盛一时，也是因为慧能、神会开拓的南宗禅反映

---

①廖明活《中国佛教思想述要》第 530 页。

②《中国禅宗通史》第 138 页。

了时代需求，能够在现实社会中发挥积极作用。

神会圆寂在“安史之乱”之中。后大乱甫平定，继而割据藩镇兵兴，各地动乱不绝。国运不振，佛教处境艰难，禅宗活动也相对消沉。但由于神会打破了一代一人嫡传的做法，改变为“《檀经》传宗”①，弟子辈分散四方，对宗义各作发挥。这给禅宗的再度兴盛准备下条件。一旦环境适应，思想、文化形势复苏，即以更大的声势造成更恢宏发展的新局面、新高潮。

①《兴福寺内道场供奉大德大义禅师碑铭》，《全唐文》卷七一五，第7352页。

第九讲 “洪州禅”兴盛

一

“安史之乱”经过九年，把“盛唐景象”一扫而空。昔日繁华的中原地区经过反复争战，一片残破。大乱之后，朝廷无力清除“安史”余党，“河北三镇”和中原淮西地区被“安史余党”强藩控制，史称：

> 大盗既灭，而武夫战卒以功起行阵、列为侯王者，皆除节度使。由是方镇相望于内地，大者连州十余，小者犹兼三四。故兵骄则逐帅，帅强则叛上……姑息愈甚，而兵将愈俱骄，由是号令自出，以相侵击，虏其将帅，并其土地，天子熟视，不知所为，反为和解之，莫肯听命。始时为朝廷患者，号河朔三镇。①

加上西部边陲回纥、吐蕃不断进扰，边鄙日蹙，烽火常常逼近京城，以致朝廷几度逃亡。代宗李豫（762—779 在位）昏庸，德宗李适

①《新唐书》卷五〇《兵志》，第 1329—1330 页。

(780—805 在位)无能,朝官腐败,宦寺干政,矛盾重重,国是日非。如前所说,唐王朝建立,六朝以来的士族贵族专制体制瓦解,庶族作为新兴社会势力扩张,成为在朝野占据重要地位的新进政治力量。"安史之乱"以后,藩镇割据势态形成,割据自专的藩镇将帅多出身低微,又多是恃势跋扈的野心家,对抗朝廷统制权威,也起到进一步剥夺门阀士族势力的作用。这种朝廷暗弱、权力分散的形势,客观上给思想、文化发展提供了空间。特别是藩镇为了增强实力,幕府里招徕、集中众多被朝廷边缘化的文人,往往成为培养较为开放、自由的思想、促成发展文化的地方。这样,到德宗统治后期即 8、9 世纪之际,国势渐趋平复,由于推行"两税法"等措施,经济形势好转,思想、文化领域迎来又一个发展高潮。这个高潮不是集权的朝廷推动下形成的,具有鲜明的开放性和多样性,分散在全国多个中心,成为"近世"庶民文化繁荣的滥觞。禅宗在这一时期步入又一个兴盛期,乃是这个思想、文化高潮的重要构成部分。当时的知识精英多是禅宗的支持者和参与者,成为推动禅宗发展的重要力量;禅宗也多方面地影响他们的生活、思想与创作,进而推动了思想、文化的发展。

宗教活动本来是社会生活的一部分。在社会整体形势衰败局面下,当年佛教诸宗并盛的局面也不复再现。美国学者外因斯坦《唐代佛教——王法与佛法》一书专门写了《安禄山之乱对佛教的影响》一章,讨论"安史之乱"造成佛教发展形势的重大转变。他指出:

> 假如说安禄山之乱严重地削弱了皇帝的政权和破坏了它的经济,那么它对佛教的冲击也是负面的……七年战争在这个地区(长安和洛阳)对佛教所造成不可避免的破坏,不仅表现在建筑的损失上——它在较好的时机仍可以重建,而严重的是在对哲理思想传统的瓦解上,对中国佛教后来的发展有深远的影响。很多著作于唐朝前半期,价值非常的佛教注释

> 经典，在安禄山之乱后佚失了……安禄山之乱以后，藩镇观察使取而代之护持佛教，也象征着所有曾在宏伟的长安、洛阳皇室所兴建的寺院中，从事翻译弘法的诸如玄奘（法相宗）、道宣（律宗）、法藏（华严宗）和神秀（北宗禅）等人的佛教“精英”（elitist）义理时期的结束。与唐朝前半段所兴起的佛教各宗派，以深奥复杂哲理体系为特征相比较，安禄山之后的佛教最大特色就是“通俗化”。①

这种“通俗化”表现在民间是群众性的信仰活动如观音信仰、净土信仰流行；表现在朝廷，统治者面临危机众多，则迫切地祈求他力救济。结果如外因斯坦指出，初唐以来皇室支持下兴盛起来的佛教诸宗派、特别是那些具有严密思想理论体系、在敕建大寺由上层学僧创建、发展的宗派失去依恃（当然不同宗派的衰落各有不同原因）。只有玄宗后期在朝廷支持下兴盛起来的密宗持续得到朝廷加护，成为主要的皇家御用佛教。密宗以咒术、神通为特征，宣扬祈福降祥、灭祸消灾、镇护国家的功德。密教大师不空（705—774）在玄、肃、代三朝备受尊崇。安史叛军占领长安，他曾与肃宗密通消息；肃宗回到长安，曾亲受他灌顶（古天竺国王即位，依例以四大海之水灌于顶，象征统治四天下；密教上师以五瓶水象征如来五智灌弟子顶，意谓能使功德圆满）。代宗是唐朝对佛教信仰最为诚挚的皇帝之一，甫即位（762）六个月，不空就献上白旃檀密教天神像和梵文《大佛顶陀罗尼》；次年，受命在大兴善寺启建灌顶道场，以后每年举行四次密教法会；又在宫廷内置内道场，陈佛像经教念诵，供养甚丰。早在肃宗乾元元年（758），僧惠幹就曾向朝廷进所注《仁王经》②。永泰元年（765），不空进上新译《仁王护国波罗蜜经》（罗什译《佛说仁王般若波罗蜜经》二卷；不空新译《仁王护国般

---

①史丹利·外因斯坦《唐代佛教——王法与佛法》第101—104页。

②《为幹和尚进注仁王经表》，《王维集校注》卷一一，第4册第1110页。

若波罗蜜多经》亦二卷。新译是据旧译改订增删的。"仁王"指古印度十六大国国王,佛陀为说般若波罗蜜多深法经文,谓受持讲说此经则七难不起,灾害不生,万民丰乐。该经疑为是中土所撰伪经),这是一部张扬佛教护持皇权的"护国"经典,其中宣扬朝廷加护僧尼则可以祛除内乱外患和各种灾祸,典型地体现佛教依附皇权的姿态。为此朝廷制授不空特进、试鸿胪卿,加号"大广智三藏"。代宗并亲自为这个新译本和另一部经典《密严经》作序,敕沙门良贲于桃园撰《仁王经疏》①。当时朝廷每遇危祸,即请不空祈禳。大历元年(766),诏命把故去七位皇帝的灵位从太庙迁移到内道场,象征皇权与佛教神权进一步统合。大历九年,不空临终,册封开府仪同三司、肃国公,食邑三千户。这是历史上僧人所接受的空前的荣宠。代宗朝几位执政大臣元载、王缙、杜鸿渐都是极其虔诚的佛教徒,谒见代宗往往论佛法而废政事。史载:

> 元载、王缙、杜鸿渐为相,三人皆好佛;缙尤甚,不食荤血,与鸿渐等造寺无穷。上尝问以"佛言报应,果为有无?"载等奏以:"国家运祚灵长,非宿值福业,何以致之!福业已定,虽时有小灾,终不能为害,所以安、史悖逆方炽而皆有子祸;仆固怀恩称兵内侮,出门病死;回纥、吐蕃大举深入,不战而退:此皆非人力所及,岂得言无报应也!"上由是深信之,常于禁中饭僧百余人;有寇至则令僧讲《仁王经》以禳之,寇去则厚加恩赐。胡僧不空,官至卿监,爵为国公,出入禁闼,势移权贵,京畿良田美利多归僧寺。敕天下无得棰曳僧尼。造金阁寺于五台山,铸铜涂金为瓦,所费巨亿。缙给中书符牒,令五台僧数十人散之四方,求利以营之。载等每侍上多从容,多谈佛事,由是中外臣民承流相化,皆废人事而奉佛,政刑日紊矣。②

①《佛祖统纪》卷四一,《大正藏》第49卷第377页下—378页上。
②《资治通鉴》卷二二四《唐鉴四十》,第7196—7197页。

这样，朝廷推扬起崇拜密法的狂热，促使佛教整体形势愈加堕落，禅宗在京城也就没有多少发展空间了。朝廷对密教的尊崇、长安密法流行一直延续到中、晚唐。

二

“安史之乱”后，禅宗分散南北四方，分化派系，各派传继绵延不绝。韦处厚(773—828，历仕宪、穆、敬、文四朝，敬宗朝为相，博涉经史，勤奋著述)写马祖道一法嗣鹅湖大义碑，描述神秀、慧能以后禅宗发展形势说：

> 自此派散丝分，或遁秦，或居洛，或之吴，或在楚。秦者曰秀，以方便显，普寂其允也；洛者曰会，得总持之印，独曜莹珠，习徒迷真，橘枳变体，竟成《檀经》传宗，优劣详矣；吴者曰融，以牛头闻，径山其裔也；楚者曰道一，以大乘摄，大师(大义)其党也。①

这里讲得比较概括：首先是“遁秦”一派，提的是神秀弟子普寂，他代表的北宗一系，开元年间大盛于两京，后来势力也曾延伸到南方。普寂有弟子南岳山明瓒、阆州长乐寺法融等，前面已提到过。还可以举几个例子，如法云(？—766)，李华所作《碑铭》记载：

> 东南苾刍之上首，曰长老云公，报年若干，永泰二年(766)某月日涅槃于润州丹徒天乡寺，人天痛慕，江海寂寥。御史中丞韦公元辅(应作“甫”)顷临润州，尝申跪礼，无何，韦公兼观察领浙西，按部至京江，来修谒问。长老曰：“如来遗教，付嘱

①《兴福寺内道场供奉大德大义禅师碑铭》，《全唐文》卷七一五，第7352页。

> 仁贤，贫道有檀像一龛，敬以相奉。”意深言简，闻者凄然。韦公致别之明日，长老绳床跏趺，无病而灭……自菩提达摩，降及大照禅师，七叶相乘，谓之七祖，心法传示，为最上乘。南方以杀害为事，北方多豪右犯法。故大通在北，能公在南，至慈救愍，曲无不至……初，吏部侍郎齐潮（应作“澣”）采访江东（开元二十五年，齐澣为润州刺史、江东采访处置使），见天乡殿宇倾圮，孰尸完葺，乃请禅师与绚公，当谓寺僧乾最得坚固力，求真实智。乾元初，奏请天下一十五寺长讲戒律，天乡即其一焉。尔后率同心愿善缮理，礼部员外郎崔令钦，常为丹徒，宗仰不怠……①

文章作者李华（？—约767，字遐叔，进士及第，天宝年间官监察御史，转侍御史、礼部、吏部员外郎，后去官归隐奉佛，是“古文运动”的先驱之一）“晚事浮图法，不甚著书，惟天下士大夫家传、墓版及州县碑颂，时时赍金帛往请，乃强为应”②。他作了不少释教碑。在这篇写作于代宗时期的碑文里，仍明确以普寂为七祖，在当时这应当还是相当有影响的看法。又常一（699—770），谥号法津，开元中受具，

> 旋至长安花严法师所听《花严经》，又于东京大照禅师所习定宴座……至天宝中……名称上闻，征入京师，住宝台寺……遇肃宗皇帝巡守朔裔，师次平凉……远迎法驾……河洛既清，飞锡上国，权住荷恩寺，奏免常住两税，至今不易；又还官收地廿二顷，恩命令立丰碑在于寺普润庄也。③

---

①李华《润州天乡寺故大德云禅师碑》，《文苑英华》卷八六一，第6册第4546—4547页。

②《新唐书》卷二〇三《李华传》，第5776页。

③锐璨《大唐荷恩寺故大德法津禅师塔铭并序》，《考古与文物丛刊》第三号《陕西省考古学会第一次年会论文集》，1983年。

他“前后置寺一十二所，度僧一千余人”，历事三朝玄、肃、代皇帝，至元和二年(807)为建塔；又昙真(704—763)：

……始自达摩，传付慧可，可传僧璨，璨传道信，信传弘忍，忍传大通，大通传大照，大照传广德，广德传大师，一一授手，一一摩顶，相承如嫡，密付法印。惟圣智所澄，非思议能测也……大历二年，有司奏谥，上闻恻然，乃赐号曰“大证禅师”。缙尝官登封，因学于大照，又与广德素为知友。大德弟子正顺，即十哲之一也，视缙犹父，心用感焉。以诸因缘，为之强述铭曰……①

这里记载了普寂之后北宗继续传承的一系。值得注意的是碑铭作者王缙(700—781)，是王维兄弟，前面已经提到过的代宗朝佞佛宰相，晚年尤甚。又法玩(715—790)，俗姓张：

年十八，学道于大照大师……以贞元六年秋八月十三日寂灭于东都敬爱寺。越十九日，门弟子奉全身建塔于嵩丘少林寺之西偏，榇杖执绋，赴丧会葬者以万数。弟子安国寺尼法名寂然师，以至性坚操，菩提心猛利，故号为精进军，即余之从母也，躬护厥事。②

他在少林寺的弟子有上座净业、寺主灵凑、都维那智寰等僧尼三十九人，碑文作者李充，其时任职代理京兆尹；又同光禅师(699—770)，早岁出家：

持钵东山，归心禅祖大照，屡蒙授记，许为人师。及大照迁神，竟终恒礼，乃遁迹林野……演大法义，开大法门，二十余

①王缙《东京大敬爱寺大证禅师碑》，《文苑英华》卷八六二，第6册第4552页。
②李充《大唐东都敬爱寺故开法临坛大德法玩禅师塔铭并序》，周绍良主编《唐代墓志汇编》下册第1863页。

年，震动中外，从师受业，不可胜言。①

直到晚唐的时候，还有广惠（803—859），俗姓韦：

菩提达摩降及大照禅师，七叶相承，谓之七祖心印，传示为最上乘。②

以上几位都是北宗一派弟子。从上述材料看，代宗时期普寂为代表的北宗仍活跃在两京周围，且具有相当大的势力。当时的形势是和在南方活动的慧能、神会一派相对峙的。特别应当指出的是，前面已提到神秀弟子降魔藏曾于 8 世纪末入藏，向西藏地区传中土禅教，对于汉、藏宗教和文化交流做出了贡献③。相关史实不见后来南宗一系所撰禅史。

不过从总体看，普寂之后，他这一派确实已不见有气魄、有能力足以和南宗弟子相抗衡的大师级人物，思想上也鲜有建树。因而虽然宗绪传承不绝，影响终究有限。

"居洛"者指神会的南宗。这一系后来称"荷泽宗"，自诩为慧能嫡传，但神会之后，这一派有重大影响的人物也不多。著名的有扬州华林院云坦（709—816）：

……师嗣法于神会大师者也，上距大迦叶三十六代。……师讳云坦，代宗皇帝赐号曰"大悲"。姓武氏，盖则天

①郭湜《唐少林寺同光禅师塔铭并序》，周绍良主编《唐代墓志汇编》下册第 1776 页。

②令狐专《唐故上都唐安寺外临坛律大德比丘尼广惠塔铭并序》，《唐代墓志汇编》下册第 2368 页。

③敦煌写卷 P. 4646 号和 S. 2672 号《顿悟大乘正理决》是降魔藏宣扬顿教思想在拉萨与印度渐教一派进行"宗论"的记录，其中记载顿教一派取得胜利，与藏文文献所述不同。参阅戴密微（Paul Demiéville）《拉萨宗论》（*La Concile de Lhasa*）、饶宗颐《神会门下摩诃衍之入藏兼论禅门南北宗之调和问题》，《选堂集林 · 史林》卷中，香港中华书局，1982 年。

太后之族孙也。父宣,官至洛阳令。师生而神隽,七岁举童子及第。年二十,历太子通事舍人……及随父至洛阳,闻荷泽寺有神会大师,即决然蝉蜕万缘,誓究心法……凡操彗服勤于师之门庭者八九年……后十五日而荷泽被迁于弋阳……时天宝十二载也。师既佩真诀,游无定所……故阅大藏于庐江浮查寺……参了义于上都忠禅师。繇是名称高远,天下瞻企。将东吾道,固请出关,天子降赐名之诏,以显其德,时大历八年也。既周流江表四十余载,或山而栖,或邑而游。镜悬于空,万象俱纳……元和三年,故丞相赵公之为扬州,始虚州之华林精舍以邀止焉……住华林九年,年一百有八,历僧夏八十有八,以元和十一年秋九月八日,返真于其寺。明年,建塔于州之西原……宝历元年,驻锡于毗陵,持其教宗与师之行事,愿得文而建诸塔庙。余因采其昭昭可述者载于碑。时丞相太原公总戎淮南之三年也。①

云坦是神会在两京时的弟子,后来活动在江南。元和三年(808)邀请他住扬州华林精舍的“丞相赵公”即李吉甫,这一年出任扬州大都督府长史、淮南节度使;碑文作者贾餗长庆四年(824)到大和元年(827)任常州刺史(常州又称毗陵郡);丞相太原公指王播,长庆二年至大和元年(827)以检校右仆射兼扬州大都督府长史充淮南节度使。与这几位高官大僚的关系,可见云坦的地位。又袁州杨岐山乘广禅师:

……至洛阳,依荷泽会公,以契真乘……分二宗者,众生存顿渐之见;说三乘者,如来开方便之门……服勤闻法之上首曰甄升……②

①贾餗《扬州华林寺大悲禅师碑铭并序》,《全唐文》卷七三一,第7546—7547页。

②《袁州萍乡县杨岐山故广禅师碑》,《刘禹锡集》卷四,上册第57—58页,《刘禹锡集》整理组点校,卞孝萱校订,中华书局,1990年。

碑文作者是中唐著名文人刘禹锡。按贾悚云坦碑的说法,“曹溪既没,其嗣法者神会、怀让又析为二宗”,而不是如南宗所传慧能之后主要是南岳怀让和石头希迁两系,表明当时荷泽一系仍有相当地位。到德宗贞元年间,朝廷楷定这一系是禅宗正统。后来延续到中唐著名学僧宗密(780—841,神会—磁州法如—益州惟忠—遂州道圆—宗密),为神会五传弟子,是有贡献、有影响的佛教学者,下面还将介绍。沈增植曾说:“荷泽宗之徒,盖谨守达磨不立文字之训者。机缘语句非所尚,故后无述也。”①机缘语句乃是后期南宗禅的表达方式。荷泽一系和神秀的北宗一系一样,后来疏于著述,在思想上亦殊少发挥。

“吴者曰融”指牛头宗,据传创自法融,或以为是道信弟子,以下递传智俨、慧方、江宁法持、牛头智威、牛头慧忠(683—719),“六祖”传承。实际情形应是法持嗣法弘忍,将其禅法传至江东,至牛头慧忠、鹤林玄素(668—752)及其以下径山道钦(715—793)、佛窟遗则(754—830)等。这一系发挥独具特色的宗义,主张任心自在,绝观忘守,不做方便,明心见性,观点总体看与南宗接近,而更多接受江东盛行的玄学和道家思想的影响,主要活动在江东今苏、杭一带。道钦“后到临安,视东北之高峦,乃天目之分径。偶问樵子,言是径山。遂谋挂锡于此。见苫盖覆,罝网屑,近而宴居,介然而坐。时雨雪方霁,旁无烟火,猎者至,将取其物,颇甚惊异叹嗟,皆焚网折弓,而知止杀焉。下山募人,营小室请居之。近山居前,临海令吴贞舍别墅以资之。自兹盛化,参学者众……钦之在京及回浙,令仆公王、节制州邑名贤执弟子礼者相国崔涣(?—769,肃宗朝宰相,曾任余杭太守、江东采访防御使)、裴晋公度(765—839,宪宗朝宰相,力主削平藩镇,统兵平定淮西镇叛乱)、第五琦(729—799,肃

①《海日楼札丛》卷五《禅门师资承袭图》,第2册第196页,辽宁教育出版社,1998年。

宗朝宰相,以理财著名)、陈少游(724—785,代宗朝累官淮南节度使,德宗朝宰相)等。自淮而南,妇人礼乞,号皆目之为‘功德山’焉。六年,州牧王颜请出州,治龙兴寺净院安置,婉避韩滉之废毁山房也”①。这样,径山遂成为东南名著一时的大道场。这已经是中唐时期的事了。牛头一系活动在江东,与后来占主导地位的洪州、南岳两系密切交流,对以后禅宗的发展造成相当大的影响,对推进江东地区文化发展也发挥了重要作用。

韦处厚没有提到的还有活动在西蜀的南宗另外的派系。弘忍“十大弟子”之一智诜(609—702)住资州德纯寺,弟子处寂(665—732),处寂弟子无相(684—762)。至无相,门人众多,弟子无住(714—774),住成都保唐寺,禅法大盛,创保唐宗。该宗以“无忆”“无念”“莫忘”三句为宗,即“勿追忆已过之境,勿预念虑未来荣枯等事,常与此智相应,不昏不错,名莫忘也;或不忆外境,不念内心,翛然无寄”②,主张“转经礼拜,皆是起心,起心即是生死,不起即是见佛”③,更多体现道家性格。敦煌写卷《历代法宝记》就是这一派的禅史。无相弟子神会(770—794),俗姓石,西域后裔,居凤翔(今陕西凤翔县),三十岁入蜀,师事无相,得到韦皋(745—805,自贞元元年〔785〕为剑南西川节度使,治蜀二十一年,领略滇南,抵御吐蕃,以功加中书令,封南康郡王)信重,广有影响。另外在西蜀活动的,还有弘忍下宣什开创的“南山念佛门禅宗”。宣什,《景德录》缺载,《舆地纪胜》记述:阆州仙释“宣什,俗姓张,开元寺僧也,博通释典。刺史鲁王见之曰:‘真高僧也。’武后记(应为“诏”)为福先寺,固辞不就,遂入洛,游嵩山而归。欲居伞子山,门人言:‘山上无

①《宋高僧传》卷九《唐杭州径山法钦传》,上册第 211 页。

②宗密《圆觉经大疏释义钞》卷三,《续藏经》第 9 册第 533 页下。

③《歷代法宝記》,柳田圣山《禅の語録 3　初期の禅史Ⅱ》第 273 页。

水。'以杖扣岩,浩然泉涌。"①"安史之乱"以后,中原动乱,两川相对安定,经济、文化得到发展,给四川禅宗发展提供了机会,它们对当地文化也发挥了一定影响。后来形势大盛的洪州禅创始者马祖道一就出身四川,他的思想与保唐宗有一定关系。

宗密辑录禅宗派系有言论者"殆且百家;宗义别者,犹将十室"②,他列出江西、荷泽、北秀、南侁(即资州智侁)、牛头、石头、保唐、宣什及稠那、天台。其中后两家,"稠那"指僧稠和求那跋陀罗,是本书前面提到的南北朝时期的禅,与后来的禅宗宗派无涉;"天台"指天台宗,天台止观注重禅修,不属禅宗;其他八家:"荷泽"是南宗嫡系;"北秀"指神秀、普寂的"北宗";牛头禅另成体系,活动在江东;南侁、宣什、保唐在蜀地一方。就总体形势说,在"安史之乱"平定后的二三十年,哪一派都没有出现影响全局的大师,都没有创建规模宏大的基地,没有对禅思想做出具有重大创新意义的发挥,也没有重要人物在朝廷活动。不过这纷杂的派系散布在四方活跃,却给禅宗的更大发展准备了条件。

宗教发展需要社会整体发展形势为基础。禅宗本来具有强大生命力,一当社会条件成熟,在 8 世纪末,出自南岳怀让和青原行思门下的江西和石头两系异军突起,禅宗很快形成新的发展高潮。

三

大历七年(772),江西观察使路嗣恭(711—781,永泰二年

---

①《舆地纪胜》卷一八五,第 4776 页,《中国古代地理总志丛刊》,中华书局,1992 年。

②《禅源诸诠集都序》卷一,《大正藏》第 48 卷第 400 页中、下。

〔766〕出任检校刑部尚书、江西观察使，在任以善于理财著称；大历八年兼岭南节度使）邀请马祖道一禅师入居洪州开元寺，在禅宗史上成为具有标志意义的年份。道一在洪州弘法，标志着禅宗发展又一个高潮的来临。

按唐代历史分期的“四唐”说，从代宗即位（762）到文宗去世（840）这近八十年为“中唐”时期。这是唐王朝由“安史之乱”造成的衰危逐渐复兴到短暂“中兴”的时期。而从中国历史更开阔的发展形态看，则是由“中世”向“近世”转变的真正开端。德宗建中元年（780），朝廷正式废止均田制和租庸调法，改行“户无主、客，以见居为薄；人无丁、中，以贫富为差”①的“两税法”。这是中国历史上土地制度由国家垄断的占田、均田向个人私有的重大变革。开放土地自由开垦与兼并，促进了小农经济为基础的庄园经济的发展。土地制度这一具有根本意义的变革，也给禅宗扩展僧团、创建禅院提供了条件。唐前期朝廷僧尼剃度由祠部发放度牒，严禁私度。僧尼和道士三年一造簿籍，一本送祠部，一本送鸿胪，一本留州、县。本来自中宗（705—710 在位）以降，均田制渐趋破坏，户口流亡进入佛门，私度日渐严重；“安史之乱”中贩卖度牒以供军需，僧尼伪滥更多。朝廷虽屡屡试图整顿，不见成效。唐初僧尼数大约十万左右。据《新唐书》，开元年间造僧尼簿籍，统计人数是十二万六千一百人。而元和年间李吉甫在奏章里说：

> 自天宝以后，中原宿兵，见在军士可计者已八十余万。其余去为商贩，度为僧、道，杂入色役，不归农桑者，又十有五六。是天下以三分劳筋苦骨之人，奉七分待衣坐食之辈。②

这里没有具体僧尼数字，但可见数量迅速增加的形势。《旧唐书》的《李德裕传》记载一个事例：

---

①《旧唐书》卷四八《食货志上》，第 2093 页。

②《唐会要》卷六九《州府及县加减官》。

> 元和已来，累敕天下州府，不得私度僧尼。徐州节度使王智兴聚货无厌，以敬宗诞月，请于泗州置僧坛，度人资福，以邀厚利。江淮之民皆群党渡淮。德裕奏论曰："王智兴于所属泗州，置僧尼戒坛，自去冬，于江淮已南，所在悬榜招置。江淮自元和二年后，不敢私度。自闻泗州有坛，户有三丁，必令一丁落发，意在规避王徭，影庇资产。自正月已来，落发者无算。臣今于蒜山渡点其过者，一日一百余人，勘问唯十四人是旧日沙弥，余是苏常百姓，亦无本州文凭，寻已勒还本贯。访闻泗州置坛次第，凡僧徒到者，人纳二缗，给牒即回，别无法事。若不特行禁止，比到诞节，计江淮已南失却六十万丁壮。此事非细，系于朝廷法度。"状奏，即日诏徐州罢之。①

又文宗大和四年(830)正月，祠部采取措施，请天下僧尼冒名非正度者具名申省，各给省牒，凭以入籍，时入申名者达七十万人，自大和五年正式造账入籍②。如此整顿僧籍，实际更鼓励了私度之风，使朝廷对度僧的管束徒成具文。正是在这种情况下，有势力、有影响的禅师能够聚集徒众，占据山林，开山辟地。中唐时期各地占地广阔的丛林正是这样建设起来的。

具有重要意义的是，这样建立起来的丛林成为一种新型的经济实体。晋、宋以来，朝廷、亲贵、世家大族施舍，僧人垦殖、侵夺，寺院大量占有土地。上层僧侣成为大大小小的领主，奴役下层僧人和寺院蓄养的奴婢，寺院内部形成役属关系。这种寺院经济性质上与一般私人领主土地占有形态无异。中唐均田制破坏，"两税法"实行，土地兼并合法化，庄园经济得以发展。禅宗丛林形成一种特殊形态的庄园。它们不同于一般的土地家族私有、世代继承的地主庄园。这些新开拓的禅寺的土地为全体成员公有，师弟子

---

①《旧唐书》卷一七四《李德裕传》，第4514页。

②见《大宋僧史略》卷二，《大正藏》第54卷第247页下—248页上。

的经济权益是平等的关系(这是就丛林戒规的原则说。事实上主持禅寺的大僧必然对于寺院经济掌握相当的支配权;在后世发展中这些庄园形态上更向一般的地主庄园靠拢)。这也就更彻底地落实了戒律中关于土地、房舍等不动产归于“常住”的规定(印度佛教戒律不允许僧人持有金银资财,中国佛教对这一戒条“删繁补缺”,加以变通,规定作为寺院公有即归于“常住”可以占有土地、房舍等)。这种具有原始村社性质的庄园更为开放,可以吸收“游僧”不断加入进来,扩充规模;其内部成员是师弟子或同学关系,不是隶属关系,也就相对平等、自由,从而更为和谐;而发挥作用、影响重大的是,在这种特殊形态的庄园经济基础上建立起“农禅”制度,为树立新的宗风创造了物质条件,又给禅寺建设提供了牢固的经济基础。结果即使在后世禅宗整体上已经衰败,许多禅宗祖庭和大型丛林仍能够长久地生存、传继下去,直到近代。

禅宗的发展主要是江西马祖道一和湖南石头希迁两系。它们的发展还得益于“安史之乱”后经济重心向南方转移的客观形势。经过“安史之乱”,函陕凋敝,东都尤甚。刘宴曾移书宰相元载,其中说“东都凋破,百户无一存”,“起宜阳、熊耳、虎牢、成皋五百里,见户才千余”①。特别是“自至德后,中原多故,襄、邓百姓,西京衣冠,尽投江南”②;“中原多故,贤士大夫以三江五湖为家”③。本来南北朝时期江南已逐渐开发。这些地方远离“安史之乱”兵焚,由于是朝廷财赋仰赖之地,朝廷多派遣得力能臣镇守,着力采取措施发展农耕、兴修水利、招徕商贾、安抚流亡等,经济从而进一步得到发展。元和二年(807)李吉甫编撰《元和郡县图志》,统计天下方镇四十八个、州府二百九十五个当中,赋税倚办于浙东、宣歙、淮南、江西、鄂岳、福建、湖南八道四十九州。这大约是方镇、州府总数的

①《新唐书》卷一四九《刘宴传》,第 4794 页。

②《旧唐书》卷三九《地理志二》,第 1552 页。

③穆员《鲍防碑》,《全唐文》卷七八三,第 8190 页。

六分之一;纳税户一百四十四万,大约集中全国三分之一人口(这是按唐后期开成四年〔839〕户口数最高年份近四百九十九万六千七百户计算的)。经济发展给佛教扩展提供了基础。加上如上所说,均田制破坏,建中年间实行两税法,土地兼并加速,农民流亡加剧,给僧团扩张提供了人力资源,后来成为禅宗派系祖庭的、徒众众多的大型寺院才有可能建设起来。

其次,藩镇并立形势也给禅宗发展提供了条件。"安史之乱"平定,唐朝廷势力中衰,对拥兵自重的强藩不得不采取姑息政策,遂形成藩镇割据局面。仅就李吉甫列举的全国各地四十八个方镇看,大体可分为四种类型:一是中原地区拱卫朝廷的;二是西北边疆抵御回纥、吐蕃的;三是以"河北三镇"为代表实行割据、形同独立王国的;而作为朝廷财赋来源的江南方镇算作第四类①。这最后一类对朝廷基本保持恭顺态度,但又着力维护自身权益,大都能够保境安民,采取促进地方经济、文化发展的措施。因而时有"天下方镇,东南最宁"②之说。朝廷为了安定这些地方,往往向这些地方派遣政能文才杰出的臣僚为镇帅、州守。例如曾担任宰相的常衮、李吉甫、裴度、李德裕、杜鸿渐、杨于陵、武元衡、牛僧孺等,文才著称的如萧颖士、梁肃、李绅、白居易、白敏中、马戴、窦庠、符载、柳公绰、樊宗师、王季友、吴武陵等,都曾在江南州、镇任职。举一个例子,刘禹锡有诗说:"钟陵八部多名守,半是西方社中友。"③"钟陵八部"指江西观察使所辖八个州:洪州、饶州、虔州、吉州、江州、袁州、信州、抚州。这首诗是刘禹锡因为参与"永贞革新"谪朗州司马时做的,他困居朗州九年(永贞元年805—元和九年814)。当时和之前堪称这八个州"名守"(担任刺史)的,洪州

①参阅张国刚《唐代藩镇研究》第五章《唐代藩镇的类型分析》,第77—103页,湖南教育出版社,1987年。

②常衮《代杜相公让河南等道副元帅第二表》,《全唐文》卷四一七,第4265页。

③《送鸿举师江南并引》,《刘禹锡集》卷二九,下册第400页。

有鲍防、李兼，饶州有李吉甫、李夷简，虔州有马总、张署，吉州有袁滋，江州有孔戣，袁州有王崖等人，这些人多数又虔信佛教。这个例子相当典型。如前面指出，马祖道一来到洪州，就是应江西观察使路嗣恭的召请；后来他在洪州活动，又得到另一任观察使李兼的大力支持。

再次，史称“唐世士人初登科或未仕者，多以从诸藩府辟署为重”①，这种情形基本是指中晚唐时期。当是各方镇大抵着力网罗文人，“诸使辟吏，各自精求，务于得人，将重府望”②。符载曾指出：“今四方诸侯，裂王土，荷天爵，开莲花之府者，凡五十余镇焉。以礼义相推，以宾佐相高，长城巨防，悬在一士。苟人非髦彦，延纳失所，虽地方千里，财富百倍，有识君子，咸举手而指之。”③就是说，方镇务在得人，作为政治上的助力，同时又可以提高声望。而由于朝廷暗弱，政出多门，朋党相争，科举败坏，仕途阻塞，则使许多文人投奔方镇，谋求出路。他们托身幕府还有一个原因，如白居易说：“今之俊乂，先辟于征镇，次升于朝廷。故幕府之选，下台阁一等，异日入为大夫公卿者十八九焉。”④权德舆又曾说：“今名卿贤大夫繇参佐而升者十七八。盖刷羽幕廷而翰飞天朝，异日之济否，视所从之轻重。”⑤就是说，担任州、镇幕僚，又有进身朝廷、上升台阁的机会。当然也有投身割据强藩的，如韩愈写序所送远走河北叛逆之地的董邵南，只是少数⑥。江南州、镇实是更理想的地方。一方面那里经济发达，生活优裕；另一方面有更多回翔的余地。戴伟华

①洪迈《容斋续笔》卷一《唐藩镇幕府》。

②《旧唐书》卷一三八《赵憬传》，第3778页。

③《送崔副使归洪州幕府序》，《全唐文》卷六九〇，第7070页。

④白居易《温尧卿等授官赐绯充沧景江陵判官制》，朱金城《白居易集笺校》卷四九，第5册第2924页，上海古籍出版社，1988年。

⑤权德舆《送李十兄判官赴黔中序》，《文苑英华》卷七二八，第5册第3781页。

⑥《送董邵南序》，《韩昌黎集》卷二〇。

《唐代使府与文学研究》一书对唐代文士入幕列表加以统计，他得出结论说：

> 从时间上看，安史乱前，入幕者计174人次，比例较小，其后则以肃宗至德宗年间入幕者居多，计1012人次；从空间上看，至德以后各方镇入幕100人次以上者分别为西川214（已减去至德前入幕的26人次）、淮南164、河东137（已减去至德前入幕的18人次）、山南东道122、荆南120、江西120、浙西117、浙东111。[①]

从这些数字可见“安史之乱”之后文人入幕已成风气。不言而喻，这种现象对于当时政治形势、对地方发展造成的影响是相当可观，又是相当复杂的。其中重要一点是散布在地方州、镇的大批文人幕僚许多人不同程度地赞赏、亲近、信仰佛教，也成为支持各地禅宗发达的重要力量。

再回头看前述中晚唐四种类型藩镇领地内佛教发展的环境：中原地区以两都为中心，辇毂所在，如前所述，“安史之乱”以后朝廷倚重的主要是密教，这是护国性质的御用佛教；西北边疆地区方镇情况复杂，是中原佛教发展的延伸地区，藏传佛教又有相当势力；河北藩镇领地，据日僧圆仁记载，武宗毁佛时，“唯黄河以北，镇、幽、魏、潞四节度，原来敬重佛法，不拆舍，不条流僧尼”[②]。这除了信仰的因素之外，显然有与朝廷相对抗的作用，后来临济宗在河北地区兴盛一时。而由于上述诸条件，江南、两川成为禅宗再度兴盛的主要地区。

①《唐代使府与文学研究》第85页，广西师范大学出版社，1998年。

②圆仁《入唐求法巡礼行记》卷四，第196页，顾承甫、何泉达点校，上海古籍出版社，1986年。

四

前面已经指出，道信、弘忍创建禅宗，发展具有重大积极革新意义的禅思想，是与初唐时期思想、文化的潮流相呼应的。佛教里的禅宗是宗教在这一总的潮流中的体现。中唐时期禅宗这一新发展，同样是时代总的思想潮流的一部分，与思想、文化领域的发展相互推动、相互促进。

汉魏以来，历代王朝以儒家经学为统治思想，而史称“惟唐不重经术”[①]。唐初，诏诸儒编撰《五经正义》，作为天下治经者楷式，给士子提供官书，俾不出异义。如此学术的统一，实则是思想僵化的表现。前面讲到，武后朝刘知幾等人发扬大胆批判精神，治“一家独断”之学，开疑经惑古的变革之风。这是和当时黄梅禅的反传统、求革新的精神相一致的。中唐时期，朝廷统治威权动摇，特别是大乱之后，官学体制严重破坏，经学统治力量进一步衰萎，突出表现在《春秋》学研究领域。《春秋》作为“六经”之一，以一字行褒贬，被当做经国治民的大经大法。西汉董仲舒治《春秋》，作《春秋繁露》，阐发专制政治“大一统”之旨，成为后世历代王朝治世宝典。但到中唐，啖助(724—770)、赵匡(生卒年不详)、陆质(？—805)开创新《春秋》学，开通学之途，背专门之法，通过重新疏释《春秋》来阐发革新的思想主张。啖助字叔佐，赵州(今河北赵县)人，博通深识，担任过台州临海(今浙江临海市)尉和润州丹阳(今江苏丹阳市)主簿；自上元二年(761)罢职家居，著《春秋统例》六卷；赵匡，字伯循，河东(今山西永济市)人，曾任淮南节度使陈少游从事，与啖

①皮锡瑞《经学历史》第212页，中华书局，1959年。

助交好，亦善《春秋》，两人深话经义，事多相合；陆质（？—805），本名淳，避宪宗讳改名，字伯仲，吴郡（今江苏苏州市）人，曾任台州（今浙江台州市）刺史，为啖助弟子。啖助死后，后者纂集师说，请赵匡损益，大历十二年（777）成《春秋集传纂例》十卷，后来又陆续作《春秋集传辨疑》十卷、《春秋微旨》三卷。这三部书主旨在重新解说《春秋》义例，发明微言大义，又显然体现出表述个人的思想、政治主张的意图。从学术层面看，这个《春秋》学派意见多蔽于主观，颇多可议之处。具有重要意义的是这一派学人的治学观念和方法：一是他们疏解《春秋》，空言说经，专以己意解说“圣人之意”，反对墨守“章句之学”传统；再是考核三传，以经驳传，认为“《春秋》之作，圣人所以明微”①，试图回归根本，重新揭示经文本意，体现大胆怀疑精神；三是这些人治《春秋》具有明确的现实目的。赵匡曾说：

> 疏以释经，盖筌蹄耳。明经读书，勤苦已甚，既口问义，义通疏文，徒竭其精华，习不急之业。而其当代礼法，无不面墙，及临民决事，取办胥吏之口而已……②

陆质教导吕温说：

> 良时未来，吾老子少，异日河图出，凤鸟至，天子咸临泰阶，清问理本，其能以生人为重、社稷次之之义发吾君聪明、跻盛唐于雍熙者，子若不死，吾有望焉。③

柳宗元私淑陆质，总结他的思想是“以生人为主，以尧、舜为的”④。啖助、赵匡、陆质都活动在江南。特别是陆质，与柳宗元、吕温等文

---

①《春秋微旨》卷中。

②《举选议》，《全唐文》卷三五五，第3602页。

③《祭陆给事文》，《吕衡州集》卷八。

④《唐故给事中皇太子侍读陆文通先生墓表》，《柳河东集》卷九。

坛名人有密切交往。在《永贞革新》中,改革派曾从台州任上召请陆质入都,担任时为皇太子的李诵侍读,试图争取他对革新事业的支持。虽然革新很快以失败告终,这个学派的影响还是很大的。例如诗人卢仝,韩愈称赞他说“《春秋》三传束高阁,独抱遗经究终始”①,显然也体现“以经驳传”的治经方法。这个学派的活动乃是当时社会变革思潮的一部分。就长远发展说,在学术史上,它开创了经学革新的端倪,乃是宋代新儒学的滥觞。值得注意的是,啖助、赵匡、陆质都亲近佛教。他们治学的精神、所运用的方法与南宗禅有明显的相通之处。

中唐时期的革新思潮更突出地表现在文学领域。在诗歌史上,继盛唐李白、杜甫等人之后,李绅、白居易、元稹等倡导“新乐府运动”(文学史上的所谓“运动”是近代人赋予的称呼。大体是指一个时期文坛上有一批人,具有大体相同的理论主张,创作上也取得一定成果,造成一定影响,具有“运动”的形态),主张“文章合为时而著,歌诗合为事而作”,要求诗文创作“救济人病,裨补时阙”②。他们以自己的创作实践了这种理论主张。就思想史的意义说,重要的是他们的文学主张里体现出鲜明的批判、革新精神,代表当时知识精英中的一种思想潮流。韩愈、柳宗元倡导“古文运动”,也集中了一批追随者。他这一派人大体诗、文具佳,又有深厚的学养,倡导“古文”,致力于革正文体、端正文风,创造一种适应时代要求的、简洁流畅的新型散文文体。他们又主张文以明道,“学所以为道,文所以为理”③,所“明”则为儒家圣人之道(这是就“古文运动”的主流而言。其内部思想并不一致。如柳宗元就主张兼容佛说,并与韩愈进行过激烈争论)。这样,“古文运动”就与“儒学复古运动”相为表里,实际做法与目标则是以“复古”行创新。与“新乐府

①《寄卢仝》,《韩昌黎集》卷五。

②《与元九书》,《白居易集笺校》第5册第2792页。

③韩愈《送陈秀才彤序》,《韩昌黎集》卷二〇。

运动”一样，同样体现鲜明的政治革新的要求。

中唐政治总体衰败，唐王朝在走下坡路。但思想、文化上的创新，所取得的成果并不次于盛唐。特别是如前所述，这个时期的政治、经济发展乃是向宋代更大发展的过渡期。思想、文化也同样，相当全面地开拓了宋代文化的先河。而陈寅恪先生认为：“华夏民族之文化，历数千载之演进，造极于赵宋之世。”①中唐时期禅宗发展的新高潮正是在这样的环境中出现。社会整体发展给它的再度辉煌提供了物质的和精神的基础，它的发展又对社会发展诸方面发挥了巨大影响。

五

柳宗元在《大鉴禅师碑》里说慧能“其说具在，今布天下，凡言禅者皆本曹溪”②。文章写于元和十年(815)。这表明当时禅宗的南宗一系已形成一家独秀之势。又《景德传灯录》道一传有注文曰：

> 故禅法之盛，始于二师。刘轲云：“江西主大寂，湖南主石头，往来憧憧，不见二大士为无知矣。”③

刘轲(刘轲，沛〔今江苏沛县〕人，早年移家韶州，曾到曹溪参学，一度为僧；后举进士，仕终侍郎。他善为文，多著述，大都散佚，今存文十四篇。基于他的经历，对当时禅宗活动当有真确了解，注文所

①陈寅恪《邓广铭宋史职官志考证序》，《金明馆丛稿二编》第245页，上海古籍出版社，1980年。

②《曹溪第六祖赐谥大鉴禅师碑》，《柳河东集》卷六。

③《景德传灯录》卷六《江西道一禅师》，第88页。

引不详出处),生卒年不详,活动在德宗贞元(785—805)中至懿宗咸通(860—874)中。这里的引文明确指出南宗禅中居主导地位的是江西马祖道一和湖南石头希迁二系。普寂、神会两位代表北、南二宗的大师圆寂之后,相对沉寂中酝酿约二十年,再度出现领导潮流的大师级人物马祖道一和石头希迁。他们两位都是慧能下第三世,按禅宗传统算法是达摩下八世。道一嗣南岳怀让,希迁嗣青原行思。但是怀让和行思都不在《坛经》里记载的法海、神会等慧能的十大弟子之列。这可能是因为他们与传承《坛经》一派分属不同派系。

又与道一、希迁同时,有相当声势与影响的还有前已提到的活跃在江东的牛头宗径山法钦(714—792)。而不论是与希迁还是与径山法钦相比较,马祖更“善言句”,对宗义又做了更系统的发挥,加之门庭盛大,弟子众多,晚年住洪州,派系被称为“洪州宗”,洪州一系遂成为中晚唐南宗禅的主导潮流。

道一(709—788),俗姓马,被尊称为“马祖”,汉州什邡(今四川什邡市)人。他早年在资州(今四川资中县)弘忍弟子处寂(669—736)门下出家①。大约在开元十八年(730),他二十多岁,离开蜀地,沿江东下,“游方头陀,随处坐禅”②。经过荆州,大约两年后来到湖南衡山,在南岳般若寺参怀让法席,接受慧能曹溪禅法。怀让(677—744),俗姓杜,金州安康(今陕西安康市)人,年轻时到荆州玉泉寺师事恒景律师,后来到嵩岳事慧安,再到曹溪参慧能,慧能圆寂后住南岳观音台。道一在怀让处十年左右,成为他的上首弟

①宗密《圆觉经大疏钞》卷三之下说马祖曾参成都净众寺无相;《宋传》记载据以说他“削发于资州唐和尚,受具于渝州圆律师”。“唐和尚”指无相,“圆律师”不详。无相(684—762)是处寂弟子,大约在开元二十八年前后在成都授徒开法。日本学者宇井伯寿考定马祖非无相弟子。

②宗密《禅门传心地禅门师资承袭图》,《续藏经》第63册第32页上。

子[①]。大约在天宝元年(742)之前,离开南岳,重新度过游方生活,走的显然是和道信、弘忍、慧能同样的民间路线:在平凡的民众生活中禅修,接收弟子,弘扬禅法。他游方所经地方基本是艰苦的山区。当时正是"安史"大动乱酝酿、爆发时期,这种头陀游行生活必定使他对于社会危机、民众苦难有更深切的感受。离开衡山,他东行,先到江南东道的建州建阳(今福建南平市建阳区)佛迹岭。依现有资料,他在佛迹岭开始聚徒弘法。当时追随他的弟子有甘泉智贤、紫玉道通和千顷明觉等。他带领弟子西行,天宝二年来到抚州崇仁(今江西崇仁县)的西里山,在这里又招收石巩慧藏、西堂智藏、道岸等弟子。据唐枝所撰西堂智藏碑文,他于天宝九载十三岁"首事大寂于临川西里山"[②],则马祖在这里住了较长时间。然后继续向南,到虔州赣县(今江西赣县)的龚公山,在这里又招收门徒招提慧朗、百丈怀海、伏牛自在、盐官齐安、鄂州无等、明觉等人。显然这时候他已经有相当高的声望。他在虔州一直住到大历七年(772),距他离开南岳已经过了三十年。在这三十年间,他是有意识地辛苦游方,筚路蓝缕,拓荒造寺,基本都在艰苦荒僻地区。例如起初所到的建州,属闽北山区,在当时普遍富庶的江南东道十八个州中是十分贫瘠的。按天宝元年统计,同属江南东道的润、苏、常各州户数都在十万上下,人口都在六十万以上,而建州户数仅两万有余,人口十四万多一点[③]。抚州、虔州的情况也类似。《宋传》记载他来到龚公山艰难拓殖的情况:

先是,此峰岫间魑魅丛居,人莫敢近,犯之者灾衅立生。当一宴息于是,有神衣紫玄冠致礼言:"舍此地为清净梵场"语终不见。自尔猛鸷毒螫,变心驯扰;沓贪背憎,即事廉让。郡

①《宋传》卷九《唐南岳观音台怀让传》,上册第200页。
②唐枝《龚公山西堂敕谥大觉禅师重建宝光塔碑铭》,清《赣州府志》卷一六。
③《新唐书》卷四一《地理志五》,第1056—1078页。

守河东裴公家奉正信，躬勤谘禀……①

这里杂有传说，却亦可见当时所处山区荒凉情形。他带领弟子们庵居垦殖，争取地方人士的信重。上面提到的“裴公”，据考为裴谞（771—845，代宗朝为河东租庸使、盐铁使，迁虔、饶州刺史；德宗朝，累迁至河南尹），大历二年（767）为虔州刺史。应当是道一来到虔州的时候，中原爆发了“安史之乱”。前面说过，这次动乱大幅度地改变了唐王朝局势，北方陷于战乱，江南也受到影响。他在抚州、虔州长时间定居，僧团扩展到相当规模。他在所到之处招收的弟子，大都是本地人，又多是贫苦出身，例如甘泉智贤，建阳人；石巩慧藏，抚州人。有些则是游方的“游僧”。这种情形是和当年黄梅僧团的构成相类似的。

虔州属江西观察使管辖。大历七年（772），江西观察使、洪州刺史路嗣恭对马祖道一“聆风景慕”②，敦请他来到洪州（今江西南昌市）。唐初，王勃南下省父，路过洪州，写下著名的《滕王阁序》，其中写洪州形势是“星分翼轸，地接衡庐，襟三江而带五湖，控荆蛮而引瓯越”。此地乃是江南重要的政治、文化中心之一。“安史之乱”以后，这里得到发展机会。继路嗣恭之后，在这里主政的有李腾、李亚、杜亚（778—779）、张镒（779）、崔昭（779—780）、鲍防（780—782）、李皋（782—785）、徐申（783—784）、李兼（785—790）等。其中如鲍防，在任时（建中〔780—783〕某年）朝廷有诏僧如所隶，即整顿僧籍，他密留不遣，对僧团加以保护。又李兼（791—?，德宗建中三年，为鄂岳沔三州观察防御使，贞元元年，为江西观察使、洪州刺史），是虔诚的护法檀主，他的幕府集中了一批才学杰出之士，包括后来成为文坛宗主的权德舆、柳宗元的父亲柳镇、杨凭（李兼的女婿，柳宗元的岳父）等。这些人都习佛好禅，是道一的护

①《宋高僧传》卷一〇《唐洪州开元寺道一传》，第221—222页。

②《宋高僧传》卷一〇《唐洪州开元寺道一传》，第222页。

法檀主。这样，道一住洪州开元寺，得到地方权要的加护和支持，门庭更加盛大，弟子迅速增多。《宋传》上说："于时天下佛法极盛，无过洪府，座下贤圣比肩，得道者其数颇众"①。

道一创建了佛教史上的"洪州宗"。洪州宗属南宗禅一系，对慧能、神会开创的南宗禅做出重大发展，其宗义成为中晚唐禅宗的主流，影响广远。洪州宗能够造成重大影响，一个重要原因也在道一教导有方，培养出一大批杰出弟子。从现存资料看，他对弟子谆谆善诱，教学风格生动活泼、自由开放。当初慧能、神会也能言善辩，但仍基本采取佛教传统的设坛说法方式，而道一门庭的教学则开始以师资平等的问答勘辩为主。他的弟子中有许多才华出众者，如南泉普愿、百丈怀海、大珠慧海、归宗智常、兴善惟宽、丹霞天然等，修习都各有特点、各有成就，共同造成了这个僧团丰富多彩的性格。据传道一圆寂后，门徒达千人，入室弟子百余，数字应当是夸大了的。道一的一批杰出弟子流散四方，成为一方宗主。其中鹅湖大义（元和二年）、章敬怀晖（元和三年）、兴善惟宽（元和四年）、香山如海（开成年间〔836—840〕）、甘泉智闲（年代不详）等相继北上京师，把洪州禅传入朝廷。《宋传》上说："元和中，宽、晖至京师，扬其本宗，法门大启，传百千灯。京夏法宝鸿绪，于斯为盛。"②其中"（惟）宽被诏入长安，止大兴善寺。重诏入内道场。兼请受菩萨戒"③。白居易作《传法堂碑》，记载向惟宽问道事，胡适认为是"九世纪的一种禅宗史料"④。其时朝廷重臣裴度也"信浮屠教"，和白居易一样也是传法堂弟子⑤。不过在京城御用佛教居主导地位，洪州禅的影响还是相对薄弱，其发展主要在江南。石头、

①《宋高僧传》卷一一《唐常州芙蓉山太毓传》，上册第251页。

②《宋高僧传》卷九《唐南岳观音台怀让传》，上册第200页。

③《宋高僧传》卷二七《唐会稽吕后山文质传》，下册第685页。

④《白居易时代的禅宗世系》，《胡适学术文集·中国佛学史》第31页。

⑤《唐阙史》卷上《裴晋公大度》。

牛头二系学人也往来洪州门下。这种交流对于洪州禅的丰富与发展起到积极作用。而就思想观念说，洪州禅的新的宗义体系基本主导了当时和后来禅宗各派系，成为整个禅宗思想的主流。

石头希迁(700—790)，俗姓陈，端州高要(今广东肇庆市)人。有关他的生平资料远较道一为少。据说他自幼聪慧，七八岁就有志出家。《祖堂集》记载他曾见过慧能，“六祖一见欣然，再三抚顶而谓之曰：‘子当绍吾真法矣。’”①高要离曹溪不远，慧能在他十四岁时圆寂，两个人见面是有可能的。又有记载(《宋高僧传》)说他于开元十六年(728)在罗浮山受具足戒，因为读了僧肇《般若无名论》，受到启发，了解了事理圆融的道理；后来听说慧能弟子青原行思在庐陵(今江西吉安市)清凉山弘法，遂前往参谒。天宝初，希迁来到南岳南台寺，寺东有巨石，他在其上结庵修行，人称“石头和尚”，名声远被。作品有《参同契》和《草庵歌》等。弟子有慧朗、道悟、尸利、道铣等，大都继承他的作风。当时南岳有固、瓒、让三禅师，均出自曹溪门下，但声势最大的当属马祖，其次是希迁，但远不能和马祖相比。这也是因为希迁坚持山居修道传统，和道一广开门庭、积极在社会上活动不同；又马祖善言句，他善偈颂，抒发逍遥乐道情怀，僧风不同。希迁的思想与道一略似，但不完全相同。在道一、希迁活动时期，禅宗各派系分化还不严格，洪州、石头乃至牛头宗的道钦颇能相互敬重，门下弟子辈相互参访，成为一时风气。

马祖道一创建洪州宗，又一次重复走了道信、弘忍创建“东山法门”、慧能、神秀创建南宗的道路：开创期在民间独立活动，有利于摆脱传统和成见的束缚；组织僧团在社会底层磨炼，培养大胆创新精神和创造的活力。洪州这个具有新鲜思想和创新活力的派系打破神秀、神会之后禅宗派别纷争、发展停滞的僵局，促进禅宗再

①《祖堂集》卷四《石头和尚》，上册第195—196页，孙昌武、衣川贤次、西口芳男点校，中华书局，2007年。

次迅速振兴。而且这一次禅宗的活动范围更为广阔,一大批成规模的丛林遍布全国各地,对于社会生活造成多方面巨大影响,在思想、文化领域取得丰硕成果。

洪州禅开拓出禅宗发展史上的新阶段。这是和以前的“北宗”“南宗”并立的另一个兴旺发达的阶段。

第十讲　洪州门风

一

宋人余靖说："自南北分宗，思、让异派，虽达空照理，共归玄解，而临机接应，各禀师模，言有体用，义有纵夺，互相祖习，曰为门风。"①如上所述，神秀、神会南北分宗之后，禅宗形成派系分化局面，没能形成有强大声势的、起主导作用的派系。直到马祖道一开创洪州宗，继承、发扬前辈祖师大胆创造、勇于革新的精神，在理论和实践层面开拓出新生面，又形成定型的、有广泛影响的新"门风"。这种"门风"有力地推进禅宗的发展，主要体现在如下层面：

僧团建设：

发展到洪州宗，中国禅宗具有鲜明特色的僧团的形态完善起来。这是一种民众色彩浓厚的，非政治化、非伦理化、非经院化的自修自度的禅修团体，是佛教彻底"中国化"的产物，是中国佛教的创造。有了这种超脱统治体制控制的僧团，禅宗才有可能更大地发挥创造性，从而对社会生活、思想文化造成更大的影响。

---

①《韶州白云山延寿禅院传法记》，《武溪集》卷八。

如前所述，当初“东山法门”取得成功，得力于庶族官僚士大夫阶层的支持。前一讲又介绍了“安史之乱”后政治、经济、思想、文化领域的形势，对禅宗的发展提出了需要，也创造了条件。这些条件包括：朝廷统治权威的控制锐减，给禅宗发挥创造精神提供了空间；废除均田制，实行两税法，土地开垦、兼并合法化，成规模的丛林有可能创建、扩展；社会剧变中涌现大量破产流民，给禅宗僧团提供了人力资源；众多在现实政治环境中被边缘化的庶族知识分子进入僧团，由于他们具有身份、学养等方面的优势，成为丛林的领袖人物，这也是禅宗发展的重要保障，等等。这后一方面，先后参马祖和石头的丹霞天然的出家因缘就是具有典型意义的：

> 丹霞和尚嗣石头。师讳天然。少亲儒、墨，业洞九经。初，与庞居士同侣入京求选，因在汉南道寄宿次，忽夜梦白光满室。有鉴者云：“此是解空之祥也。”又逢行脚僧，与吃茶次，僧云：“秀才去何处?”对曰：“求选官去。”僧云：“可惜许功夫！何不选佛去?”秀才曰：“佛当何处选?”其僧提起茶垸曰：“会摩?”秀才曰：“未测高旨。”僧曰：“若然者，江西马祖今现住世说法，悟道者不可胜记，彼是真选佛之处。”二人宿根猛利，遂返秦游而造大寂。①

这样的故事未必属实，可看做是宣传宗义的“寓言”，但所表达的观念是真实的。就是说，朝廷暗弱，政治腐败，知识阶层求仕道路阻塞，比起凭借政能文才“选官”来，通过“选佛”出头更容易。这些有才华、有能力的知识精英加入丛林，担负起领导责任，对于禅宗的发展是起了保障作用的。

值得注意的是，马祖从福建到江西，一路招收门徒，后来到洪州，有更多人投奔，这些人中的杰出者见于著录的，从地域看基本

①《祖堂集》卷四《丹霞和尚》，上册第209页。

出自江南，从出身看基本不是士家巨族，不同于曾在两京地区敕建大寺担任住持、享尽尊荣的北宗名僧。马祖本人当初在所到各地开山辟地，招引徒众，创建禅寺，种种作风被他的弟子辈延续下来。这些人即使成名之后，大多仍节操精苦，自养简约，食惟充饥，衣无缯纩。下面是僧传记载的马祖弟子的具体情形（这些记载作为宗教文书，必然有夸饰不实成分，但所反映的大体精神应是真实的）：

甘泉志贤，天宝元年（742）在建阳佛迹岩承事道一，汲水拾薪，惟务勤苦。后来"游方，见金华山赤松洞是黄初平叱石羊之地，郁林峻岭，泉湖百步许，意乐幽奇。既栖巅顶，野老负香粇、蔬茹以供之。时天大旱，贤望空击石曼骂诸龙曰：'若业龙无能为也，其菩萨、龙王，胡不遵佛敕、救百姓乎！'敲石才毕，霈然而作，婺人咸悦。后游长安，名公硕德，列请为大寺功德之师，贤悚然不顾。明日遂行，登五台，寻止太原甘泉寺。道俗请学禅理者继至。无疾而终，敕谥'大远禅师'，旌乎厥德矣"①。

紫玉道通（731—813），亦从道一于佛迹岩，追随到临川南康龚公山。贞元二年（786），曾往南岳见石头。贞元四年道一寂灭，与伏牛自在同游京洛，"回至唐州西，有山峰孤林密，四绝人烟，实有尘外之趣。乃问乡人，云此山是紫玉山。通方忆大寂之悬记，我合居是峰也。乃陟崔嵬，见山脊有石方正，其色紫玉莹然。叹曰：'号紫玉者，合其称也。先师之言，非虚记也。'挂锡解囊，参学之徒雾集。始则诛茅构舍，刺史李道古作意为建禅宫焉。"②唐州即今河南唐县，在豫、皖交界处，紫玉山是豫、皖界山。李道古，唐宗室，约在元和四年至六年任唐州刺史③。

百丈怀海（749—814），在南康从道一得法，"后檀信请居新吴（江西奉新县）界，有山峻极，可千尺许，号百丈欤。海既居之，禅客

①《宋高僧传》卷九《唐太原甘泉寺释志贤传》，上册第 207 页。

②《宋高僧传》卷一〇《唐唐州紫玉山道通传》，上册第 226 页。

③郁贤皓《唐刺史考》，第 5 册第 2304 页，江苏古籍出版社，1987 年。

无远不至”[1]。百丈山在今江西奉新县界。

西堂智藏(730—814),虔州虔化(今江西宁都县)人,二十五岁具戒,后在南康龚公山参礼马祖,从师到洪州,得咐嘱。

东寺如会,韶州(今广东韶关市)人;大历八年(773),在径山道钦门下得法,后参大寂,住长沙东寺,“时相国崔公群慕会之风,来谒于门,答对浏亮,辞咸造理。自尔为师友之契。初,群与皇甫镈议上宪宗尊号,因被镈构,出为湖南观察,闲豫归心于会也”[2]。史载崔群(772—832),字敦诗,宪宗朝宰相,户部侍郎皇甫镈谋取相位,群数言其奸佞不可用。元和十三年(818),镈为相,罢群为湖南观察使。

伏牛自在:俗姓李,吴兴人(今浙江湖州市);在南康得法,多隐山谷。元和中,居洛下香山。

大珠慧海,建州(今福建建瓯市)人;在越州(今浙江绍兴市)大云寺从道智和尚受业,后从马祖六年,仍回越州。

兴善惟宽(755—817),衢州(今浙江衢州市)信安人;得法后,“贞元六年,始行化于闽越间,岁余而回心改服者百数。七年,伏猛虎于会稽,作滕家道场。八年,与山神受归戒于鄱阳,作回向道场”[3]。他长期住在山居修道场所。然后来到北方,先入少林寺,其后入都,住兴善寺。

大梅法常(752—834),襄阳(今湖北襄阳市)人;参马祖后,“唐贞元中,居于天台山余姚南七十里梅子真旧隐。时盐官会下一僧入山采拄杖,迷路至庵所。问曰:‘和尚在此山来多少时也?’师曰:‘只见四山青又黄。’”[4]他在山里“编苫伐木,作覆形之调,居仅四十

①《宋高僧传》卷一〇《唐新吴百丈山怀海传》,上册第236页。
②《宋高僧传》卷一一《唐长沙东寺如会传》,上册第250页。
③《宋高僧传》卷一〇《唐京兆兴善寺惟宽传》,上册第228页。
④《景德传灯录》卷七《明州大梅山法常禅师》,第110页。

年”①。后来马祖对他十分赞赏，说“梅子熟也”。

南泉普愿（748—834），郑州新郑（今河南新郑市）人；“贞元十一年，挂锡池阳（今安徽池州市）南泉山，堙谷刊木，以构禅宇，蓑笠饭牛，溷于牧童。斫山畲田，种食以饶。足不下南泉三十年矣”②。

章敬怀晖（757—818），泉州（今福建泉州市）人，贞元初，礼马祖，得心要，“后潜岨崃山，次寓齐州灵岩寺（在今山东济南市），又移卜百家岩，泉石幽奇，苦于禅子请问繁杂，上中条山行禅法，为法者蹑迹而往。蒲津人皆化之”③。

鹅湖大义（746—818），衢州须江（今浙江江山市）人；住信州（今江西上饶市铅山县）鹅湖山区。据韦处厚所作《碑铭》：“大历中，游上饶郡西百里所，山名鹅湖，三峰秀揭，摩霄荫江，鸡犬四绝。植锡宴坐三日，有猎者弃弓矢，奔告邑落。或披苫盖，或窟岩石，未逾旬而来者褓属。”④

盐官齐安（？—842），海门郡（唐时交州，今越南北部海防市）人；后来住盐官县（今浙江海宁市盐官镇）海昌院，据卢简求《塔碑》：“元和末，师春秋已逾七十，而居于越萧山之法乐寺。寺古制陋，垣屋靡完，补坏扶倾，不克宴坐。时（弟子法）昕于海昌放生池壖废地，肇葺禅居。”⑤这里地处杭州湾，如今是观潮胜地，但当时是荒卤之地。

芙蓉太毓，初礼牛头慧忠，后谒马祖，元和十三年，至于毗陵（今江苏常州市）芙蓉山，崔群深乐礼谒。

汾阳无业（？—823），据《宋传》，曾到东京，自洛抵雍（长安），憩西明寺，僧众咸欲举请充两街大德，业默然，叹曰：“亲近国王大

①《宋高僧传》卷一一《唐明州大梅山法常传》，上册第 260 页。
②《宋高僧传》卷一一《唐池州南泉院普愿传》，上册第 256 页。
③《宋高僧传》卷一〇《唐雍京章敬寺怀晖传》，上册第 227 页。
④《兴福寺内道场供奉大德大义禅师碑铭》，《全唐文》卷七一五，第 7353 页。
⑤《杭州盐官县海昌院禅门大师塔碑》，《全唐文》卷七三三，第 7569 页。

臣，非予志也。”于是“至上党（今山西长治市），节度使相国李抱真与马燧累有战功，又激发王武俊同破朱滔，功多势盛，然好闻贤善，虽千里外必持币致之。深重业名行，旦夕瞻礼，麾幢往来。常有倦色，谓门人曰：‘吾本避上国浩穰名利，今此又烦接君侯，岂娱心哉！’言讫，逍遥绵上抱腹山。又往清凉山”①。绵上抱腹山，指今山西介休市的绵山，今存抱腹寺，相传是北魏昙鸾弘法古寺；清凉山即五台山。

五泄灵默，从道一于豫章，“贞元初，入天台山，中有隋智者兰若一十二所，悬记之曰：‘此地严妙，非杂器所栖。若能居此，与吾无异。’默因住白砂道场，经于二载，猛虎来驯，近林产子，意有所依。又住东道场，地僻人稀，山神一夜震雷暴雨，悬崖委坠。投明，大树倒欹庵侧，树枝交络，茅苫略无少损。遐迩闻旃，皆来观叹。后游东白山，俄然中毒而不求医，闭关宴坐，未几毒化，流汗而滴，乃复常矣。行次浦阳盛化，有阳灵戍将李望，请默居五泄焉”②。

道一弟子如此。所传事迹夹杂神异传闻，但应反映其人真实风格。石头弟子也同样，下面几个例子：

药山惟俨（751—834），绛州（今山西侯马市）人；据唐伸所撰《碑铭》，得法后，到澧州（今湖南常德市澧县）药山，“既披榛结庵，才庇趺座，乡人知者因赍携饮馔，奔走而往。师曰：‘吾无德于人，吾何以劳人乎哉！’并谢而不受。乡人跪曰：‘愿闻日费之具。’曰：‘米一升足矣。’自是常以山蔬数本佐食。一食讫，就座转《法华》《华严》《涅槃》，昼夜若一，始终如是者殆三十年矣。”③

天皇道悟（748—807），婺州（今浙江金华市）东阳人；早年在浙东云游，曾参径山道钦；建中初，到南昌参马祖；二年，谒石头，因而列为石头弟子，后“始卜于澧阳，次居于瀑口，终栖于当阳（今湖北

①《宋高僧传》卷一一《唐汾州开元寺无业传》，上册第 248 页。
②《宋高僧传》卷一〇《唐婺州五泄山灵默传》，上册第 230 页。
③唐伸《澧州药山故惟俨大师碑铭并序》，《唐文粹》卷六二。

当阳市)柴紫山"[1],最后来到荆州(今湖北荆门市),居天皇寺。

丹霞天然(738—824),邓州(今河南邓州市)人;参石头,后曾礼马祖,居天台华顶峰三年,又礼径山道钦。元和初入洛京,最后到邓州丹霞山。

大颠宝通,住潮州(今广东潮州市)灵山寺。这在当时是滨海荒僻地区。其弟子三平,据王讽《碑铭》:先依百岩怀晖大师,历奉西堂百丈石砉,后依大颠大师。宝历(825—827)初到漳州,"州有三平山,因芟剃住持,敞为招提。学人不远荒服请法者,常有三百余人……武宗皇帝简并佛刹,冠带僧徒,大师至于三平深岩。至宣宗皇帝稍复佛法,有巡礼僧常肇、惟建等二十人。刺史故太子郑少师薰俾葳其事,旬岁内寺宇一新,因旧额标曰开元"[2]。

牛头一系的情况,如径山道钦,前面已经介绍,他到临安(今浙江杭州市)附近的天目山,也是栖止荒岭,筑小室以居,后来靠临海县令吴贞施舍别墅才建起禅寺。

到再下一辈弟子,出身地域分散了,有些人仍保持山居修道、刻苦禅修的传统。如沩山灵祐,据郑愚《碑铭》,"今长沙郡西北有山名大沩,蟠林穹谷,不知其岚几千百重,为熊豹虎兕之封,飑蜮蚺蟒之宅。虽夷人射猎,虞迹樵甿,不敢田从也……师既以兹为事,其徒稍稍从之。则与之结构庐室,与之伐去阴黑。以至于千有余人,自为饮食纲纪";遇武宗毁寺逐僧,他遂裹首为民;后来湖南观察使故相国裴休奉迎,亲为徒列,又削发为僧,复其所居为同庆寺[3]。

从上面介绍的马祖、石头门下那些杰出弟子的情况看,他们大体出身低微,出世后又大多活动在民间;他们大多活跃在经济、文化落后地区,这也是官方统治势力比较薄弱、传统佛教发展相对落

---

①《宋高僧传》卷一〇《唐荆州天皇寺道悟传》,上册第232页。

②王讽《漳州三平大师碑铭并序》,《全唐文》卷七九一,第8285—8286页。

③郑愚《潭州大沩山同庆寺大圆禅师碑铭并序》,《全唐文》卷八二〇,第8645—8646页。

后的地区；他们多数人在荒山野岭辛勤拓殖，筚路蓝缕，艰苦创业，创建禅居，逐渐扩展势力，建成一个个禅宗活动中心；他们中有些人也得到地方镇帅、州守的支持，但这种支持基本仍保持传统的“儒释交流”的性质，而非接受豢养而屈从依附的关系。这样一批人组织起来的禅僧僧团，也就能够发扬积极主动的创新精神，重振禅宗本来的革新宗风。

在中国历史上，得到世俗统治支持、加护本来是僧团生存和发展的基本条件。而得到这种护持是以屈从、服务于后者为代价的。禅宗在其发展的任何时候当然都不可能从根本上改变这种状况。但是在其发展的三个阶段的初期，即道信和弘忍在黄梅创建僧团时期，慧能、神会在岭南活动时期和马祖道一开创洪州禅的时期，基本是在民间独立自主地经营、发展的。这在整个中国佛教史的僧团建设和寺院建设上都是鲜有其例的、具有革新意义的现象，从而也造就了这个宗派基本能够自主发展的这些段落。

二

僧团戒律与营运：

与上述禅僧生存形态相关联，到中唐时期，禅宗形成不同于佛教传统的戒规，包括僧人的行为规范和僧团的组织形式、营运方式（南北朝时期习禅者多岩居穴处，或开辟禅坊〔这就是当时所谓“禅宗”〕；唐代前期朝廷管制佛教严格，禅师多寄住一般寺院，主要是律寺，往往另辟禅院，如《续高僧传》记载释静之“显庆三年召入西明，别立禅府”①；南宗兴起后，特别是到中唐时期，创建起独立的禅

①《续高僧传》卷二一《唐京师西明寺释静之传》，中册第792页。

宗寺庙,后来称为“丛林”,取喻林木丛聚之意)。这套戒规是在前面所说的禅寺作为新型的庄园经济实体的基础上确立起来的,进而对传统戒律进行了具有根本意义的变革。它们更适应当时社会演变的客观形势,也保证丛林能够顺畅地发展。这套戒规形成并在一定程度上得以实施,在佛教史上是相当了不起的事。

据传马祖弟子百丈怀海取代戒律(当时通行的是《四分律》),制定《清规》,称《百丈清规》。实则相关戒规是总结禅宗长期发展过程中形成的规范加以总结形成的。这部《清规》久佚,《宋高僧传》记载大致如下:

> ……或曰:“《瑜伽论》《璎珞经》,是大乘戒律,胡不依随乎?”海曰:“吾于大小乘中博约折中设规,务归于善焉。”乃创意不循律制,别立禅居。初自达磨传法至六祖已来,得道眼者号长老,同西域道高腊长者呼须菩提也。然多居律寺中,唯别院异耳。又令不论高下,尽入僧堂。堂中设长连床,施椸架挂搭道具。卧必斜枕床唇,谓之带刀睡,为其坐禅既久,略偃亚而已。朝参夕聚,饮食随宜,示节俭也。行普请法,示上下均力也。长老居方丈,同维摩之一室也。不立佛殿,唯树法堂,表法超言象也。其诸制度,与毗尼师(律师;“毗尼”是梵文vinaya的音译,意译为“律”)一倍相翻,天下禅宗如风偃草。禅门独行,由海之始也。①

《宋高僧传》又记载:“怀海禅师居百丈山,毳纳之人骈肩累足,时号大丛林焉。”②这是“丛林”一语的起源。《清规》是这个大丛林遵行的。宋景德元年(1004)刊行的《景德传灯录》卷六附载《禅门规式》,应是《清规》的节要(宋元符二年〔1099〕,宗赜在当时丛林实行的制度基础上,参照《禅门规式》精神,制定《禅苑清规》;元顺帝至

①《宋高僧传》卷一〇《唐新吴百丈山怀海传》,上册第236页。
②《宋高僧传》卷二七《唐天台山福田寺普岸传》,下册第680—681页。

元元年〔1335〕,东阳德辉〔生卒年待考〕和笑隐大䜣〔1284—1344〕合作修订完成《敕修百丈清规》。其时禅、教寺院已没有严格区别,这部《清规》为天下寺院所持守。又元中峰明本制定《幻住庵清规》,另外确立山居修道的规范,不能普遍行用),应大体反映其总体精神和基本内容。

自南北朝后期流行创建“禅坊”“禅室”,隋唐寺院里有“禅院”,其形制、戒规应当和一般寺院、兰若、佛堂等没有大的区别。而上文所说“别立”的“禅居”则全然是另一种新型的、更开放的寺院形态。它作为禅修场所,不设佛殿,惟立法堂,体现反对偶像崇拜的精神;取消拜佛礼谶制度,则反映了自性自悟、自我解脱观念。

禅居内部不论上下,大家同住僧堂,待遇一律;“凡具道眼有可尊之德者,号曰长老”;“所裒学众,无多少,无高下,尽入僧中,依下次安排”。这些规定有助于确立丛林内部的平等关系,而不同于当时佛教内部大僧和一般僧众乃至劳役僧的层层等级统辖关系,更不受朝廷僧官体制的约束。“其阖院大众,朝参夕聚,长老上堂升座,主事徒众雁立,侧聆宾主问酬、激扬宗要者,示依法而住也。”①这是由长老主持、聚众讨论的修学方式,不同于传统的大僧讲经授法的灌输方式。这种教学方式能够激发起每个参与者的主观能动性,尊重每个人的自主领悟,也使每个人的才能得以充分发挥。这样,“禅居”里的每个人作为自主的修行者,无论是信仰上、人格上还是人际关系上都能够更多体现独立自主精神。

对于僧团营运更重要的还有关于参加劳动和经济自给自足的规定:“斋粥随宜,二时均遍者,务于节俭,表法食双运也。行普请法,上下均力也。”②所谓“普请”,指大众共同劳作。晋宋以来,寺院占有土地,由下层僧众(包括私度的)、沙弥、行者和奴婢耕种,形成

①《景德传灯录》卷六《禅门规式》,第101页。

②《景德传灯录》卷六《禅门规式》,第101页。

寺院经济和寺院内部的等级奴役体制。那些住持有规模寺院的大僧成为土地领主、社会剥削阶级的一部分。而寺院侵夺、占有土地、人丁、财富,又加剧了社会矛盾,并与世俗统治利益相冲突。据考中唐时期农业劳动人口约占全部人口的百分之三十。当时僧众众多,加上大量私度,严重影响朝廷财赋收入,以至朝廷不得不采取检括、沙汰措施[①]。而如前所述马祖和石头及其弟子辈,基本是在荒僻山林铲除荒秽,辛勤垦殖,创建"禅居"(当然也有在城乡创建禅寺的),全员不论上下参与"普请",共同劳动,自给自足,解决生计问题。这种制度又与这一时期的禅修观念与实践有关,即把劳作当做禅修的重要手段。

本来在荒山丛莽间参与创建"禅居"的多数人是流落无依的流民。对于他们来说,首先需要满足的是所谓"粥飰因缘"[②]。药山门下故事:

> 僧问:"学人拟归乡时如何?"师曰:"汝父母遍身红烂卧荆棘林中,汝归何所?"对曰:"恁么即不归去也。"师曰:"汝却须归乡去。汝若归乡,我示汝个休粮方。"曰:"便请。"师曰:"二时上堂,不得咬破一粒米。"[③]

这是禅堂里师弟子对答的公案,讨论的题目为是否"归乡"。"归乡"概念当然另有禅意,意谓回归本性。但其中说到回乡首要的是求得"休粮方",却反映当时禅宗弟子需要自主谋食的实情。

对于缺少甚或没有朝廷和权势依恃的"禅居"来说,维持经济上的自给自足,乃是禅僧们维持生存的现实需要。自力更生、耕田种地实在也是不得已而为之。本来如前所述,与政治权威结合,求施舍、求生存,乃是中国佛教长期形成的传统。对于这一代

①参阅史丹利·外因斯坦《唐代佛教——王法与佛法》第171页。
②《祖堂集》卷一二《中塔和尚》,下册第576页。
③《景德传灯录》卷一四《澧州药山惟俨禅师》,第273页。

禅宗学人来说，“普请”的观念和实践相当程度上扭转了这种传统。

这样，禅宗确立起观念上独立平等、经济上自主营运的“清规”。看语录，丛林中师弟子一起“开田”“择菜”“采茶”“划草”“刈茅”“牧牛”“泥壁”“贮柑橘”“栽植果木”“补草鞋”等，自力谋生，在劳作中参禅悟道。这种生活让他们远离佛教徒应当拒斥的名闻利养，与统治权势保持距离，有助于学人培养独立不倚的性格，也有助于思想的活跃、禅解的创新，新的人才也就有机会颖脱而出。杜继文说：

> 就佛教而言，劳动进入禅门，使僧侣由寄生转入自给，无疑是一个伟大的变革，由此引起一系列宗教观念上的刷新，局外人是难以想象的。在禅僧尚过着被迫害的流浪生活时，即带有比较强烈的批判精神；此后，由于维护经济上的自立和抗拒正统佛教的各种挤压，这种批判精神持续发展，成为禅宗独具的性格和风貌。与此相应，它无视戒律，不循旧则；既无求于人，又可洒脱放旷，甚至把平等、独立、自由、个性等只有自由人才能提出来的口号，当做理想的人格。①

从更长远的发展看，《百丈清规》规定的“普请”制度对于后来中国佛教的发展发挥了重要作用。由僧众“普请”，禅寺“上下均力”地参与农业劳动，逐渐发展为农、禅并重的“农禅”制度。这成为后来中国寺院普遍行用的制度。这种制度适应唐宋以来小农经济为主体的经济结构，给寺院的生存和发展提供了保障。后世所谓“天下名山僧占多”，无论是占地广阔的大寺，还是荒山野岭的兰若，农耕是所在僧众存活的重要依靠。即使宋、元以来朝廷对佛教加以严格控制，寺院占有土地，实行农禅制度，也就能够生存下去。

①《中国禅宗通史·序言》，第4—5页。

三

宗义发展：

与这种组织和营运形态相关联，禅门形成独具特色的教学制度。禅本是“自性自度”的，教学主要是启发、诱导，而不是教诲、灌输；是师资相互的“说”，而不是导师的“讲”。禅宿授法主要采取讨论辩难方式。问答中师资平等地讨论，相互激发，形成生动活泼的学风。弟子开悟，老师印可；师资道合，教学相长，老师也从弟子处得到启迪。讨论的言句记录下来，就成为独具特色的“语录”。它们以“册子”形式流传，又成为授法、习禅教材。不过到晚唐五代，禅门风气蜕变，思想趋于凝滞，师资讨论的“机缘语句”流于故弄玄虚、神秘诡异，无论是思想价值还是艺术水准都大为降低了。这在后面将会讲到。

廖明活指出：

> ……教理体系的建立，并非禅宗教学的精彩地方。相反，禅宗的精彩在拆毁体系，以近乎蔑视传统的态度，赋予传统新的生命力。①

这里说的“禅宗教学”“拆毁体系”，是指宗义上的反传统，实际是观念上的创新。上述禅宗三个阶段的发展过程，就是不断创新的过程。洪州宗把慧能、神会的心性理论继续向更激进、更彻底的方向发展一大步。慧能和神会讲心性本净，圆满具足，但修道者仍有“迷”与“悟”的区别；即“迷即渐契，悟人顿修，自识本心，自见本性，

---

①《中国佛教思想述要》第512页。

悟即元无差别，不悟即长劫轮回”[①]；“故知不悟，即是佛是众生；一念若悟，即众生是佛”[②]。就是说，“见性”还有个“顿悟”过程。而洪州禅的主张，权德舆在为道一所作《碑铭》总括说：

> 佛不远人，即心而证；法无所著，触境皆如。岂在多岐，以泥学者。故夸父吃诟，求之愈疏；而金刚醍醐，正在方寸。[③]

这是说，佛法是就在人心方寸之中，没有任何对于外物的执着，人所接触的现实境界都是佛法的体现。如果另有所求，则会拘执学人，就像古代大力士夸父逐日、不可能达到目标一样；而如金刚、醍醐一样的佛性，即在每个人的自心。

马祖道一本人在“示众”中说（马祖言句，最早的材料见于权德舆的《唐故洪州开元寺石门道一禅师塔铭并序》，应当可靠；陆续后出的有《祖堂集》〔952〕卷一四的《道一马祖》章、收录在《景德传灯录》〔1004〕卷二八的《江西大寂道一禅师语》、北宋黄龙南〔1002—1069〕编辑的《四家语录》里的《江西马祖道一禅师语录》等，内容不同，如今所传多数唐人语录一样，经过后人增饰。收录马祖言句最为繁广的是日本学者入矢义高编辑的《馬祖の語録》〔日本禅文化研究所，1984 年〕。贾晋华考订马祖本人言句，编定《马祖语录校注》，附录于所著《古典禅研究——中唐至五代禅宗发展新探》，第331—345 页）：

> 故达摩大师从南天竺国来，唯传大乘一心之法，以《楞伽经》印众生心，恐不信此一心之法。《楞伽经》云：“佛语心为宗，无门为法门。”何故佛语心为宗？佛语心者，即心即佛，今语即是佛心。故云佛语心为宗……经云：“夫求法者，应无所

①《坛经校释》第 30—31 页。

②《坛经校释》第 58 页。

③《唐故洪州开元寺石门道一禅师塔铭并序》，《权载之文集》卷二八。

求。”心外无别佛,佛外无别心。不取善,不舍恶,净秽两边,俱不依怙。法自性故。三界唯心。经云:“森罗及万像,一法之所印。”凡所见色,皆是见心。心不自心,因色故心。色不自色,因心故色。故经云“见色即是见心”。①

这里引用《楞伽经》,是继承“楞伽宗”的传统,强调“即心即佛”,心、佛无二,主张求法者“应无所求”,又进一步主张“见色即是见心”。“色”,指森罗万象现象界的事物。“见色即是见心”,是说自性清净心就在诸般事物之中(如本书前面所说,《楞伽经》的“佛语心为宗”的“心”是“枢要”“核心”的意思,这里和楞伽师的做法一样,也是曲解),在现实生活之中。他的另一段“示众”进一步说:

道不用修,但莫污染。何为污染?但有生死心,造作趣向,皆是污染。若欲直会其道,平常心是道。何谓平常心?无造作,无是非,无取舍,无断常,无凡无圣。经云:“非凡夫行,非贤圣行,是菩萨行。”只如今行住坐卧,应机接物,尽是道。道即是法界。乃至河沙妙用,不出法界。若不然者,云何言心地法门?云何言无尽灯?一切法皆是心法,一切名皆是心名。万法皆从心生,心为万法之根本。②

这“平常心是道”五个字,即把平常心等同于清净心、佛心。这样,就不再有慧能、神会所说的“迷”与“悟”的区别,也就不需要“顿悟”过程,也根本不需要禅修。日常的行住坐卧、应机接物,都是佛道的体现。这种观点又简单地概括为“是心是佛”。后来又以否定形

①贾晋华《马祖语录校注》,《古典禅研究——中唐至五代禅宗发展新探》附录一,第331、334页,牛津大学出版社,2010年。

②贾晋华《马祖语录校注》,《古典禅研究——中唐至五代禅宗发展新探》附录一,第338页。

式概括为“非心非佛”[①],“不是心,不是佛,不是物”[②],即不存在凡圣、是非、染净、“净心”“佛心”之类相对待意义的概念。如此也就把禅悟境界与平常人生等同起来,实际也就破除了佛法和世间的樊篱。

白居易作《传法堂碑》,记述从道一弟子兴善惟宽处受法内容,胡适评论说这篇文章“正合道一的学说,故此碑不是潦草应酬之作”[③],其中记载兴善惟宽的禅要是:

> 居易为赞善大夫时,尝四诣师,四问道。第一问云:“既曰禅师,何故说法?”师曰:“无上菩提者,被于身为律,说于口为法,行于心为禅。应用有三,其实一也。如江湖河汉,在处立名,名虽不一,水性无二。律即是法,法不离禅,云何于中妄起分别?”第二问云:“既无分别,何以修心?”师曰:“心本无损伤,云何要修理?无论垢与净,一切勿起念。”第三问云:“垢即不可念,净无念可乎?”师曰:“如人眼睛上,一物不可住。金屑虽珍宝,在眼亦为病。”第四问云:“无修无念,亦何异于凡夫耶?”师曰:“凡夫无明,二乘执着,离此二病,是名真修。真修者不得勤,不得妄。勤即近执着,妄即落无明。”其心要云尔。[④]

这里回答第一问,是说戒律、佛法与禅三位一体,不可妄生分别。这与慧能、神会的看法相一致,但说得比本书前面介绍的慧能、神会的说法更简要、清楚。在此基础上,回答第二问,他提出不必修心,因为心无损伤,本来圆满具足,无论净与垢,只要“勿起念”即可。这即是慧能、神会所说的“无念”。答三、四问,则进一步指出勤于“念净”是另一种执着,就像金屑虽贵,着眼为病;所以不觉悟

①《祖堂集》卷一五《盘山和尚》,下册第663页。

②《祖堂集》卷一六《南泉和尚》,下册第705页。

③《白居易时代的禅宗世系》,《胡适学术文集·中国佛学史》第31、34页。

④朱金城笺校《白居易集笺校》卷四一,第5册第2691—2692页。

的“凡夫”和执着求道的“二乘”人都属迷妄,离此二者才是“真修”。这就把修道的必要完全否定了,这即是马祖所说的“道不要修”。

大珠慧海是马祖高足,他参学开悟有个过程:

> 初至江西参马祖。祖问曰:“从何处来?”曰:“越州大云寺来。”祖曰:“来此拟须何事?”曰:“来求佛法。”祖曰:“自家宝藏不顾,抛家散走作什么?我这里一物也无,求什么佛法?”师遂礼拜问曰:“阿那个是慧海自家宝藏?”祖曰:“即今问我者是汝宝藏,一切具足,更无欠少,使用自在,何假向外求觅?”师于言下自识本心,不由知觉,踊跃礼谢。师事六载后,以受业师年老,遽归奉养。乃晦迹藏用,外示痴讷。自撰《顿悟入道要门论》一卷,被法门师侄玄晏窃出江外,呈马祖。祖览讫,告众云:“越州有大珠,圆明光透自在,无遮障处也。”①

这是说,起初慧海到马祖处仍有所求,表明他仍是所谓“凡夫”的境界。经过马祖点拨、启发,懂得“自识本心,不由知觉”的道理,也就觉悟了。

石头希迁的观点也一样:

> 吾之法门,先佛传受。不论禅定、精进,达佛之知见,即心即佛。心、佛、众生、菩提、烦恼,名异体一。汝等当知,自己心灵体离断、常,性非垢净,湛然圆满,凡圣齐同,应用无方,离心意识。三界六道,唯自心现。水月镜像,岂有生灭?汝能知之,无所不备。②

这表明石头一系的禅也与马祖大体一致,洪州禅乃是当时禅门的主导潮流。

马祖“平常心是道”的判断引申出“作用是性”观念,把禅进一

---

①《景德传灯录》卷六《越州大珠慧海禅师》,第90页。

②《景德传灯录》卷一四《南岳石头希迁大师》,第268页。

步人生化、现实化、通俗化了。早自道信,就提出"身心方寸,举足下足,常在道场,施为举动,皆是菩提"。弟子问他:"临时作若为观行?"回答说:"直须任运。"[①]这样张扬主观心性,必然注重人生践履,否定持戒坐禅的专门修持。佛教名相所谓"作用",指有为法(指现象界的一切事物,它们都是因缘生、变异法、无自性的)的生、住、灭、异;"作用是性",是说现实生活中的一切处在因缘、变异过程中的现象都是佛性的体现。《景德传灯录》里记载西土祖师波罗提为国王说偈一节,实际是后来按洪州禅观点附会的:

> 王怒而问曰:"何者是佛?"答曰:"见性是佛。"王曰:"师见性否?"答曰:"我见佛性。"王曰:"性在何处?"答曰:"性在作用。"王曰:"是何作用? 我今不见。"答曰:"今见作用,王自不见。"王曰:"于我有否?"答曰:"王若作用,无有不是;王若不用,体亦难见。"王曰:"若当用时,几处出现?"答曰:"若出现时,当有其八。"王曰:"其八出现,当为我说。"波罗提即说偈曰:"在胎为身,处世名人,在眼曰见,在耳曰闻,在鼻辨香,在口谈论,在手执捉,在足运奔。遍现俱该沙界,收摄在一微尘。识者知是佛性,不识唤作精魂。"王闻偈已,心即开悟,乃悔谢前非,咨询法要。[②]

肯定"性在作用",也就把人的见闻知觉及其所有对象当做佛性的体现,佛法即在平凡生活、日常活动之中了。

强烈的批判、否定精神是洪州禅的特色。这是其"平常心是道"的基本纲领决定的。根据南宗传说,慧能当初是读《金刚经》开悟的;神会也一再要求人"依佛语,信佛教","广读大乘经典";前面所录道一说法里也曾引用《楞伽经》等经典。但在道一对于心性思想的具体发挥中,却没有给任何外在权威、经典教条留下存在余

①《楞伽師資記》,柳田圣山《禅の語録 2 初期の禅史Ⅰ》第 186、213 页。
②《景德传灯录》卷三,第 30 页。

地。马祖对弟子示法说：

> 本有今有，不假修道坐禅。不修不坐，即是如来清净禅。如今若见此理，真正不造诸业，随分过生，一衣一衲，坐起相随，戒行增薰，积于净业。但能如是，何虑不通。久立，诸人，珍重！①

“本有”和“今有”是关于佛性的两种观点，分别指佛性是本具还是修得的。他说这两种观点的争论没有意义，因为禅不要修，只要“不造诸业，随分过生”，就是真正持戒，就达到了本性清净。如此泯合清净心与平常心的差别、佛性与一般人性的差别，读经看教、坐禅修道就都没有必要了。这就把个人自主的“自性自度”发挥到极致，也把反传统、反经教、反偶像的精神发挥到极致。

黄檗希运是百丈怀海弟子、道一的再传弟子。他在裴休记录的《黄檗山断际禅师传心法要》（这是现存少数可靠的唐代禅师说法记录之一）里说：

> 诸佛与一切众生，唯是一心，更无别法。此心无始已来，不曾生不曾灭，不青不黄，无形无相，不属有无，不计新旧，非长非短，非大非小，超过一切限量名言、纵迹对待。当体便是，动念即乖。犹如虚空无有边际，不可测度。唯此一心即是佛，佛与众生更无别异。但是众生著相外求，求之转失。使佛觅佛，将心捉心，穷劫尽形，终不能得……向外求佛，著相修行，皆是恶法，非菩提道。供养十方诸佛，不如供养一个无心道人。②

如此把“一心”绝对化，必然否定对于任何外来权威、偶像的崇拜，发展出呵佛骂祖、毁经灭教一派。在中国现实政治、思想环境中，历来

①贾晋华《马祖语录校注》，《古典禅研究——中唐至五代禅宗发展新探》附录一，第341页。

②《黄檗山断际禅师传心法要》卷一，《大正藏》第48卷第379页下—380页上。

的传统是防范“异端”,反对“偏激”,提倡言论、行事合于“中庸”。因而勇于冲破网罗、破坏偶像的精神是十分稀缺、难能可贵的。有关马祖、石头后辈禅僧呵佛骂祖情形,文献里有许多生动、夸张的描述。这些后出记述不可尽信,但它们反映了当时禅门的一种精神、一派潮流。例如关于马祖弟子丹霞天然,在灯录、僧传里讲他在法堂骑到菩萨像头上,冬天在惠林寺烧佛像取暖,自称“无事僧”,表现狂放不羁、惊世骇俗的作风与境界。他上堂示法说:

> 吾往日见石头和尚,亦只教切须自保护。此事不是你谭话得。阿你浑家各有一坐具地,更疑什么?禅可是尔解底物?岂有佛可成?佛之一字,永不喜闻。①

如此呵佛骂祖,并不等同于否定一切的虚无观念,表达的是对于“自性自悟”的绝对信心。否定对于佛、经典、菩提、涅槃等等一切神圣偶像的迷信,才能够做自我做主的“大丈夫”,实现本来圆满具足的清净本性。

不过,如此把肯定“平常心”的观念发挥到极端,导致对于信仰的否定,从而也否定了禅自身,成为禅宗终于衰落的重要原因。这是后话。

四

禅修方式:

马祖说“道不要修”。因为“平常心”就是“清净心”,也就没有“修心”“顿悟”等等的必要了。不过既然仍是“禅”,就有分别、对待

①《景德传灯录》卷一四《邓州丹霞山天然禅师》,第 271 页。

的“非禅”，大珠慧海做过这样说明：

> 有源律师来问：“和尚修道，还用功否？”师曰：“用功。”曰：“如何用功？”师曰：“饥来吃饭，困来即眠。”曰：“一切人总如是，同师用功否？”师曰：“不同。”曰：“何故不同？”师曰：“他吃饭时，不肯吃饭，百种须索；睡时不肯睡，千般计校，所以不同也。”律师杜口。①

这又表明，平常人开悟，仍然需要“用功”，需要有人指点提撕，才能够“自识本心”。例如百丈怀海启发弟子长庆大安的例子：

> 师即造于百丈，礼而问曰：“学人欲求识佛，何者即是？”百丈曰：“大似骑牛觅牛。”师曰：“识后如何？”百丈曰：“如人骑牛至家。”师曰：“未审始终如何保任？”百丈曰：“如牧牛人，执杖视之，不令犯人苗稼。”师自兹领旨，更不驰求。②

如此用生活里的比喻，说明清净自性需要“保任”功夫（“保任”，指涵养清净自性。吕澂说：“禅家从悟解把握到践行的本源以后，还须注意保任功夫。”《禅宗》，《吕澂佛学论著选集》第5卷第2984页）。正因此，一些禅宿又一再规劝学人勤于修持，“莫因循度日”，“时光可惜”。也因此，才需要禅师上堂示法，与弟子对答勘辩，相互启迪。归根结底，才要出家，才要住寺，才要保持佛教僧团的传统形式。

本来早期南宗禅“顿悟”“无念”，主张“悟”与“不悟”在一念之间。既然“平常心”与“清净心”没有界线，“悟”的境界就无所谓“渐”“顿”，只在“念”的转换，即个人内心的感受。如黄檗希运说：

> 问从何来？觉从何起？语默动静，一切声色，尽是佛事。何处觅佛？不可更头上安头，嘴上加嘴。但莫生异见，山是

①《景德传灯录》卷六《越州大珠慧海禅师》，第92页。

②《景德传灯录》卷九《福州大安禅师》，第139—140页。

> 山，水是水，僧是僧，俗是俗。山河大地，日月星辰，总不出汝心。三千世界，都来是汝个自己，何处有许多般？心外无法，满目青山。虚空世界皎皎地，无丝发许与汝作见解。所以一切声色，是佛之慧目。法不孤起，仗境方生，为物之故，有其多智。终日说，何曾说，终日闻，何曾闻。所以释迦四十九年说，未尝说著一字。①

这样，世界万物本是如如的存在，人的“动静语默，尽是佛事”，只要不生“异见”，不自妄生分别计较，就是体悟“真性”的境界。仰山慧寂名下的一个偈表达得十分简洁生动：

> 滔滔不持戒，兀兀不坐禅，酽茶三两碗，意在钁头边。②

新一代禅师们就这样用“见解”概括、替代了全部佛所说法。

体现这种观念的典型例子是马祖道一俗弟子、居士庞蕴(740？—808?，俗称“庞居士”，是记载中多有传说成分的人物。世传《语录》，为后人编纂，包含他的简单传记，不可尽信；所传诗偈，基本亦是后世附会之作。这样的人物可看做是禅宗用来阐释禅解创造出来的典型，是体现洪州禅观念的艺术形象)。据说他世业儒，参马祖得悟玄机。他善禅偈，偈颂里有著名的句子：“神通并妙用，运水与搬柴。”③就是说，运水搬柴这样的日常劳作体现了真正的神通和佛法的妙用。这里的运水、搬柴是一种比况，指人人所能的日常营为，佛性体现于其中，实践佛法于其中。这样，佛法的神圣与超越全然不存在了，佛法、禅、清净自性等等彻底地现实化、人生化、通俗化了。石头希迁一系重偈颂，多用如歌如诗的偈颂来歌颂逍遥乐道的情趣，把任运随缘的生活当做人生的理想境界，也是禅悟的境界。如他名下的《草庵歌》，是代表作：

---

①《黄檗断际禅师宛陵录》卷一，《大正藏》第48卷第385页下。

②《袁州仰山慧寂禅师语录》卷一，《大正藏》第47卷第584页下。

③入矢义高编《龐居士語録》第15页，筑摩书房，1985年。

吾结草庵无宝贝，饭了从容图睡快。成时初见茅草新，破后还将茅草盖。住庵人，镇常在，不属中间与内外。世人住处我不住，世人爱处我不爱。庵虽小，含法界，方丈老人相体解。上乘菩萨信不疑，中下闻之必生怪。问此庵，坏不坏，坏与不坏主元在。不居南北与东西，基上坚牢以为最。青松下，明窗内，玉殿珠楼未为对。衲帔蒙头万事休，此时山僧都不会。住此庵，休作解，谁夸铺席图人买。回光返照便归来，廓达灵根非向背。遇祖师，亲训诲，结草为庵莫生退。百年抛却任纵横，摆手便行且无罪。千种言，万般解，只要教君长不昧。欲识庵中不死人，岂离而今遮皮袋。①

这篇作品描述隐居草庵、不涉外缘、摆脱人间一切束缚的自由自在的生活，抒写住庵人的清净自如心态。“世人住处我不住，世人爱处我不爱”，安于“结草为庵”的简陋生活，对“玉殿珠楼”表示厌弃，张扬与世俗荣华富贵相对立的人生价值与生活方式。而所住“草庵”虽有成坏，但基础牢固，又暗示人的灵明不昧的心性是如如自在、不会败坏的。这篇诗颂主旨在解说禅理，构思上把写实与比喻相结合，具有鲜明的富于理致的艺术特征。他的弟子丹霞天然名下又传有《玩珠吟》《弄珠吟》《骊龙珠吟》等几篇歌谣体作品②，主旨大体一样。同类题材的作品还有署名懒瓒和尚和腾腾和尚的《乐道歌》等。懒瓒本是北宗普寂弟子；腾腾嗣法弘忍门下的慧安国师。从这些作品的内容和风格看，表达的基本是中唐时期南宗禅观念，应是中唐以后山居修道的禅僧所作。这一大批“乐道歌”类型作品乃是马祖所谓“道不要修”的禅修观念的形象化体现。这些

①《景德传灯录》卷三〇，第 626—627 页。

②见《祖堂集》卷四；《景德传灯录》卷三〇收录前二首，题名《丹霞和尚玩珠吟》；敦煌写卷 P.3591 亦录有《景德录》的第二首。下引文据《祖堂集》卷四《丹霞和尚》，上册第 160—161 页，并据敦煌本校勘。

作品许多已录入《祖堂集》或《景德传灯录》，可以肯定是唐人作品。

前面已经指出，马祖、石头门下许多人出身民间，保持山居修道的传统，对统治权威采取疏离、拒斥姿态。如前面引述过马祖弟子汾州无业的传记，在他离开洪州道场和上党镇帅李抱真之后，辗转到五台山：

> ……于金阁寺读《大藏经》。星八周天，斯愿方毕。复振锡南下，至于西河。初止众香佛刹……宪宗皇帝御宇十有四年，素向德音，乃下诏请入内。辞疾不行。明年再降纶旨，称疾如故。穆宗皇帝即位之年，圣情虔虔，思一瞻礼，乃命两街僧录灵准公远赍敕旨迎请。准至作礼，白之曰："知师绝尘物表，糠秕世务，法委国王，请师熟虑。此回恩旨，不比常时……"业笑曰："贫道何德，累烦圣主？行即行矣，道途有殊。"①

直到他圆寂，蔑视朝廷荣遇，矢志不渝，没有应命，一生保持不畏权势、遗世独立的品格。这种品格被后人传述，受到普遍的肯定和赞赏。前面曾引述径山法钦情形也正相同。还有同属牛头系的法融弟子佛窟遗则：

> ……遂南游天台，至佛窟岩，盖薜荔、荐落叶而尸居，饮山流、饭木实而充虚，虎豹以为宾，麋鹿以为徒，兀然如枯。其后劐木者见之转相告，有慕其道者曰："道者未有弟子。"相率为筑室，图佛安僧，蔚为精舍焉……一坐四十年，大官名侯赍书问讯檀舍，则未尝有报谢，礼拜者未尝而作起。②

遗则、法钦都在荒山野岭艰苦开拓，依靠民众支持建立道场，由小及大，渐成声望。他们在聚众成名之后，都不应统治者召请、网罗，不受利诱，不惧威压，独立不倚，安住山间禅居。这也是当时丛林

①《宋高僧传》卷一一《唐汾州开元寺无业传》，上册第 248—249 页。

②《宋高僧传》卷一〇《唐天台山佛窟岩遗则传》，上册第 229 页。

的普遍风气。

到了临济，主张“大器者直要不受人惑，随处作主，立处皆真，但有来者皆不得受”①。他强调“不受人惑”，“自达摩大师从西土来，只是觅个不受人惑的人”。他称如此不受人惑、独立自主的人为“大丈夫儿”。这是对个人心性的高度肯定，客观上体现对于现实体制强烈的反抗意识。他又说：

> ……真学道人，并不取佛，不取菩萨、罗汉，不取三界殊胜，迥无独脱，不与物拘。乾坤倒覆，我更不疑；十方诸佛现前，无一念心喜；三涂地狱顿现，无一念心怖。②
>
> 设有修得者，皆是生死业。尔言六度万行齐修，我见皆是造业。求佛、求法，即是造地狱业；求菩萨亦是造业；看经、看教亦是造业。佛与祖师是无事人。③

如此否定修道的必要，沦为无事无为、无喜无忧的闲人，做“饥来吃饭，睡来合眼”的“无事底阿师”，则流于完全的消极无为了。临济依附河北镇州镇帅王氏，他的情况复杂，下面还将说到。

钱穆讲宋代理学，曾经指出：

> 他们（宋儒）的人生理论，认为日常人生即可到达神圣境界，这是他们从禅宗转手而来的。④

宋儒的“新儒学”实现了中国传统统治思想的儒学理论体系的重大转变，其心性论、修道论的内容多取自禅宗，具体说，更多取自把南宗禅的心性理论发展得更为彻底的洪州宗。

洪州宗把禅宗的“自性自度”的心性理论发挥到山穷水尽地

①《镇州临济慧照禅师语录》卷一，《大正藏》第47卷第499页上。
②《镇州临济慧照禅师语录》卷一，《大正藏》第47卷第500页上。
③《镇州临济慧照禅师语录》卷一，《大正藏》第47卷第499页中。
④《中国文化史导论》（修订本）第178页。

步,进一步只能在两个方向上继续发挥。一种是向否定的方面发展,否定一切权威、传统和神圣事物,毁经灭教,也就否定了禅与禅修;另一种则力图挽救这种否定倾向,回归传统,禅、教合一。实则这两者在当时条件下都不可能成功地挽救禅宗发展的危机。有关具体情形,下面继续讨论。

第十一讲　派系分化

一

禅宗发展到马祖、石头以下三、四代，大约是 8 世纪中叶，形势日渐盛大，派系继续分化。晚唐郑愚（郑愚，番禺人。咸通初官监察御史、商州刺史、桂管观察使，召为礼部侍郎，出为岭南西道节度使。终尚书左仆射）指出，当时各地丛林“必有宗，宗必有师，师必有传。然非聪明瑰宏杰达之器不能得其传；当其传，是皆时之鸿庞伟绝之度也”。随之也就造成“僧事千百，不可梗概。各言宗教，自号矛盾”①的几个派系争胜的局面。

马祖、石头后世又走上当初“东山法门”和南宗发展遭受挫折的道路：在逐渐形成声势、扩大影响之后，他们取得统治阶层的支持，统治阶层也对他们加以笼络、利用。不过弘忍弟子和神会扩展势力是进入政治、文化中心的中原，得到朝廷上下的重视和护持；而 8 世纪中叶，已经是朝廷权威失落、方镇林立的局面，禅师们倚重的则是各地的州守、镇帅了。这也是导致禅宗终于衰落的一个

①郑愚《潭州大沩山同庆寺大圆禅师碑铭并序》，《唐文粹》卷六三。

重要原因。

法眼文益著《宗门十规论》①,可看做是他对于禅宗及其历史、现状的总评判。其中第二条《党护宗风不通议论》是对禅宗派系纷争提出的尖锐批评:

> 祖师西来,非为有法可传,以至于此。但直指人心,见性成佛,岂有门风可尚者哉!然后代宗师,建化有殊,遂相沿革。且如能、秀二师,元同一祖,见解差别,故世谓之南宗、北宗。能既往矣,故有思、让二师绍化。思出迁师,让出马祖,复有江西、石头之号。从二枝下,各分派列,皆镇一方。源流滥觞。不可弹(应作"殚")纪。逮其德山、林际、沩仰、曹洞、雪峰、云门等,各有门庭施设,高下品提(应作"题")。至于相继子孙,护宗党祖,不原真际,竟出多岐,矛盾相攻,缁白不辨……

他是站在超越各派的立场上来说这番话的。他指出禅宗历史上南、北宗分化,继而南宗分为石头希迁和南岳怀让两系,两支以下又各分派别,各有门庭施设,子孙相继,相互驳难,护宗党祖。这又是站在南宗的立场上说话,忽略了禅宗其他派系的情况。但就马祖、石头两系情形说,是合乎实际的。

禅宗史上的南、北宗之争,如上所述,是神会挑起的。当初如《旧唐书》和《宋高僧传》记载,神秀入都曾上奏朝廷召请慧能入都。这件事表明二人生前还不存在南、北两派的偏见。实际上即使其后一段时间社会上和禅门内宗派意识也并不明显,相互间也不见争执。如王维,应当说是神会的知交,他与弟弟王缙都同样结交分属南、北二宗的禅师。中唐时的皎然(713?—804?)作《能秀二师赞》则说:"二公之心,如日如月。四方无云,当空而出。三乘同轨,

①《续藏经》第63册第37页上—39页上。本讲以下引用《宗门十规论》均据此本,不另注出。

万法斯一。南北分宗，亦言之失。”①他显然认为南、北分宗是不必要的。这种状况对于禅宗的普及是有利的。即使到马祖、石头及其弟子辈，派系分歧仍不明显。天下众多学徒往来于各宗师之间，寻求不同派系宗师请益。例如药山惟严、丹霞天然、五泄灵默、云岩昙晟等著名禅师都游学到马祖、石头、牛头不同派系之间而有所得。这是当时禅宗发展生机之所在，也是促进其广传天下的动因之一。

禅宗史一般讲南宗分化为马祖、石头两系，两系再分化为“五宗七宗”，即分属马祖一系的沩仰宗、临济宗，石头一系的曹洞宗、云门宗和法眼宗；宋初，临济宗汾阳善昭（道一下九世，947—1124）一系特盛，经慈明楚圆（986—1039），分化出杨岐（创始人杨岐方会，992—1048）、黄龙（创始人黄龙慧南，1002—1069）两派。这个“五家七宗”的系统是后来南宗学人整理的②。实际马祖、石头以后有声望、影响巨大的宗师不止五个派系的创始人，如果讲可以构成派系的也不止五家。法眼文益就列出德山、临际、沩仰、曹洞、雪峰、云门六家，加上自己一派（即法眼宗），共计七派。大体同时的杨亿在《汾阳无德禅师语录序》里则举出江西、石头、南泉（普愿）、赵州、洞山、仰山、雪峰（义存）、云门诸人③，没有明确划分出派系。今人贾晋华称诸家为“家系”。她根据实际影响，划分为八个，即沩

①《全唐文》卷九一七，第 9555 页。

②南唐保大十年（952）成书的《祖堂集》只按南岳和青原两个系统记述；北宋初赞宁（919—1001，吴越、北宋僧，精律学，佛教史学家，宋初曾任翰林史馆编修，著《宋高僧传》《僧史略》等）的《宋高僧传》按僧史传统办法立《习禅篇》，不分派系，且一些著名禅师没有列入该篇，也没有给云门文偃立传；宋初景德（1004—1007）年间道原（北宋僧，属天台宗）编撰、杨亿（974—1020，北宋初，两为翰林学士，官终工部侍郎，善诗，辞藻华丽，称“西昆体”）参与修订的《景德传灯录》沿袭《祖堂集》办法，按南岳和青原两个系统记述，不过已可以看出“五家”的框架。到建中靖国元年（1101）成书的《建中靖国续灯录》，序言里始明确标出“五家”，后来禅宗史上的“五家”传承系统从而定型。

③《汾阳无德禅师语录序》，《大正藏》第 47 卷第 594 页上。

仰、曹洞、德山、临济、石霜、雪峰、云门、法眼。这样“五家”之外增加了德山、石霜、雪峰三家。从宗统承继关系看，情况如下：

- 慧能
  - 南岳怀让—马祖道一—百丈怀海
    - 黄檗希运—临济义玄
    - 沩山灵祐—仰山慧寂
  - 青原行思—石头希迁
    - 药山惟俨
      - 云阳昙晟—洞山良价—曹山本寂
      - 道吾圆智—石霜庆诸
    - 天皇道悟
      - 龙潭崇信—德山宣鉴—雪峰义存
        - 云门文偃
        - 玄沙师备
      - 玄沙师备—罗汉桂琛—法眼文益

贾晋华的八家里，德山、雪峰和云门是同一系相承关系，只有石霜庆诸属于药山惟俨下的另一系。

禅宗派系分化，重要动因是各大丛林那些有势力、有影响的宗师争夺正统地位，其背后则是世俗权力和经济利益的分配；就外部环境说，又受到晚唐社会形势变化的制约。前面说过，中国佛教与政治密切结合作为传统，主要体现在宗教神权对世俗政权的依附关系。禅宗的“革新”，则集中在它的非政治化、非伦理化的反体制性质上。但是在中国现实环境中，这种性质不可能完全、彻底地实现，有限度的实现也不可能保持下去。“东山法门”如此，神会的经历也是如此。马祖、石头起初住持山林。石头一直未出南岳。马祖早年出川，来到衡山，东下闽北，南走江西，多年走的是民间“游僧”的路线。但后来到洪洲，却要依靠当地镇帅和官僚士大夫的支持来求发展了。他们的弟子辈分散四方，已经有些人北上中原，到京城活动。见于记载的，支持“永贞革新”的唐顺宗在即位(805)前结识禅师端甫，被“诏侍皇太子于东朝。顺宗皇帝深仰其风，亲之若昆弟，相与卧起，恩礼特隆”①。顺宗即位后又把他安置在宫廷举

①《宋高僧传》卷六《唐京师大安国寺端甫传》，上册第123页。

办法会，任命为京城左街僧录，这是管理众僧事务的僧官。他于开成(836—840)中卒，在顺、宪、穆、敬、文五朝长期得到尊崇。不清楚这位端甫禅师的法系。顺宗在位时，另有一位出自弘忍一系的宝修禅师，顺宗“深重佛宗，知修之名，诏入京与三藏击问，并答翻译之意。朗畅如流，乃留居辇下三年，终于京寺云”①。顺宗召置宫中的还有尸利禅师，灯录上明确记载他在石头门下开悟，是石头弟子。前面已经说过，元和年间，马祖弟子鹅湖大义、章敬怀晖、兴善惟宽、香山如满等一批人相继入朝。再后来到宣宗时期，怀晖法嗣大荐福寺弘辩也曾入宫与宣宗谈禅②，这些禅师在京城活动，已显露禅宗与统治阶层结合的肇端。后来到马祖、石头下第三、四代，出现前面引述郑愚所说“宗必有师，师必有传”局面。这又和分裂割据形势日趋严重有直接关系。一些有影响的宗师领导的丛林集合众多僧众，成为郑愚所说的“宗”，形成一定规模的寺院经济，在民众中造成相当影响，必然引起地方州、镇统治者的注意。晚唐时期的方镇不论是阴谋独立，还是谋求自保，都要争取这些大僧和僧团的支持。禅僧集团也希望得到他们的加护和资助。而佛教本来又可以发挥教化民众、安定社会秩序的作用。如柳宗元说，对于“傲化而偭仁”的民众，“董之礼则顽，束之刑则逃，惟浮图事神而语大……有以佐教化”③。加之禅宗农、禅兼，不会给州、镇增添更多经济负担，也是受到地方州、镇欢迎的一个理由。这样，禅宗各派系的发展、各地方州、镇的动向与晚唐整体社会形势同步：随着割据分裂局势日趋严重，禅宗僧团也更紧密地与方镇势力结合；各派系在地方方镇的支持下发展，一时间形成一派繁盛局面。

晚唐五代禅宗的发展动向又和佛教面临的形势有直接关系。唐武宗(841—846)毁佛给予佛教严重打击。京城佛教一时几近覆

①《宋高僧传》卷一〇《唐京兆兴善寺惟宽传》附宝修传，上册第228页。

②《景德传灯录》卷九《京兆大荐福寺弘辩禅师》，第143页。

③《柳州复大云寺记》，《柳河东集》卷二八。

灭;南方各地佛教受到不同程度的破坏,僧传里记录这一地区许多僧人包括禅师都不得不裹首为民;只有河北佛教受到藩镇保护没有受到损失。后来宣宗即位,恢复佛教。僧史里记载复法后有杭州道林寺沙门疏言到太原求佛经事,可见当时恢复的艰难:

> 会昌季年,武宗大剪释氏。巾其徒,且数万之民隶;庐其居,容貌于土木者沉诸水,言词于纸素者烈诸火。分命御史乘驿走天下,察敢隐匿者罪之。由是天下名祠珍宇,毁撤如扫。天子建号之初,雪释氏之不可废也,诏徐复之。而自湖以南,远人畏法,不能酌朝廷之体,前时焚撤书像殆无遗者。故虽明命复许制立,莫能得其书。道林寺,湖西之胜游也,有释疏言,警辩有谋,独曰:"太原府国家旧都,多释祠,我闻其帅司空范阳公(观察使卢钧)天下仁人,我第往来购释氏遗文,以惠湘川之人,宜其听我而助成之矣。"即辞而北游。既上谒军门,范阳公果诺之,因四求散逸不成蕴秩者,至释祠不见毁而副剩者,又命讲丐以补缮阙漏者。月未几,凡得释经五千四十八卷,以大中十年秋八月辇自河东而归于湘焉。①

宣宗李忱是宪宗的第十三子,敬、文、武三帝皇叔,应当是接受父皇影响,自幼倾心佛教,甚至有传说他曾逃避武宗迫害而出家为僧。他即位后的大中元年(847)闰三月,即下诏"会昌五年四月所废寺,如有宿旧名僧,复能修创,一任主持,所由不得禁止"②;二年正月,又有诏两都和诸道增添佛寺;五年正月,又诏"京畿及郡县士庶,要建寺宇村邑勿禁,兼许度僧尼,主持营造"③。僧传记载不少禅僧在武宗毁佛时被迫还俗或逃避山林、复法后复出重建丛林、召集僧徒的事例。但时隔仅三十年,又发生黄巢发动的农民战争。战乱延

---

①《送沙门疏言序》,《隆兴佛教通论》卷二六,《续藏经》第75册第240页中—下。
②《唐会要》卷四八《寺》。
③《唐会要》卷四八《寺》。

续九年(乾符二年〔875〕—中和四年〔884〕。乾符元年，王仙芝在河南长垣率众起事；次年黄巢响应；乾符五年王仙芝在湖北黄梅战死，黄巢成为起义军领袖)。农民军横扫中原，南下攻掠江、浙、闽、粤，广明元年(880)一度攻陷洛阳、长安。叛军所到之处，焚毁城乡，屠戮百姓，兵锋所及，破坏寺院，屠杀僧人，僧人不得不再度逃离。这一次佛教遭受的破坏比武宗毁佛更大。所幸各地禅宗寺院多已有相当牢固的基础，又多僻处山林，受到的冲击与破坏较少。外因斯坦指出：

> 在黄巢之乱爆发时和持续在唐末二十年间，对佛教重镇像长安、洛阳、洪州和泰州的破坏与僧尼的溃散，造成自隋和初唐以来，很多卓越的阐释教理宗派谱系的中断……而不需依靠抽象义理的大作，只靠直觉和个人体验的宗派像禅宗和净土宗出现，成为中国佛教的首要特色。特别是禅宗能够在会昌年代和唐末战争的暴风雨中度过，正因为禅宗主张正式经典的学习和广泛经论的熟悉，并非是开悟成佛的必要条件，成佛依靠个人，可以在寺院高度严格的环境中，也可以在市场的买卖叫喊中成就。①

对外因斯坦的上述论断可以作些补充。关于禅宗的恢复“不需依赖抽象义理的大作”，这是与另一些宗义体系严整复杂的宗派如天台、华严相比较而言。这些宗派的大量著述在毁佛和战乱中被焚毁遗弃(有部分流失海外三韩和日本。10世纪时吴越国曾到朝鲜搜求天台教典；近代杨仁山〔1837—1911〕等人又从日本把部分典籍传归中国)。失去典籍，给这些宗派的传承造成困难，成为它们终于衰败的重要原因之一。而如外因斯坦又曾说，“只靠直觉和个人体验的宗派像禅宗和净土宗出现，成为中国佛教的首要特色”。

---

①史丹利·外因斯坦《唐代佛教——王法与佛法》第250—253页。

禅修(还有净土信仰)基本是个人的信仰实践,禅宗又在民众间有相当深厚的基础,因而虽然佛教整体上连续受到打击,禅宗却能够经得起劫难,仍持续保持一定的发展势头。

这样,从马祖下三世沩山灵祐及其弟子仰山慧寂于9世纪前期创建起第一个派系沩仰宗,到法眼文益于10世纪中叶在"五代十国"的南唐创建法眼宗,这是一百年左右的时间。在这百余年间,唐王朝由衰败到灭亡,南方各地藩镇由分立割据进而分裂立国,北方在唐王朝灭亡后相继建立起梁、唐、晋、汉、周五个偏安政权。就在这种动乱多变的复杂形势下,禅宗各派系先后形成并发展起来。

二

第一个形成的派系是沩仰宗。创始人是沩山灵祐(771—853)和仰山慧寂(807—883)。沩山灵祐是百丈怀海弟子,按法系是马祖道一下第三世(马祖道一—百丈怀海—沩山灵祐)。他活动时马祖和百丈都还在世。他和慧寂两个人都有唐人留下的碑传,所述事迹应当比较可靠。据郑愚《潭州大沩山同庆寺大圆禅师碑铭并序》,他是福州长溪(今福建霞浦县)人,元和(806—820)末年来到长沙宁乡县(今湖南宁乡市)大沩山,开荒辟地,辛苦经营,创建道场:

> 今长沙郡西北有山名大沩,蟠林穹谷,不知其变,几千百里,为罴豹虎兕之封,虺蜮蚺蟒之宅,虽夷人射猎,虞迹樵甿,不敢从也。师始僧号灵祐,福州人,笠首屩足,背闽来游,庵于翳荟。非食时不出,凄凄风雨,默坐而已。恬然昼夕,物不能害。

经过他的艰苦努力,建成容纳千余人的大寺。武宗毁佛,他曾裹首为民;后来宣宗即位(846),弛武宗之禁,著名的官僚居士、时任湖南观察使、潭州刺史的裴休(? —860?,宣宗朝宰相,历任诸道节度使,能文善书,尤好佛,精释典,是官僚居士的代表人物)亲自劝请他重新剃发,复其所居为同庆寺,随后诸徒来归。"师亡后十一年,徒有以师之道上闻,始诏加谥号及坟塔,以盛其死"①,沩山遂成为禅宗一个派系的弘法中心。仰山慧寂(807—883),有陆希声《仰山通智大师塔铭》。他的情形与灵祐类似。他是韶州怀化(今广东韶关市)人,在南华寺出家,后来到大沩山灵祐处栖泊十四五年。至年三十五,在仰山(今江西宜春市)领众出世,受到江西观察使韦宙(生卒年不详,京兆万年人,以门荫入仕,曾任大理少卿,授江西观察使)礼敬。韦宙曾前往请益,"前后诸州府节、察、刺史相继一十一人礼为师。师三处转法轮,敕锡"澄虚大师"并紫衣矣②。

当初沩山在"罴豹虎兕之封,虺蜮蚺蟒之宅"的大沩山结庵筑室,"自为饮食纲纪"。仰山后来也是如此。这还是早期禅宗在山林隙地艰苦垦殖、自谋衣食、聚集徒众、说法谈禅的传统。世传《潭州沩山灵祐禅师语录》,成书于明代,对于了解其思想不足为据。沩山著作传世的有《警策文》,敦煌写本里又发现《大沩警策》,核之宋人的《宗镜录》等早期记述,可以大致反映其思想概貌。如其中说:

> 研穷法理,以悟为则,心境具捐,莫记莫忆。六根怡然,行住寂寞,一心不生,万法俱息。③

这里说的是无念、见性的一般道理。又如《宗镜录》上记载:

> 仰山和尚问沩山和尚:"真佛住何处?"沩山云:"以思无思

①郑愚《潭州大沩山同庆寺大圆禅师碑铭并序》,《唐文粹》卷六三。

②《祖堂集》卷一八《仰山和尚》,下册第 803 页。

③《沩山警策注》,《续藏经》第 63 册第 230 页下。

之妙，反灵焰之无穷，思尽还原，性相常住，事理不二，真佛如如。”①

这也是讲佛性遍在、立处皆真的一般禅理。值得注意的是，灵祐和慧寂师弟子的经历都典型地体现了作为民间禅僧受到统治者招抚的人生轨迹：当初在山林艰苦创业的“游僧”终于被地方镇帅“器重”、笼络，成为被优遇、尊崇的名僧。沩仰宗形成宗派也和这种际遇有重大关系。

三

较早形成的派系大体能够更多也较长久地保持禅宗当初刻苦、朴实的民间性格。在沩仰宗稍后形成的是曹洞宗。曹洞宗创始人是石头下四世洞山良价（807—869；石头希迁—药山惟严—云岩昙晟—洞山良价）和五世曹山本寂（840—901）。按生卒年说，洞山晚沩山三十年，大体是一代人的时间。洞山良价生平，据宋余靖《筠州洞山普利禅院传法记》：

悟本讳良价，越州诸暨人，姓俞氏。年十二，师事五泄；二十一，受具于嵩山睿律师。慕南宗之学，南游江湘，得云岩而事之，终其身，毕丧而后去。遇武宗之诏，遂民服隐于箕州。及宣皇御宇，乃复僧仪。南至高安（在江西宜春市宜丰县）之所（应为“新”之讹）丰洞，邑豪雷衡之山也。见其泉石幽奇，乃曰：“此大乘所居之地。”言于雷氏，雷氏施之。初，山多蛇虎，师庵居一宿，蛇虎尽去。至今山无虎焉。留居十八年，名声四

①《宗镜录》卷一四，《大正藏》第48卷第492页中。

> 传，来学者五百余众。坐谈立悟、虚来实去者不可胜数。闻京师，天子赐咸通广福寺额，并一钟焉。寻以咸通十年三月顺世。

关于他为人风格，余靖《传法记》说：

> 师能攻苦率众，衣无彩，卧无褥，炉无炭，室无烛，故后世以简约相承焉。①

关于曹山本寂，据《宋高僧传》，“南岳玄泰著《塔铭》”，已佚，《宋传》应当是根据《塔铭》撰写的，略曰：

> 释本寂，姓黄氏，泉州蒲田人也……寂少染鲁风……年惟十九，二亲始听出家。入福州云名山（《祖堂集》作“灵石山”）。年二十五。登于戒足……咸通之初，禅宗兴盛，风起于大沩也。至如石头、药山其名寖顿，会洞山悯物，高其石头，往来请益，学同洙泗。寂处众如愚，发言若讷。后被请住临川曹山（今江西抚州市宜黄县），参问之者堂盈室满。其所酬对，激射匪停，特为毳客标准，故排五位以铨量区域，无不尽其分齐也。复注《对寒山子诗》，流行寓内……文辞遒丽，号富有法才焉。寻示疾，终于山，春秋六十二，僧腊三十七。②

本寂和老师良价一样，起初也是在民间游方。据《五灯会元》，本寂“……遂往曹溪礼祖塔，回吉水（今江西吉水县），众向师名，乃请开法。师志慕六祖，遂名山为曹。寻值贼乱，乃之宜黄，有信士王若一舍何王观，请师住持。师更何王为荷玉。由是法席大兴，学者云萃，洞山之宗，至师为盛”③。《祖堂集》说他“初住曹山，后居荷

---

①《武溪集》卷九。

②《宋高僧传》卷一三《梁抚州曹山本寂传》，上册第308页。

③《五灯会元》中册第787页。而据《读史方舆记略》卷一六，“曹山在宜兴县北三十里，本名荷玉山”。

王……如是二处,法席咸二十年,参徒冬夏盈于二百三百”[①]。曹山即如今荷玉山。这里所说“两处法席”,大概他初到曹山另有居所,后来利用民间施舍的一座小道观,逐渐扩展,成为二三百人的丛林,即今天曹山宝积寺。关于曹山有个传说,形象地表明他的品格。当初马祖弟子大梅法常(752—839),贞元(785—805)中居于余姚(今浙江余姚市)南七十里天台山梅子真(名梅福,西汉人,在朝正直敢言,平帝原始〔1—5〕中,王莽专政,离妻别子,弃官归隐)旧隐,得到马祖“梅子熟也”的称赞,曾有偈曰:

> 摧残枯木倚寒林,几度逢春不变心。
> 樵客遇之犹不顾,郢人那得苦追寻。[②]

这个偈可作咏物七绝看,用比喻表白修道者甘于枯淡、不涉世务的决心。《祖堂集》记载本寂在曹山,割据江西的“钟陵大王”钟传(? —906,洪州高安人,业负贩,乘王仙芝在江南起事,自立为高安镇抚使;中和二年〔882〕,朝廷任命为镇南节度使,爵南平郡王)曾两次遣使迎请被拒,至第三次,使者说如果他不赴王旨,自己全家会被杀掉。本寂让他把这个偈带给钟传,使臣回来,送上诗偈,钟传遥望山顶礼拜,极表叹服。法常作偈、曹山送偈是否事实难以确考,但它们反映的历史背景、当时禅门所提倡的精神应当是真实的。曹山不为荣华所诱,不为权势所屈,坚持晦迹山林,保持遗世独立、不屈于人的禅风也应当是真实的。

良价和本寂显然也更多保持山居修道、清廉自守、不涉世务的传统。他们起初都游行四方,访求明师,有了一定名望,分别来到洞山和曹山,辛勤开辟,刻苦经营,逐渐发展为大道场。本寂拒绝钟传延请,坚持住山宴坐,体现他当初开山时期的自主精神。但是地方上一个大道场,没有统治者的支持是无法营运的。曹山的“故

---

①《祖堂集》卷八《曹山和尚》,上册第378—379页。

②《景德传灯录》卷七《明州大梅山法常禅师》,第110页。

事”反映了丛林中的一种理想。他的师兄弟云居道膺(848—902)是另一类型的例子。他住云居山(今江西永修县境),受到钟传的“倾委信诚。每一延请入州,则预洁甘子堂以礼之。乃表于昭宗,赐紫袈裟一副并师号焉,都不留意。所化之徒,寒暑相交,不下一千余众。牛头香树围绕者,皆是栴檀;金翅鸟王轩翔者,不齐尺鷃。四方馈供,千里风从。如荆南帅成汭(?—903,本为荆南牙将;光启元年〔885〕据归州〔今湖北秭归县〕,称刺史,昭宗时拜荆南节度使、上谷郡王)遣赍檀施,动盈巨万”①。他圆寂后,也是钟传供其丧葬。曹山的“故事”与他的际遇、作风两相对比,表现两种不同的禅风,但又表明依附统治权威是当时禅宗发展的必然趋势。

四

大体和洞山同时,马祖下第四世义玄(?—866,马祖道一—百丈怀海—黄檗希运—临济义玄)在今河北石家庄市正定县活动,在成德镇王氏支持下,创建临济宗。当初会昌毁佛,河北藩镇拒绝朝命,保护佛教,当地佛教有雄厚的发展基础。据敦煌写卷:“(镇州)其城周围四十里,大寺一十三所,大禅院三十六所,小院五十七所,僧尼五、七千余人,禅律盛行,僧徒肃穆,园林池沼特异诸方,法寺清宫不殊帝辇。”②这个卷子书写具体时间不详,出在晚唐应当是没有问题的。据《宋高僧传》:

> 释义玄(?—867),俗姓邢,曹州南华(今山东菏泽市西北)人也。参学诸方,不惮艰苦。因见黄檗山运禅师,鸣啄同

①《宋高僧传》卷一二《唐洪洲云居山道膺传》,上册第285页。

②敦煌写本S.529V。

> 时，了然通彻。乃北归乡土，俯徇赵人之请，住于（恒州，即镇州，今河北石家庄市正定县）城南临济焉。罢唱经论之徒，皆亲堂室，示人心要，颇与德山相类。以咸通七年（866）丙戌岁四月十日示灭。敕谥“慧照大师”，塔号“澄虚”。言教颇行于世，今恒阳号“临济禅宗”焉。①

他与沩山同出百丈怀海一系，不过差一个辈分，是沩山师兄弟黄檗希运的弟子。

黄檗希运（？—855），百丈怀海法嗣，世称“断际禅师”。幼年在黄檗山万福寺（在今福建福州市福清县）修行，后来常住洪州高安县黄檗山（在今江西宜春市宜丰县），创建黄檗寺。他和沩山灵祐同受曾任宣宗朝宰相裴休的供养。希运的活动特别得力于裴休的帮助。裴休（791—864），字公美，孟州济源（今河南孟州市）人，曾为监察御史，宣宗朝进位宰相。他是虔诚的佛教徒，信仰禅宗，有“相公禅”之称。他于会昌二年（842）出任江西观察使、洪州刺史，曾把黄檗希运迎到州城龙兴寺，旦夕问道；大中二年（848），转任宣歙观察使，驻宣城（今安徽宣城市），又迎请希运至州城开元寺。卢肇在《重修宣州新兴寺碑铭并序》里说：“若夫宣城新兴寺者，会昌四年既毁，大中二年故相国太尉裴公之所立也。公讳休，字公美……为唐硕臣，作佛大士，光珉显竹，此不复书。所至之邦，必兴修净行。大中二年，拜宣城，尝与名缁会难，有设疑以试公者……”②说的就是裴休担任宣歙观察使移镇宣城事。希运所居黄檗山的土地也是裴休所施。宋余靖说：“黄檗山者，唐相裴休所施庄田，旧赡五百余众……”③裴休赠希运诗曰：“曾传达士心中印，额有圆珠七尺身。挂锡十年栖蜀水，浮杯今日渡漳滨。一千龙象随

①《宋高僧传》卷一二《唐真定府临济院义玄传》，上册第277页。

②《唐文粹》卷六五。

③《庐山归宗禅院妙圆大师塔铭》，《武溪集》卷七。

高步，万里香华结胜因。愿欲事师为弟子，不知将法付何人。”①可见对希运钦敬、仰慕之深切。他把希运说法言句纂集为《筠州黄檗山断际禅师传心法要》和《黄檗断际禅师宛陵录》。这是今存晚唐时期少数可靠的两种禅文献。裴休与希运的交往，谈禅受法，乃是禅师与地方镇帅相结合的著例。

传世《镇州临济慧照禅师语录》署弟子三圣慧然集，并非原貌；另有兴化存奖校本，编入宋天圣七年(1029)成书的《天圣广灯录》；较早的材料另有《祖堂集》卷一八《临济和尚》章和《景德传灯录》卷二八《镇州临济义玄和尚语》。《祖堂集》上说有《别录》传世，当是其取材，应当比较可靠。综合利用这些材料，可以了解义玄思想的大致面貌。“安史之乱”以后，河北藩镇一直是割据自专的强藩。而在依附地方权要一点上，义玄则继承了乃师希运作法。他从希运处得法后，回到家乡北方。《宋传》所谓“俯徇赵人之请”，是指受到成德节度使王氏敦请；所谓“住于城南临济”，指大约于大中八年(854)在镇州城东南滹沱河畔启建临济禅院。《临济录》里多次写到“王常侍”前来问法，“散骑常侍”是节度使加官。义玄住持临济院时期，先后担任成德节度使的是王元逵(834—854)、王绍懿(854—866)和王景崇(866—883)。他们都尊崇义玄，待以师礼。从行年看，和义玄交往的主要是王绍懿。他还曾接受魏博节度使何弘敬的邀请前往魏州(今河北大名县)弘法。他上堂示法曰：

> 上堂云：“赤肉团上有一无位真人，常从汝等诸人面门出入。未证据者看看！”时有僧出问：“如何是无位真人？”师下禅床，把住云：“道！道！”僧拟议，师拓开云：“无位真人是什么干屎橛？”便归方丈。②

“无位真人”是借用道教概念。“真人”即“仙人”，在道教的神仙谱

①《宋高僧传》卷二〇《唐洪州黄檗山希运传》，下册第528页。

②《天圣广灯录》卷一〇，《续藏经》第78册第466页上。

系里每位真人有他的固定位置;“无位”指超脱品级的绝对地位。《景德录》的“示众”里有同样观念:“五蕴身田内有无位真人,堂堂显露,无丝发许间隔,何不识取?”①义玄所说的作为“无位真人”的“真正学道人”是超然、绝对的存在,可以随处做主,不受人惑,保持自己的本来面目,真佛内里坐,自做主人公。

这样,义玄强调个人的独立自主,否定一切外在权威,挣脱物质的、精神的一切束缚,以致呵佛骂祖、毁经灭教,倡导一种狂放、激烈的宗风。鲁迅当年评论魏晋文人菲薄周、孔说:“魏晋时代,崇奉礼教的看来似乎很不错,而实在是毁坏礼教,不信礼教的。表面上毁坏礼教者,实则倒是承认礼教,太相信礼教。”②义玄那些悖经慢教的言论大多也应作如是观。

义玄教学中“佯狂”言说,往往配合“打”与“喝”。如:

> 师问僧:“什么处来?”僧便喝。师便揖坐。僧拟议,师便打。
>
> 师见僧来,便竖起拂子。僧礼拜,师便打。又见僧来,亦竖起拂子。僧不顾,师亦打。
>
> 上堂。有僧出礼拜,师便喝。僧云:“老和尚莫探头好。”师云:“你道落在什么处?”僧便喝。又僧问:“如何是佛法大意?”师便喝。僧礼拜。师云:“你道好喝也无?”僧云:“草贼大败。”师云:“过在什么处?”僧云:“再犯不容。”师云:“大众,要会临济宾主句,问取堂中二禅客。”便下座。③

这种拳打棒喝的超越常识、稀奇古怪的动作,实则是一种“不说而说”的明禅方式,成为临济门风的特征。在当时禅门中被相当普遍

①《景德传灯录》卷二八《镇州临济义玄和尚语》,第593页。

②《魏晋风度及文章与药及酒之关系》,《而已集》,《鲁迅全集》第3卷第513页,人民文学出版社,1981年。

③《天圣广灯录》卷一〇,《续藏经》第78册第466页上。

地使用,广有影响。

他的弟子一辈有三圣慧然居镇州,兴化存奖居魏州(今河北大名县),涿州纸衣居涿州(今河北涿州市),都得到当地镇将的支持。义玄弟子中名声最大的是兴化存奖(?—888),公乘亿《塔碑》说:

> 和尚姓孔,字存奖……未逾七岁,即悟三乘,启白所亲,恳求剃落。遂于蓟三河县盘山井泉院依止禅大德晓方,乃亲承杖屦,就侍瓶盂,启顾全身,惟思半偈。大中五年(851),伏遇卢龙军节度使张公奏致(疑作"置")坛场,和尚是时戒相方具。而后大中九年,再遇侍中张公重起戒坛于涿郡……禅大德玄公者,即临济之大师也,和尚一申礼谒,得奉指归,传黄檗之真筌,授白云之秘诀……后过钟陵伏遇仰山大师,方开法宇,大启禅扃,赴地主之邀迎,会天人之供施……①

这里的卢龙节度使张公指张允伸,据《旧书宣宗纪》,他大中四年(850)为卢龙留后,后为节度使(当时河北地方藩帅不受朝廷节制,更替自专),直到咸通十三年(872)去世之前。房山云居寺第八洞有他的题名"幽州卢龙节度使检校司空同中书门下平章事张允伸"②。存奖从受戒出身到在涿郡置坛开法,多年得到他的照顾③。禅宗在北方势力本来薄弱,经过义玄及其弟子辈在地方权势护持下大力弘扬,临济禅大兴于河北。这对于扩展禅宗在北方的声势,以及后来佛教在河北地区的发展都造成长远影响。

同是在河北,义玄活动时间稍后,有赵州从谂,风格和义玄类

①《魏州故禅大德奖公塔碑》,《文苑英华》卷八六八。

②《文物参考资料》1955 年第 9 期。

③《古尊宿语录》卷五《兴化(存奖)禅师语录》记载,"同光帝驾幸河北。回至魏府行宫……师来朝见",有对答机语,同光帝即后唐庄宗,923—926 在位,两人不可能相遇,《语录》的相关记述显然是后人编造的。但描绘一位面对皇帝敢于抗命的禅师的孤傲性格,对于了解临济禅思想是有象征意义的。其中说"敕谥广济大师。塔曰通寂",当是事实。《续藏经》第 68 册第 34 页下。

似。从谂(778—897),俗姓郝,也是曹州(今山东曹县)人,马祖下三世(马祖道一—南泉普愿—赵州从谂)。《景德录》和《宋传》都记载他得到真定帅王氏皈依,指王景崇之子王镕(874—921),于中和三年(883)继位为成德军节度使。史称"镕宴安既久,惑于左道,专求长生之要,常聚缁黄,合炼仙丹,或讲说佛经,亲受符箓。西山多佛寺……"①从谂得到他的支持,显然也是因为合乎他的这种心态。

这样,临济宗依靠成德镇的保护、支持而得以兴盛;这一派的激烈的反权威、反传统的宗风正合乎负固叛逆强藩的心态而得以被利用。临济宗和成德镇王氏的结合也反映了晚唐时期禅宗与地方藩镇相互依存的关系。

五

"安史之乱"对江南影响较小。由于中原残破,相当数量的人口流向江南,加上江南方镇对朝廷比较恭顺,财赋为朝廷所倚重,经济、文化均得到相当程度的发展。8世纪初,宪宗即位之后,朝廷削藩取得一定成效,出现短暂的"中兴"局面。但继承宪宗的穆宗以降,割据势态复萌,朝廷权威渐失,江东方镇也渐次出现离心倾向。到9世纪后期,江西钟传、闽王审知、湖南马殷、吴越钱氏以及后来五代时期建南唐的李氏纷纷割据自立。这些地方政权的统治者均礼佛好禅,招致、尊礼有名望的禅师,支持丛林建设,几个禅宗派系得到他们的保护、支持遂形成、活跃一时。

大体与临济义玄、赵州从谂同时,在南方有属于石头一系的德山宣鉴、雪峰义存、云门文偃三人,分别在地方统治者支持下活跃。

①《旧五代史》卷五四《王镕传》,第729页。

雪峰义存在福州，云门文偃在广州，都活动到唐朝灭亡，进入五代，更形成相当盛大的局面。

据《宋传》，德山宣鉴（782—865），俗姓周，简州（今四川简阳市），石头下四世（石头希迁—天皇道悟—龙潭崇信—德山宣鉴）。起初他云游海内，访谒名师，没有遇到如意的；后来来到澧源（今湖南常德市澧县），在龙潭崇信门下三十余年。值武宗毁佛，一度还俗；宣宗即位，恢复佛法，他"还复法仪。咸通初，武陵太守（即朗州刺史；朗州，今湖南常德市）薛延望坚请，始居德山（精舍）。其道芬馨，四海禅徒辐凑"①。据传他曾见过沩山，沩山说："此子已后，向孤峰顶上，盘结草庵，呵佛骂祖去在！"②世传他的《广语》见《联灯会要》，多呵佛骂祖之说，应是后出的，反映晚期南宗潮流。他教授门徒的方式，《宋传》形容是"天险海深，难窥边际……天下言激箭之禅道者，有德山门风焉。今襄、邓、汉东法孙极盛者是欤"③。《景德录》记载，有僧问："如何是菩萨。"师打曰："出去，莫向遮里屙！"僧问："如何是佛？"师曰："佛即是西天老比丘。"又岩头问："凡、圣相去多少？"他大喝一声代替回答④，表明这根本不是问题。他在教学中常常用"棒"，和"临济喝"并称为"德山棒"。"喝"与"棒"都是截断常识情解的手段，比起后来一些禅师"举拂""竖指"、画"圆相"等莫明其妙的神秘动作还算简易多了。

雪峰义存（822—908），德山宣鉴弟子。据黄滔《福州雪峰山故真觉大师碑铭》⑤，俗姓曾，出生在泉州南安县（今福建南安市）一个"友僧亲佛"家庭；十二岁在莆田（今福建莆田市）玉涧寺为"童子"，

---

①《宋高僧传》卷一二《唐朗州德山院宣鉴传》，上册第 275 页。

②《联灯会要》卷二〇《鼎州德山宣鉴禅师》，《续藏经》第 79 册第 172 页中。

③《宋高僧传》卷一二《唐朗州德山院宣鉴传》，上册第 275 页。

④《景德传灯录》卷一五《朗州德山宣鉴禅师》，第 288 页。

⑤黄滔《福州雪峰山故真觉大师碑铭》，《全唐文》卷八二六，第 8702—8704 页。本讲以下引文未注出处者均据此文。

十七岁落发出家。武宗毁佛时也曾一度变服，来谒芙蓉山（在今福建福州市）宏照大师。唐宣宗复兴佛教后，北游吴、楚、梁、宋、燕、秦各地，叩谒名师。宣宗大中四年（850），在幽州宝刹寺受具。其后，他不寻讲肆，巡游名山，遍访宗师，南下来到德山。据说他“爰及武陵，一面德山，止于珍重而出，其徒数百，咸莫之测，德山曰：‘斯无偕也，吾得之矣。’”咸通六年（865），德山归芙蓉山圆寂；十二年，他率领门徒自沩山回来，卜居福州（今福建福州市）西雪峰山。经过十几年间经营，声势大振，“天下之释子，不计华夏，趋之如赴召”。《宋高僧传》记载：

> 乾符（874—879）中，观察使京兆韦公；中和（881—885）中，司空颍川陈公，每渴醍醐，而不克就饮，交使驰恳。存为之入府，从人愿也。其时内官有复命于京，语其道，其侪之拔俗悟空者请蜕浮华而来脱屣。僖宗皇帝闻之，翰林学士访于闽人陈延效，得其实奏。于是乃锡“真觉大师”之号，仍以紫袈裟俾延效授焉。存受之如不受，衣之如不衣。居累夏，辛亥（891）岁朔，遽然杖屦，其徒启而不答，云以随之，东浮于丹丘四明（四明山，在今浙江余姚市）。明年，属王侍中之始据闽越，乃洗兵于法雨，致礼于禅林，馥存之道，常东望顶手。后二年，自吴还闽，大加礼异。及闽王王氏誓众，养民之外，雅隆其道，凡斋僧构刹，必请问焉。为之增宇设像，铸钟以严其山，优施以充其众，时则迎而馆之于府之东西甲第。每将俨油幢、聆法论，未尝不移时，仅乎一纪……行化四十余年，四方之僧争趋法席者不可胜算矣。冬夏不减一千五百。①

这里“京兆韦公”指韦岫，即前已提到的韦宙弟，据《新书》本传，乾符五年（878）“（卢）携执政，岫自泗州刺史擢福建观察使”；“司空颍

①《宋高僧传》卷一二《唐福州雪峰广福院义存传》，上册第287—288页。

川陈公”指陈岩，据《通鉴》，中和四年（884）十二月“壬寅，以（陈）岩为福建观察使”。韦岫来福州当年的十二月，黄巢军队曾攻下福州，韦岫弃城逃走。《雪峰志》卷三记载前后廉帅布施情况：“廉帅李景钱一十万缗，司空颍川陈公岩钱三百缗，观察使晋国公岫二十万缗，陇西李公一百三十八贯。”[①]这里除陈岩、韦岫外，“李景”，下脱“温”字。《新书》卷一七七《李景让传》附《景温传》，他曾任福建观察使，又《咸淳三山志》记载：“（福州）西禅寺……咸通八年，观察使李景温招长沙沩山僧大安来居，起废而新之。”[②]“陇西李公”可能指李晦，《旧唐书·僖宗纪》：“（乾符二年四月）河南尹李晦检校左散骑常侍，兼福州刺史、福建都团练观察使。”[③]这样，福州历任镇帅大都是雪峰的施主。僖宗朝，赐义存“真觉大师”号，当然也是应地方官府之请。大顺二年（891），雪峰东游四明（今浙江余姚市）。上引《宋传》里的“王侍中”指王审知（862—925）。景福元年（892），节度使陈岩卒，其内弟范晖自称留后，泉州刺史王潮起兵攻占福州，遂据七闽之地，唐朝廷任命王潮为福建观察使，“潮遣僚佐巡州县，劝农桑，定租税，交好邻道，保境息民”[④]，成为割据一方的势力。乾宁三年（896），朝廷升福建为威武军，以王潮为节度使；四年，王潮病死，弟王审知自称留后；光化元年（898），朝廷以王审知为威武军节度使（后来梁开平三年〔909〕，封王审知为闽王，已经是雪峰圆寂之后）。王审知为人俭约，颇能礼贤下士，幕府里招徕徐寅、韩偓等名士，经常约集禅师谈禅论道。当初王潮据福州，义存回到福建，得到优礼；王审知在位时期，更为之增宇设像，时常迎到府中，聆听法教，直到后梁开平二年（908）去世。雪峰一门就这样在地方统治者奖掖、赞助下发展起来，上引《宋传》里说弟子达千五百人。其优

①《雪峰志》卷三，第55页，《中国佛寺史志汇刊》第二集，文明书局，1980年。
②梁克家《淳熙三山志》卷三四。
③《旧唐书》卷一九下《僖宗纪》，第694页。
④《资治通鉴》卷二五九《唐纪七五》，第8459—8460页。

异者有玄沙师备、岩洞可休、信州智孚、长庆慧稜、龟山无了、鼓山神宴、罗山道闲等，均名声卓著，在吴越大弘其教，享誉一方。

雪峰义存曾回忆自己的经历：

> 师上堂云："某甲共岩头、钦山行脚时，在店里宿次，三人各自有愿。岩头云：'某甲从此分襟之后，讨得一个小舡子，共钓鱼汉子一处座，过却一生。'钦山云：'某甲则不然。在大州内，节度使与某礼，为师处分，着锦袄子，坐金银床，斋时金花楪子、银花楪子，大盘里如法排批吃饭，过却一生也。'某云：'某甲十字路头起院，如法供养师僧。若是师僧发去，老僧提钵囊、把拄杖送他；他若行数步，某甲唤："上座！"他若回头，某甲云："途中善为！"'自后岩头、钦山果然是不违于本愿，只是老僧违于本志，住在这里，造得地狱相滓。"①

当初雪峰、岩头全豁、钦山文遂三个人这样各述所愿，所述当然不能按常识理解，但它们确实反映当时禅门内部不同的思想倾向。雪峰说自己住在雪峰这样的大寺里，违背了初衷，是一种罪过。

雪峰的教法，受到河北门风影响，又经德山熏陶，走的也是机锋峻烈的路数。据黄滔《碑铭》记载："常曰：'三世诸佛十二分教，到此乃徒劳耳。'"②《祖堂集》记载其上堂示众曰：

> 便与摩承当，却最好省要，莫教更到这老师口里来。三世诸佛不能唱，十二分教载不起。如今嚼涕唾汉争得会？……向汝道：尽乾坤是个解脱门，总不肯入，但知在里许乱走，逢着人便问：阿那个是我？还著摩？只是自受屈。所以道：临河渴水，死人无数；飰箩里受饿人，如恒河沙。莫将等闲！和尚子，若实未得悟入，直须悟入始得，不虚度时光。莫只是傍家相

①《祖堂集》卷七《雪峰和尚》，上册第356—357页。

②黄滔《福州雪峰山故真觉大师碑铭》，《全唐文》卷八二六，第8704页。

> 微，掠虚赚说悟入，且是阿谁分上事？亦须著精神好！……自己事若不明，且从何处出得如许多妄想？向这里见凡见圣，见有男女、僧俗、高低、胜劣，大地面上炒炒底铺砂相似，未尝一念暂返神光，流浪生死，劫尽不息。惭愧！大须努力好！①

雪峰弟子玄沙师备(835—908)在福州(今福建福州市)三十余年演化，禅侣达七百余众；其弟子漳州罗汉桂琛(867—928)被推为神足，名声远被。雪峰另一弟子长庆慧稜(854—932)居泉州(今福建泉州市)，刺史王延彬请住招庆院，出世不减千五百人，闽王私诔为"超觉大师"。又龙册道怤，皮光业(皮日休之子)曾说他"崇论闳议，莫臻其极。钱武肃王钦慕，命居天龙寺，私署"顺德大师"；次文穆王创龙册寺，请怤居之，吴越禅学自此而兴"②。武肃王指钱镠(852—932)，乾符三年(876)被任命为镇海、镇东军节度使，拥兵控制两浙，前后封越王(902)、吴王(904)、吴越王(907)，由割据一方的藩帅而为吴越国主，在位四十一年，死后谥"武肃王"。吴越国以下四世皆好佛。禅宗和天台宗均在其庇护下得到发展。雪峰弟子四明无作、龙华灵照，玄沙弟子天龙明真皆被吴越优礼。又仰山慧寂法嗣龙泉文喜，武肃王曾两赐紫衣，奏号"无著"；其再传弟子清化全怤，文穆王钱元瓘(932—941 在位)曾赐衣矜钵器加礼，为建清化禅院，忠献王钱弘佐(941—946 在位)赐紫，号"纯一国师"，所居殿宇堂室，人竞崇建之。入宋，吴越国附宋，至宋太平兴国三年(978)国除。佛教史上著名的永明延寿和赞宁都出自吴越。延寿(904—976)，早年为华亭镇将，翠岩永明迁止龙册寺，文穆王知其慕道，放令出家，礼翠岩为师，后忠懿王钱弘俶(948—978 在位)请住灵隐，为第一世，复请住永明大道场，为第二世，众盈两千，声名大噪。赞宁不是禅师，但他熟悉禅宗，所作《宋高僧传》里记载大量

---

①《祖堂集》卷七《雪峰和尚》，上册第 346—347 页。
②《武林梵志》卷一〇。

禅宗资料,也是禅宗发展史上的重要人物。

这样,在唐末动乱形势下,得到闽王氏、吴越钱氏护持,禅宗雪峰一系得到顺利发展,也惠及旁系。雪峰弟子里最著名的当属创云门宗的云门文偃,再以下则有法眼文益创建法眼宗,成为五代时南方禅宗最有实力的两支。

六

云门宗和法眼宗同是在割据政权支持下形成并兴盛起来的。

云门文偃(864—949),有陈守中(陈守中,南汉大宝七年官西御院使、集贤殿学士承旨,大中大夫行左谏议大夫知太仆寺事)《大汉韶州云门山大觉禅寺大慈云匡圣宏明大师碑铭并序》;又《祖堂集》编成于他圆寂三年后,成书又在泉州,是距离云门山不远的地方,这两份材料内容应当是可靠的。据《碑铭》,他俗姓张,苏州嘉兴(今江苏嘉兴市)人,幼年在本地空王寺出家,闻睦州道纵禅师(陈尊宿,黄檗希运弟子)关钥高险,遂往谒之,得以发明。陈守中《碑铭》记载他往谒睦州道踪情形:

> 因闻睦州道踪禅师关钥高险,往而谒之。来去数月,忽一日,禅师发问曰:"频频来,作什么?"对曰:"学人已事不明。"禅师以手推出,云:"秦时辗轹钻。"师因是发明,微而有理。

后入闽,参雪峰会下:

> 因有僧问雪峰曰:"如何是触目不见道,运足焉知路?"雪峰曰:"吽。"其僧不明,举问师:"此意如何?"师曰:"两斤麻,一匹布。"僧又不明,复问何义。师曰:"更奉三尺竹。"僧后问于雪峰。峰曰:"噫!我常疑个布衲。"其后颇有言句,繁而不书,

乃于众中密有传授。①

他在雪峰处朝昏参问，密有传授，然后游访诸山。雪峰圆寂，已经是唐亡后，到韶州参灵树如敏（？—918）。如敏是百丈弟子大安法嗣，曾在岭南行化四十年之久，据说“刘氏偏霸番禺，每迎召敏入请问，多逆知其来，验同合契。广主奕世奉以周旋，时时礼见，有疑不决，直往询访。敏亦无嫌忌，启发口占，然皆准的，时谓之为乞愿。乃私署为‘知圣大师’”②。“刘氏”指割据广州的刘隐和刘岩。刘隐本来是唐清海节度使（即岭南节度使），后梁开平四年（910），封为南海王；次年，刘隐病死，其弟刘岩继为清海节度使。“是时，天下已乱，中朝人士以岭外最远，可以辟地，多游焉。唐世名臣谪死南方者往往有子孙，或当时仕宦遭乱不得还者，皆客岭表。王定保、倪曙、刘濬、李衡、周杰、杨洞潜、赵光胤之徒，隐皆招礼之……皆辟置幕府，待以宾客。”③后梁贞明三年（917），刘岩即帝位于番禺，国号大越，年号乾亨；次年，改国号曰汉，改名曰刘龑。正是这一年，如敏故去，文偃受南汉高祖刘龑之命开堂说法。乾亨七年，得到南汉高祖刘龑支持，领众在韶州曲江县云门山开创禅院，构创梵宫，庄严宝像。五年后建成，据说曾聚众千人，赐额“光泰禅院”。又据说这是南宗历史上最具规模、最为豪华的建筑。南汉大有十一年（938），被召入宫说法，授左右街大僧录，赐号“匡真大师”，其后赏赉有加。刘龑“厚自奉养，广务华靡，末年起玉堂珠殿，饰以金碧翠羽。岭北行商或至其国，皆召而示之，夸其壮丽……又呼中国帝王为‘洛州刺史’，其妄自尊大，皆此类也”④；“末年尤猜忌，以士人多

①陈守中《大汉韶州云门山大觉禅寺大慈云匡圣宏明大师碑铭并序》，《全唐文》卷八九二，第 9317 页。

②《宋高僧传》卷二二《后唐韶州灵树院如敏传》，下册第 561 页。

③《新五代史》卷六五《南汉世家》，第 810 页。

④《旧五代史》卷一三五《刘陟传》，第 1809 页。

为子孙计，故专任宦官，由是其国中宦者大盛”①。至南汉应乾元年(943)，刘晟即位，是为中宗，南汉已陷入严重危机，复召文偃入宫供养，旋归武水(在云门寺附近)，赐塔院号曰“瑞云之院”“宝光之塔”。他在韶州弘法三十年，圆寂于南汉天德七年(949)，付法白云山志庠。刘𬬮于大宝元年(958)即位，是为南汉后主，朝政腐败，宦官当权，更大兴佛法，奉敕重修道场，并曾迎请文偃真身到大内供养，加以封赏宝宠，赠“大慈云匡圣宏明大师”号，证真禅寺升为大觉禅寺。文偃有上首门人四十余，各得章衣师号，散在诸方。宋太祖开宝三年(970)发兵取南汉；次年，南汉灭亡。

云门宗的兴衰，可以说与南汉政权相始终。文偃生前死后，南汉政权大力给予尊崇，备极荣宠。南汉政权意在借用他的力量来给这个相对孱弱的割据朝廷以扶持。云门宗则在南汉刘氏政权的护持之下发展起来。云门宗后来在北宋继续兴盛一时，由于它体现浓厚的文化性格，造成相当大的影响。

文偃言句简洁峻烈，后来有所谓“云门一字关”之称，即以一个字的答话来表达禅解，颇费人揣度思量。

七

禅宗史上被公认的最后一个派系是法眼文益创立的法眼宗。文益活动已经是马祖道一之后近两个世纪，禅宗分化第一个派系沩仰宗之后百余年。这已是从禅宗烂熟走向衰败阶段。文益在一定意义上担负起总结禅宗历史的任务。

文益(885—958)，俗姓鲁，余杭人，石头下第八世(石头希迁—

①《资治通鉴》卷二八三《后晋纪四》，第9236页。

天皇道悟—龙潭崇信—德山宣鉴—雪峰义存—玄沙师备—罗汉桂琛—法眼文益)。他七岁出家,曾到明州(今浙江宁波市)鄮山育王寺从律师希觉学律,兼习儒典。后来到福州,参雪峰法嗣长庆慧稜法会,得到大众推许,遂结伴游学,路过漳州(今福建漳州市),住城西地藏院,参谒雪峰隔世法嗣罗汉桂琛。以后继续参访江南丛林,到临川(今江西抚州市),邦伯命居崇寿寺,开堂接众,一时名声大噪。南唐烈祖李昪受吴禅立国(937),迎请他住金陵报恩院,赐号"净慧大师";再迁清凉寺。元宗李璟(943—961 在位)即位,以好佛著称,大臣宋齐邱、韩熙载、徐铉等也都好佛嗜禅。朝廷大建寺院,文益"师缘被于金陵,三坐大道场,朝夕演旨。时诸方丛林,咸遵风化,异域有慕其法者,涉远而至。玄沙正宗,中兴于江表"①。左街报恩寺为代表的宫苑中十大禅院成为他这一派的活动中心。文益于南唐中兴元年(958)去世,"城下诸寺院具威仪迎引,公卿李建勋以下素服,奉全身于江宁县丹阳起塔,谥"大法眼禅师",塔云"无相"。后李主(李煜)创报慈院,命师门人玄觉言导师开法,再谥师"大智藏大导师"②。后主李煜亲自作碑颂德,韩熙载撰塔铭,"法眼宗"也以此得名。南唐繁盛时期,东败吴越,西并楚,建东(扬州)、西(金陵)两都,国势盛大,幅员最盛时占地三十五州,包括今江西全省及安徽、江苏、福建和湖北、湖南等省一部分。人口约五百万,又处在江南经济、文化发达地区,一度成为"五代十国"中的强国。文益和法眼宗借助南唐这种声势得以广泛弘扬。文益的嗣法弟子有天台德韶(891—972)、永明道潜、报恩慧明、漳州智依、钟山道钦、润州光逸、报慈文遂等。其中德韶、道潜著名于北宋初。

文益活动在都城,以都市大寺为道场。法眼宗更鲜明地体现作为御用佛教的性质。他自觉地依靠政治力量寻求发展出路,决

①《景德传灯录》卷二四《升州清凉院文益禅师》,第 483 页。
②《金陵清凉院文益禅师语录》,《大正藏》第 47 卷第 594 页上。

定这个派系不可能有更大的发展前途。但在禅宗发展史上，文益在两个方面发挥了重大作用。一是他对禅宗历史确实多有了解，在文化发达的都城金陵又能够得到大量文献，也就有可能对当代禅宗概况作出批判性的总结，写出本讲开头提到的《宗门十规论》。这篇作品篇幅不长，但内容相当丰富，颇多真知灼见。例如其中第四《对答不关时节兼无宗眼》对当时的宗风提出批评：

> 论曰：凡为宗师，先辨邪正；邪正既辨，更要时节分明。又须语带宗眼，机锋酬对，各不相辜。然虽句里无私，亦假言中辨的。曹洞则敲唱为用，临济则互换为机，韶阳则函盖截流，沩仰则方圆默契。如谷应韵，似关合符。虽差别于规仪，且无碍于融会。近代宗师失据，学者无稽，用人我以争锋，取生灭为所得。接物之心安在，破邪之智蔑闻。棒喝乱施，自云曾参德峤、临济；圆相互出，惟言深达沩山、仰山。对答既不辨纲宗，作用又焉知要眼。诳谑群小，欺昧圣贤。诚取笑于傍观，兼招尤于现报。所以一宿觉云："欲得不招无间业，莫谤如来正法轮。"似此之辈，不可殚论。但脱师承，都乏己见，无本可据，业识茫茫。惟可哀怜，难以为报。①

这里议论取"曹洞""临济""韶阳"(云门)、"沩仰"四派，加上自己一派，已经是"五宗"观念，又显然把自己一派置于另外四派之上，自诩为禅宗正统。他着重批评"近世宗师"对禅的真谛没有真正了解，只是以形式的棒喝、圆相争胜，"诳谑群小，欺昧圣贤"，批评是颇中肯綮的。其他如第六《不经淘汰臆断古今言句》、第八《不通教典乱有引证》、第十《护己之短好争胜负》等，指责当时丛林风气，亦颇有见地。当然这篇文字总的精神在平息派系纷争，指责当时禅宗各派的种种偏邪，实则是标举自己一派，不过总算是具有相当见

①《续藏经》第63册第37页上—39页上。

识的对于当时禅宗发展状况的总结。另一方面是,相当明确地提出调和禅、教,走“禅、教合一”道路的主张。下面还将说明,实际当派系分化时期,有的宗派如曹洞宗,有的人如宗密,就在观念上或实践上表现出调和禅、教的趋势。到文益,终于作为明确主张写成文字提出来。这两个方面,都具有前面提到的总结禅宗史的意义。

以上是晚唐五代禅宗发展的大致局面。总体看,分化出众多派系,形势上繁盛一时,但这些派系基本是依靠地方割据方镇的支持形成和发展的。它们无例外地回归到依附统治权威、与政治结合的道路,思想上也都鲜有重大开拓,从而决定了它们衰落的前途。只是衰落时间前后不同而已。相关情况下一讲具体说明。

第十二讲　宗风蜕变

一

总结前一讲内容可以了解，晚唐禅宗各派系都是依附割据方镇发展起来的。与其早期相比较，禅宗活动的社会环境、社会基础都发生了根本改变，宗风、学风、文风也随之蜕变了。

首先是禅宗上层的贵族化、官僚化和寺院经济的世袭化。北宋初，云门宗圆通居讷(1010—1071)批评说：

> 昔百丈大智禅师，建丛林，立规矩，欲救像季不正之弊。曾不知像季学者，盗规矩以破百丈之丛林。上古之世，虽巢居穴处，人人自律；大智之后，虽高堂广厦，人人自废。故曰安危，德也；兴亡，数也。①

南宋初的晓莹(生卒年不详，临济宗禅僧，网罗宗门掌故，著《罗湖野录》《感山云卧纪谈》)同样指出：

> 自佛法广被，达磨西来，具信根者求证本源，星居旷野，蔽

①《禅林宝训》卷一，《大正藏》第48卷第1017页上。

身草木,衣不御寒,食不充腹。及正法渐漓,人法替怠,百丈禅师乃营其栋宇以安老病。迩来禅刹,竞构宏壮,少年初学恣卧其间。殊不知化缘者劳形苦骨,施财者邀福忏罪,明因果者如卧铁床,若当冤敌。①

他们是说当初禅宗创立当初、后来百丈怀海制定《清规》,都意在纠正佛教僧团寄生、腐败的流弊,可是发展到后来,却"迩来禅刹,竞构宏壮","高堂广厦,人人自废",建筑起屋宇高广的大道场,禅僧居止其中。他们的生活与地位已经和早期那些在荒山野岭开辟草莱、艰苦创业的前辈截然不同了。他们接受供养,养尊处优,已经成为统治阶层的一员、世俗权势的仆从。吕澂指出:

禅宗思想到赵宋一代,有了较大的变化……其后能继续存在的几派,都是依赖统治者的支持的,当时著名的禅师经常与官僚等周旋,接触上层人物,这就使原来禅宗居住山林常同平民接触而形成的朴素作风丧失殆尽(本来从五代以来已丧失不少),其基本思想亦积极向主观唯心论方面发展……此种思想可说是和统治者的需要契合无间的。②

这种"变化"在马祖、石头以后已现端倪,到他们以下三、四代,即派系开始分化时期已逐渐严重;到唐末五代,临济、雪峰、云门、法眼派系领袖都位高势宠,养尊处优,平交王侯,气焰熏天。宋代有佛印了元,云门宗著名禅师。他与苏轼交好,成为文坛佳话,有关传说后世被编成小说、戏曲。而北宋惠洪记载见闻:

予南还海岱,逢佛印禅师元公出山,重荷者百夫,拥舆者十许夫,巷陌来观,喧沸鸡犬。予自叹曰:"使褒禅山石崖僧见

---

①《感山云卧纪谈》卷一,《续藏经》第86册第661页下。

②《中国佛教源流略讲》,《吕澂佛学论著选集》第5卷第2830—2831页。

之，则子为无事人耶！”①

苏轼曾说当时有些禅僧“奔走王公，汹汹都邑”②，实际了元正是一例。佛教史上有个具有象征意义的现象，在唐代，称呼禅僧一般用山号、寺号，入宋以后，则多用朝廷赐号和道号了。这看似细微末节，实际反映两个朝代禅师身份、地位的差异。唐代遗世独立的禅师到宋代成为朝廷的奴仆了。更有甚者，如同是南宋道融（生卒年不详，南宋后期临济宗僧，网罗宗门掌故，作《丛林盛事》）指出：

破法比丘，魔气所钟，诳诞自若，诈现知识身相。指禅林大老为之师承，媚当路贵人为之宗属。申不请之敬，启坏法之端。白衣登床，膜拜其下，曲违圣制，大辱宗风。吾道之衰极至于此。呜呼！天诛鬼录，万死奚赎其佞者欤。③

实际当初禅门派系分化和承续与寺院土地、资材的继承直接相关联。本来按佛教戒律，僧人不可蓄积私财。但在中国的客观环境中，形成规模庞大的寺院经济，积累起土地、屋宇、奴婢等大量私财。中国佛教徒从而必须对外来戒律“删繁”“补缺”，重新规定僧人可蓄积资材，只要圆寂后归于“常住”（这里“常住”指寺院，意谓僧尼常住之地；“常住物”指寺院僧团公共财物），即为如法。这就给住持寺院那些上层僧侣积累、垄断财富留下了空间。这些人也就构成僧侣地主阶层。前一讲介绍的禅宗派系基地多是占地广阔的大庄园。后来它们成为一派的“祖庭”，由弟子一代代继承。实则这种继承关系与世俗血缘家族世袭继承关系无异。派系之所以必须维持，能够维持，也是以这种世袭土地、财产的存在为基础。表面上派系的继承关系在师弟子间的宗义传继层面，要明确“师唱

①《冷斋夜话》卷一〇。

②《东坡志林》卷四。

③《丛林盛事》卷上，《续藏经》第86册第694页中。

谁家曲，宗风嗣阿谁”①，实际背后更重要的是物质利益的继承。贾晋华把禅宗这些派系称为“家系”。她举出曹洞宗的例子：

洞山于唐宣宗大中五年（851）在洪州高安新丰山创建寺院，聚徒五百余人，法席大盛，名闻京师，后唐懿宗赐额咸通广福寺。其弟子洞山道全（？—894）和青林师虔（？—904）继住为第二、第三世。其后仍由禅僧代代住持，至北宋初已传至第十世。②

这也是禅宗各“山头”传继的一般情形。可以看另外两个例子。苏舜钦（1008—1048）记载苏州洞庭山水月禅院：

唐光化（898—901）中，有浮屠志勤（灵云志勤，沩山灵祐法嗣，生卒年不详）者历游四方，至此爱而不能去，复于旧址结庐诵经。后因而屋之，至数十百楹。天祐四年（907）刺史曹珪以“明月”名其院。勤老且死，其徒嗣之，迄今七世不绝。③

苏舜钦是11世纪前期人。又黄庭坚（1045—1105）记载洪州分宁县青龙山兴化禅院：

灵台院至会昌而籍没，大中（847—895）再许度人。有利相禅师，实化草莱，皆为金碧，号澄心院。嗣兴者曰伏虎禅师，岁远失其名，盖常以道行伏虎，乡民生敬，其经行死，奉其塔庙。至今遗基岿然，水旱犹请祷之。此后子孙食其田宅而已。至庆历中，赐名兴化禅院，于今七世。④

利相禅师其人不详。这是黄庭坚家乡一个小型禅寺的情形。后来有史料记录南宋绍兴年间“僧寺常住田”状况：“今明州育王、临安

①《镇州临济慧照禅师语录》，《大正藏》第47卷第496页中。

②《古典禅研究——中唐至五代禅宗发展新探》第289—290页。

③《苏州洞庭山水月禅院记》，《苏学士集》卷一三。

④《洪州分宁县青龙山兴化禅院记》，《山谷集》一八。

径山等寺,常住膏腴多至数万亩,其间又有特旨免支移科配者,颇为民间之患焉。”①根据日本学者青山定雄的研究,在12或13世纪初,福州的寺庙占有全部耕地的百分之十七和山地的百分之十三,浙江全省寺庙则占耕地的百分之三和山地的百分之十三②。这些寺院成为田连阡陌的大领主,沿袭晚唐禅门各派递代相承传统,牢固地保持寺院财产的继承关系。寺院经济命脉从而得以维系,也为以后这些寺院的存续提供了保障。

石井修道概括禅宗由唐至宋的发展趋势、两个时期禅宗的根本区别,指出唐代是“修行中心”的禅,宋代是“祈祷中心”的禅。即唐代的禅重在个人修持,追求“明心见性”,是张扬个性的、非政治化的禅;到宋代,则蜕化、合流到替统治阶级祈禳祭祷、纳福消灾的传统佛教之中了。这当然是两个时代禅宗性质的大致的划分。他又说:

> 从社会史的角度看,宋朝的禅具有顺应世俗的门风,协助国家的禅风。佛教在唐代已经调整为接近世俗、协助国家的态势,但是在禅宗内部,仍然以超然世外为理想。可是到宋代,国家对丛林的压力加强了,顺应这一点,禅僧协助国家的态势也逐渐增强了。③

禅宗创建,意在对传统佛教进行革新,它根植于民间,乃是非政治化、非伦理化、非经院化的,自主独立的、“明心见性”的佛教。到晚唐派系相继创建,其性质也在逐渐发生根本转变,其革新性质也随之逐渐剥落了。

到南宋,朝廷创建“五山十刹”体制,即由朝廷遴选一批禅寺作为官寺,其住持由朝廷任命有名望的禅师担任。蒙元占领江南,沿

①《建炎杂记》甲集卷一六。

②《宋元の地方誌に見える社会経済史料》,《東洋學報》1938年第2期。

③田中良昭编《禅宗研究入門》第101、100页,大东出版社,1994年。

袭这一制度。这是禅宗“御用化”、禅师“官僚化”的典型体现。元代的中峰明本是后期佛教史上少数洁身自好,坚持山居修道、韬晦避世的禅师之一。他批判“五山十刹”制度说:

> 自佛以降西天二十八祖,皆岩栖穴处,或混迹于差别门头,及达磨东迈,百丈未生,牛头横出一枝,南北分宗,两派皆腰镰荷锸,火种刀耕……彼时安有五山十刹之广居!①

明本赞扬禅宗早期艰苦垦殖、山居修道的传统,批判“五山十刹”官寺制度,实则“五山十刹”的堕落局面是晚唐以来延宕下来的。

二

禅宗各派系门风的窳败还表现在思想发展失去创新能力而停滞不前。

当初道信、弘忍讲“修心”“净心”“守心”等,肯定自性清净心为每个平凡人所具有,只要勤勤拂拭、清除污染即可;慧能、神会进一步讲“顿悟”“无念”“见性”,把实现清净心的修持变成一念“顿悟”;到马祖道一的洪州禅,再进一步,讲“平常心是道”,主张穿衣吃饭、扬眉瞬目皆是道,从而“平常心”等同于“清净心”,因此“道不用修”。禅宗宗义发展的这几个大段落是一步步在更高层次上肯定“自我”、张扬“个性”的过程。到洪州禅,已经把这种观念发挥到绝对程度,不再有进一步开拓的余地了。接下来恰值晚唐时期,社会整体衰败,思想趋于没落,禅宗派系分化,纷纷依附地方强权,观念也随之渐趋停滞。求新求变,只能在言句上用功夫。另一面张大

①《天目中峰和尚广录》卷一一中《山房夜话》中,《禅宗全书》第48册第110页。

声势的，则是呵佛骂祖、毁经灭道的一股潮流。这种潮流表述上极其激进、彻底，但缺乏建设性和理性精神，成为空洞、虚聒的口号了。临济、德山、赵州等一代禅宗的代表人物的出现即体现这股潮流。

前面提到，临济言句编入天圣七年(1029)成书的《天圣广灯录》的比较可靠，其中有一段“示众”：

> 师到大愚。大愚问：“从什么处来？”师云：“黄檗处来。”愚云：“黄檗有何言句？”师云：“某甲三度问佛法的的大意，三度吃棒，不知某甲有过无过？”愚云：“黄檗恁么老婆，为汝得彻困，更来者里问有过无过。”师于言下大悟，云：“元来黄檗佛法无多子。”大愚搊住云：“者尿床子，适来言道有过无过，如今却道黄檗佛法无多子，你见什么道理？速道！速道！”师于大愚胁下筑三筑，大愚拓开云：“你师黄檗，非干吾事。”①

所谓“佛法无多子”，是说根本没有什么佛法，因此对于学人求法也就绝对地加以否定。《祖堂集》另一段“示众”里说：“但一切时中，更莫间断，触目皆是，因何不会？只为情生智隔，想变体殊，所以三界轮回，受种种苦……大德，欲得山僧见处，坐断报、化佛头，十地满心犹如客作儿。何以如此？盖为不达三祇劫空，所以有此障。若是真正道流，尽不如此。”②这就把佛、菩萨统统打倒了。

稍后同在河北活动的赵州从谂，玄言法语怪异激烈，传播丛林，称“赵州门风”，有一个著名公案：

> 师问僧：“还曾到这里摩？”云：“曾到这里。”师云：“吃茶去！”师云：“还曾到这里摩？”对云：“不曾到这里。”师云：“吃茶去。”又问僧：“还曾到这里摩？”对云：“和尚问作什摩？”师云：

①《天圣广灯录》卷一〇，《续藏经》第78册第464页下。

②《祖堂集》卷一九《临济和尚》，下册第857页。

"吃茶去。"①

这就是著名的"赵州茶"公案。"吃茶"本来是当时丛林日常营为，赵州在这里直截亲切地指示人无为无事、任运随缘。"吃茶"的禅与佛、与法是根本无关的。他有许多蔑视经教的言论，如：

师有时云："佛之一字，吾不喜闻。"僧问："师还为人不？"师云："佛也！佛也！"

镇州大王请师上堂。师升座，便念经。有人问："请和尚上堂，因什摩念经？"师云："佛弟子念经不得摩？"

又别时上堂，师念《心经》。有人云："念经作什摩？"师云："赖得阇梨道念经，老僧洎忘却。"

师问僧："你在这里得几年？"对云："五六年。"师云："还见老僧也无？"对云："见。"师云："见何似生？"对云："似一头驴。"师云："什摩处见似一头驴？"对云："入法界见。"师云："去！未见老僧在。"②

如此对佛、法、僧"三宝"统统加以否定，进而否定求法僧、俗的持戒修行，也就否定了禅本身。他有上堂法语："金佛不度炉，木佛不度火，泥佛不度水，真佛内里坐。菩提、涅槃、真如、佛性，尽是贴体衣服，亦名烦恼……一见老僧后，更不是别人，只是一个主人公。"③否定对于偶像、教条的迷信，只肯定自己孤家寡人。

下面是《祖堂集》著录的云门文偃机缘问答：

师因把杖打柱问："什摩处来？"对云："西天来。"师云："作什摩来？"对云："教化唐土众生来。"师云："欺我唐土众生。"却问大众："还会摩？"对云："不会。"师打柱云："打你个两重败

①《祖堂集》卷一八《赵州和尚》，下册第798页。

②《祖堂集》卷一八《赵州和尚》，下册第789—791页。

③《景德传灯录》卷二八《赵州从谂和尚语》，第592页。

> 阙!”师良久。僧问:“何异释迦当时?”师云:“大众立久,快礼三拜。”
>
> 问:“如何是超佛越祖之谈?”师云:“蒲州麻黄,益州苻子。”
>
> 问:“一口吞尽时如何?”师云:“老僧在你肚里。”僧曰:“和尚为什摩在学人肚里?”师云:“还我话头来。”①

这类言句看似狂放大胆,实际内涵也只是否定一切。否定了一切,归于虚无,落入佛法所谓“无记空”。如此只破坏而无建设,就只剩下空洞的言辞了。李泽厚指出:

> 更进一步,在理论上终于出现了要求信仰与生活完全统一起来的禅宗……成佛也就是不成佛,在日常生活中保持或具有一种超脱的心灵境界,也就是成佛。从“顿悟成佛”到“呵佛骂祖”,从“人皆有佛性”到“山还是山,水还是水”,重要的不只是“从凡入圣”,而更是“从圣入凡”,同平常人、日常生活表面完全一样,只是精神境界不同而已。“担水砍柴,莫非妙道”,“语默动静,一切声色,尽是佛事”(《古尊宿语录》卷三)。这样,结论自然就是,并不需要一种什么特殊对象的宗教信仰和特殊形体的偶像崇拜。②

这是从这一派禅宗的“生活化”“艺术化”角度说的。上述几位都是禅宗史上的杰出人物,对于禅宗发展、对于当时社会都有所贡献。他们那些呵佛骂祖、否定一切的言论,客观上表达了遍及晚唐社会,特别是知识阶层中激愤、无望的狂躁心态。从长远看,这种强烈的冲决网罗、大胆否定的精神,在中国古代专制体制之下更颇具光彩,并对后世造成长远影响。但就总体看,特别是对比早期禅宗

---

①《祖堂集》卷一一《云门和尚》,下册第516页。

②《美的历程》,《美学三书》第124页,安徽文艺出版社,1999年。

内涵丰富、新鲜活泼的思想建树，这一代禅师，即使是当中的卓越人物的思想却亦显得空虚无力，成为发展形态没落的一种表现了。

三

宗风蜕变还体现在表现形式上。

禅宗标榜“不立文字”，本意主要在不谨守、不依傍经典的理性态度，反对六朝以来义学师说的教条主义，并非不用文字。相反，禅师靠言句示法，用“文字”“言句”表达禅解。从而才能够结集起大量典籍。韦政通说到禅宗比起另一些佛教宗派的优胜：

> 佛教在中国发展到天台、华严，义理上已达登峰造极之境；同时也可以说，文字的高级游戏，也到了山穷水尽的地步。明乎此，华严宗的同时，为什么会兴起以不立文字为标榜的禅宗，也就不难理解了。①

就是说，省略文字，不拘文字，乃是禅宗的优点，是它得以发展的有利条件。但随着它传布渐广，越发地讲究“言句”技巧，原先的优点也在逐渐丧失。特别是到后来，思想枯竭，新意无多，以卖弄文字夸炫，则是走入歧路了。

禅门师资教学的记录，后世统称为“语录”，并形成独具特色的“语录”文体。中国著述中有先秦诸子以来传统的语录体；佛经里记载佛陀说法，与弟子相对答，也可看做是广义的语录；晋宋以来本土佛教论说也多用问答或设问的对话体。禅宗语录就是多方面借鉴这些传统文体发展起来的。

---

①《中国思想史》下册第 581 页，上海书店出版社，2003 年。

禅宗本来形成于民间，聚众禅修，教学基本采取两种形式：一种是师僧宣讲，类似佛教讲经的登坛说法；一种是师弟子间随问随答的对话。早期慧能的《坛经》、神会的《坛语》，基本是登坛说法的记录。这种方式延续下来，发展成后来丛林中的师僧“上堂”示法；“随问随答”的对话则演变为师弟子双方的对答勘辩。这都是相当新颖、生动的教学方式，是为“语录”的缘起。不过“语录”这个名称是后起的，当初记录师弟子对答言句的文本叫做“语”“语本”“广语”“言教”“别录”等，也称“册子”。它们在丛林中流传，成为示法的经典、后学的读本（除了少数语录比较真切地保持原来说法面貌外，今传唐人语录基本是经过后世一代代人整理、传写，在传写中不断改动、增饰而形成的）。

自南宗禅分化马祖、石头两派，宗风发生很大变化。学人游走在各宗师之间，参问请益之风大兴，“语录”开始兴盛。不过马祖、石头等人的语录，表述还比较直截明白。如马祖开悟故事，说南岳怀让为启发马祖在庵前磨砖，表明禅不在坐，坐守枯禅不可能解悟的道理；大珠慧海从家乡来到马祖处参访，马祖对他说为何不顾自家宝藏却抛家散走，他反问马祖什么是自家宝藏，马祖告诉他“即今问我者是汝宝藏”[①]，意思都相当清楚。大珠慧海的《顿悟要门》（这是几本少数唐代本来面貌的文献之一）行文则还是采取以导师为主的教学方式。和大珠慧海同辈分的百丈怀海的弟子黄檗希运，裴休给他的《传心法要》（这也是保持少数唐人本来面貌的禅文献之一）作序，说“其言简，其理直，其道峻，其行孤”[②]，他的文字重在发明心地，道理显豁，表达也简要顺畅。但是到马祖、石头下第三、四代，派系开始分化的时候，各派教学内容已鲜有重大发挥，师资朝参夕聚，较量禅解，主要在言句、文字上用功夫，所谓“机缘语

①贾晋华《马祖语录校注》，《古典禅研究——中唐至五代禅宗发展新探》附录一，第344页。

②《黄檗山断际禅师传心法要序》，《大正藏》第48卷第379页中。

句”成为教学的主要手段,宗风发生重大变化。

“机缘”的“机”,指“机锋”;“缘”,指因缘时节。活用“机锋”,契合“因缘”,要求问答灵活,不落窠臼,活泼泼地,避免“葛藤”(“葛藤”,本义指烦恼。作为禅语,喻如枝蔓缠绕,不达根本,指执着文字,不解禅意),做到所谓“见解玄微,机锋峭峻”①。“机锋”的妙用则是所谓“机用”,指谈禅时配合以拳打、棒喝或竖指、画圆相等动作,或利用拂子、拄杖之类作辅助工具,以期超越言诠,大彻大悟。这种“机缘语句”,神会语录里已经使用;马祖、石头的说法里渐多;到派系分化,成了各派教学的主要手段。这种“机缘语句”大量使用比喻、象征、联想、暗示等修辞手段,采取反诘、设问、以问代答、答非所问、问而不答之类句式,不是追求文字的清晰明白,而是去简就繁、舍易取难、去平就险、弃明执晦,往往采取非理性、非逻辑、隔断常识情解的表达方式,可说是典型地以艰深文浅陋。又师弟子示法谈禅,如临大敌,竞争胜负,相互较量禅解高下,极力利用“言句”难倒对方。这种“机缘语句”,不是启发心智而是阻遏正常思路,师资关系不是“老婆心切”的谆谆诱导而是制造迷惘,设置困境。这也是因为方镇护持之下的僧团,主持者大僧与学人不再是平等的师资关系,而是上下等级关系;随着寺院庄园经济扩展,其中每个人的地位又关联着经济利益,教学中禅解的高下是决定学人地位的重要条件。从而正常的示法请益、学理辩论也就难以为继,转变成文字较量的论战了。

印顺曾指出:

> 洪州与石头门下的作风,都是无可表示中的方便表示。除上所说的打、喝而外,主要的还是语言。不过所使用的语言,是反诘的,暗示的,意在言外的,或是无义味话,都不宜依言取义。此外,是身体动作的表示:如以手托出,用手指拨虚

①《石溪心月禅师语录》卷上,《续藏经》第71册第23页上。

空，前进又后退，向左或向右走，身体绕一个圈子，站起，坐下，放下脚，礼拜等，都可以用作表示。附带物件的，如拿起拂子，放下拂子，把拄杖丢在后面，头上的笠子，脚下的鞋子，信手拈来，都可以应用。日常的生活中，如种菜，锄草，采茶，吃饭，泡茶，一切的日常生活，都可以用为当前表达的方法。这些，可说是石头与洪州门下共通的方便。①

这里说的“门下”的“方便表示”，如前所说，到马祖、石头下第三、四世方才发展得充分。仰山慧寂是马祖下四世，根据贾晋华的看法，他“可能是成熟机缘问答的最早提倡者之一”，并具体指出“仰山开创画圆相的机缘手段，以之引导学人悟道”②。昭宗朝曾任宰相的陆希声有《仰山通智大师塔铭》，其中说到仰山示法情形：

(仰山)从国师忠和尚得玄机境智，以曹溪心地用之，千变万化，欲以直截指示学人，无能及者。而学者往往失旨，扬眉动目，敲木指境，递相仿效，近于戏笑，非师之过也。然师得曹溪玄旨，传付学人，随与经教符同，了然自显一道，所谓龙从者也。③

这段话批评当时“学者往往失旨”，而仰山能“以直截指示学人”，“与经教符同”，表明他说法的“言句”仍比较浅显明白，实则已经明显表现出学风与文风的变化。试举他示法的几个例子(如前所述，今传唐人语录，除有限的几种，大多经后人改作、增饰。因此，本书下面引述诸禅师“言句”，很难肯定是当初说法的真实面貌，可看做是“机缘语句”的一般形式)：

师共僧说话次，傍僧云：“语是文殊，嘿底是维摩。”师云：

①《中国禅宗史》第414页。

②《古典禅研究——中唐至五代禅宗发展新探》第287、289页。

③《全唐文》卷八一三，第8554页。

"不语不嘿，莫是公不？"其僧良久。师问曰："何不现神通？"其僧云："不辞现神通，恐和尚收入教。"师云："鉴公来处，未有教外之眼。"

师问俗官："至个什摩？"对云："衙推。"师拈起柱杖云："还推得这个不？"无对。

见景岑上座在中庭向日次，师从边过，云："人人尽有这个事，只是道不得。"云："恰似，请汝道。"师云："作摩生道？"岑上座便拦胸与一踏。师倒，起来云："师叔用使，直下是大虫相似。"

问："弯弓满月啮镞意如何？"师云："啮镞拟开口，驴年也不会。"

师有时正与摩闭目坐次，有一僧潜步到师身边侍立。师开门，便于地上作圆相，圆相中书"水"字，顾示其僧。无对。①

如此答非所问，或莫名其妙的回答，加上"做圆相"的奇怪动作，学人只能胡乱猜想，难以得出明确答案。越是往后，这种风气愈演愈烈。

赵州从谂是马祖下二世，但他活动的年代与仰山相当。如前所介绍，他是宗风峻烈的禅师之一。看他与弟子的几段对答：

有僧问："什么处去？"对云："南方去。"师云："三千里外，逢人莫喜。"僧云："学人不会。"师云："柳絮！柳絮！"

问第一座："堂中还有祖父么？"对云："有。"师云："唤来，与老僧洗脚！"

问："如何是平常心？"师云："虎狼、野干是。"僧云："还教化也无？"师云："不历你门户。"僧云："与么莫平沉那个人也无？"师云："太好平常心！"②

---

①《祖堂集》卷一八《仰山和尚》，下册第804—807页。

②《祖堂集》卷一八《赵州和尚》，下册第785—786页。

前面已经引述云门文偃的几个公案。他的言句著名地简单，也特别地深晦，往往用一个字、一个词对答，因此有所谓“云门一字关”之说，更费人揣度思量。如：

问：“如何是透法身之句？”师云：“看山。”①

“如何是正法眼？”“普。”

“如何是云门一路？”“亲。”②

等等。这种故作艰深的“绕路说禅”（佛果圆悟禅师说：“大凡颂古只是绕路说禅，拈古大纲，据款结案而已。”③）令人难于索解。学人只能任意揣摩，不可能得出众人认可的答案。近人顾随批评说：

慨夫宗门之中，祖师而下，施棒行喝既成家常，拈槌竖拂亦不新鲜，于是进前退后，辊木球，弄狮子，乃至打圆相，作女人拜，种种怪相，流转仿效……末法中底衲子有几个不是缠藤担篋的客作，坐床面壁的死汉！更有几个不是钻故纸，记话头，琢磨新鲜言句的糊涂桶。一如三家村秀才之抱高头讲章揣摩场屋中帖括制艺的文章！然则宗风之坠地，又岂无因而致然哉？看他赵州父子不捏怪，不出奇，又不坐在无事甲里；执着平常心是道；于芥子中现须弥山，于一粒沙中现大千世界：信知赵州古佛之赞为非缪也。④

这里后面称赞赵州和尚，是因为赵州言句比起后人来还相对地易懂，可见后来的言句怪诞、深晦、不知所云到什么程度。谈禅成了斗智，机锋交错，杀活擒纵，费尽心机，闹得言句愈多，知解愈难，这种状况只表明禅思的浅陋乃至枯竭了。南宋岳珂（1183—1243，岳

①《祖堂集》卷一一《云门和尚》，下册第512页。

②《云门匡真禅师广录》卷上，《大正藏》第47卷第545页下、550页上。

③《佛果圜悟禅师碧岩录》卷一，《大正藏》第48卷第141页上。

④《揣籥录》，《顾随说禅》第40—41页。

飞孙，能文，历官有惠政）的批评颇中要害："今之言禅者，好为隐语以相迷，大言以相胜，使学者依依然益入于迷妄。"①宗门内部也有尖锐批评，如惠洪说：

> 近世禅学者之弊，如珷玞之乱玉，枝词蔓说似辩博，钩章棘句似迅机，苟认意识似至要，懒惰自放似了达。始于两浙，炽于江淮，而余波末流，滔滔汩汩于京、洛、荆、楚之间，风俗为之一变，识者忧之。②

当时谈的是"近世"，实际弊病延续自晚唐。

禅宿的作为、"言句"，还有许多"机缘语句"，成为宗门弟子参悟的对象，是为"公案"。中峰明本解释说：

> 公案乃喻夫公府之案牍也。法之所在，而王道之治乱实系焉。公者，乃圣贤一其辙、天下同其途之至理也；案者，乃记圣贤为理之正文也。凡有天下者未尝无公府，有公府者未尝无案牍，盖欲取以为法而断天下之不正者也。公案行则理法用，理法用则天下正，天下正则王道治矣。夫佛祖机缘目之曰公案亦尔。盖非一人之臆见，乃会灵源，契妙旨，破生死，越情量，与三世十方百千开士同禀之至理也。③

这里解释"公案"概念，喻如官府判案文牍，被当做学人研读、修习的指引和典则，也是参详、模仿的对象。"公案"一兴，学人以揣摩前人"公案"取代个人主动积极的思维活动。例如"如何是祖师西来意"是个著名公案，意思是问达摩到中土来的目的，实际是问"禅"对中国有什么意义。《临济录》里记载临济与赵州的对答：

---

①《桯史》卷八。

②释廓门贯彻注《临平妙湛惠禅师语录序》，《石门文字禅》卷二三，下册第1376页，中华书局，2012年。

③《天目中峰和尚广录》卷一一上《山房夜话》上，《禅宗全书》第48册第107页。

赵州行脚时参师，遇师洗脚次。州便问："如何是祖师西来意？"师云："恰值老僧洗脚。"州近前作听势。师云："更要第二杓恶水泼在。"州便下去。①

又一则赵州本人的答复：

问："如何是祖师西来意？"师云："亭前柏树子。"僧云："和尚莫将境示人。"师云："我不将境示人。"僧云："如何是祖师西来意？"师云："亭前柏树子。"②

"祖师西来意"还不算诡异尖新的"话头"，答案不外乎"西来无意"。因为禅本是如如的存在，无关有无达摩，他来还是不来。但作为"公案"来参悟，答案千奇百怪，越来越玄妙，让人如坠五里雾中，实际不是破解悬疑，而是增添迷惘。惠洪说："独江西石头而下，诸大宗师以机用应物。观其问答，溟涬然令人坐睡。"③

又著名的赵州"公案"，有僧问："万法归一，一归何所？"答称："老僧在青州作得一领布衫重七斤。"④回答则更不着边际、不知所云了。而就当时风气说，正要在这种神秘莫测的机缘语句里寻求禅机、禅意，结果如日本学者忽滑谷快天评论《碧岩录》（全称《佛果圜悟禅师碧岩录》，十卷，宋圆悟克勤编。雪窦重显选取"公案"百则，借鉴诗歌"咏古"的形式加以评唱，是为"雪窦颂古""颂古百则"，圆悟克勤拿来在每一则前面加"垂语"提示，引录"公案"时加"著语"解说，然后出己意"评唱"，成为介绍"公案"的代表性著作，被誉为"宗门第一书"）所说："于是乎达磨之心宗，埋没于公案中，简易直截之大道，坠为繁衍丛脞之商量矣。"⑤北宋赵抃给富弼信中

①《镇州临济慧照禅师语录》卷一，《大正藏》第47卷第504页上。

②《祖堂集》卷一八《赵州和尚》，下册第789页。

③《林间录》卷上，《续藏经》第87册第294页下。

④《景德传灯录》卷一〇《赵州东院从稔禅师》，第156页。

⑤《中国禅学思想史》第521页，上海古籍出版社，1994年。

也曾说：

> ……唯佛与祖，以心传心，其利生摄物而不得已者，遂有棒喝拳指，扬眉瞬目，拈椎竖拂，语言文字，种种方便。去圣逾远，诸方学徒忘本逐末，弃源随波，滔焰皆是。斯所谓可怜悯者矣。①

本来是禅门师资平等讨论的对答勘辩，本来应当用生动活泼的语言来发明禅思、禅意，却变成了咬文嚼字、模棱两可、神秘莫测的文字游戏，教学从而失去了本意。晚唐时期开始，禅师上堂示法，又普遍地使用"举"(举出公案，老师在座上唱念公案)、"拈"(拈起公案加以评点，据疑结案)、"代"(代学人作答，提出自己的理解)、"别"(针对原有答案另作答语)等方法；到宋代，又讲究"看话头"，称"看话禅"("话"谓"话头"即"公案"，"看话"指拈起某个"话头"，如赵州"狗子无佛性"，尽心参悟。"看话禅"在宋代的临济宗流行。相对地曹洞宗流行"默照禅")。不是用平常思维方式来理解"公案"，而是力求打破正常的知觉情识，专凭主观揣摩，这样的教学方式是与禅宗的理性精神大异其趣，全然背道而驰了。后世计算《景德录》里的"公案"，共计一千七百零一个，成了宗门的基本教材。

后世宗门中颇有人指出这种宗风的堕落无益，如黄龙慧南说：

> ……洎后石头、马祖，马驹蹋杀天下人；临济、德山，棒喝疾如雷电。后来儿孙不肖，虽举其令而不能行，但逞华丽言句而已。②

这就指出，后世禅师无视思想内容，只专心玩弄言句，无益于禅修实践。元代中锋明本批评当时情形说：

> 今之禅流将欲据大床，挥麈尾，首取诸家语要拣择配持，

①《罗湖野录》卷一，《续藏经》第83册第375页中。
②《黄龙慧南禅师语录》卷一，《大正藏》第47卷第634页中。

> 及渔猎百家之杂说，以资谈柄者，是说禅之师也。不惟不能与人解黏去缚，而亦自失本真，丧坏道眼。如此妄习互相趋尚，既失祖庭之重望，亦安有所谓起丛林、兴法社之理哉！①

这是积弊流荡到后世情形。禅本来求“净心”“无念”，后世学人却忙于钻研“公案”，结果“禅客最忙”。禅本来“不立文字”，后世每一位禅师都造出一批“公案”，结集刻印卷帙巨大的语录，徒灾枣梨。这就离“明心见性”越来越远了。对于禅家末流，永明延寿已经指出：“深嗟末世，诳说一禅，只是虚头，全无实解。”②宋人徐俯（1075—1141，名师川，黄庭坚外甥，官至参知政事；“江西诗派”诗人）则说：

> 今之住院为长老、聚徒称出世宗师者，莫知其几何人。其平居举扬问答之语，门人弟子必录之，号曰“语录”。“语录”之言满天下，而佛法益微。岂言多去道转远，画饼不足以充饥耶！③

至于禅宗语录使用白话，讲究语言技巧，在语言和文学上多有创造和贡献，那是另一层面的事。后面将作介绍。

四

对于“心性本净”思想的发展和阐释，经慧能、神会到马祖道一，无论是讲“自性”的清净、圆满，还是讲它的独立自主，都已达到绝对境界，不再有发挥的余地。所以后来的禅宗各派系禅解上没有什么不同，无论具体说法如何千变万化，都不出原有的基本内

①《天目中峰和尚广录》卷一一上《山房夜话》上，《禅宗全书》第48册第103页。

②《万善同归集》附《永明寿禅师垂诫》，《大正藏》第48卷第993页中。

③《洪州分宁法昌禅院遇禅师语录序》，《续藏经》第73册第55页下。

容。关于“五家”纷争，有人问中峰明本：“达磨始以单传直指之道，至十余传而分为五家宗派者，何也？”他答复说：“所云五家者，乃五家其人，非五家其道也。”就其宗旨是否相同问题，他又回答说：“非不同也，特大同而小异尔。云大同者，同乎少室之一灯也；小异者，乃语言机境之偶异尔。”[①]派系“门风”的分别，主要表现在对于禅解、禅修认识上侧重点不同，接引学人的语言、方式和风格不同。大体说来，沩仰宗沉稳平实，深邃绵密，集中阐发“理事如如”、动即合辙的宗旨；临济宗机锋峻烈，棒喝交驰，务使人截断常识情解而豁然开悟自家本来功夫；曹洞宗阐扬理事回护、圆融无碍观念，应机接物，言行相应，就语接人，富于思辨色彩；云门宗险峻简洁，往往在一言一句中见机趣；最后出的法眼宗具有综合性质，对病施药、相身裁缝，顺机调物，器量平实。就禅思想的发展说，这些都无多新意。

各派系子孙把宗师诱导学人的方式加以总结，形成一些谈禅的公式。禅本来是个人内心的亲切体验，是个性化的、生动活泼的。利用种类公式来谈论、悟解，禅就变成纯粹的思辨功夫了。前面引述陆希声《仰山通智大师塔铭》里说，仰山时“学者往往失旨，扬眉动目，敲木指境，递相仿效，近于戏笑”[②]。《宋高僧传》上说曹山本寂“排五位以铨量区域，无不尽其分齐”[③]。可见仰山、曹山在世时，禅已经使用“敲木指境”“排五位”之类做法，公式在逐渐形成。不过现存语录里记载的那些成系统的公式应当是后来逐渐总结出来的。它们形成的具体过程不清楚，但可以肯定晚唐时期它们已经定型了。

曹山本寂的“排五位以铨量区域”，应当就是后出《语录》里“五

①《天目中峰和尚广录》卷一一上《山房夜话》上，《禅宗全书》第 48 册第 106—107 页。

②《全唐文》卷八一三，第 8554 页。

③《宋高僧传》卷一三《梁抚州曹山本寂传》，上册第 308 页。

位君臣”之说的滥觞：

> 师因僧问五位君臣旨诀，师曰：“正位即空界，本来无物；偏位即色界，有万象形；正中偏者，背理就事；偏中正者，舍事入理；兼带者，冥应众缘，不堕诸有，非染非净，非正非偏，故曰虚玄大道，无著真宗。从上先德推此一位，最妙最玄，当详审辩明。君为正位，臣为偏位。臣向君，是偏中正。君视臣，是正中偏。君臣道合，是兼带语。”僧问：“如何是君？”师曰：“妙德尊寰宇，高明朗太虚。”云：“如何是臣？”师曰：“灵机弘圣道，真智利群生。”云：“如何是臣向君？”师曰：“不堕诸异趣，凝情望圣容。”云：“如何是君视臣？”师曰：“妙容虽不动，光烛本无偏。”云：“如何是君臣道合？”师曰：“混然无内外，和融上下平。”师又曰：“以君臣、偏正言者，不欲犯中，故臣称君，不敢斥言是也。此吾法宗要。”乃作偈曰：“学者先须识自宗，莫将真际杂顽空。妙明体尽知伤触，力在逢缘不借中。出语直教烧不著，潜行须与古人同。无身有事超岐路，无事无身落始终。”①

这里“正位”喻“君”，指本、真、理；“偏位”喻“臣”，指用、俗、事；“兼带”指二者圆融，即体用、真俗、事理的统一。这是在对答商量中，要求根据学人对于二者理解的偏颇，相应地针对二者侧重不同地加以诱导。这种对“五位”成体系的解释，后人多用诗句来形容，如汾阳善昭的《五位颂》：

> 正中来：金刚宝剑拂天开，一片神光横世界，晶辉朗耀绝尘埃。
>
> 正中偏：霹雳锋机著眼看，石火电光犹是钝，思量拟拟隔千山。

①《抚州曹山本寂禅师语录》卷一，《大正藏》第47卷第536页下—537页上。

偏中正：看取轮王行正令，七金千子总随身，途中犹自觅金镜。

兼中至：三岁金毛牙爪备，千邪百怪出头来，哮吼一声皆伏地。

兼中到：大显无功休作造，木牛步步火里行，真个法王妙中妙。①

见于《临济录》的阐发宗义的公式更多，有“三玄”“三要”“四料简”“四宾主”“四照用”等等。它们被归属到临济义玄名下，有可能是经后学发挥、整理过的。如“四料简”：

师晚参示众云：“有时夺人不夺境，有时夺境不夺人，有时人境俱夺，有时人境俱不夺。”时有僧问：“如何是夺人不夺境？”师云：“煦日发生铺地锦，璎孩垂发白如丝。”僧云：“如何是夺境不夺人？”师云：“王令已行天下遍，将军塞外绝烟尘。”僧云：“如何是人境两俱夺？”师云：“并汾绝信，独处一方。”僧云：“如何是人境俱不夺？”师云：“王登宝殿，野老讴歌。”师乃云：“今时学佛法者，且要求真正见解。若得真正见解，生死不染，去住自由，不要求殊胜，殊胜自至。”②

“料简”即根据学人根器与境界的不同，加以估料简择，应病与药，给予对治。这里分别四种不同情况，用四联诗句比喻、形容。所谓“夺人”“夺境”，指破除学人对“人”（“人我”）和“境”（“法我”）的执着：对于“我执”（执着有“我”）重的人，要着重破“我执”，此谓“夺人不夺境”；对“法执”（执着有“法”）重的人，则要着重破“法执”，此谓“夺境不夺人”，等等。

云门宗有所谓“三句”，即涵盖乾坤句、截断众流句、随波逐浪

①《汾阳无德禅师语录》卷上，《大正藏》第47卷第605页下。

②《镇州临济慧照禅师语录》卷一，《大正藏》第47卷第497页上一中。

句；还有前面所说的“一字关”，则基本是“言句”、文字的推敲了。

这类明禅的公式所表达的道理本来并不深奥，大体是说明启发禅悟、进行禅修的一般方法。但如此把活泼生动的禅归结为呆板的条条框框，反倒把自主的领悟和发挥限制住了。

又禅本来是重理性的，所谓“知之一字，众妙之门”①。“明心见性”的禅与《楞伽师资记》里批评的“鬼神禅”明确相对立，也反对偶像崇拜、“他力救济”、往生“净土”之类迷信。但是发展到后来，禅门里不少人却又回归到重神通、讲迷信的旧路上来。赞宁《宋高僧传》把一些相当有名气的禅师列入“感通”“遗身”科目之中，正反映这样的发展趋势。较早的例子如初事南泉普愿、后被认作马祖法嗣的邓隐峰：

> 峰元和中言游五台山，路出淮西，属吴元济阻兵，违拒王命。官军与贼遇，交锋未决胜负。峰曰：“我去解其杀戮。”乃掷锡空中，飞身冉冉随去。介两军阵过，战士各观僧飞腾，不觉抽戈匣刃焉。既而游遍灵迹，忽于金刚窟前倒立而死，亭亭然其直如植。时议灵穴之前，当舁就爇。屹定如山，并力不动，远近瞻睹，惊叹希奇。峰有妹为尼，入五台，瞋目咄之曰：“老兄畴昔为不循法律，死且荧惑于人。”时众已知妹虽骨肉，岂敢携贰，请从恒度，以手轻攘，偾然而仆。遂荼毗之，收舍利入塔，号邓隐峰。遗一颂云：“独弦琴子为君弹，松柏长青不怯寒。金矿相和性自别，任向君前试取看。”②

这是在夸耀神通变化，与“明心见性”的禅无涉。又石霜庆诸(807—888)法嗣天台全宰：

> ……入天台山暗岩，以永其志也。伊岩与寒山子所隐对

①《宗镜录》卷三四，《大正藏》第48卷第614页中。

②《宋高僧传》卷二一《唐代州北台山隐峰传》，下册第547—548页。

峙，皆魑魅、木怪所丛萃其间。宰之居也，二十余年，恶鸟革音，山精让窟。其出入经行，鬼神执役。或扫其路，或侍其旁，或代汲泉，或供采果。时时人见，宰未尝言。①

夸说这一位禅师的神奇诡异，又把他和寒山传说联系起来。再如云门文偃的老师灵树如敏：

……广主奕世奉以周旋，时时礼见，有疑不决，直往询访。敏亦无嫌忌，启发口占，然皆准的，时谓之为乞愿，乃私署为“知圣大师”。初敏以一苦行为侍者，颇副心意，呼之曰“所由”也。一日，随登山脊间，却之潜令下山。回顾，见敏入地焉。苦行隐草中，覆其形，久伺之，乃出往迎之。问曰：“师焉往乎？”曰：“吾与山王有旧，邀命言话来。”如是时或亡者，乃穴地而出，严诫之曰：“所由无宜外说，泄吾闲务。”后终于住院，全身不散。②

上述几个人都算有名的禅匠，但所述行事显然都是自炫神通变化的无稽传说，无论是观念还是实践都是与禅相抵触的。类似记载文献里所在多有，后期的更多。这也表现了宗风蜕变的一端，这个具有强大生命力的佛教宗派已不可挽回地走上衰败道路。

---

①《宋高僧传》卷二二《后唐天台山全宰传》，下册第 562 页。

②《宋高僧传》卷二二《后唐韶州灵树院如敏传》，下册第 561 页。

第十三讲　禅教合一，回归传统

一

如上所述，晚唐五代，禅宗的宗风逐渐衰败，作为其生命力源泉的革新精神和思想创新能力逐渐停滞与衰竭，结果不得不回归传统，导致“禅教合一”。

柳田圣山曾指出：

> ……慧能得到大鉴敕号，马祖的弟子们陆续到帝都宣教，情形很快有了变化。宗密标榜三教一致，不断地批判洪州禅，教外别传开始发生质变。至宋朝统一，延寿完成《宗镜录》，继而契嵩进上《辅教篇》，强调禅教一致，即是宗密以来发展的结果。①

这里说的即是形成“禅教合一”局面的大致脉络。

禅宗衰败，除了前述外部诸因素，作为宗教的和思想的革新运动，理论体系上的“先天”缺陷则为内在原因。从早期道信、弘忍主

①《語録の歴史》，《東方學報》（京都）第57册第480页，1985年。

张的“修心”“净心”“守心”而转染成净,发展到南宗“见性”“无念”的“顿悟”,再进展到洪州禅“平常心是道”的染净一如,已经把主观“清净自性”的“作用”绝对化了。但是这个被逐步绝对化的“自性”,在中国专制政治体制之下,既没有容许其存在的稳固的社会基础,也没有实现它的现实途径,最终成为披着宗教外衣的少数知识精英的主观玄想,或者说是他们内心创造的理想境界。张扬这种理想的心灵和人生境界在一定社会环境中受到欢迎,形成声势,发挥一定的社会作用,对后世也造成相当的影响,但主观玄想不可能成为现实,在强大的社会体制的压力下它避免不了破灭的命运。

在禅宗声势如日中天的时候,有些人已指出它的缺陷。梁肃(753—793,古文家,继萧颖士、李华、独孤及之后,是“古文运动”的先驱之一;贞元八年助考选,选拔韩愈、李观等人)是一代文坛领袖,信仰天台宗。按天台止观,修道需要降服结习,断除惑念,爱养心识,启发“智慧”,即所谓“观心”,这是天台的“止观”的禅。梁肃推尊天台“止观”,对当时禅宗加以批评。他说:

> 今之人正信者鲜。游禅关者,或以无佛无法、何罪何善之化化之。中人已下,驰骋爱欲之徒,出入衣冠之类,以为斯言至矣,且不逆耳。故从其门者,若飞蛾之赴明烛,破块之落空谷。殊不知坐致焦烂,而莫能自出,虽欲益之,而实损之,与夫众魔外道,为害一揆。由是观之,此宗(天台)之大训,此教之旁济,其于天下为不侔矣。自智者传法五世,至今天台湛然大师中兴其道,为予言之如此……①

这里特别集中批评禅宗的“无佛无法,无善无恶”即它的绝对的否定性格方面。否定一切也就“坐致焦烂”,“莫能自出”,即否定了自身。柳宗元是梁肃的后辈,他的父亲与梁肃交好,他本人对梁肃十

①《天台法门议》,《全唐文》卷五一七,第 5256 页。

分尊敬，对梁肃的文章也很欣赏。他是古代少数对佛教教理有深入研究和深刻认识的文人之一，和梁肃一样，对天台教理也有相当深入的研究。在《送琛上人南游序》里，他同样尖锐地批评当时禅宗的宗气。他说：

> 今之言禅者，有流荡舛误，迭相师用，妄取空语而脱略方便，颠倒真实，以陷乎己而又陷乎人；又有能言体而不及用者，不知二者之不可斯须离也，离之外矣——是世之所大患也。①

他指出两点：一是“妄取空语而脱略方便，颠倒真实”，这是批评禅宗所言“自性”的内涵陷于空洞，因而实践上“脱略方便”，即行为轻慢、没有规则，他说这样就“颠倒”了“真实”，“真实”即佛法所指“诸法实相”，也就是终极“真理”；二是“有能言体而不及用者”，指的是禅宗把“自性”作为本体，但没有修习的“用”的实践方法。柳宗元这样以理性态度批评当时禅宗发展导致宗风的狂放不拘、流宕忘返，强调禅修必须体、用一致，是有见地的。他也是站在天台立场上提出批评的。

在佛教内部，就在洪州禅大盛的时候，宗密已提出相当系统的“禅教一致”主张。宗密(780—841)是杰出的佛教学僧，有成就、有影响的佛教思想家。他俗姓何，果州西充(今四川西充县)。少通儒书，元和二年(807)二十八岁放弃科举考试，从荷泽系的遂州道圆(荷泽神会—磁州法如—益州惟忠—道圆)受戒出家。后来游襄汉，在华严四祖澄观(738—839。华严宗创自法藏，法系追溯到杜顺，澄观为“四祖”〔杜顺—智俨—法藏、澄观〕。澄观精华严教理，相关著述宏富，促成华严宗一度“中兴”)弟子灵峰处得到澄观所著《华严经疏》和《华严随疏演义抄》等著作，遂寄书给澄观申弟子之礼。元和六年(811)，他来到长安，礼谒澄观，后来被尊为华严五

①《送琛上人南游序》，《柳河东集》卷二五。

祖。他住长安城南终南山草堂寺,与朝官、文人广有交往。文宗朝赐紫袍,敕号大德,累次召入禁中问道。宰相裴休受其教旨,深入堂奥。他一身兼祧禅和华严,著述宏富,属于华严的有《华严经行愿品疏钞》《注华严法界观门》《华严原人论》等,属于禅的有《圆觉经大疏钞》《禅源诸诠集》(今存《都序》)等。他在禅、教两方面均学养深厚,遂沟通二者,主张"教也者,诸佛菩萨所留经论也;禅也者,诸善知识所述句偈也"①。他又说:"诸宗始祖,即是释迦。经是佛语,禅是佛意。诸佛心口,不必相违。"②裴休在给他作的《碑铭》里说:

> 夫一心者,万法之总也。分而为戒、定、慧,开而为六度,散而为万行。万行未尝非一心,一心未尝违万行。禅者,六度之一耳,何能总诸法哉!且如来以法眼付迦叶,不以法行。故自心而证者为法,随愿而起者为地,未必常同也。然则一心者,万法之所生,而不属于万法。得之者则于法自在矣,见之者则于教无碍矣。③

这样,他主张禅只是"六度"之一,并不能取代整个佛教;对于佛法的证悟,禅与教是一致的。他的判教方法发展华严的"五教十宗"说,重新划分"五教",即人天教、小乘教、大乘法相教、大乘破相教、一乘显性教。最高一级的一乘显性教归结到"不生不灭,不增不减,不变不易"的"一真灵性",即一切有情皆具的"本觉真心"④,亦名佛性,亦名如来藏。他就这样统一了华严一乘教旨和禅宗的清净自性。他编辑《禅源诸诠集》,这是一部"写录诸家所述诠表禅门根源道理、文字句偈"的作品集。在今存《都序》里,他分别教门和

①《禅源诸诠集都序》,《大正藏》第 48 卷第 399 页下。

②《禅源诸诠集都序》,《大正藏》第 48 卷第 400 页中。

③《圭峰禅师碑铭并序》,《全唐文》卷七四三,第 7692 页。

④《原人论》,《大正藏》第 45 卷第 710 页上—中。

禅门，分禅为三宗：息妄修心宗、泯绝无寄宗、直显心性宗；分教为三教：密意依性说相教、密意破相显性教、显示真心即性教，进而把三宗与三教一一契合，得出结论说：

> 三教三宗是一味法，故须先约三宗佛教，证三种禅心。然后禅、教双忘，心、佛俱寂。俱寂则念念皆佛，无一念而非佛心；双忘即句句皆禅，无一句而非禅教。①

这样，宗密主张禅与教的圆融一致，同时肯定华严与禅都是最高一级的佛教。他在《原人论》里又指出：

> 然孔、老、释迦，皆是至圣，随时应物，设教殊涂，内外相资，共利群庶。策勤万行，明因果始终；推究万法，彰生起本末。虽皆圣意，而有实有权。二教唯权，佛兼权实。策万行，惩恶劝善，同归于治，则三教皆可遵行；推万法，穷理尽性，至于本源，则佛教方为决了。②

这则进而主张儒、释、道"三教合一"，当然作为佛教徒，他认为佛教的地位是至上的。

宗密如此采取综合禅、教的观点和方法，在禅宗"教外别传"潮流正盛的时候论证"禅、教一致"，认识是相当超前、深刻的。而他不但精于佛教教理，更熟悉中国传统文化。他的思想具有综合中土学术的性质。不过在当时禅宗声势正盛，他的这种理论还不能得到普遍认可。胡建明指出：

> 宗密不仅怀有以其心性思想来一统佛教的雄心，而且意图以之兼容并蓄佛教之外的儒、道二教，他的《原人论》充分体现出这种以华严佛教和荷泽禅为中心的三教会通思想。笔者认为宗密这种大一统思想绝非出于偶然，它暗示了宗

---

①《禅源诸诠集都序》，《大正藏》第48卷第407页中。

②《原人论》，《大正藏》第45卷第708页上。

> 密力图通过他的宗教心性论来挽救中唐社会日益分崩离析、君臣离叛的可悲现实，意在使华严宗的“一心”“一真法界”、《圆觉经》的“圆觉妙心”、荷泽禅的“空寂之知”再度成为中唐朝廷的御用政治哲学，以再度实现匡合四夷、一统天下的盛唐美景……不以邪正对立相论，不固执内外之见，其全拣的目的是全收，意将儒、道、大小乘佛教的各宗各派收编在自己的华严、圆觉、荷泽禅的堡垒和阵营中。由此，从宗密的表征思想中，也可以层层透视出当时中唐社会现实深处的病患，由表入里来观察，才能显示出宗密思想的用意所在。①

冯友兰给予宗密很高评价，他在1944年版的《中国哲学史》上说：

> ……宗密学说之影响，可谓甚大。就其此论（《原人论》）观之，宗密不啻上为以前佛学，作一结算；下为以后道学，立一先声。盖宋明道学出现前之准备，已渐趋完成矣。②

宗密在学术史上的地位，与竺道生有类似之处：两个人都在儒、释融合上做出重大贡献，都起到开拓风气、领导方向的作用。

二

《楞伽师资记》里记录的达摩“二入四行”，明确提出“藉教悟宗”③观念。慧能、神会以至后来马祖的说法里都经常引用大乘经

①《宗密思想综合研究》第2页，中国人民大学出版社，2013年。

②《中国哲学史》第329页，商务印书馆，2006年。

③《楞伽師資記》，《禅の語録2　初期の禅史Ⅰ》第132页。

典。禅宗内部一直存在“尊教”和“慢教”两种倾向的“对立”①。宗派佛教里华严宗发展“事理圆融”的本体论,在思想理论层面做出重大建树。禅宗则提出“清净自性”的本体论。这也是宗密能够调和二者的理论基础。佛教各宗派中理论思辨色彩浓厚的是曹洞宗。更早的石头希迁,据说他读了《肇论》“会万物为己者其惟圣人乎”一句,很有心得,写成《参同契》一篇。其中讲事理参同、回护的道理,显然借鉴了华严宗的事理圆融无碍的“法界观”(华严宗教理的核心内容是法界缘起观念,即认为宇宙万法,有为无为,诸缘依恃,相即相入,理、事圆融无碍,这就是“华严法界观门”),后来成为曹洞宗立宗的理论渊源。曹洞宗讲正偏五位,也是讲事理、体用关系,借以悟解一心清净的道理。

法眼宗作为最后形成的一个派系,“禅教合一”倾向已相当明确。法眼文益也是主张禅与华严思想相一致的。如前所说,法眼文益的《宗门十规论》对他之前派系林立状况作了批判性的总结,所作《三界唯心颂》则说:

> 三界唯心,万法唯识。唯识唯心,眼声耳色。色不到耳,声何触眼,眼色耳声,万法成办。万法匪缘,岂观如幻,山河大地,谁坚谁变。②

这是把佛教教理中的唯心、唯识两个体系加以统一,阐明大乘般若空的一般教理。在这种观念的基础上,他的《宗门十规论》第五《理事相违不分触净》一节讲事、理关系,融合禅宗各派系和中国佛教各宗派:

> 论曰:大凡祖佛之宗,具理具事。事依理立,理假事明,理、事相资,还同目足。若有事而无理,则滞泥不通;若有理而

①《中国禅宗史》第331—345页。

②《金陵清凉院文益禅师语录》,《大正藏》第47卷第591页上。

无事，则汗漫无归。欲其不二，贵在圆融。且如曹洞家风，则有偏有正，有明有暗；临济有主有宾，有体有用。然建化之不类，且血脉而相通，无一不该，举动皆集。又如法界观，具谈理、事，断自色、空。海性无边，摄在一毫之上；须弥至大，藏归一芥之中。故非圣量使然，真猷合尔；又非神通变现，诞生推称。不著它求，尽由心造，佛及众生，具平等故。苟或不知其旨，妄有谈论，致令触净不分，诜讹不辨。偏正滞于回互，体用混于自然，谓之一法不明，纤尘翳目。自病未能剿绝，他疾安可医治。大须审详，固非小事。①

这里所述发挥了石头的事理明暗、回护妙用，临济的宾主、体用关系，进而融合华严理事圆融宗义，以明三界唯心道理，充分体现中国佛教传统的包容性格。他又有《颂华严六相义》，讲的就是华严宗义：

　　华严六相义，同中还有异。异若异于同，全非诸佛意。诸佛意总别，何曾有同异。男子身中入定时，女子身中不留意。不留意，绝名字，万象明明无理事。②

“华严六相”是华严宗“法界”观的基本论点，意谓自凡夫所见观之，宇宙万物有总、别、同、异、成、坏，“六相”各别；而按照法界无尽缘起观念看诸法体性，则“六相”圆融无碍，是相即相入的。文益就这样有意利用华严“六相”宗义来证明诸宗、诸派所述佛义本同无异。他的《宗门十规论》批判、调和禅宗内部派系纷争，又明确表达了统合禅、教的主张。他的思想反映当时禅宗发展的趋势，也标志着禅宗发展方向的变化。

中唐时期宗密开“禅教合一”思想的先河。其时正是禅宗兴盛

①《宗门十规论》，《续藏经》第63册第37页下—38页中。

②《金陵清凉院文益禅师语录》，《大正藏》第47卷第591页上。

期,他的思想不能造成声势。到文益,禅宗衰败迹象已发露无余,他作为禅宗一代宗师来提倡融合禅、教,遂推动起强大的潮流。

三

五代、宋初有地位、有影响禅师中推动“禅、教合一”潮流最力的当属永明延寿(904—976)。他三十岁从雪峰法嗣龙册翠岩禅师出家,其时法眼文益法嗣天台德韶(891—972)在天台山弘化,他前往参学。后来住明州奉化(今浙江宁波市奉化区)雪窦寺,从学者众。建隆元年(960),应吴越忠懿王钱俶之请,修复杭州灵隐寺;次年,移住永明寺,推动法眼宗一时大盛,影响及于整个江南。他“深嗟末世诳说一禅,只学虚头,全无实解,步步行有,口口谈空,自不责业力所牵,更教人拨无因果”①,著《宗镜录》《万善同归集》《唯心诀》等,主张禅、教兼重,性、相合一。《宗镜录》的大旨是“举一心为宗,照万法如镜,编联古制之深义,撮略宝藏之圆诠。同此显扬,称之曰《录》。分为百卷,大约三章:先立正宗,以为归趣;次申问答,用去疑情;后引真诠,成其圆信”②。其《标宗章》开宗明义说:“详夫祖标禅理,传默契之正宗;佛演教门,立诠下之大旨。则前贤所禀,后学有归。”因此接着立《问答章》,“问答决疑,渐消惑障”;再立《引证章》,“广引祖佛之诚言,密契圆常之大道,遍采经论之要旨,圆成决定之真心”③。这实际又回到“藉教明宗”的路数。不过已不重在检别禅与教的不同,而是印证诸宗、以明禅理的深妙。惠洪评论说:

---

①《万善同归集》附《永明寿禅师垂诫》,《大正藏》第48卷第993页中。

②《宗镜录序》,《大正藏》第48卷第417页上。

③《宗镜录》卷一《标宗章》,《大正藏》第48卷第417页中。

> 切尝深观之，其出入驰骛于方等契经者六十本，参错通贯此方异域圣贤之论者三百家，领略天台、贤首而深谈唯识，率折三宗之异义，而要归于一源。故其横生疑难，则钩深赜远；剖发幽翳，则挥扫偏邪。其文光明玲珑，纵横放肆，所以开晓自心成佛之宗，而明告西来无传之的意也。①

值得注意的是，延寿还重视净土法门。他“晚诏住永明寺，徒众常二千，日课一百八事。学者参问，指心为宗，以悟为决。日暮往别峰，行道念佛，旁人闻山中螺贝天乐之声。忠懿王叹曰：‘自古求西方者，未有如此之切也。’遂为立西方香严殿，以成师志”②。他作为有影响的佛教宗师，如此热烈注心西方，提倡“禅净合一”，在整个佛教包括禅门中造成巨大影响。

北宋建都汴梁（今河南开封市），政治、文化中心又转移到中原。继后周毁佛之后，首先是南山律宗、法相宗在两京得到恢复，接着天台宗又有新的发展，而在士大夫间广有影响的仍是继而再兴的禅宗。法眼宗本来依附南唐朝廷盛极一时，随着南唐灭亡即行衰微，前述永明延寿致力于调和禅、教，也没能使法眼宗起衰振弊；沩仰宗数传之后，法系渐趋不明；曹洞宗亦衰败不振，直到北宋末年天童正觉（1091—1157）出来方始“中兴”。惟白在《建中靖国续灯录》序文里说：“源派演迤，枝叶扶疏，而云门、临济二宗，遂独盛于天下。”③

云门宗从发源的岭南地区向湖南、江西、浙江扩展，很快成为江南佛教的主流。造成所谓“云门中兴”的是雪窦重显（980—1052），死后谥“明觉大师”。他著有《颂古百则》《祖英集》以及语录等多种，名声广播丛林。他的俗弟子有曾会（生卒年不详，字宗元，

①《题宗镜录》，《石门文字禅》卷二五，下册第1462页。
②《乐邦文类》卷三《大宋智觉禅师传》，《大正藏》第47卷第195页上—中。
③《建中靖国续灯录》卷首，《续藏经》第78册第640页下。

太宗朝进士，真宗朝为两浙转运使，仁宗朝知明州），在晚年任池州（今安徽池州市）知州时曾引《中庸》《大学》参以《楞严》，以符宗门语句，得到开悟。后来他转守明州（今浙江宁波市），迎接重显住雪窦山资圣寺。接着，有明教契嵩、圆通居讷、大觉怀琏、佛印了元等一批宗师继起，把云门宗推向极盛。契嵩（1007—1072，洞山晓聪弟子，住杭州灵隐寺，作《原教论》，主张融合儒、释以反驳排佛论；明禅宗法系，著《传法正宗定祖图》《传法正宗记》等；善文章，与文人士大夫广有交流，有《镡津文集》二十卷传世）取援儒入佛的立场以明儒、释吻合，据说理学家李觏因为他"方留意读佛书，乃怅然曰：'吾辈议论，尚未及一卷《般若心经》，佛道岂易知耶？'"①他于仁宗年间入京，得到宰相韩琦、文坛耆宿欧阳修等人礼重。居讷（1011—1071）住庐山，庆历五年（1045）欧阳修左迁滁州（今安徽滁州市），路过九江，曾入山拜会。他出入百家而折中于佛法，致令欧阳修肃然心服，后应朝命入汴京，任十方净因禅院住持，和从四川入京的苏洵父子有密切交往。怀琏曾在庐山作居讷记室，皇祐元年（1049）居讷举荐他代掌净因禅院。惠洪说：

> 景祐中，光梵大师惟净，以梵学著闻天下；皇祐中，大觉禅师怀琏，以禅宗大振京师。净居传法院，琏居净因院，一时学者，依以扬声。②

他和欧阳修、苏轼、王安石都有密切交往。佛印了元（1032—1098），前面提到过，先后居江州承天寺、淮上斗方寺、庐山开先寺以及金、焦二山。晓莹记载他和理学家周敦颐的交谊：

> 春陵有水曰濂，周公茂叔先世所居，既乐庐山之幽胜而筑室，则以濂名其溪，盖识不忘本矣。于时佛印禅师元公寓鸾溪

①晓莹《云卧纪谈》卷上，《续藏经》第86册第668页上。

②《冷斋夜话》卷一〇。

> 之上，相与讲道，为方外友。由是命佛印为青松社主，追媲白莲故事。①

王安石晚年住金陵半山，好观佛书，了元亦与之往还。苏轼早年已和他定交，后来一直交往不断，诗文唱和。元丰五年(1082)，汴京相国寺六十四院辟为八寺，二禅六律。禅为慧林、智海二寺。宗本为慧林第一任住持，弟子投子修颙，仁、英、神宗三朝宰相富弼问法执弟子礼。云门宗宗风富于文学色彩，特别受到文人的欢迎。

创立于河北的临济宗义玄以下，著名弟子有灌溪志闲、兴化存奖、三圣慧然等，门庭繁茂，主要流传在河北。到临济下四世首山省念(926—993)，在朝廷官僚贵族支持下向南方发展，有汾阳善昭(947—1124)、琅琊慧觉、慈明楚圆(986—1039)等弘化。至11世纪前半叶，与兴盛于两京的云门宗相呼应，在江南衍化出黄龙、杨岐两派，从而成为一时禅宗势力最为盛大的派系。仁宗朝宰相王随性好佛，慕裴休为人，曾参省念，以为知音。他于景祐三年(1036)删《景德传灯录》为《传灯玉英集》十五卷，流行于世。首山省念弟子广慧元琏(951—1036)，住汝州(今河南汝州市)广慧院，杨亿出守汝州，曾向他问法。杨亿在真宗朝以文词为馆阁之臣，预修《太宗实录》《册府元龟》，是"西昆体"诗歌创作者，又"留心释典禅观之学"②，曾受命参修《景德传灯录》。省念的另一位弟子石门蕴聪(965—1032)，驸马都尉李遵勖从之得法，又与省念下汾阳善昭、慈明楚圆师弟子结为禅侣，编有《天圣广灯录》，是《景德录》后又一种重要灯录。蕴聪弟子夏竦以文学进身，他"资性明敏好学，自经史百家、阴阳律历，外至佛老之书，无不通晓"③，曾担任译经润文官。省念门下汾阳善昭，少而师儒，博学能文，所著偈颂，广行于

①《云卧纪谈》卷上，《续藏经》第86册第661页上。
②《宋史》卷三〇五《杨亿传》，第10083页。
③《宋史》卷二八三《夏竦传》，第9571页。

世，后来的黄龙、杨岐两派皆出自他这一系。善昭弟子琅琊慧觉，张方平（1007—1091，字安道，晚年号乐全居士；神宗朝宰相；博览群书，文思敏捷，为人慷慨有气节，热衷佛说）守滁州，游琅琊山寺，与之相交，遂归心释门。方平后来知益州（今四川成都市），苏洵父子入京求举，他曾向欧阳修推荐。苏轼罹“乌台诗案”，他抗章为请，因而苏轼终身敬事之。

黄龙派创始人黄龙慧南（1002—1069）住隆兴（今江西南昌市）黄龙山，法席极一时之盛。门下晦堂祖心（1025—1100）、昭觉常总（1025—1091）、真净克文（1025—1102），克文门下觉范惠洪（1071—1128）、兜率从悦（1044—1091）等都积极活跃于士大夫间。苏轼在灯录上即被列为常总法嗣，黄庭坚则是黄龙慧南俗弟子，徐禧、徐俯父子也曾向黄龙祖心问道。曾任礼部侍郎、观文殿学士的王韶和了元有交谊，晚年出守洪州，也曾问道于祖心。黄龙从悦门下有无尽居士张商英，早年曾参东林常总和真净克文，因为他曾做过宰相，和裴休一样有“相公禅”①之说。惠洪有文学才能，结交文人很多。他的《冷斋夜话》等著作记录许多儒、释交流掌故。与之厚善者有右侍郎邹浩、右师陈瓘等。北宋文人多为禅师语录作序，《丛林盛事》上说：

> 本朝士大夫与当代尊宿撰语录序，语句斩绝者，无出山谷（黄庭坚）、无为（杨杰）、无尽（张商英）三大老。②

这也体现当时禅宗盛行的一面。

杨岐派创始人方会（992—1049）住袁州（今江西萍乡市）杨岐山，得到学人拥戴，誉满东南。经弟子白云守端（1025—1072）、守端弟子五祖法演（？—1104），嫡传至圆悟克勤、大慧宗杲，继黄龙派之后大盛。圆悟克勤（1063—1135）宿习儒业，博学能文，于徽宗

---

①叶梦得《避暑录话》卷上。

②《丛林盛事》卷下，《续藏经》第86册第700页下—701页上。

政和(1111—1118)初在荆州遇张九成，经其劝请，对雪窦《颂古百则》加以评唱，门人记录，成前面提到的《碧岩录》一书。“靖康之变”以后，高宗赵构践祚南京(1127)，与之旧识，曾召论军国政事，赐号“圆悟”，命主持金山。门下学者有宰相张浚、侍郎李弥逊、枢密徐俯等人，都是抗战派人物。他曾奔走淮泗间，普劝豪富输将，以纾国难。其下门徒众多，以宗杲最为有名。宗杲(1089—1163)，号妙喜，北宋末年已名动京师，徽宗诏授紫衣，赐号“佛日”。南渡以后，以爱国热忱驰誉士林，“近世张无垢(九成)侍郎、李汉老(炳)参政、吕居仁学士皆见妙喜老人，登堂入室，谓之方外道友”[①]。其中张九成是南宋初著名抗战派人物，以忤秦桧贬官，宗杲受到牵连，被充军衡州(今湖南衡阳市)，直到秦桧死后，方放还复居径山。朱熹称赞说：

> 如杲佛日之徒，自是气魄大，所以能鼓动一世，如张子韶(九成)、王圣锡(应辰)辈皆北面之。[②]

宗杲以一僧侣身份号召抗金，在官僚士大夫间造成巨大声望，给禅宗史增添了光彩一页。

曹洞宗在唐末五代法系单弱，渐近泗没。至北宋初投子义青(1032—1083)出世，方见起色。其弟子芙蓉道楷(1043—1118)，门下有杨杰、韩琦等著名人物；大洪宝恩(1158—1111)则有张商英、韩缜等参学。但当时这一派声势基本隐没在云门、临济之下。经丹霞子淳(1064—1117)到宏智正觉(1091—1157)，云门法系渐衰，曹洞始见振兴。曹洞提倡“默照禅”，与临济的“看话禅”相对立，后来形成南宋临济、曹洞二宗并盛局面。但曹洞本来有山居修道的出世性格，默照禅更脱离生活实际，流于神秘，士大夫多归于大慧门下，影响也就大受限制了。

---

①《丛林盛事》卷上，《续藏经》第86册第694页中。

②黎靖德编《朱子语录》卷一二六《释氏》，第3029页，中华书局，1986年。

以上是禅宗各派系在北宋活动的大概情形。从一般形势看，各派系均传承有序，特别是云门、临济和后来的曹洞曾活跃一时。但他们的活动更多在官场，特别是文人间，宗义层面即思想上也没有多少建树。如前所说，丰富并具有革新意义的思想是禅宗发展的动力和基础。不能改变思想层面停滞、衰落的态势，内部的"禅、教合一"潮流又演变为"禅、净合一"，禅宗整体的衰败局面也就不可遏止地发展下去了。

四

南宗禅本来主张心净土净。《坛经》里记载慧能说法，明确否定西方净土。黄檗希运开示裴休，提出"不为三世所拘系，便是出世人也。切不得有分毫趣向。若见善相诸佛来迎及种种现前，亦无心随去；若见恶相种种现前，亦无心怖畏。但自忘心，同于法界，便得自在，此即是要节也"①。可是到北宋，禅门中、士大夫间兼修禅、净渐成风气。本来西方净土信仰在民众中就有深厚基础，把净土信仰纳入禅修手段，以谋求来世福报，只能使禅宗衰落形势江河日下了。

前面说过，云门宗是北宋前期影响较大的宗派。天衣义怀(989—1060，云门文偃—香林澄远—智门光祚—雪窦重显—天衣义怀)于仁宗天圣(1023—1031)年间试经得度，到苏州拜云门宗雪窦重显为师，后住越州(今浙江绍兴市)天衣寺。他以兼修净土著称。他的法孙守讷说：

> 天衣怀禅师，一生回向净土。问学者曰："若言舍秽取净，

①《黄檗山断际禅师传心法要》卷一，《大正藏》第48卷第381页下。

厌此忻彼,则取舍之情,乃是众生妄想。若言无净土,则违佛语。夫修净土者,当如何修。"复自答曰:"生则决定生,去则实不去。若明此旨,则唯心净土,昭然无疑。"①

他所修还是唯心净土。弟子宗本(1020—1099),依苏州承天永安祝发,参天衣义怀契机,后来主持杭州净慈寺,神宗时诏主慧林,赐号"圆照",阐华严之秘奥,贯通禅教,又入于念佛。义怀另一弟子法云法秀、俗弟子杨杰从修净业。宗本弟子法云善本、守讷等亦禅、净兼修。这一系师徒大畅往生极乐,成为风气。又宗颐慈觉(生卒年不详)从圆通法秀出家受戒,是天衣义怀弟子长芦应夫法嗣,主张"念佛不碍参禅,参禅不碍念佛。法虽二门,理同一致。上智之人,凡所运为,不着二谛;下智之人,各立一边,故不和合,多起纷争。故参禅人破念佛,念佛人破参禅,皆因执实谤权,执权谤实,二皆道果未成,地狱先办"②。他结莲华净土念佛社,建莲华胜会。宗晓在《乐邦文类》里尊他为净土宗第五祖。他着力弘扬净土念佛,曾"普劝道友曰:念阿弥陀佛,或百声千声,乃至万声,回愿往生西方净土。各于日下,以十字记之。念佛之时,一心专注,不得异缘。常念娑婆众苦,五浊煎熬,况乎一失人身,何时可复。幸诸道友,终始精勤,宝莲华中,决定见佛"③。鉴于《百丈清规》流行历时既久,沿革颇多,未免混乱,他于崇宁二年(1103)重编《禅苑清规》十卷,是后来元代《敕修百丈清规》所依据的古"清规"文本之一,其中记载当时丛林规矩,巨细靡遗,特别写到念佛往生净土乃是禅宗普遍行用的仪轨,反映当时"禅、净合一"的实际状况。又慈受怀深(1077—1132),义怀下第四世,长芦崇信法嗣,日以净土为怀。宣和初住惠林,每苦口语人"修行捷径,莫越净方",尝建西方道场,集

①《唯心净土文》,《乐邦文类》卷四,《大正藏》第47卷第207页下—208页上。
②《庐山莲宗宝鉴》卷三,《大正藏》第47卷第318页中。
③《念佛防退方便文》,《乐邦文类》卷二,《大正藏》第47卷第178页中。

众念佛，郡民翕然从化。他有《劝念佛颂》：

万人同志念弥陀，众力相成愿力多，
一朵莲开亲见佛，方知净土胜娑婆。
树林水鸟各宣扬，宝网金台尽道场，
会得钟鸣并鼓响，弥陀触处放毫光。
鬓发看看染雪霜，心猿意马尚颠狂，
一朝掩目空归去，始信泥犁岁月长。
业报差殊事不同，劳生无地出樊笼，
欲知自性弥陀佛，在汝朝昏一念中。
众生苦海业坑深，不信因缘久溺沉，
闻得又声方念佛，始知妻子老婆心。
不是山僧说是非，修行魔事要君知，
直须急峭草鞋底，透过娑婆五欲池。①

这里所宣扬的已是传统的净土信仰，无论是观念还是行法都与早期禅宗全然背道而驰了。同是慈受义怀下四世的归宗空印，复兴潭州沩山，“刻净土佛菩萨之像”，“修净土观法”②。又长芦清了(1090—1151)，见丹霞子淳悟旨，复抵真州(今江苏扬州市仪征市)长芦，谒法云善本法嗣祖照道和，一语投契，遂继其席，历主天封、径山等大刹，慈宁太后命开山皋亭崇先寺，圆寂后谥“悟空禅师”号。他说：“捷径法门，惟有念佛，功高易进，念佛为先。若不念佛而求出离者，终无所获。普劝清信，一心念佛，求愿往生，决不误矣。”③一时禅师住持的大刹禅、净兼修，以念佛代替公案，可见修习净土风气之盛。士大夫状况，如宋初杭州西湖昭庆省常，结社修净业，真宗朝宰相王旦为之首；又苏易简等一百三十二人结净行社，

①《乐邦文类》卷五，《大正藏》第47卷第220页上一中。
②惠洪《潭州大沩山中兴记》，《石门文字禅》卷二一，下册第1288—1289页。
③《归元直指集》卷一，《续藏经》第61册第437页下。

弟子、比丘预者千人，时人谓庐山莲社无如其盛；神宗朝宰相文彦博专念弥陀，与净严法师集净土会；参大慧宗杲、佛眼清远的冯楫，作弥陀忏仪，出帅泸州，率道俗为系年会，作《发愿文》，愿临命终时往生西方净土，见佛闻法，入菩萨位。一些高官大吏大都结交禅师习禅，同时又歆慕净土，妄求来生之计，推动了“禅净合一”潮流大盛。

这种“禅、净合一”的潮流，泯合禅与教的界限，特别是与其根本宗义相违背、前代宗师极力反对的净土法门相结合，典型地反映禅宗已向教门回归的大势。这样，虽然从法系看，此后禅宗各派仍然传继有绪，但其“教外别传”的基本性格已丧失殆尽。宋明以降，中国佛教基本已回归传统，成为国家统治体制之下追求福报、斋戒祭祀、檀施供养、以教辅政的佛教了。

这个发展趋势的一个起决定性作用的因素是国家行政体制的权威。日本学者镜岛元隆论及禅宗发展形态变化说：

> 从社会史的角度看，宋朝的禅具有顺应世俗的门风，协助国家的禅风。佛教在唐代已经调整为接近世俗、协助国家的态势，但是在禅宗内部，仍然以超然世外为理想。可是到宋代，国家对丛林的压力加强了，顺应这一点，禅僧协助国家的态势也逐渐增强了。①

具有象征意义的是，《楞严经》上偈语曰：“将此深心奉尘刹，是则名为报佛恩。”②北宋禅僧法云惟白改动“报佛恩”中一个字，变为“报国恩”③；著名的临济宗师大慧宗杲又改动两个字，曰“将此深心奉尘刹。是则名为报我皇”④。这些小小的文字改动表明当时的禅宗

①《天童如淨禅師の研究》第 106 页，春秋社，1983 年。

②《大佛顶万行首楞严经》卷三，《大正藏》第 19 卷第 119 页中。

③《建中靖国续灯录》卷一七，《续藏经》第 78 册第 749 页下。

④《大慧普觉禅师语录》，《大正藏》第 47 卷第 819 页上。

已经自觉地屈从为皇权的臣仆了。

在中国大一统的国家统治体制下，宗教神权必须屈从于世俗政权。任何宗教的兴衰变化都取决于统治阶层的利益与意志。作为“宗教革命”的禅宗试图在两个层面突破这个界限，改变这种局面：一方面是面对佛教在中国几百年发展形成的弊端，在观念上肯定每个平凡人“自性”的绝对性质，进而在实践中摆脱一切外在的控制与束缚，创建一个“明心见性”的非政治化、非伦理化、非经院化的新佛教；再是进一步在中国传统文化的传统土壤上，否定外来佛教对于超然神圣境界的佛性、涅槃、净土等等的追求，创建一个依靠“自力”、成就“自度”的人本的、理性的宗教。这两点，禅宗以前，有些佛教界的精英人士如慧远、竺道生等都曾在一定程度上尝试过。但是在中国，以皇权为核心的专制体制不可撼动，随之对皇权的信仰也就成为绝对的信仰。宗教与政治权威和传统伦理结合，宗教信仰依附皇权的传统是牢不可破的。外来佛教实现“中国化”的主要内容，也是归附到这一传统之中。在这样的形势下，如禅宗这样试图在根本上“革新”佛教的尝试是必然失败的。黄仁宇在评价李贽时曾说：“他的学说破坏性强而建设性弱。他没有能创造一种思想体系去代替正统的教条，原因不在于它缺乏决心和能力，而在于当时的社会不具备接受改造的条件。”①这也可用来说明中国历史上众多改革、革新包括禅宗的“革新”必然失败的宿命。

①《万历十五年》第223页，中华书局，1982年。

第十四讲　禅思想

一

禅宗是宗教运动，又是思想运动。禅宗写下中国佛教史、宗教史上光辉的篇章。它是佛教发展史上成就卓著、影响巨大的一个阶段，又是唐代思想发展的重要组成部分。它推动了思想的发展与繁荣，给后世提供了宝贵理论资源。而它本身的兴衰变化，作为中国历史上重要的思想现象，也成为认识中国思想史发展规律的典型案例。

考察禅宗对于中国思想发展的意义包括两个层面：一是禅宗本身的思想，即“禅思想”，它的内容、价值和贡献；再是禅宗对于推动一般思想理论发展的作用和影响。本书前面各讲已经介绍过前一层面，也涉及后一层面。这一讲集中介绍后一层面。

禅宗思想记录在数量庞大的禅文献里。这些文献作为文化遗产具有多方面价值。后世了解禅宗的发展状况，这些典籍是重要资料；禅宗对后世造成影响，主要也是依靠这些典籍的流通。当然探讨禅宗，另有多方面资料可供利用，包括“四部”书、方志、碑传以及陆续出土的各种文献。不过碍于中国传统著述观念，一般典籍里记载宗教内容较少。研究禅宗还得注意利用现存禅籍。不过这些典籍形成状况十分复杂。所谓“宗门”文献,即使是禅史类著述,也不同于一般史书。它们主要是为树立、鼓吹信仰创作的。作为历史资料使用,必须认真下考辨、分析功夫。

敦煌写本的发现改写了诸多学术领域的历史。对于禅宗也是如此。其中有关禅宗的卷子大体出于晚唐五代,可信程度较高。不过仔细考察起来,具体文献写作年代不同,记载内容的历史价值不一。如本书前面已经指出的,《楞伽师资记》等提供了关于早期禅史的前所未知的比较可靠的资料;被胡适定名为《神会语录》的一批写本,大体可看做是神会说法的原始记录;敦煌本《坛经》则是比传世各种文本更早的写本,据考形成于中唐建中年间。因为敦煌写本书写年代可以确定,也就提供了考察禅宗发展历史年代的一个坐标。

就灯录说,现存最早的完整灯录是五代泉州昭庆寺静、筠二禅师于南唐保大十年(952)编撰的《祖堂集》(比《祖堂集》更早的灯录有唐智炬撰《大唐韶州双峰山曹溪宝林传》〔或谓惠炬、胜持共同编纂,一说灵澈撰〕十卷,撰述年代据考在公元 801 年,记述西天二十八祖和东土六祖传说和付法因缘,现存七卷,阙卷七、卷八、卷十),撰述时间较早,且多有当时流传宗门的“行录”或碑传可据,内容可信度较高。不过编撰者身处东南一隅,见闻有所限制,特别是北方材料记载较少。接下来另一部早出的著作是宋初景德元年(1004)道原撰《景德传灯录》三十卷。“传灯”取义佛法灯火续续相传之喻。这部书按禅宗传承统绪著录五十二世一千七百零一人。第一、二两卷记载释迦牟尼前的过去七佛和达摩前的西天二十七祖,与中土禅宗无涉;第二十七卷记载禅宗以外名僧;又一千七百零一人中九百五十四人“有目有文”即载有行迹和言句,其他人仅“有目无文”;第二十八卷《诸方广语》补充重要十二家语录,第二十九、三十卷著录偈颂铭记。这部书内容更为全面和详密,且与《祖堂集》

多有不同，所据资料当另有来源。其后，陆续有北宋临济宗李遵勖编撰的《天圣广灯录》、北宋云门宗惟白编撰的《建中靖国续灯录》、南宋临济宗悟明编撰的《联灯会要》、南宋云门宗正受编撰的《嘉泰普灯录》，内容各有补充（其中多有后出传说）、分合。这五部灯录编撰时间从北宋景德元年到南宋嘉泰二年（1202），近二百年。“五灯”合计百五十卷，鉴于内容层见叠出，多有重复，南宋理宗淳祐十二年（1252）杭州灵隐寺慧明编成一部《五灯会元》（一说绍定间杭州灵隐寺住持普济编集），删繁就简，计二十卷。《五灯》出，前面几种灯录渐废。但《五灯会元》对材料去取原则不清，所述多缺乏历史根据，虽然流传广远，作为学术资料价值不大。以后的灯录书，著名的有明瞿汝稷于万历二十三年（1595）编集的《指月录》三十二卷，学术价值就更有限了。

现存语录情况比较复杂。记录神会言论的敦煌卷子各有名称，胡适定名为“语录”。实则后世作为文体通用的“语录”名目是宋初才开始使用的。如前所述，当初记录禅师言句的“册子”称为“语”“语本”等等。《景德传灯录》卷二八《诸方广语》收录十二家“语”，卷二九《赞颂偈诗》、卷三〇《铭记箴歌》，写作年代应是早出的，但诗颂铭记所署作者不少已难以确认。有些作品显然是经过一段时间逐渐形成的（例如《永嘉证道歌》，著录为慧能弟子永嘉玄觉作，但其中有西天“二十八祖”观念，显然包含中唐以后的修订）。今传唐人语录，黄檗希运的《传心法要》和《宛陵录》，可信基本内容是根据裴休的记录编辑的（据裴休于大中十一年〔857〕十月初八写的《传心法要》序。后世传本有增饰改动）；《百丈广录》，记录百丈法语和他与弟子的问答，根据他圆寂后不久陈诩所写碑文，为“门人神行梵云结集微言纂成语本”①（唐末日本入唐求法僧《日本比丘

①《唐洪州百丈山故怀海禅师塔铭》，《敕修百丈清规》附录，《大正藏》第 48 卷第 1157 页上。

圆珍入唐求法目录》里著录《百丈山和尚要决一卷》,《大正藏》第55卷第1101页上)。另有署名大珠慧海的《顿悟要门》,曾被马祖称赞过,今传本经元代再编,但上卷今存宋版(日本金泽文库传有写本),两相校核,可知该书渊源有自。这几种是如今仅存基本保持说法原貌的语录。今传辑成的其他唐人各家《语录》,则是宋代以后不同时期结集成的,取材情况复杂,作为历史资料使用,需要仔细考察、辨析。这方面需要认真做的工作还有很多(比如古今多经研究过的马祖道一的语录,贾晋华《马祖语录校注》考定传世资料中仅示众六则、对话三则为马祖本人言句,见《古典禅研究——中唐至五代禅宗发展新探》附录)。至于综合性研究,则柳田圣山成果最丰,重要著作有《初期禅宗史書の研究》(法藏馆,1967年)、《語録の歷史—禅文獻の成立史の研究》(《東方學報》〔京都〕第57册,1985年)等。当今国际佛教学界把禅宗研究包括语录的研究作为重要课题,相关成绩值得重视。

二

牟宗三指出:

> 就哲学言,佛教的启发性最大,开发的新理境最多,所牵涉的层面也最广。①

禅宗作为思想、文化运动,其意义最为重大的是给予中国思想启发良多,开辟理境广阔,影响也十分深远。概括地说,中国历史发展由“中世”向“近世”的转变,反映在思想领域主要是儒家“章句之

①《中国哲学十九讲》第237页,上海古籍出版社,1997年。

学”衰落，“性理”之学即“新儒学”兴起。禅宗为这一转折提供了重要理论资源，起了推动作用。

朱熹曾指出禅宗对于唐代知识阶层的吸引力，及其所造成的巨大影响：

> 佛学自前也只是外面粗说。到梁达摩来，方说那心性。但士大夫未甚理会做功夫，及唐中宗时有六祖禅学，专就身上做功夫，直要求心见性，士大夫才有向里者，无不归它去。①

本书前面介绍唐武后、中宗朝一些朝臣批判佛教，矛头集中在朝廷纵容僧团膨胀，广建寺院，大僧滥食封邑、无限制地兼并土地，危害国计民生，大多不是反对佛教本身。如韦嗣立说：“苟非修心，定惠诸法，皆涉有为。至如土木雕刻等功，唯是殚竭人力，但学相夸壮丽，岂关降伏身心？”②姚崇生前写下的著名的遗令中说：“且佛者，觉也，在乎方寸。假有万像之广，不在五蕴之中。但平等慈悲，行善不行恶，则佛道备矣。”③这些言论，无论在观念层面还是实践层面，显然都接受了当时正在兴盛起来的禅宗的影响。这些正直朝臣对佛教的批判实际是针对政治腐败的批判。从一定意义说，禅宗给他们提供了从事政治活动的思想武器。

反映禅宗对知识阶层思想影响的信实、生动的材料还有唐代流行民间的王梵志诗和寒山诗。传世文献里王梵志诗只有散篇断句，但在敦煌卷子里至今已发现三十六个写本，据考其主体部分应形成于盛唐时期（王梵志诗以项楚整理的《王梵志诗校注》是目前最好的文本。他根据所知三十六个卷子加以校订、辨伪、分篇，计得390首，于1991年由上海古籍出版社出版）。关于寒山的传说晚

---

①黎靖德编《朱子语录》卷一三七《战国汉唐诸子》，第8册第3274页。

②《旧唐书》卷八八《韦思谦附韦嗣立传》，第2870页。

③《旧唐书》卷九六《姚崇传》，第3028页。

唐时期已广为流传，寒山诗宋代已有刻本。主要是根据内容分析，寒山诗创作应当在王梵志诗之后，胡适判断诗集主体部分结成年代应在开元(713—741)以后，也有人估计晚至公元780年以前①(寒山诗目前最完善的点校本有项楚《寒山诗注》，2000年中华书局出版)。关于这两批诗的作者，一种看法是王梵志和寒山实有其人，另一种看法是社会上流行的无名作者作品的结集。从多样的风格和庞杂的内容看，后一种看法近似。两种观点如何认定，对于判断其价值关系不大。按内容总括起来看，王梵志诗基本是民间流传的、包括僧人的作品；寒山诗则更多出于下层知识分子笔下，具体身份大抵包括士子、官吏乃至贫民、农夫、府兵、逃户、地主等。这两批诗的创作与流通和禅宗有密切关系。宗密在其《禅源诸诠集都序》最后，记述"达摩宗枝之外"的禅，说有一类是"或降其迹而适性，一时间警策群迷"的，并举出"志公、傅大士、王梵志之类"②作例子。晚唐笔记范摅《云溪友议》卷下《蜀僧喻》条采录王梵志诗十二首，《蜀僧喻》是讲南宗禅师玄朗(马祖道一弟子南泉普愿法孙)的，其中说：

> ……或有愚士昧学之流，欲其开悟，别吟以王梵志诗。梵志者，生于西域林木之上，因以梵志为名。其言虽鄙，其理归真，所谓归真悟道，徇俗乖真也。③

这里关于王梵志出身是无稽传说，姑置不论，当时显然认定他名下的诗具有"归真悟道"的意义。《祖堂集》有沩山灵祐(771—853)见到寒山的记载④，则直接把他当做佛门中人了。又有记载说曹山本

①参阅胡适《白话文学史》第146—151页，上海古籍出版社，1999年。

②《禅源诸诠集都序》卷下之二，《大正藏》第48卷第412页下。

③《云溪友议》第73页，古典文学出版社，1957年。

④《祖堂集》卷一六《沩山和尚》，下册第721页。

寂"复注《对寒山子诗》，流行宇内，盖以寂素修举业之优也"①。这里"注"与"对"连接起来意思不明确，不清楚是注解寒山诗还是与寒山诗相唱和（贾晋华认为本寂是"《寒山诗集》中禅诗之真正作者"②）。与本寂同时、同属曹洞宗的诗僧贯休（832—912）在《寄赤松苏道士二首》诗中有句曰："子爱寒山子，歌惟乐道歌。"③《乐道歌》是晚唐五代禅门流行的抒发任运随缘、乐道逍遥境界的歌谣。又贯休《送僧归天台寺》诗又说："天台四绝寺，归去见师真。莫折枸杞叶，令他拾得嗔。"④这里提到另一个人物拾得，在传说里他是寒山的朋友，又传有他名下的与寒山诗风格类似的通俗诗。稍后另一位诗僧齐己（864—943?）于公元921年作《渚宫莫问诗一十五首》，其中也提到寒山诗："赤水珠何觅，寒山偈莫吟。"⑤这里则把寒山诗等同于禅偈了。在灯录里，寒山诗多被当做参悟的话头。

王梵志诗和寒山诗题材多样，大体可分为世俗的和佛教的两部分。世俗内容主要是讽刺世相，劝喻世人，具有浓厚的伦理说教色彩。佛教题材的有鼓吹信仰的，也有批判僧尼腐败堕落的。寒山诗创作年代靠后，有许多作品明显接受禅宗影响，或是直接宣扬禅宗观念的。例如这样的诗：

岩前独静坐，圆月当天耀。
万象影现中，一轮本无照。
廓然神自清，含虚洞玄妙。
因指见其明，月是心枢要。⑥

---

①《宋高僧传》卷一三《梁抚州曹山本寂传》，上册第308页。
②《古典禅研究——中唐至五代禅宗发展新探》第385—405页。
③《全唐诗》卷八三〇，第9360页。
④《全唐诗》卷八三二，第9391页。
⑤《全唐诗》卷八四二，第9511页。
⑥《寒山诗注》第733页，中华书局，2000年。

“月”本是南宗禅常用的比喻。著名的如永嘉玄觉的《证道歌》里说“一性圆通一切性,一法遍含一切法,一月普现一切水,一切水中一月摄”①,用水月之喻来说明心与物的关系。寒山诗还一再说到“吾心似明月,碧潭秋皎洁”,“心意不生时,内外无余事”,“明珠元在我心头”等等,都是阐扬南宗禅心性观念的。再如:

> 蒸砂拟作饭,临渴始掘井。
> 用力磨碌砖,那堪将作镜。
> 佛说元平等,总有真如性。
> 但自审思量,不用闲争竞。②

> 我见出家人,不入出家学。
> 欲知真出家,心净无绳索。
> 澄澄孤玄妙,如如无倚托。
> 三界任纵横,四生不可泊。
> 无为无事人,逍遥实快乐。③

磨砖作镜是南岳怀让开导马祖道一的著名典故,是用来说明自心本来清净、“道不要修”的。前一首直接使用这个典故,表现的也是同样观念。后一首说真出家则无为无事、逍遥度日,表达的也是禅悟的心得。这些诗的观念都显然与南宗宗义相通。

王梵志诗和寒山诗作为通俗诗,艺术上独具特色,取得相当成就,在文学史上占据一席地位。而就思想史的意义说,它们的创作与流通反映了中晚唐时期禅宗思想在民众中特别是在下层知识分子中的影响。

①《永嘉证道歌》,《大正藏》第48卷第396页中。

②《寒山诗注》第263页。

③《寒山诗注》第646页。

三

中唐韩愈等人，倡导复兴文、武、周、孔的“圣人之道”，形成潮流，学术史上称为“儒学复古运动”。这股潮流具有政治革新的意义和作用，此不具论。“运动”的具体标的则是“觝排异端，攘斥佛老”①，以期达到正本清源的目的。但是“运动”参与者的思想观点并不完全一致，其中有些人信仰佛教，如柳宗元，又不同程度地接受了禅宗的影响。突出的是李翱。有人认为他在参与“运动”的众多人中地位仅次于韩愈，宋人习称“韩、李”。他借鉴禅宗思想发挥“复性”说，对宋代“新儒学”的形成发挥了重要作用。

韩愈一生以辟佛、老为职志，后世被称颂为兴儒反佛的旗帜。前面说到“安史之乱”后啖助、赵匡、陆质一派重新疏释《春秋》，以经（《春秋》）驳传（三传：《左氏传》《公羊传》《穀梁传》），专以己意阐发“圣人之意”，创建“新《春秋》学”，采取佛教疏释大意的义疏做法取代汉儒谨守“章句”的学风。韩愈称赞友人卢仝“《春秋》三传束高阁，独抱遗经究终始”②，也是赞同这种夷旷通达的治学方法。韩愈讲儒学，并不谨守先儒章句，多有独创性的发挥，实际也接受了禅宗治经方式的影响。如他作《原性》，离“情”言“性”，已是和禅宗性净情惑的思路相通；他贬潮州，结交石头弟子大颠，称赞说“外形骸以理自胜”“胸中无滞碍”③云云，也落入了禅讲“心性”的理路。陈寅恪曾指出：

①韩愈《进学解》，《韩昌黎集》卷一二。

②《寄卢仝》，《韩昌黎集》卷五。

③《与孟尚书书》，《韩昌黎集》卷一八。

> ……新禅宗特提出直指人心见性成佛之旨，一扫僧徒繁琐章句之学，摧陷廓清，发聋振聩，故吾国佛教史上一大事也。退之生值其时，又居其地，睹儒家之积弊，效禅侣之先河，直指华夏之特性，扫除贾、孔之繁文，原道一篇中心旨意实在于此……①

这就指出作为韩愈思想纲领的《原道》也是接受禅宗的启迪写出来的。

李翱(774—836，曾从韩愈学文，古文家；自元和十五年历任朗州、舒州、庐州、郑州刺史；大和五年，出任桂管观察使；七年，改湖南观察使；九年以户部侍郎出任山南东道节度使)是韩愈从侄婿，也是他的入门弟子，为学为文皆宗韩愈。韩愈提倡"古文"，后学分化出尚理、尚文两种倾向。李翱致力于弘扬儒道，是前一类人的代表。他生活在禅宗大盛的时代，与著名禅师药山惟俨、紫玉道通、鹅湖大义、开元澄观等有交往。他在主观上是坚定的辟佛者，作《去佛斋》文，借批判当时流行的"七七斋"丧仪，指斥佛教传入中国使得"礼法迁坏"，揭露佛道"非圣人之道"，其徒"不蚕而衣食具，弗耨而饮食充，安居不作、役物以养已者，至于几千百万人，推是而冻馁者几何人可知矣"，并警告"溺于其教者，以夷狄之风而变乎诸夏，祸之大者也"②。他所提反佛的内容和根据与韩愈看法相同，正相呼应。然而在思想上他又以"杂乎禅"③著称。所作《复性书》上、中、下三篇，"全篇主旨，可以《乾卦》爻辞'君子终日乾乾，夕惕，若厉'一语概括，盖言复性之功夫"④。他讲"复性"，杂引《易传》《中庸》《孟子》诸说，俨然遵循孔孟圣人之道。但具体阐释却明显汲取

①《论韩愈》，《金明馆丛稿初编》第286、287页，上海古籍出版社，1980年。
②郝润华校点《李翱集》卷四，第25—26页，甘肃人民出版社，1992年。
③《丹铅余录》。
④韦政通《中国思想史》下册第666页。

了禅宗的“心性”说，甚至语言也是禅宗的。其中严分“性”与“情”，认为“情既昏，性斯匿矣”，因而主张“复其性”；复性的方法，第一步要做到“弗虑、弗思，情则不生；情既不生，乃为正思”，即“斋戒其心”；进而主张“知本无有思，动静皆离，寂然不动者，是至诚也”①；最后达到“视听昭昭，而不起于见闻”的境界。这显然已经落入禅宗“心性”思想的理路。徐复观指出：

> 自唐李习之的《复性书》，始以佛教中的禅宗思想解释《中庸》。宋儒，尤其是程朱，虽辟佛甚力；但在中和的参证、解释上，仍于不知不觉之中，未能跳出禅宗的窠臼。并且伊川的门人，晚年所以多走向禅宗去，也正是以中和思想为其桥梁的。②

这样，唐人韩愈、李翱等提倡的所谓“儒学复古”，已开启宋儒容纳禅理以创建理学的先河。灯录上记载李翱向药山惟俨问道的传说，并传出他写给惟俨的两首诗，作为事实本难凭信；但他与禅僧惟俨等有交往则是可信的，他受到当时流行的禅思想的深刻熏陶则是十分明显的。

关于宋代文化，如陈寅恪所说：

> 华夏民族之文化，历数千载之演进，造极于赵宋之世。③

宋代是否中国古代文化发展极盛期可以讨论，但宋代实现了中国历史由“中世”向“近世”的转变，思想、文化发展取得重大成就，具有鲜明特点，是可以肯定的。两汉以来，儒家经术给历朝提供统治思想，也成为学术的主导潮流。宋代学术的重大成就是把汉儒“章句之学”发展为“性理之学”即理学。在这一转变与发展中，佛教包

---

①《复性书》(上、中)，《李翱集》第6、10页。

②《中国人性论史·先秦篇》，《徐复观文集》第3卷第124页，湖北人民出版社，2002年。

③《邓广铭宋史职官志考证序》，《金明馆丛稿二编》第245页。

括禅宗起了重要作用。钱大昕曾指出理学是“取释氏之精蕴，而阴附于吾道之内”①。具体到禅宗，熊十力曾说：

> 宋儒确受佛教影响甚深，自魏、晋以迄宋世，佛教势力不独遍布中夏，而且植根甚深。中华民族之精神生活中，殆无不为佛教精神所浸渍，且晚唐、五代，尤为佛氏禅宗最盛之时，两宋诸儒承其流，自不得不有所吸收。②

钱穆则认为：

> 北宋学术之兴起，一面承禅宗对于佛教教理之革新，一面又承魏晋以迄隋唐社会上士族门第之破坏，实为先秦以来，第二次平民社会学术思想自由活泼之一种新气象也。③

赞宁在《宋传》里说：“东夏自六祖以来，多谈禅理，少谈禅行焉。”④他关于禅宗的这一评论可谓独具慧眼，看到禅宗的成就与贡献主要在理论层面。这也是禅宗能够在思想文化领域发挥重大作用的关键所在。在佛教各宗派中，对于理学形成与发展作用巨大的还有华严宗，但又如吕澂指出：“理学之受《华严》影响这是大家公认的，不过他们是通过禅学特别是所谓华严禅而间接受到的影响，并非是直接研究而得之《华严》的。”⑤华严宗关于理事圆融、体用一致的学说给理学的本体“道”或“理”提供了依据；禅宗的心性说则把自在的、绝对的、不以人的意志为转移的“理”归结到人的主观心性上来。特别是理学中“心学”一派(心学主“心即理”，北宋程颐开其端，南宋陆九渊建成体系，明王守仁加以发挥)，讲“尽心知性，乃是

---

①《十驾斋养新录》卷一八《引儒入释》，第387页，陈文和、孙显军点校，江苏古籍出版社，2000年。

②《读经示要》卷二。

③《国史大纲·引论》，《钱宾四先生全集》第27卷第43页。

④《宋高僧传》卷一八《陈新罗国玄光传》，下册第445页。

⑤《中国佛教源流略讲》，《吕澂佛学论著选集》第5卷第2819页。

知天;存心养性,则是事天。人乃天之所生,性乃天之所命"①,因此"万物森然于方寸之间,满心而发,充塞宇宙,无非此理"②,肯定人的主观心性的能动性和超越性,从而把实现超凡成圣的依据落实到个人的心性修养上来。梁漱溟被认为是自己以生命实践儒家理想的中国"最后的儒家"。他晚年写《中国文化要义》,讲"人之所以为人",强调"人的理性"("物理"之外的"情理"),讲对人的"信赖"。他认为"佛家要紧的是在自己的生命起变化,或者叫生命的提高吧",他因而说"在思想上给我很好启发的是佛学","我自认是佛教徒"③。实际佛教中更注重个人生命提升的正是禅宗。关于这一点,胡适也作过简洁明晰的说明:

> ……禅学运动,是革命的,是反印度禅、打到印度佛教的一种革命……这种革命还是不彻底。从禅学过渡到宋代的理学,才更见有二大进步:一、以客观的格物代替了主观的"心理",如程朱的今日格一物,明日格一物,今日穷一理,明日穷一理,辨明事物的是非真伪,到后来,便可有后来豁然贯通的一旦。这是禅学方法转变到理学的进步。二、目标也转移了。德山和尚教人做一个吃饭、睡觉、拉屎的平常人;一般禅学家都是为着自己的"腊月二十五",始终只做个和尚。理学则不然。宋仁宗时,范仲淹说了"先天下之忧而忧,后天下之乐而乐";以后理学家无不是从诚意、正心、修身做起,以至于齐家、治国、平天下。超度个人,不是最终的目的,要以个人为出发点,做到超度社会。这个目标的转变,其进步更伟大了。这两点是值得我们大书特书的。总之,宋明理学的昌明,正是禅学

---

①陆九渊《与赵咏道四》,《象山集》卷一二。

②陆九渊《象山语录》,《象山集》卷二。

③艾恺(Guy Salvatore Alitto)记录《这个世界会好吗——梁漱溟晚年口述》第70、323、337页,东方出版中心,2006年。

的改进,也可以说是中国中古时代宗教的余波。①

宋代的理学家们治学大都有出入佛、老的经历,对佛教的禅有深入的了解。他们讲儒学,必然辟佛。为了辟佛,他们读佛书。佛学有素养,批判佛教也就往往能够入室操戈,中其要害。但另一方面,他们浸淫佛说日久,而佛教特别是禅宗探讨的又正是他们所热衷的"性理"诸问题,如心、性、情、心、欲、意、志、才、学等等,对于这些问题禅宗从观点到思路又都有很多精彩的、有价值的地方。他们拿来作借鉴,或干脆加以容纳也就很自然了。

周敦颐(1017—1073)是理学开山人物之一。他作《太极图说》和《通书》,把儒家、道家、阴阳五行学与禅宗结合起来,对于道体论和心性说进行了新的发挥。他的本意是想从根本上把儒学与佛学严格区别开来,但正如宋儒里许多人或明或暗地盗取佛说来发挥自己的主张,周敦颐也成为先行者。有文献记载周敦颐曾从寿涯禅师处得到讲"心性"的"有物先天地,无形本寂寥,能为万象主,不逐四时凋"一偈,作为自己学说的纲领,应是附会。但晁公武曾转述晁景迂(说之)的话说:

> 胡武平(文恭)、周茂叔同师润州鹤林寺僧寿涯,其后武平传其学于家,茂叔则授二程……②

周敦颐和寿涯禅师交往是确实的。他还和佛印了元有交谊。蒲宗孟为他作墓碣,也曾写到他"酷爱庐阜,买田其旁,筑室以居,号曰濂溪书堂。乘兴结客,与高僧、道人跨松萝,蹑云岭,放肆于山巅水涯,弹琴吟诗,经月不返"③等等。佛教文献里还有他向东林常总问道的记载。他又有诗曰:

---

①《中国禅学的发展》,《胡适学术文集·中国佛学史》第93—94页。

②《郡斋读书志》卷一《易类·〈程氏易〉十卷》。

③蒲宗孟《先生墓碣铭》,《周子抄释·附录》。

久厌尘氛乐静元，俸微独乏买山钱。

徘徊真境不能去，且寄云房一榻眠。①

这样的作品禅趣佛思盎然，反映他的精神境界确实包含有禅的成分。

程颢(1032—1085)字伯淳，世称明道先生；程颐(1033—1107)字正叔，世称伊川先生，兄弟二人开创理学里的“洛学”一派。程颢“自十五六时，闻汝南周敦颐论学，遂厌科举之习，慨然有求道之志。未知其要，泛滥于诸家，出入老、释者几十年，反求诸《六经》而后得之”②。佛家典籍里讲到“程明道先生一日过定寺，偶见斋堂仪，喟然叹曰：‘三代礼乐，尽在是矣。’”③有人问程颐：“庄周与佛如何？”他答曰：“周安得比他佛？佛说直有高妙处，庄周气象大，故浅近。”④他又说过：“释氏之学，不可道他不知，亦尽极乎高深。然要之卒归乎自私自利之规模。”⑤他这样肯定佛学的“高深”，而批评它自求解脱的“自私自利”。程颐在回答学生提问时，用孟子“性善”论来说明“性即理”：

问：“人性本明，因何有蔽？”曰：“此须索理会也。孟子言人性善，是也，虽荀杨亦不知性。孟子所以独出诸儒者，以能明性也。性无不善，而有不善者，才也。性即是理。理则自尧舜至于途人一也。才禀于气，气有清浊。禀其清者为贤，禀其浊者为愚。”⑥

这种说法显然与禅宗性净观念相通。程颢则更强调“心”的作用，

---

①《宿山房》，《周元公集》卷二。

②程颐《明道先生行状》，《二程文集》卷一二。

③《敕修百丈清规》卷八，《大正藏》第48卷第1159页上。

④朱熹编《二程外书》卷一二《传闻杂记》。

⑤真德秀《西山读书记》卷三六《吾道异端之辨下》。

⑥《二程遗书》卷一八《刘元承手编》。

他说：

> 天地本一物，地亦天也，只是人为天地心。是心之动，则分了天为上，地为下，兼三才而两之，故六也。①

这就把“心”当作主宰了，从而开启“心学”的先河。朱熹曾说“伊川偷佛说为己使”，指出程颐教人“就身上做工夫”②，正是汲取了禅宗的思想内容。

朱子是理学的总结者。他的理论的核心概念是“理”，或称“道”“太极”，这是宇宙万物的本体。禅的影响特别体现在他的本体论和修道论层面。他与弟子对答：

> 行夫问：“万物各具一理，而万理同出一源，此所以可推而无不通也。”曰：“近而一身之中，远而八荒之外，微而一草一木之众，莫不各具此理。如此四人在坐，各有这个道理，某不用假借于公，公不用求于某，仲思与廷秀亦不用自相假借。然虽各自有一个理，又却同出于一个理尔。如排数器水相似：这盂也是这样水，那盂也是这样水，各各满足，不待求假于外。然打破放里，却也只是个水。此所以可推而无不通也。所以谓格得多后自能贯通者，只为是一理。释氏云：‘一月普现一切水，一切水月一月摄。’这是那释氏也窥见得这些道理。濂溪《通书》只是说这一事。”③

“一月普现”二句出《永嘉证道歌》，本是禅宗偈颂，反映的是华严理事圆融宗义。朱熹讲“天命之性”“气质之性”（他认为“天命之性”本来完善无缺，体现在人身上为“气质之性”，“理”与“气”、善与不善混杂），讲“道心”“人心”（“道心”出于天理，得性命之正；“人心”

---

①《二程遗书》卷二下《附东见录后》。

②《朱子语类》卷一二六《释氏》，第 8 册第 3040 页。

③《朱子语类》卷一八《大学五 · 或问下》，第 398—399 页。

出于形气，现人欲之私），讲“天理”“人欲”，指出：“人心虚静，自然清明，才为物欲所蔽，便阴阴地黑暗了。”①这种思想是与禅的“心性本净”说全然相契合的。他有诗曰：

> 旧喜安心苦觅心，捐书绝学费追寻。
> 困衡此日安无地，始觉从前枉寸阴。②
>
> 客子归来春未深，只应寒雨罢登临。
> 闲窗竟日焚香坐，一段孤明见此心。③

这无论是观念还是语言都类似禅宗的偈颂了。

理学中更多承袭禅宗思想加以发挥的是陆九渊（1139—1193，字子静，号象山翁，世称“象山先生”）。他开创理学中“心学”一派，主张“心即理”，与朱熹见解多有不合。朱熹曾评论陆九渊和他那一派的杨简，说他们“本是禅学，欲以吾儒说话遮掩”④。

陆九渊肯定心为本体，他说：

> 四方上下曰宇，古往今来曰宙。宇宙便是吾心，吾心即是宇宙。千万世之前有圣人出焉，同此心，同此理也；千万世之后有圣人出焉，同此心，同此理也。⑤
>
> 万物森然于方寸之间，满心而发，充塞宇宙，无非此理。⑥
>
> 人心至灵，此理至明，人皆有是心，心皆具是理。⑦

这里讲的“此心”“此理”实际就是禅宗圆满自足的“自性”。作为理

---

①《朱子语类》卷九八《张子之书一》，第 2517 页。
②《困学二首》之一，《晦庵集》卷二。
③《寄吴公济兼简李伯谏五首》之一，《晦庵集》卷六。
④《朱子语类》卷一二四《陆氏》，第 8 册第 2978 页。
⑤《宋明臣言行录》外集卷一五《陆九渊》。
⑥《象山语录》卷二。
⑦《象山集》卷二二《杂说》。

学家，他当然要明确这“理”以儒家价值观为标准，说：

> 盖心，一心也；理，一理也。至当归一，精义无二。此心此理，实不容有二。故夫子曰“吾道一以贯之”，孟子曰“夫道一而已矣”，又曰“道二，仁与不仁而已矣”。如是则为仁，反是则为不仁。仁即此心也，此理也；求则得之，得此理也。①

这样赋予“心”和“理”以道德属性，归结到传统儒家的“仁道”上来。他解释作为孟子“性善”说依据的所谓“四端”即恻隐、羞恶、辞让、是非之心：

> 四端者，即此心也；天之所以与我者，即此心也。人皆有是心，心皆具是理。心即理也。故曰：理义之悦我心，犹刍豢之悦我口，所贵乎学者为其欲穷此理、尽此心也。有所蒙蔽，有所移夺，有所陷溺，则此心有所不灵，此理为之不明，是谓不得其正。其见乃邪见，其说乃邪说。一溺于此，不由讲学，无自而复。故心当论邪正，不可无也；以为吾无心，此即邪说矣。②

孟子所谓“四端”说的是天赋人性本善，而陆九渊把它们等同为“理”，又讲这“理”即是“心”，不过在现实中被蒙蔽、移夺、陷溺，因而必须“穷此理，尽此心”，这显然是禅宗“修心”“净心”的理论和思路了。明代陈淳批评陆九渊：

> 如陆学，从来只有尊德性底意思，而无道问学底工夫，盖厌繁就简、忽下趋高者。其所精要处，乃阴窃释氏之旨，而阳托诸圣人之传，确然自立一家。③

这里说陆九渊“无道学问的功夫”，批评他学识空疏，涉及他的治学

---

①《象山集》卷一《与曾宅之》。

②《象山集》卷二，原版缺损，题名不详。

③《与姚安道》，《北溪大全集》卷三二。

观念与方法。陆九渊明确说“学苟知本,六经皆我注脚”[①],表明他对待任何权威学说都采取自由开放、为我所用的态度。正是这样,他才能够不避“异端”,汲取佛说,加以发挥,来创建自己的学说。

宋代理学家们多严厉批判佛教,讳言受到佛说影响,但上述理学各派都从不同角度、在不同程度上借助了佛家思想,特别是禅宗的心性理论。禅宗为他们构筑“新儒学”提供了重要理论资源,对宋代思想发展做出了重大贡献。

四

黄仁宇说:

> 心学的发展在明代进入高潮。由于王阳明的创造发挥,这种思想已经形成一个完整的系统。[②]

王阳明(1472—1528,名守仁,字伯安,自号阳明子,世称“阳明先生”,理学中“心学”一派的集大成者)主要活动在明孝宗弘治(1488—1505)、武宗正德(1506—1521)年间。这正是中国“近世”社会发展的重大转折时期。明王朝已经度过了它的兴盛阶段,内外交困,矛盾丛生,一方面民变蜂起,另一方面又受到北方游牧民族的劫掠骚扰。何良俊曾指出:

> 余谓正德以前,百姓十一在官,十九在田。盖因四民各有定业,百姓安于农亩,无有他志……自四五十年来,赋税日增,徭役日重,民命不堪,遂皆迁业……昔日逐末之人少,今去农

①《象山语录》卷一。
②《万历十五年》第222页。

而改业为工商者三倍于前矣。昔日原无游手之人，今去农而游手迩食者又十有二三矣。大抵以十分百姓言之，已六七分去农。①

这一时期，一方面大量破产农民逃离本土，雇佣劳动者增多；另一方面工商业发展，商品经济逐渐繁荣，市民和商人阶层扩大。社会变动加剧，激起思想领域的新变。王阳明一派对理学的发展就是这种“新变”的体现和成果。

王阳明早年拜程朱学派娄谅（1422—1491，字克贞，别号一斋，理学家，学说接近陆九渊）为师。二十八岁进士出身，曾担任刑部云南清吏司主事等职。正德元年（1506），武宗朱厚照即位，他受到弄权宦官刘瑾陷害，谪授贵州龙场（今贵州修文县）邑丞，直到正德五年刘瑾伏诛。他在龙场，身受罪累，居处荒僻，遂有所谓著名的“龙场悟道”之事。这实际是思想经过长期酝酿而发生的进展。对于这一进展，佛学起了重要作用。他曾对弟子们说：

吾幼时求圣学不得，亦尝笃志二氏。其后居夷三载，始见圣人端绪，悔错用功二十年。二氏之学，其妙与圣人只有毫厘之间，故不易辨。②

他受到“二氏”的影响实际主要是禅宗。而他所说儒与“二氏治学”辨析在“毫厘之间”，又表明对他来说二者其间确有难以辨析的融通之处。他的弟子钱德洪（1496—1574，字绪山）说到他讲学情形：

……出与学者言，皆发诚意格物之教。病学者未易得所入也，每谈二氏，犹若津津有味。盖将假前日之所入，以为学

①《四友斋丛说》卷一三，《四库全书存目丛书》子部第103册第375—376页，齐鲁书社，1997年。

②《王文成全书》卷三二《附录一・年谱一》。

者入门路径。[①]

他显然不但熟悉佛学,又是深受其滋养的。

他的“心学”从学理体系看乃是陆九渊一派的延续,与居于当时统治地位的朱子之学明显有分歧。两者的分歧集中反映在对《大学》的解释上。朱熹按己意改变《大学》原本次序,划分出经和传,提出作为经的“三纲”(“明明德”“亲民”“止于至善”)和作为传的“八条目”(“格物”“致知”“诚意”“正心”“修身”“齐家”“治国”“平天下”),而把“致知”放在八条目第一位;又根据自己的理解“补传”一百三十四字,突出一个“敬”字,作为“格物穷理”的精髓,从而强调“天理”的绝对性,要求对“人心”加以约束。王阳明则恢复《大学》“古本”,提出他截然不同的看法:

> 大学之要,诚意而已矣;诚意之功,格物而已矣;诚意之极,止至善而已矣;止至善之则,致知而已矣。正心,复其体也;修身,著其用也;以言乎己,谓之明德;以言乎人,谓之亲民;以言乎天地之间,则备矣。是故至善也者,心之本体也;动而后有不善,而本体之知未尝不知也。意者,其动也;物者,其事也。致其本体之知,而动无不善。然非即其事而格之,则亦无以致其知。故致知者,诚意之本也;格物者,致知之实也。物格则知致,意诚而有以复其本体,是之谓止至善。圣人惧人之求之于外也,而反复其辞。旧本析而圣人之意亡矣。[②]

他在这里明确提出一个“至善”的“心之本体”,相对朱熹的“格物”,把“诚意”作为《大学》之要。这还是王阳明中年的看法。到了晚年,则更明确地提出“致良知”为“学问大头脑”“圣人教人第一

---

①《王文成全书》卷三六钱德洪《答论年谱书凡十首》。

②《王文成全书》卷七《大学古本序》。

义”①。他明确指出：

> 象山辨义利之分，立大本，求放心，以示后学笃实为己之道，其功亦宁得而尽诬之。而世之儒者，附和雷同，不究其实，而概目之以禅学，则诚可冤也已。故仆尝欲冒天下之讥，以为象山一暴其说，虽以此得罪无恨。仆于晦庵亦有罔极之恩，岂欲操戈而入室者。顾晦庵之学，既已若日星之章明于天下，而象山独蒙无实之诬，于今且四百年，莫有为之一洗者。使晦庵有知，将亦不能一日而安享于庙庑之间矣。②

程、朱的理学正统树“天理”为本体，主张“天理”与“人欲”不两立，从而把“尊德性”和“道学问”分成两截。这曾被陆九渊批评为“支离”。陆九渊力图消解这种二元论的困境，把“天理”移植到“人心”之中，主张“人皆有是心，心皆具是理，心即理也”③。但是在他的理论体系中，个体的“吾心”仍然不能摆脱“天理”的制约，所以仍不能彻底克服朱子之学支离灭裂、错杂纷纭的弊病。王阳明沿着陆九渊的思路继续前进，提出“良知”说，在肯定个人心性绝对性的方向上又前进一大步。

他把《大学》致知、格物、正心、诚意归结到“致良知”。“良知”乃是王阳明独得之密、论学的核心。他说：

> 先天而天弗违，天即良知也；后天而奉天时，良知即天也。④

既然“良知”授之于天，就是与“天命”合一的。他又说：

> 良知只是个是非之心，是非只是个好恶。只好恶就尽了

①《王文成全书》卷二《答欧阳崇一》。

②《王文成全书》卷二一《答徐成之》。

③《象山集》卷二。

④《王文成全书》卷三《传习录下》。

是非，只是非就尽了万事万变。①

夫人者，天地之心。天地万物，本吾一体者也。生民之困苦荼毒，孰非疾痛之切于吾身者乎？不知吾身之疾痛，无是非之心者也。是非之心，不虑而知，不学而能，所谓良知也。良知之在人心，无间于圣愚，天下古今之所同也。②

"良知"之在人心，不虑而知，不学而能，圆满具足；"良知"又是不须检束而现成的，没有外在规矩，不需要"守静"或"持敬""功夫"。这样的"良知"显然与禅的"清净自性"相通了。又因为"良知"是凡圣等一的，所以超凡成圣归之每个人的主观认知功夫：

自己良知，原与圣人一般。若体认得自己良知明白，即圣人气象不在圣人，而在我矣。③

说明"良知"的有他著名的"四句教"，即"无善无恶心之体，有善有恶意之动，知善知恶是良知，为善去恶是格物"。这"四无之说"，被看做是王阳明"师门教人定本不可易"④的大道理。这样就把儒家的修身功夫归结到"知行合一"："知之真切笃实处即是行，行之明觉精察处即是知。知行工夫，本不可离"⑤。如此强调"知"的绝对性，则又和禅宗所谓"知心体"，"知之一字，众妙之门"，一悟百了的精神相一致了。

当年朱熹曾指责陆九渊为禅。王阳明在吸收禅学方面较陆九渊又大大前进一步，他本人也明确承认自己的"心学"与禅的关系，曾说：

夫禅之学与圣人之学，皆求尽其心也，亦相去毫厘耳。圣

---

①《王文成全书》卷三《传习录下》。
②《王文成全书》卷二《传习录中·答聂文蔚》。
③《王文成全书》卷二《传习录中·启问道通书》。
④《钱绪山先生要语序》，《刘蕺山集》卷九。
⑤《王文成全书》卷二《传习录中·答顾东桥书》。

人之求尽其心也,以天地万物为一体也……凡以裁成辅相、成己成物而求尽吾心焉耳。心尽而家以齐,国以治,天下以平,故圣人之学不出乎尽心。禅之学非不以心为说,然其意以为是达道也者,固吾之心也;吾惟不昧吾心于其中,则亦已矣,而亦岂必屑屑于其外?其外有未当也,则亦岂必屑屑于其中?斯亦其所谓尽心者矣,而不知已陷于自私自利之偏。是以外人伦,遗事物,以之独善,或能之,而要之不可以治家国天下。盖圣人之学无人已,无内外,一天地万物以为心;而禅之学,起于自私自利,而未免于内外之分,斯其所以为异也。今之为心性之学者,而果外人伦,遗事物,则诚所谓禅矣。使其未尝外人伦,遗事物,而专以存心养性为事,则固圣门精一之学也,而可谓之禅乎哉!①

这就明白宣示,他所主张的"致良知"的"尽心"之说,与禅宗论心相差无几。如果说有区别,主要在"对外"的态度上。他认为儒家的心学上而顺应天则,以万物为一体,下而落实到修、齐、治、平的大事业;而禅的心学则弃绝人伦物理而流于虚寂,从而陷于自私的独善境地。日本学者冈田武彦分析说:

阳明和宋儒一样,认为佛老因为只提圣人的上半截而遗弃其下半截,因此都不如吾儒之彻上彻下、大中至正,惟吾儒才强调真虚无。若能遵从吾儒之道,那么佛氏的出离、老氏的养生即在其中了。故在阳明思想中,有以儒学范围三教的考虑。②

王阳明如此统合儒与禅,最后归结到儒家的经世传统,而不走禅宗高蹈绝尘的出世路线,表明了他作为理学家的本色。

---

①《王文成全书》卷七《重修山阴县学记》。

②《王阳明与明末儒学》第 49 页,上海古籍出版社,2000 年。

王阳明后学繁衍为不同派系，传人延续几代，持论纷纭，对师说多所发挥。特别是对他的“良知”之说，门徒更牛毛茧丝，不断辨析，形成思想学术史上又一个百家争鸣、异彩纷呈的局面，在明后期思想界造成巨大的影响。在思想史上具有更大进步意义的是王畿(1498—1583，号龙溪，王阳明弟子，阳明学派浙中派的创始人)和王艮(1483—1541，字汝止，号心斋，王阳明弟子，阳明学派泰州派的创始人)为代表的所谓“王学左派”。他们进一步发挥王阳明的心性思想。王畿主张“良知”作为心体之说，认为人的意、知本来无善无恶，因此要在心体上立根本，这即是所谓“先天之学”。王艮则发展心体的现成、流行之说，主张以悟性为宗，以反己为要，在百姓日用之中实现天理。他们的思想显然都更接近于禅，更多地接受了禅的影响。

李贽是“心学”发展的后殿。今人嵇文甫说“其学不守绳墨，出入儒释之间”①；日本学者冈田武彦则说他“主张以儒为立本，以道为入门，以佛为极则”②。侯外庐主编的《中国思想通史》肯定他的思想径直是“禅宗思想的直接抄本”③。

李贽(1527—1602)，泉州晋江(今福建晋江市)人，原姓林，名载贽，为避明穆宗讳改姓名；号卓吾、宏甫、温陵居士，又号龙湖叟。著述颇多，重要的有《藏书》《续藏书》《焚书》《续焚书》《明灯道古录》等。他不只是接受佛教思想的熏陶，更与佛教有密切关系。万历五年(1577)他任姚安(今云南姚安县)知府，开始专心学佛，曾经入鸡足山阅《藏经》。万历八年(1580)，回到湖北黄安(今湖北红安县)；十二年，移居麻城(今湖北黄冈市麻城市)龙潭芝佛院，开始度亦儒亦僧的修道生活。后来遣妻别嫁，断然剃发，“日独与僧深有(无念深有于十三岁在雁荡山出家，游方参访，万历六年居麻城芝

①《晚明思想史论》第61页，东方出版社，1996年。

②《王阳明与明末儒学》第216页。

③《中国思想通史》第4卷(下)第1095页，人民出版社，1960年。

佛院为住持僧)、周司空思敬(友山)语。然对之竟日,读书已,复危坐,不甚交语也"①。他出身士大夫阶层,抨击道学,不以孔子是非为是非,为"异儒";学佛,却又不弃世为僧,为"异僧"。他的思想、行事、作品贯穿着极其鲜明的异端性格。

李贽曾师事王艮之子王襞,又会见过王阳明弟子王畿和泰州学派的罗汝芳,并表示敬仰。他对王阳明推崇备至,著有《阳明先生年谱》《阳明先生道学钞》。在理学发展史上,王阳明继承陆九渊思路,主"心即理",主张基于人的"良知"即可超凡成圣,每个人都具有同样合乎天理的心性,因此"满街都是圣人"。李贽沿袭王阳明以"吾心"为本体的心性观念,他说:

> 吾之色身,洎外而山河,遍而大地,并所见之太虚、空等,皆是吾妙明真心中一点物相耳。②
>
> 心性本来空也。本来空,又安得有心更有性乎?又安得有心更有性可说乎?故二祖直至会得本来空,乃得心如墙壁去耳。既如墙壁,则种种说心说性诸缘,不求息而自息矣。诸缘既自息,则外缘自不入,内心自不惴,此真空实际之境界也,大涅槃之极乐也,大寂灭之藏海也。③

正是在这种肯定"心性"圆满、现成的基础上,他发挥王畿、王艮的思想,张扬人性的平等,凡圣等一。他说:

> 人但率性而为,勿以过高视圣人之为可也。尧、舜与途人一,圣人与凡人一。④

①刘侗、于奕正《帝京景物略》卷八。

②《解经文》,《焚书》卷四,《焚书·续焚书》第135—136页,夏剑钦校点,岳麓书社,1990年。

③《观音问·答明因》,《焚书》卷四,《焚书·续焚书》第174—175页。

④《明灯道古录》卷上,《李氏文集》卷一八。

这样,“天下无一人不生知”,“天下宁有人外之佛,佛外之人乎?”①“道”不再是超然的神秘本体,就体现在人生日用之中。所以他又说:

> 穿衣吃饭,即是人伦物理。除却穿衣吃饭,无伦物矣。世间种种,皆衣与饭类耳。故举衣与饭,而世间种种自然在其中。非衣食之外,更有所谓种种绝与百姓不相同者也。②

这种观念又充分显示他关心民生、关注现实的精神。“王学左派”的“心性”说就这样演化为具有鲜明进步意义和现实精神的政治主张。

泰州学派的影响,漫延到文化界,扩展在文人间,比起其在理学内部的作用和成绩更为显著。王阳明当初承认自己具有“狂者胸次”③。在他这一派思想影响下,晚明思想界掀起“狂禅”思潮,给程朱理学的统治以猛烈冲击,出现李贽这样的背弃孔孟、非毁程朱、抨击理学传统、反对名教纪纲的思想家。在文学领域,也相呼应地掀起一股革新思潮,如袁宏道(1568—1610,字中郎,官至吏部郎中,文学家,创作主“性灵”,以籍湖北公安与弟宗道、中道创“公安派”,合称“公安三袁”)等“公安三袁”、徐渭(1521—1593,剧作家,工书画,为人狂放不拘,创作深受公安派影响)、汤显祖(1550—1616,剧作家,有名作《牡丹亭》等“临川四梦”,曾从泰州学派罗汝芳读书,心仪李贽,深受禅宗影响)、焦竑(1540—1620,思想家、学者,曾官翰林院修等职,著述宏富,深受泰州学派影响)等,创作都张扬心性,着意创新,取得丰硕的成果。席卷文坛的“狂禅”思潮,在思想、文化领域造成巨大影响,在中国佛教已经没落时期,写下它贡献中国文化的光辉一页。

---

①《答周西岩》,《焚书》卷一,《焚书·续焚书》第1页。

②《答邓石阳》,《焚书》卷一,《焚书·续焚书》第4页。

③《明儒学案》卷一〇《姚江学案》,上册第216页,沈芝盈点校,中华书局,2008年。

李贽终于被迫害致死，身后有许多仰慕者，他的著述也继续流传并持续地发挥影响。但是作为一种思想潮流，泰州学派却后继乏人，渐趋泯灭了。既受到朝廷支持的道学正统的围剿，又遭到王学内部修正派的批评，更主要的是明末"天崩地解"的时代到来，泰州学派所要证悟的虚玄灵明之"心"在错综复杂的现实矛盾面前就显得过于空虚乏力了。本来"心学"的主要弱点也渊源于禅思想的空灵虚幻而缺乏建设性。黄仁宇指出：

> 几个世纪以后，对李贽的缺点，很少有人指斥为过激，而是被认为缺乏前后一致的完整性。他的学说破坏性强而建设性弱。他没有能创造一种思想体系去代替正统的教条，原因不在于他缺乏决心和能力，而在于当时的社会不具备接受改造的条件。和别的思想家一样，当他发现自己的学说没有付诸实施的可能，他就只好把他美术化或神秘化。①

"狂禅"作为一种思想潮流渐趋湮灭了，它的影响延续不绝。实际从一定意义上说，它为近代革新思想提供了资源，开创了先机。至于禅宗，凭借现实环境的变化，在明末，重又作为思想变革的动力演出焕发光彩的一幕，历经数百年跌宕的历史，大幕终于落下了。

---

①《万历十五年》第 223 页。

第十五讲　禅文化

一

禅宗又是文化运动,创造了丰富的、具有重大价值的文化成果,对于文化各领域的发展做出重大贡献,造成巨大影响。

唐代的禅宗丛林吸引、集合一大批知识精英。他们不仅推动起一个气势磅礴的"宗教革新"运动,又成为推动思想、文化领域创造、革新的力量,丰富了一代文化创造的成果;他们留下大量禅籍(包括后来结集的),是中国佛教独创的经典,又具有多方面文化内容,乃是留给后世的宝贵的文化财富。宋元以降,总体看,禅宗是逐渐衰败了,但历代佛门仍出现不少卓越禅师,他们继承、发扬当年禅宗的优秀传统,在思想、文化领域多所建树。值得注意的是,这一时期,文人士大夫居士成为支撑佛教生存的重要力量,而他们信仰的主要是禅宗;另一方面,知识阶层中又有更多人赞赏禅宗,研习禅籍。这样,无论他们是否怀抱真挚的信仰心,其中确有相当多的人自觉不自觉地经受禅的熏陶,接受禅的影响。因而尽管这一时期佛教包括禅宗本身在衰落,但禅宗对于思想、文化的发展却仍在持续发挥相当大的作用,而且往往成为推动思想、文化领域开拓、创新的力量。关于思想层面,前一讲里已经做了简略介绍。对于广泛的文化领域,包括诸如文学、艺术、书法、园林建筑、教育、伦理、美学以至民俗等部门的影响同样不容小觑。不过,即使对于这些方面简略介绍,内容之丰富浩瀚,也非本书篇幅所能承担。以下只就文学领域的情况略述一二,希望取得以管窥豹、举一反三的效果。

钱穆曾指出:

> 唐代禅宗之盛行,其开始在武则天时代,那时唐代,一切文学艺术正在含葩待放,而禅宗却如早春寒梅,一支绝娇艳的花朵,先在冰天雪地中开出。禅宗的精神,完全要在现实人生之日常生活中认取,他们一片天机,自由自在,正是从宗教束缚中解放而重新回到现实人生来的第一声。运水担柴,莫非神通。嬉笑怒骂,全成妙道。中国此后文学艺术一切活泼自然空灵洒脱的境界,论其意趣理致,几乎完全与禅宗的精神发生内在而很深微的关系。所以唐代的禅宗,是中国史上的一段"宗教革命"与"文艺复兴"。①

禅宗具有浓厚的文艺性格,许多禅宗典籍本身就是独具特色的文学作品,俗称"禅文学"。禅宗又广泛、深刻地影响世俗文人的生活、思想和创作,对于推进文学发展发挥了多方面、重大的作用。

二

首先介绍"禅文学"。顾随曾说:

> 禅者何?创造是。禅者何?象征是。何以谓之创造?试

①《中国文化史导论》(修订本)第166—167页。

> 看作家为人,纵然千言万语,比及要紧关头,无一个不是戛然而止,一任学人自己疑去悟去,死去活去……何以谓之象征?祖师开口无一句一字不是包八荒而铄四天,绝不是字句所能限。所以者何?象征也。是故棒不可作棒会,骂不可作骂会,一喝亦且不可作一喝会。遗貌取神,正复大类屈子《离骚》之美人香草,若其言近而指远,语短而心长,且又过之。①

这里讲的是禅宗语录的艺术特征。语录(广义的语录,包括禅史、灯录)可看做是广义的"禅文学"作品,在散文史、诗歌史取得重大成就,在于它体现了思想内容和艺术表现的"创造"精神。梁启超又曾说:

> 自禅宗语录兴,宋儒效焉,实为中国文学界一大革命。然此殆可谓为翻译文学之直接产物也。盖世尊只有说法,并无著书,其说法又皆用"苏漫多"。弟子后学汲其流,即皆以喻俗之辩才为尚。入我国后,翻译经典,虽力谢雕饰,然犹未敢径废雅言。禅宗之教,既以大刀阔斧,抉破尘藩,即其现于文字者,亦以极大胆的态度,掉臂游行,故纯粹的"语体文"完全成立。然其动机实导自翻译。②

这是指出禅宗语录与佛典翻译的渊源关系。实则语录的形成与发展又承自中国文学自身的传统,包括继承、发展先秦以来语录体创作的传统。从文学发展角度看,禅宗语录作为独具特色的白话散文,艺术成就主要在如下三个方面。

第一,禅宗语录是一种独具特色的白话文体。

先秦诸子创造了导师训喻弟子的语录体。这是一种接近口语的文体。中国古代的言与文、书面文字的"雅"与民间口语的"俗"

①《揣籥录》,《顾随说禅》第 47 页。

②《佛学研究十八篇》,《翻译文学与佛典》第 29 页,台北中华书局,1976 年。

差距很大。古代文学中的民间创作乃至部分文人作品也有语言较为通俗、使用口语的。而禅宗语录著述，一方面为了忠实传达师资对话的口吻语气（当然，语录是后人记述的，不同程度地经过修饰，也就不同程度地改变了原来示法或对话的本来面貌）；另一方面又有意体现“不立文字”的反传统、反雅正观念，所以忠实记录上堂示法或师资对谈的内容，创造出一种逼肖口语的通俗的语录体。早期的文字如神会“语录”，口语、俗语成分还不多。到中晚唐，语录已接近甚或逼肖口头谈话了。

胡适作为“文学革命”的健将，当然高度评价语录文体的革新意义与价值。他举出慧能、黄檗希运、临济义玄的几段上堂示法文字，然后说：

> 这种白话，无论是从思想看或从文字上看，都是古今来绝妙的文章。我们看了这种文章，再去看韩愈一派的古文，便好像看了一个活美人之后再来看一个木雕美人了。

他更进一步具体分析说：

> 白话语录的大功用有两层：一是使白话成为写定的文字，一是写定时把从前种种写不出来的字都渐渐地有了公认的假借字了。从此以后，白话的韵文与散文两方面都有了写定的文字了：白话的发展，谁也挡不住了，什么压力也压不住了。①

禅宗语录的创作，乃是中国文学史上白话文学创新的实绩。如胡适指出的，这对于推动白话文学的发展起了重要作用。而单纯作为文体看，又成为一种后世通俗的实用著述体裁。例如儒家著述也相习多做语录，但是就表达艺术水平看，和禅宗语录是不能相比了。

第二，禅宗语录是一种艺术特征突出的文学散文。

---

①《禅宗的白话散文》，《胡适学术文集·中国佛学史》第4、8页。

把语录作为文学散读，行文生动活泼、机智风趣、寓意深长，语言技巧和表现手法的特点十分鲜明、突出。朱自清说：

> ……禅家却最能够活用语言。正像道家以及后来的清谈家一样，他们都否定语言，可是都能识得语言的弹性，把握着，运用着，达成他们的活泼无碍的说教。①

禅宗标榜“不立文字”，因而要“不说而说”，意在言外；另一方面，又主张“承言者丧，滞句者迷”，认为不解禅机而执着言句的乃是“钝根”。如前面各讲引述过的语录段落，大量使用对问、反诘、比喻、象征、联想等修辞手法，为打破常识情解而往往作非理性、反逻辑的问答。惠洪说谈禅忌用“死句”（惠洪《林间录》曰：“语中有语，名为死句。”“死句”指不能超越常识的情解来谈禅论道）；道融说要避免“葛藤”（道融《丛林盛事》曰：“禅家者流，凡见说事枝蔓不径捷者，谓之葛藤。”凡执着于言辞，或玩弄词句，都谓之“葛藤禅”）；耶律楚材（1190—1244，契丹人，号湛然居士，辅佐蒙元太祖成吉思汗、太宗窝阔台，政治上多有裨补，好禅，曾拜万松行秀为师，善诗文）说：“公案助谈柄，卖弄滑头禅。”②朱熹则说：

> 至达磨以来，始一切扫除。然其初答问，亦只分明说。到其后又穷，故一向说无头话，如“干矢橛”“柏树子”之类，只是胡鹘突人。既曰不得无语，又曰不得有语，道也不是，不道也不是。如此，则使之东亦不可，西亦不可。置此心于危急之地，悟者为禅，不悟者为颠。虽为禅，亦是蹉了蹊径。置此心于别处，和一身皆不管，故喜怒任意。然细观之，只是于精神

---

①《禅家的语言》，《朱自清古典文学论文集》上册，第141页，上海古籍出版社，1987年。

②《琴道喻五十韵以勉忘忧近道》，《湛然居士文集》卷一二，第256—257页，谢方点校，中华书局，1986年。

上发用。①

这也是所谓"爱说一般最险绝底话,如引取人到千仞之崖边,猛推一推下去。人于此猛省得,便了"②。九峰道虔法嗣禾山无殷(891—960)曾说:

> 且看古人什麽处是无佛法身心处?好手亦不奈何。恰似丛林兄弟,学处不通,只执一问一答,往来言语。殊不知亦有时中问答,分为三般:一者现对缘处机纵夺,亦得名为问答;二者亦有拟心是问,不续是答,是药病之语;三者亦有无问之问,无说之说。这个宗门正问正答之路,又不可类同,事须甄别。若论提掇,即是单行;若道收人,须承路布。③

这是说师资对答言句的变化多端。这样,语录作为文学散文的艺术特征,一是语言新颖:禅匠上堂示法,要不落窠臼,不循旧辙,灵活新巧,多利用口语、俗语乃至粗鄙语"干屎橛"之类,让言句"活泼泼的";二是文思机敏:"绕路说禅","死蛇弄活",讲究利用机锋峻语,无论是示法还是辩难,都是一种智慧的较量,逼困对方,显扬己见;三是富于谐趣:文思生动,舒卷自如,活泼泼的;四是意蕴深厚,钱锺书指出:

> 禅宗于文字,以胶盆黏住为大忌;法执理障,则药语尽成病语,故谷隐禅师云:"才涉唇吻,便落意思,尽是死门,终非活路。"此庄子"得意忘言"之说也。④

禅宗言句,多用心理上的暗示、艺术上的象征,学人"闻言而悟","言下便悟",就是要悟解言句之外的深意。他又说:

---

①《朱子语录》卷一二六《释氏》,第8册第3028页。
②《朱子语录》卷一二六《释氏》,第8册第3029页。
③《祖堂集》卷一二《禾山和尚》,下册第556页。
④《谈艺录》(补订本)第100页,中华书局,1984年。

常州派说词曰："作者未必然，读者何必不然。"皆西汉"外传"、南宗"活句"之支与流裔也。谷隐"药语"之喻，乃释典常谈。①

"外传"指《韩诗外传》，其说《诗》多"断章取义"。"活句"则含义多方，随人领会，引导人发挥主观想象，进行创造性的思维。禅师又往往创造出鲜明的意境，让人在其中体悟禅机，"得意忘言"。如宋代的投子义青（1032—1083，石头下九世）说法：

上堂云："云卷诸峰，青山迥秀，绿萝烟密，露滴明珠。白猿啼处月当轩，玉兔眠时日轮午。且道不犯明暗一句作么生道。"良久，云："云藏千里岫，雨润万年石。"下座。②

又芙蓉道楷（1043—1118，投子义青法嗣）的说法：

上堂："入道之径，内虚外静，如水澄凝，万象光映，不沉不浮，万法自如，所以道，火不待日而热，风不待月而凉。坚石处水，天暓犹光，明暗自尔，干湿同方。若能如是，岩前枯木，半夜开华，木女携篮，清风月下，石人舞袖，共贺太平，野老讴歌，知音者和。于斯明得，何必重登塔庙，再见文殊？道在目前，一时参取。"③

这些都不是枯燥的教训，俨然是一段描摹生动的风景文了。还有晚唐轻经慢教以致毁经灭教一派，呵佛骂祖，大胆泼辣，杀活无方，无所顾忌，表现出极其大胆、峻烈的风格，例如前面引述过的德山、临济的言句。在散文史上，禅宗语录这种新颖活泼、富于创新的风格是空前的，也是绝后的。当然这主要是指唐五代的早期语录（如前所述，这些语录经过不同的结集、著录过程，多数已不是

①《谈艺录》（补订本）第416页。

②《投子义青禅师语录》卷一，《续藏经》第71册第735页下。

③《嘉泰普灯录》卷三《东京天宁芙蓉道楷禅师》，《续藏经》第79册第309页下。

禅师说法、辩论的原貌)。

9世纪中叶以降,“机锋”“机用”越来越深晦难解,往往不知所云,让人如坠五里雾中;又后世禅师许多人对禅本无实解,只是东施效颦,故弄玄虚,动辄刻印语录数十卷,则有欺世盗名之嫌、徒灾枣梨之弊了。

第三,广义的禅宗语录,包括禅史、灯录等,创造出一系列祖师形象,成为文学创作的典型人物。

前面介绍过禅宗创建“祖统”、树立“祖师”情形。如今留下许多唐人所作禅师碑志、禅门内部制作的禅师“行录”,都是作为人物传记来记述的。这些著作作为宗教文书,记载宗教人物,目的是竖立“祖师”圣像,寄托宗义,为弘扬信仰服务。这样,就真实性说就要大打折扣。这从本书前面所介绍禅宗人物的情形已看得很清楚。但是从文学创作角度讲,正因为多有出于悬想的创造成分,塑造出鲜活、丰满的“祖师”形象,这些作品才不只是历史记述,而具有艺术价值。例如下面南宋时期编撰的《五灯会元》里二祖慧可嗣法的完整故事:

>……时有僧神光者,旷达之士也。久居伊、洛,博览群书,善谈玄理。每叹曰:“孔、老之教,礼术风规;《庄》《易》之书,未尽妙理。近闻达摩大士住止少林,至人不遥,当造玄境。”乃往彼,晨夕参承。祖常端坐面壁,莫闻诲励。光自惟曰:“昔人求道,敲骨取髓,刺血济饥,布发掩泥,投崖饲虎。古尚若此,我又何人?”其年十二月九日夜,天大雨雪。光坚立不动,迟明,积雪过膝。祖悯而问曰:“汝久立雪中,当求何事?”光悲泪曰:“惟愿和尚慈悲,开甘露门,广度群品。”祖曰:“诸佛无上妙道,旷劫精勤,难行能行,非忍而忍。岂以小德小智,轻心慢心,欲冀真乘,徒劳勤苦。”光闻祖诲励,潜取利刀,自断左臂,置于祖前。祖知是法器,乃曰:“诸佛最初求道,为法忘形;汝今断臂吾前,求亦可在。”祖遂与易名曰“慧可”。可曰:“诸佛法印,可

> 得闻乎?"祖曰:"诸佛法印,匪从人得。"可曰:"我心未宁,乞师与安。"祖曰:"将心来,与汝安。"可良久曰:"觅心了不可得。"祖曰:"我与汝安心竟。"……①

这是插在达摩传里的达摩向慧可传法因缘,主要描写立雪、断臂、易名、安心四个情节,塑造出达摩禅解精深、思致深沉、谆谆善诱和慧可坚忍不拔、舍身求法、虚心聪慧的两位"祖师"的形象。但考之本书前面介绍的有关他们行事的资料,就会发现,这是经过想象、加工,基本是虚构起来的故事。这正是鲁迅所说文学典型"杂凑"起来的做法。所以,如果只就文字说,《五灯会元》描述的可看做是两个文学典型。中唐以后的禅宗人物,世俗文献往往留有相关记载,不少人圆寂后留有碑志,禅门文献里也有更多真实的记录,他们的传记里出于臆想的成分减少了,但作为宗门文献的语录里的传记,仍会有相当多的创作成分。也就是说,仍保有文学创作的性质。马里奥・泊塞斯基判断洪州一系祖师面貌被改变的情况说:

> 这一转化是在10—11世纪发生的。这个过程的特征,是重新塑造了人物,将马祖和他的弟子描绘成激进的偶像破坏者……唐代著名的禅师形象经常是根据新的禅宗范例创造的,以反映后来禅宗各个流派的关注点及其意识形态的需求。②

这样,经过"重新塑造"的"祖师"是禅门内部学习、模仿、尊崇、信仰的对象,又是特色鲜明、个性突出的艺术形象。这是一批思想活跃、才华横溢、富于创造精神和叛逆性格的典型人物。如聪慧机敏、见识卓绝的马祖道一,机智深沉、绵密亲切的石头希迁,言谈峻峭、持才佯狂的德山宣鉴,还有前面说到的丹霞天然、临济义玄、赵

①《五灯会元》卷一《东土祖师》,上册第44页。

②《马祖语录以及禅语录的创作》,《中国禅学》第5卷第151页,中国社会科学出版社,2011年。

州从谂等等形象，都栩栩如生，具有特殊的艺术魅力。后来理学家写《道学传》、写《学案》，著述形式显然受到禅史、灯录的启发和影响。但相比较之下，其中所描绘的理学家的形象就显得过分偏枯寡味了。禅文献所塑造的许多“祖师”形象不愧为古典文学人物画廊中的杰出典型。他们影响后世文人的性格与生活，也给后世小说、散文的人物塑造提供了素材和借鉴。

三

禅宗对于文学的另一个贡献是创作出一大批偈颂。

法眼文益指出：

> 宗门歌颂，格式多般，或短或长，或今或古。假声色而显用，或托事以伸机，或顺理以谈真，或逆事而矫俗。虽则趣向有异，其奈发兴不殊。总扬一大事之因缘，共赞诸佛之三昧。激昂后学，讽刺先贤，皆主意在文，焉可妄述。[1]

这段话反映当时禅偈创作及流行的情况。一般宗教活动都会采用咏赞方式，著录为文字就是宗教“圣歌”。中国本来是诗歌国度。唐、宋又是诗歌发展的鼎盛期：诸体皆备，技巧高度成熟。佛教经典结集广泛利用诗颂韵语，译成汉语就是诗体的偈颂（当然没有也不可能严格遵循汉语诗的格律）。晋宋以来，中土僧俗多写作佛教内容的诗歌作品，包括民间广泛流传的《五更转》《十二时》等俗曲。后来认定为禅宗二祖的慧可“从容顺俗，时惠清猷，乍讬吟谣”[2]，作品不传。今存禅宗早期诗歌有敦煌写本里神会名下的两首《五更

①《宗门十规论》，《续藏经》第63册38页中。

②《续高僧传》卷一六，中册第567—568页。

转》,已发现十多个抄本[①]。胡适评价说它们“词都不算美,但这个《五更调》唱起来必是很哀婉动人”[②],又把它们称作“有趣味的讽刺文学”[③]。署名慧能弟子永嘉玄觉的《永嘉证道歌》,据考应是经过长时期流传、增饰,到晚唐才定型[④]。它利用传统歌行形式,是一首六十三段、三百四十四句、以三、三、七、七、七字为基本句式(这也是民歌的流行句式)的长歌,有些段落相当精美。如:

入深山,住兰若,岑崟幽邃长松下。
优游静坐野僧家,阒寂安居实潇洒。
…………
江月照,松风吹,永夜清霄何所为。
佛性戒珠心地印,雾露云霞体上衣。[⑤]

描摹清幽静谧的境界,衬托出山居生活的优游自在,体现一种超离尘俗的精神追求,写得生动、亲切,富于表现力。

禅宗偈颂可分为两类:一类独立成篇,一类穿插在语录的机缘语句里。这些作品作为诗歌从整体看,置于唐、宋诗坛,艺术水准

---

①S. 2679;S. 4634;S. 6083(1);S. 6083(2);S. 6923(1)(3);P. 2045;P. 2270;S. 4654;咸18;露6等。

②胡适校敦煌唐写本《神会和尚遗集》第415页。

③胡适校敦煌唐写本《神会和尚遗集》第254页。

④玄觉有《禅宗永嘉集》,未收《证道歌》;《宋高僧传》玄觉传也没有提到它。杨亿《无相大师行状》说“……《证道歌》一首,并盛行于世”;他参与编撰的《景德传灯录》始收录今存完整文本。敦煌写卷里仅存几个今传本片断(S. 4037;S. 2165;S. 6000;P. 2105)。据僧传记载,玄觉遍探三藏,尤精天台止观,所以其《永嘉集》里把禅宗思想与天台圆教教旨相调和,而《证道歌》则明显地融入华严教理;其中的“二十八代西天记”“六代传衣天下闻”之类说法,体现的则是中唐以后二十八代传承说形成以后的观念。又在敦煌写卷里《证道歌》又称《禅门密要诀》(P. 2014)。参阅胡适《海外读书杂记》,《胡适文存》第三集;又收入《胡适学术文集·中国佛学史》第22—30页。

⑤《永嘉真觉大师证道歌》,《景德传灯录》卷三〇,第624页。

难以和当时那些优秀诗作相比配。但它们有特殊的内容，艺术表现上也别具特色，又确实取得一定成就，并在诗歌史上发挥了相当影响，是应当给予充分评价的。

独立成篇的如传为僧粲的《信心铭》和牛头法融的《心铭》、石头希迁的《参同契》等，都是采用传统诗歌体裁解说禅理，表达相当精粹，但文学意趣无多。从文学创作角度看，有价值的是那些抒写禅意的歌行体作品。歌行是唐代发达的诗歌体裁，吸收乐府民歌的艺术手法，七言为主间以五言或杂言，篇幅开阔，音律自由，可以放情长言，又能够流利畅达地叙事和抒写，是一种富于表现力的诗体。中唐禅宗迎来又一个繁盛期，马祖一系善言句，石头一系善诗颂。前面已经介绍过石头希迁的《草庵歌》，把写实与比喻巧妙地结合起来，描述理想的隐居草庵、不涉外缘、摆脱人世束缚的乐道逍遥境界。作品主旨在解说禅理，是风格独特的哲理诗，又是一首意蕴深长、形象生动的抒情诗。他的弟子丹霞天然作《玩珠吟》《弄珠吟》《骊龙珠吟》等，也都是以比喻立意的歌谣体作品①。又他的再传弟子道吾圆智（769—835，石头希迁—药山惟俨—道吾圆智）有《乐道歌》：

> 乐道山僧纵性多，天回地转任从他。
> 闲卧孤峰无伴侣，独唱无生一曲歌。
> 无生歌，出世乐，堪笑时人和不著。
> 畅情乐道过残生，张三李四浑忘却。
> 大丈夫，须气概，莫顺人情莫妨碍。
> 汝言顺即是菩提，我谓从来自相背。
> 有时憨，有时痴，非我途中争得知。
> 特达一生常任运，野客无乡可得归。

①见《祖堂集》卷四；《景德录》卷三〇收录前二首，题名《丹霞和尚玩珠吟》；敦煌写卷 P. 3591 亦录有《景德录》的第二首。

今日山僧只这是，元本山僧更若为。
探祖机，空王子，体似浮云没限倚。
自古长披一衲衣，曾经几度遭寒暑。
不是真，不是伪，打鼓乐神施拜跪。
明明一道汉江云，青山绿水不相似。
禀性成，无揩改，结角罗纹不相碍。
或运慈悲喜舍心，或即逢人以棒阆。
慈悲恩爱落牵缠，棒打教伊破恩爱。
报乎月下旅中人，若有恩情吾为改。①

这则是第一人称的主观抒写，表达任运逍遥、无所挂碍的心怀。还有署名懒瓒和尚和腾腾和尚的两篇《乐道歌》。懒瓒本是北宗普寂弟子；腾腾嗣法弘忍门下的慧安国师。从他们名下的这两篇作品的内容和风格看，表达的基本是中唐时期的南宗禅观念，应当是当时山居修道的禅僧所作。这种类似歌谣的长篇歌行体作品无论是观念、意象还是写法都给予后世文人和民间创作很大影响。

在表现形式和艺术技巧上富于创造性、在诗歌史上造成影响的还有另外两类作品：通俗诗和"语录"里的偈颂。

通俗诗，前一讲介绍过寒山诗里多有禅宗内容。马祖弟子庞蕴（740？—808，据传他父亲是衡阳太守，在马祖门下得法后，北游襄汉，度过云水生涯，有妻和一男一女，市鬻竹器为生。正如有关他的身世的其他有关记载一样，这些也别无其他史料可做旁证）名下有一首著名的诗偈：

日用事无别，唯吾自偶谐。
头头非取舍，处处没张乖。
朱紫谁为号，丘山绝点埃。

①《景德传灯录》卷三〇，第627页。

神通并妙用，运水与搬柴。[①]

这首诗偈体现超脱名缰利锁、无忮无求、安于平淡的人生理想，表现的是正在兴起的洪州一派禅解。让后世许多士大夫如苏轼、黄庭坚到李贽、焦竑、董其昌（1555—1636，天启年间累官南京礼部尚书，以阉党专政告归，崇祯四年复故官，三年后致仕，工书画与画论）、袁宏道等诗歌创作成就卓著、名高一代的人物，都对"庞居士"的人格和诗作表示神往。

在中唐，一批署名傅大士（497—569，姓傅名翕〔《续高僧传》作傅弘〕，字玄风，号善慧，称"善慧大士"等，梁代居士，佛教史上被视为菩萨显化，与达摩、志公共称"三大士"。今传《傅大士录》，唐搂颖编撰，所收真伪待考）、宝志（418？—514？，又作保志，齐、梁间僧人，形迹怪异，以神异炫世，得到梁武帝优礼，善诗颂，往往出言成谶）与前述王梵志、寒山的作品一起广泛传播于禅门内外。前面已经介绍，宗密讲禅偈作用，说到"或降其迹而适性，一时间警策群迷"，注文里列举了"志公、傅大士、王梵志之类"[②]。按佛教传统说法，宝志等都是菩萨示现、降临世间的人物。他们名下作品的内容、形式也都相当驳杂，艺术水平和语言技巧也高低不一。有些类似佛门偈颂，没有多少文学意味[③]。但无论是作为禅门代表人物，还是他们名下的诗作，又都相当广泛地流传后世，影响还是不小的。

穿插在禅宗语录里的偈颂，可看做是"机缘语句"的特殊一类，也是表达禅解的哲理诗。宗密说：

---

①入矢义高编《龐居士語録》第15页。

②《禅源诸诠集都序》，《大正藏》第48卷第412页上。

③今存傅翕《善慧大师语录》四卷，题唐楼颖编，宋绍兴十三年（1143）经楼照改编刊行，其中的诗颂多表现禅宗观念，当是后人所作；今存宝志作品见于《隋书·五行志》《南史·梁武帝纪》《梁史·侯景传》，所录"谶诗"计四首，又《景德传灯录》卷二九收录《大乘赞》十首，后者也应是后代禅门作品。

> 教也者，诸佛、菩萨所留经论也；禅也者，诸善知识所述句偈也。但佛经开张，罗大千八部之众；禅籍撮略，就此方一类之机。罗众则莽荡难依，就机即指的易用。①

他把禅与教的区别归结为经论与句偈的区别。“句偈”即言句与偈颂；“此方”指中国。这是说，言句与偈颂乃是适应中土环境的禅的表达方式。晚唐、五代宗门制作偈颂成风。大僧传禅、门徒开悟、丛林里对答勘辩、禅师临终示法等不同场合，往往颂出偈语。它们使用各种诗歌体裁，或明理，或述事，或述情抒怀，不少篇章文采灿然，颇富意趣，当做诗歌作品来看，有不少也是值得欣赏的佳作。

五代诗僧齐己集《龙牙居遁偈颂》，有序说：

> 禅门所传偈颂，自二十八祖止于六祖，已降则亡。厥后诸方老宿亦多为之，盖以吟畅玄旨也，非格外之学，莫将以名句拟议矣。洎咸通初，有新丰、白崖二大师所作，多流散于禅林。虽体同于诗，厥旨非诗也，迷者见之，而为抚掌乎。近有升龙牙之门者，编集师偈，乞余序之。龙牙之嗣新丰也，凡托像寄妙，必含大意，犹夫骊颔蚌胎，煜耀波底，试捧玩味，但觉神虑澄荡，如游寥廓，皆不若文字之状矣。②

洞山得名自“新丰洞”，这里“新丰”指良价；“白崖”即沩山弟子香严智闲。这是说他们的偈颂不同一般的诗，“托像寄妙，必含大意”，是另有寄托的。良价有著名的开悟偈。据说他的师僧云岩临迁化时，他曾问：“和尚百年后，有人问还邈得师真也无？”云岩答说：“但向他道，只这个汉是。”后来他去潭州，过大溪，“临水睹影，大省前事”，造偈曰：

> 切忌随他觅，迢迢与我疏。

---

①《禅源诸诠集都序》卷一，《大正藏》第48卷第399页下。

②子升《禅门诸祖师偈颂》卷上之上，《续藏经》第66册第726页下。

我今独自往，处处得逢渠。
渠今正是我，我今不是渠。
应须与么会，方得契如如。①

“邈”通“貌”，摹写；“邈得师真”，指绘出老师肖像，实指掌握老师所传禅解。这里是说不必刻意求解，真正的禅就在自身，在行行处处。又马祖弟子南泉普愿法嗣长沙景岑以善诗偈著称，他的示法偈：

百尺竿头不动人，虽然得入未为真。
百尺竿头须进步，十方世界是全身。②

这首偈用古代杂技缘橦作比喻：已经爬上百尺高竿，毫无畏惧，但还不算达到绝对境界，因为仍有所执着，应当更进一步，摆脱一切执着，让自身与宇宙合一。这里所述的是禅理，但蕴含的不断精进、永不满足的精神感人至深，所用比喻也十分新颖，耐人寻味。又据传沩山法嗣灵云志勤一造大沩，闻其教示，昼夜忘疲，一次偶睹春时桃花繁盛，喜不自胜，忽然发悟，作偈说：

三十年来寻剑客，几逢花发几抽枝。
自从一见桃花后，直至如今更不疑。③

从而他被沩山称赞说“随缘悟达，永无退失”。这是“开悟偈”，其中所“寻”之“剑”，如禅偈里常用的“如意珠”“骊龙珠”等比喻一样，指解黏去缚、斩断凡情的禅解。禅偈意思是说，自己三十年专心求道，看过多少次花开花落，直到这次见到桃花，心里才疑惑顿消。这里比喻禅如花开花落，本是宇宙间永恒的存在，可是自己求道三十年却视而不见，被常情所阻遏，如今透出凡情，才体悟这个道理。又洞山良价问马祖法嗣潭州龙山和尚：“和尚见什么道理，便住此

①《祖堂集》卷五《云岩和尚》，上册第 253 页。
②《祖堂集》卷一七《岑和尚》，下册第 770 页。
③《祖堂集》卷一九《灵云和尚》，下册第 849 页。

山?”这问的实际是他禅悟的境界。龙山回答说:“我见两个泥牛斗入海,直至如今无消息。”这是比喻已经体悟万法性空的道理,无所系缚了,进而作颂说:

三间茅屋从来住,一道神光万境闲。
莫作是非来辨我,浮生穿凿不相关。①

“一道神光”本指阳光。这是比喻禅如茅屋里射入的一道阳光,让人豁然开朗,对一切人间是非、浮生穿凿都不再挂怀了。洞山问他“道理”,而禅是“不涉理路”的,所以用“茅屋”“神光”两个比喻来表达自己的悟境,写得像是一首抒写山居乐道情趣的小诗,表达超然物外的潇洒情怀。又归宗智常弟子五台智通顺世有遗偈:

举手攀南斗,回身倚北辰。
出头天外见,谁是我般人。②

这是一个顶天立地的巨人形象,和李白“欲上青天览明月”③的气概颇有相通之处。其中描摹遗世独立、超越群论、绝对地肯定自我的精神世界,颇富浪漫情怀。

禅门对答勘辩里往往夹杂一些韵语诗句,给对谈增添艺术气息。石头一系学人善诗颂,所作诗句也更富情趣。例如船子德诚,契药山密旨后,隐于澧源深邃绝人烟处,避世养道为生,其生活方式本身就颇富诗情。他有禅语说:“竿头丝线从君弄,不犯轻波意自殊。”④短

①《景德传灯录》卷八《潭州龙山和尚》,第 130 页。
②《景德传灯录》卷一〇《五台山智通禅师》,第 163 页。
③《宣州谢朓楼饯别校书叔云》,《李太白全集》卷一八。
④《祖堂集》卷五《华亭和尚》,上册第 259 页。北宋时期传出船子和尚诗颂四十余首,见释惠洪《冷斋夜话》、普济《五灯会元》等道、俗诸书,并有吕益柔石刻的三十九首(见吴聿《观林诗话》),流传甚广。但所出情况不明,当系伪托。录文见陈尚君辑校《全唐诗续拾》卷二六,《全唐诗补编》中册,第 1054—1057 页,中华书局,1992 年。

短两个诗句抒写出随缘度日、如如自在的心境。船子门下夹山善会、夹山门下乐普元安都继承乃师传统，善于利用诗境表达禅解。又有僧问善会："如何是夹山境地？"答曰："猿抱子归青嶂后，鸟衔花落碧岩前。"①两句十四个字，造境鲜明，趣味盎然，作为诗语亦堪称警句。前面提到的宋代禅文学名著《碧岩录》即依此取名。又有僧问善会弟子洛浦元安："瞥然便见时如何？"这问的是如何"见"道。答曰："晓星分曙色，争似太阳辉。"又问："恁么来不立、恁么去不泯时如何？"答曰："鬻薪樵子贵，衣锦道人轻。"问："经曰：'饭百千诸佛不如饭一无修无证者'，未审百千诸佛有何过？无修无证者有何德？"曰："一片白云横谷口，几多归鸟夜迷巢。"问："日未出时如何？"曰："水竭沧溟龙自隐，云腾碧汉凤犹飞。"②这样的问答全用象征性的诗语，意思全靠听者去体会。最后一问所谓"日未出"，本指禅法尚未出世则光明未现；回答说大海虽然枯干但蛟龙仍在，云雾虽然遮天但凤鸟仍飞，意谓禅是绝对的、永恒的，不论是否有人发现它、领悟它。又禅门常问的一句是："如何是西来意？"这是师资勘验的常见题目，是问达摩祖师来华的意义。有僧答曰："飒飒当轩竹，经霜不自寒。"僧拟再问，答曰："只闻风击响，不知几千竿。"③这实际是"西来无意"的传统问答，四句连起来宛如一首意境浑融的五言绝句。禅门对问往往用诗人作品里的现成诗句。

如此利用偈颂是"绕路说禅"的一种方式。从总体看，禅门偈颂立意在解说禅理，与言志、缘情、体物的诗歌不同，大多如中医的汤头歌诀一样枯燥寡味，缺乏"诗情"。不过其中确也有些作品或寓意遥深，或情趣盎然，感情浓郁，意境鲜明，颇堪玩味，当做诗歌读也属上乘。钱锺书指出：

①《祖堂集》卷七《夹山和尚》，上册第328页。
②《景德传灯录》卷一六《澧州乐普山元安禅师》，第319页。
③《祖堂集》卷九《落浦和尚》，上册第416页。

> 唯禅宗公案偈语，句不停意，用不停机，口角灵活，远迈道士之金丹诗诀。词章家隽句，每本禅人话头。如《五灯会元》卷三忠国师云："三点如流水，曲似刈禾镰"；卷五大同禅师云："依稀似半月，仿佛若三星"；皆模状心字也。秦少游《南歌子》云："天外一钩斜月带三星"，《高斋诗话》谓是为妓陶心儿作；《泊宅编》卷上极称东坡赠陶心儿词："缺月向人舒窈窕，三星当户照绸缪"，以为善状物；盖不知有所本也。《五灯会元》卷十六法因禅师云："天上月圆，人间月半"；吾乡邹程村祗谟《丽农词》卷下《水调歌头·中秋》则云："刚到人间月半，天上月团圆"；死灰槁木人语，可成绝妙好词。①

五代、宋初，禅宗还创造出两种诗体作品，相当流行。一种是"颂古"，一种是"宗纲颂"，文学价值不高，这里从略了。

四

晋宋以来，文人间"真乘法印，与儒典并用"②，儒释交流从而形成久远传统。汤用彤曾指出：

> 溯自两晋佛教隆盛以后，士大夫与佛教之关系约有三事：一为玄理之契合，一为文字之因缘，一为生死之恐惧。③

禅宗兴起之后，这个具有浓厚理性色彩和人文精神的佛教宗派更容易被以儒家思想安身立命的文人们所接受。从唐初禅宗兴起伊始，历朝文人大都结交禅僧，阅读语录。不过对禅和禅宗的态度有

①《谈艺录》(补订本)第226页。
②柳宗元《送文畅上人登五台遂游河朔序》，《柳河东集》卷二五。
③《隋唐佛教史稿》第193页，中华书局，1982年。

种种不同：有好禅、习禅乃至逃禅的，有赞同禅宗的思想的，有赞赏禅宗所倡导的人生态度、生活方式的，有只是欣赏禅籍的语言、写作手法的，等等。如果就汤用彤提出的三个方面看，第三“生死之恐惧”属于信仰层面。宋代理学开始兴盛，佛教已经基本退出高层次的思想、文化领域，文人中真正信仰禅宗的已经很少。即使在唐代佛教鼎盛时期，像王维、裴休那样诚挚的信仰者也是少数。文人接触、接受禅宗并表现在创作中，基本是第一方面“玄理之契合”，即赞赏、认同它的思想观念，特别是它的“心性”学说；和第二方面“文字之因缘”，即欣赏、借鉴其语言技巧和表现艺术。总体说，从中国宗教影响文学创作的历史看，禅宗的影响是空前广泛、深入的。可以毫不夸张地说，自禅宗创立伊始，就成为推动文学发展的重要力量。

禅宗影响文学创作最为明显、成绩最为突出的是诗歌。下面仅就诗歌创作，举出几位唐、宋诗人作为典型例子。

王维(701？—761)被称为“诗佛”，在盛唐诗坛上，他和“诗圣”杜甫、“诗仙”李白鼎立为三，是更多接受佛教影响的代表人物。他的母亲崔氏师事神秀弟子普寂，他亲近禅宗显然和家庭环境有关系。生逢“开元盛世”，他于开元九年(721)及进士第，受到诸王驸马、豪右贵势的器重，有志于凭借政能文才效力当世。可是后来仕途并不顺利，特别是对他有拔擢知遇之恩的贤相张九龄于开元二十四年(736)罢相，成为他个人命运与心态的转折点。此后他才不得施，思想逐渐趋于消极，“中年颇好道”①，热衷学佛习禅。天宝(742—756)年间，虽然他的官职屡经迁转，但朝政腐败，国事日非，他取消极自保态度，与世浮沉。他作为“当代诗匠，又精禅理”②，经营宋之问当年在蓝田辋川的别业，和友人裴迪等优游闲放，赋诗酬

①《终南别业》，《王维集校注》第1册第191页。

②苑咸《酬王维》，《全唐诗》卷一二九，第1317页。

唱,度过亦官亦隐的生活。"安史之乱",叛军占领长安,他被迫接受伪职;两京收复后被论罪,弟弟王缙请削官为赎,得贬降为太子中允,后累迁至给事中。这一时期他的心情更加消沉,奉佛也更加虔诚,以至终老。前面介绍神会已经提到,他与神会交好,应当是开元末年以殿中侍御使身份知南选经过南阳开始的。他曾向神会请益,言论记录在《南阳和尚问答杂征义》里;他又受托神会请托,撰写《能禅师碑》。他对南宗禅确有相当深入的了解。他本来对于佛教怀抱真挚的信仰心,虔诚地度过礼佛、读经、坐禅、斋僧的奉佛生活,又曾施庄为寺。他曾表白:"一生几许伤心事,不向空门何处销。"①佛教是他躲避现实苦难的逋逃薮。而禅让他体悟心灵上的自由,引导他进入悠游自在的人生境界。他托身田园,徜徉山水,把禅理融入诗情之中,写作不少抒发清净恬淡、解脱烦扰的禅悟境界的诗。其中最为杰出的山水田园诗,感情真挚,艺术特色鲜明。如《山居秋暝》:

空山新雨后,天气晚来秋。
明月松间照,清泉石上流。
竹喧归浣女,莲动下渔舟。
随意春芳歇,王孙自可留。②

描摹一段明丽鲜活的山水风光,抒写与世无碍、优游闲适的心情。这也是通于禅悟的意境。又如这样的小诗:

人闲桂花落,夜静春山空。
月出惊山鸟,时鸣春涧中。③

空山不见人,但闻人语响。

---

①《叹白发》,《王维集校注》第 2 册第 522 页。
②《王维集校注》第 2 册第 451 页。
③《皇甫岳云溪杂题五首·鸟鸣涧》,《王维集校注》第 2 册第 637 页。

返景入深林，复照青苔上。[1]

每一首都用短短的二十个字，描摹出自然高妙、“澄淡精致”[2]的一段景致，抒写心灵的感悟，禅趣盎然，言外留下无限深意。王维遂成为显示禅宗促成诗歌创作取得重大艺术实绩的第一人。

白居易(772—846)一生与佛教有密切瓜葛，但他不是虔诚的信仰者，更不像王维那样长期度过习禅修道生活。他早年为准备科举考试拟作《策林》，其中有《议释教》一篇，曾对佛教蠹国害民加以抨击。后来他作为朝廷命官，要坚持儒家大义，从事诗歌创作，则要“救济人病，裨补时阙”[3]，都体现注重理性、关心世事的原则。但是他又如当时许多文人一样，采取调和三教的态度。特别是当仕途不利、官场失意，更要寻求宗教的安慰。从他元和十年(815)贬官江州(今江西九江市)，住庐山，开始更加热衷佛、道二教。他曾求仙访道，炼过丹，服用过云母散等“仙药”，又热心和僧人交往，好佛喜禅。他形容自己是“白衣居士紫芝仙，半醉行歌半坐禅”[4]。当时洪州禅正在兴盛，特别契合他的心境。在江州，他曾结交马祖弟子归宗智常；元和十四年，在忠州(今重庆市忠县)作《传法堂碑》，记述禅宗当时所传一种禅宗世系和在长安时到兴善寺向马祖弟子惟宽问道所得法语；晚年在洛阳，又与马祖另一弟子嵩山如满为“空门友”。洪州禅落实在日常日用之中，张扬主观心性，任运随缘，无忮无求，追求心灵的自由，特别体现为一种人生态度、生活方式，被白居易所赞赏、认同。贬江州时，曾作《睡起晏坐》诗：

淡寂归一性，虚闲遗万虑。
了然此时心，无物可譬喻。

---

①《辋川集·鹿柴》，《王维集校注》第2册第417页。

②司空图《与李生论诗书》，《司空表圣文集》卷二。

③《与元九书》，朱金城《白居易集笺校》第5册第2792页。

④《自咏》，《白居易集笺校》第4册第2130页。

本是无有乡，亦名不用处。
行禅与坐忘，同归无异路。①

下有注曰："道书云无何有之乡，禅经云不用处，二者殊名而同归。"长庆元年(821)作《新昌新居四十韵书事因寄元郎中张博士》诗说：

大抵宗庄叟，私心事竺乾。
浮荣水划字，真谛火生莲。
梵部经十二，玄书字五千。
是非都付梦，语默不妨禅。②

这样，对于白居易，佛、道一致，禅、教一致，真谛与世法一致，乐天无为、优游自在的生活也就等同于禅了。表现在他的诗里，则是一种潇洒闲淡、悠然自得、不为己忧、不为物扰的人生态度。他如此自保、自适，避世韬晦，是受到打击之后的自我慰安，也是险恶仕途的避祸之道。这在当时具体环境下，并不完全是消极的。禅的修养使他保持心理的安宁镇定，处患难不惧不馁，能够进退不萦于怀，苦乐不滞于心，百炼钢化为绕指柔。这也是一种"以退为进"的态度。他把自己的诗分为讽喻、闲适、感伤三种类型。前一种感时伤事，"为时""为事"而作；后两类写个人遭遇、抒忧乐情怀，禅思、禅趣在这两类作品里表现得相当普遍和明显。所谓"性海澄渟平少浪，心田洒扫净无尘"③，"身觉浮云无所著，心同止水有何情"④，等等，表达的精神境界和美学观念都通于禅，乃至语言也是禅的。又他的诗表达明白晓畅、平顺自然，与他的精神追求相一致，也和禅的"平常"心态有关系。洪州禅作为南宗禅发展的新阶段是适应时代潮流的，这在白居易的生活和创作中体现得十分清楚：中唐时

①《白居易集笺校》第 1 册第 373 页。
②《白居易集笺校》第 2 册第 1269 页。
③《狂吟七言十四韵》，《白居易集笺校》第 4 册第 2555 页。
④《答元八郎中杨十二博士》，《白居易集笺校》第 2 册第 1107 页。

期，一朝盛世正在没落，在江河日下、矛盾交织的社会环境中，洪州禅提供一种安慰身心的解脱之道。白居易的闲适、感伤两类诗就反映了这个时代知识精英的真实心迹。

苏轼(1037—1011)又是一种情形。他创作上诗、词、文等各体兼擅，又精书法、绘画、音律等，是一代文化繁荣的代表人物。他是官僚士大夫，精通儒学，又旁通百家杂学，老、庄、仙、侠都有所用心。他又熟悉《金刚》《维摩》《圆觉》等大乘经，对华严事理圆融、无碍自在的教理有深入理解，对“明心见性”的禅亦有亲切体会。这后一方面学养是促成他文学成就的重要因素。无论是在京城还是出任外官，寻访寺院、结交僧侣都是他生活的重要内容。例如他先后两度任职杭州。他说：“吴越多名僧，与余善者常十九。”①他的弟弟苏辙作诗描写他在杭州与僧人交往情形：

> ……昔年苏夫子，杖屦无不之。三百六十寺，处处题清诗。麋鹿尽相识，况乃比丘师。(慧)辩、(元)净二老人，精明吐琉璃。笑言每忘去，蒲褐相依随。门人几杖立，往往闻谈词……②

他结交的主要是禅师，如净慈善本、蒋山法泉、径山惟琳、佛日道荣、永明道潜、佛印了元等；其中有些还是诗僧，如清顺、可久、仲殊等。他曾说：“台阁山林本无异，故应文字不离禅。”③禅对他的生活与思想造成深刻影响。他的许多优秀诗作富于禅理、禅趣，表明体悟禅的精深。例如《正月二十日与潘郭二生出郊寻春忽记去年是日同至女王城作诗乃和前韵》诗：

> 东风未肯入东门，走马还寻去岁春。

①《东坡志林》卷一一。

②苏辙《偶游大愚见余杭明雅照师旧识子瞻能言西湖旧游将行赋诗送之》，《栾城集》卷一三。

③《次韵参寥寄少游》，《苏轼诗集》卷五〇。

人似秋鸿来有信，事如春梦了无痕。
江城白酒三杯酽，野老苍颜一笑温。
已约年年为此会，故人不用赋《招魂》。

这里利用“秋鸿”意象，抒写“事如春梦”的感受，表达人生无常的怅惘，而悠游自在、喜怒不萦于怀的禅趣洋溢其中。又他在颍州作《轼在颍州与赵德麟同治西湖……》，其中抒写贬谪的感受说：

太山秋毫两无穷，巨细本出相形中。
大千起灭一尘里，未觉杭、颍谁雌雄。
……①

杭州是繁华巨郡，颍州是偏僻小州，能如此心无厚薄、得丧一如，得自对于立处皆真、自在成立的禅理的真切理解。苏轼作品中抒写同类观念的不少，文如《赤壁赋》、词如《念奴娇·赤壁怀古》等。可贵的是，他的心灵抒写，总让人感受到人情的温暖和人生的依恋，透露出积极、乐观的底蕴。他有不少诗的构想颇得禅机，如《书焦山纶长老壁》：

法师住焦山，而实未尝住。
我来辄问法，法师了无语。
法师非无语，不知所答故。
君看头与足，本自安冠履。
譬如长鬣人，不以长为苦。
一日或人问，每睡安所措。
归来被上下，一夜著无处。
辗转遂达晨，意欲尽镊去。
此言虽鄙浅，固自有深趣。

①《东坡全集》卷二〇。

持此问法师，法师一笑许。①

这一篇幽默地写了一个长须人的尴尬处境：一旦他对自己的长须有了"自觉"，就不知所措、夜不成眠了。这里抒写的是禅的"无念""无相"、无所执着的道理，又通于庄子的齐物逍遥精神，庄、禅被融而为一了。

苏轼一生，面对苦难波折无数，仕途的，家庭的，总能够用超然姿态来排遣，潇洒旷达地来对待，和他禅的修养有密切关系。他把这种情怀抒写为诗，就成了情浓意厚的佳什。

宋诗苏、黄并称，更能够体现宋诗特征的是黄庭坚（1045—1105）。黄庭坚家乡分宁（今江西修水县），是临济宗黄龙派兴盛之地，黄龙慧南（1002—1068）在那里重振临济道法。慧南的弟子晦堂祖心主持黄龙山，再传弟子死心悟新住持分宁云岩禅院，黄庭坚和他们关系都十分密切。他和苏轼一样，一生所到之处结交道友，如灵源惟清、圆通法秀等。他习禅颇为用功，是宋代写禅师语录序最多的人之一。他研习语录多有心得，对禅的思维方式和语言表达技巧多有了解，并能够加以借鉴，用于创作。他传授写诗方法说：

> 自作语最难。老杜作诗，退之作文，无一字无来处。盖后人读书少，故谓韩、杜自作此语耳。古之能为文章者，真能陶冶万物，虽取古人之陈言，入于翰墨，如灵丹一粒，点铁成金也。②

如此注重一言一语的妙用，方法显然和谈禅锻炼"机缘语句"类似。僧录有记载，僧问雪峰法嗣龙华灵照："还丹一粒，点铁成金，至理一言，点凡成圣。请师一点。"答说："还知齐云点金成铁么？"又问：

---

①《东坡全集》卷六。

②《山谷集》卷一九。

“点金成铁，未之前闻。至理一言，敢希垂示。”答说：“句下不荐，后悔难追。”[①]这正是强调巧用“一言”来传递宗旨。禅宗又讲究“参活句，不参死句”[②]，黄龙派死心悟新说：

> 参玄上士，须参活句，直得万仞崖前，腾身扑不碎，始是活句。如不如是，尽是意根下扭捏将来，他时异日，涅槃堂前手脚忙乱。[③]

造句灵活，追求“活泼泼的”效果，是对答勘辩、互斗机锋的必要技巧。这种功夫通于“诗家活法”[④]，黄庭坚的诗正在这方面见长。张戒曾记述说：“往在桐庐见吕舍人居仁，余问：‘鲁直得子美之髓乎？’居仁曰：‘然。’‘其佳处焉在？’居仁曰：‘禅家所谓死蛇弄得活。’”[⑤]元好问曾评论说：“黄鲁直天资峭拔，摆出翰墨畦径，以俗为雅，以故为新，不犯正位。如参禅者，末后句为具眼。江西诸君子翕然推重，别为一派。”[⑥]这都是说黄庭坚写诗活用词语、句式，以语言的鲜活新颖取胜。

诗人秦观的女婿范温从黄庭坚学诗，作《潜溪诗眼》一书。“诗眼”取评诗的“正法眼”之意，所述多是字拆句解，分析用字、造句的妙处，而且往往明确指出通于禅。如：

> 学诗贵识　山谷言：学者若不见古人用意处，但得其皮毛，所以去之更远。如“风吹柳花满店香”，若人复能为此句，亦未是太白。至于“吴姬压酒劝客尝”，“压酒”字他人亦难及。“金陵子弟来相送，欲行不行各尽觞”，益不同。“请君试问东

①《景德传灯录》卷一八《杭州龙华寺灵照禅师》，第369页。
②《圆悟佛果禅师语录》卷一一，《大正藏》第47卷第765页中。
③《黄龙死心禅师语录》，《续藏经》第69册第230页上。
④普照《碧岩录序》，《大正藏》第48卷第139页上。
⑤《岁寒堂诗话》卷上。
⑥《中州集》卷二《刘西岩汲》。

> 流水，别意与之谁短长。”此乃真太白妙处，（当潜心焉）。故学者（要）先以识为主，（如）禅家所谓“正法眼”（者），直须具此眼目，方可入道。
>
> 柳子厚诗　……余尝问人：“柳诗何好？”答云：“大体皆好。”又问：“君爱何处？”答云：“无不爱者。”便知不晓矣。识文章者，当如禅家有悟门。夫法门百千差别，（要须自一转语悟入。如古人文章，）直须先悟得一处，乃可通其他妙处。①

宋诗的特征，用南宋批评家严羽的说法是“以文字为诗，以才学为诗，以议论为诗”②。钱锺书说：“宋诗还有个缺陷，爱讲道理，发议论；道理往往粗浅，议论往往陈旧，也煞费笔墨去发挥申说。这种风气，韩愈、白居易以来的唐诗里已有，宋代‘理学’或‘道学’的兴盛使它普遍流播。”③用诗“讲道理”“发议论”，除了理学的影响，与禅宗包括禅宗偈颂的流行也有关系。黄庭坚和江西诗派（北宋徽宗年间，吕本中作《江西诗社宗派图》，下列陈师道、潘大临等二十五人，后世称为“江西诗派”。后来又陆续把吕本中、曾幾、陈与义等人归入其中。这一派标榜推尊杜甫，师从黄庭坚，大都精于锻炼言句以求新变，形成奇拗瘦硬的诗风）典型地体现了这种潮流。唐、宋诗的优劣是文学史上长期争论的课题。宋诗缺乏唐诗那种浓厚的“兴趣”、优美的“意境”而更多“理致”，更讲究语言技巧，是宋诗与唐诗不相同的特征，也算是其艺术创新的成就。

元、明重理学，禅宗对文人的影响远不如唐、宋，但也不容忽视。特别是到晚明，在王阳明“心学”一派鼓动下，掀起一拨狂禅思潮，激荡思想界与文学界数十年，造成相当大的声势。文学领域有李贽、“公安三袁”、汤显祖等，他们的诗、文、戏曲创作取得重大成

---

①郭绍虞辑《宋诗话辑佚》上册第317、328页，中华书局，1980年。

②郭绍虞《沧浪诗话校释》第24页，人民文学出版社，1961年。

③《宋诗选注·序》第8页，人民文学出版社，1979年。

就，无论是作品的思想内容还是艺术表现都受到禅的启发与滋养，前面已经介绍过，详情不烦赘述。

五

唐、宋以来，禅文化的成就，禅宗的影响遍及文化领域的方方面面。上面介绍的是文学创作层面。仅就文学讲，还有对文学思想的影响也值得注意。其他领域如艺术（特别是绘画，包括画作和画理，还有书法，内容和技法都相当普遍地接受禅的影响）、教育（特别是书院制度，从教学组织、师资关系、讲学方式都对丛林教学多有借鉴）、伦理（禅宗提出一套系统的人生理想、生活态度、生活方式，具有伦理价值，对社会生活、人生教养广有影响）、美学（禅宗包含丰富而独特的审美思想、审美原则等）、语言学（禅宗典籍包含有关语言学理论、语言应用实践等多方面内容，特别是有关近世口语的材料是独一无二的，具重大科学价值）、史学（禅宗留下大批史籍，是宝贵的历史资料；又如“灯录”等对修史方法、体例等都有所创获）、国际文化交流（禅宗传入三韩和日本，推动了这些国家文化与佛教的发展，也是中国与之相互间文化交流的重要部分）等，禅宗的影响都十分显著，贡献都十分巨大。这些都是专门的领域、无尽的话题，近代都已引起学术界的普遍关注，取得许多研究成果。可以期待会有更多的人从事这方面工作。相关介绍，只好就此打住了。

结束的话

一

本书前面介绍宋、元以来禅宗僧风蜕变，曾引述南宋僧晓莹的话，指斥当时禅门宗风窳败，已经背离百丈怀海当初制定《清规》的精神。百丈制定《清规》，本来是要规范宗门，创建一种观念上独立自主、经济上自力更生、组织上师资平等、团结禅众共同禅修的新型禅寺。但如本书上面所述，到晚唐五代，各派系祖庭乃至诸大寺大都依附各州、镇政权求发展，形成地连阡陌的经济实体，住持这些大寺的大僧则接受供养，高居统治阶层当中。禅宗这种形态的转变，标志着它根本性质的变化。

至宋代，如陈垣指出：

> 当宋室全盛及南渡，君相皆崇尚三宝，其时尊宿，多奉教开堂，故有祝颂之祠，帝王之道，祖师之法，交相隆重。①

后来作为禅门戒律的《清规》一再修订，到元代，东阳德辉（生卒年

①《清初僧诤记》第 90 页，中华书局，1962 年。

待考）和笑隐大䜣（1284—1344）合作编撰《敕修百丈清规》，第一、二两章分别是“祝厘”“报恩”，把祝颂当朝皇帝、皇后等置于首要位置；第三、四章“报本”“尊祖”，张扬传统伦理的孝道；以下住持、两序、大众、节腊、法器，共九章。拿这部《清规》与当初百丈《清规》的佚文相比较，表明后世禅宗已经脱落了当初所追求的非政治化、非伦理化、非经院化的性质而回归到具有国家佛教强化“镇护国家，除灾致祥”[①]功能的旧传统之中了。

北宋皇祐二年（1050），宋仁宗召请云门宗大觉怀琏入居汴京十方净因禅院[②]；元丰三年（1080），宋神宗在大相国寺内创建慧林禅院和智海禅院；五年，冀国大长公主和驸马张敦礼创建法云禅寺。这些都是由朝廷或亲贵创建的禅寺，是世俗权威直接操纵禅寺建设和管理的实例。当初禅宿率领徒众开山辟地，艰苦创业，建设新型禅寺，到这一时期，更多禅寺建立在通都大邑，与统治阶层更密切地结合起来。南宋朝廷制定“五山十刹”制度，朝廷遴选禅宗大寺作为国家御用寺院，住持由朝廷任命。元代延续这一体制，禅寺和禅僧进而御用化、官僚化了。

随着社会地位与组织形态的变化，禅宗在观念上也已难出新意。元代的中峰明本批评当时禅门风气：

> 古今已来，诸方三百五百众，浩浩商量，立出许多闲名杂字。由是而吹起知见风，鼓动杂毒海，掀翻情涛，飞腾识浪，递相汩没，聚成恶业，流入无间，卒未有休日，佛所谓可怜悯者。且古人开辟禅门，贵要伊了生死，越苦轮，断分别，息爱憎，如大火轮，触着则燎却门面，丧却性命，岂止于言说义路而已哉！[③]

---

①忽滑谷快天《中国禅学思想史》，朱谦之译，上海古籍出版社，1994年，第663页。
②惠洪《禅林僧宝传》卷一八《大觉琏禅师》，《续藏经》第79册第528页中。
③《天目中峰和尚广录》卷四下《示嗣禅上人》，《禅宗全书》第48册第50页。

胡应麟(1551—1602)也批评元代禅宗说：

> 近日禅学之弊，以觉识依通为悟明，以穿凿机缘传授为参学，以险怪奇语为提唱，以破坏律仪为解脱，以交结贵达、夤缘据位为出世方便，其弊不可胜言。①

禅宗的整体发展形势江河日下，到明、清时期，衰败局面更是无可挽救了。

在中国，教团宗教形成时间较晚。第一个是外来的佛教，传入在公元纪元前后，接着东汉末分散的民间教派整合为道教，这已经是中国文化传统和政治体制形成并十分稳固之后。佛教在中国立足并求发展，必须适应这一传统和体制。当年释道安已明确意识到“不依国主，则法事难立”②，后来“佛法付嘱国王大臣”③一直成为历代僧众的口号。佛教必须“中国化”，而变化最关键的内容就是逐渐纳入世俗政权统治的社会体制之中。正因此，不管有多少修行彻底、学养高深的佛门龙象声称“不事王侯”，为“不拜王者”进行过多么坚决的抗争，僧团终究要依附世俗政权生存，成为世俗统治的附庸或仆从。

当初正是在佛教发展陷于重重危机的局面下，在隋唐之际，由诸多因缘助成，形成禅宗这个宗派。如本书前面描述的，这个宗派

---

①胡应麟《少室山房笔丛》卷四六《双树幻钞上》，中华书局上海编辑所，1964年，第631页。

②《高僧传》卷五《晋长安五级寺释道安》，第138页。

③“佛法付嘱国王大臣”这一说法文献初见宗晓编《四明遵者(天台知礼，965—1028)教行录》，《大正藏》第46卷第913页中。宋代以后佛门还有另一句“口头禅”：“将此深心奉尘刹，是则名为报国恩。”文献初见《建中靖国续灯录》卷一七，《续藏经》第78册第749页下，是北宋法云惟白(生卒年待考)禅师语。《楞严经》卷三有偈云：“将此深心奉尘刹，是则名为报佛恩。”(《大正藏》第19卷第945页中)一个字的更动，清楚表明当时僧团对世俗政权的一般态度。而这些又都体现了中国专制政治体制下佛教所处的地位与作用。

前后聚集佛门许多卓越人物，不仅创造了一个全面革新的佛教派别，更在思想、文化领域创造出丰硕成果，造成巨大、深远的影响。这个宗派的活动作为宗教革新运动，同时又是思想、文化运动，轰轰烈烈地发展达三个世纪之久。直到晚唐五代，逐渐衰败；延续到两宋，已经是盛大声势的余响。这个创造出辉煌业绩、在佛教内部、在社会上、在思想、文化领域发挥过巨大积极作用的宗派，后世虽然传继有绪，实际如前面引述的几段批评所表明的，其宗教革新、思想创新、文化出新的根本性质已逐渐丧失殆尽了。

二

余英时指出：

> 修行不必在寺再加上"识自心内善知识即得解脱"，不必外求，这又使禅宗的立场和新教的"惟恃信仰，可以得救"十分接近。如果"个人与超越真实之间的直接关系"(The direct relation between the individual and transcendent reality)确是近代型宗教的一个特征的话，那么禅宗和基督新教无疑同具有这一特征……禅宗也是把人的觉悟从佛寺以至经典的束缚中解放了出来，认为每一个人"若识本心，即是解脱"(《坛经》语，见第三十一节)。仅就这一点来说，我们至少不能不承认惠能的新禅宗确是中国佛教史上的一场革命运动了。①

这里把禅宗的宗义、意义和历史作用与欧洲"新教"改革相比附，并判定它们同属"近代型宗教"，是十分有见地的。两者的革新目标

①《士与中国文化》第455—456页，上海人民出版社，1987年。

和基本宗义确有一致之处。但是，禅宗“革命”的结果却与新教“革命”迥异。

15世纪欧洲文艺复兴运动鼓动起人本主义和人文精神思潮，罗马天主教的精神统治随之动摇。中世纪的教会神学是教条化的经院学问，是为腐朽的神权统治作辩护的。它禁锢人的思想，阻碍科学发展，利用宗教裁判来压制、封杀不同意见，特别是具有科学内涵的学说。教会又是腐败的寄生集团，对民众勒索盘剥无所不用其极，征收所谓“十一税”和传教费、圣水费、祈祷费、埋葬费等名目繁多的苛捐杂税，使民众苦不堪言。先是在14、15世纪之际，捷克人约翰·胡司(1371—1415)，在平民中进行批判教会活动，主张在上帝眼里，一个有道德的贫苦农民比一个富有而犯罪的主教要高尚得多。他抨击教会的专制、腐化，反对教会的农奴剥削制度和苛捐杂税。他作为宗教改革启蒙的先驱，最终被宗教裁判所判处火刑。教皇利奥十世在位时期(1513—1521)，以修建罗马圣彼得大教堂为名，通过出售“赦罪卷”名义来搜刮民财，成为掀起规模更大的宗教改革运动的导火索。1517年，罗马教廷派人到德国推销“赦罪符”，德国人、铜矿工人家庭出身的马丁·路德(1483—1546)发起反抗，用拉丁文写出九十五条批评教廷、改革教会的檄文。他宣扬“信仰可以获救”，即只要虔诚地信仰上帝，苦读《圣经》，认真忏悔，无需通过圣徒，也不需付钱给教会，就可以直接“通上帝”。他主张建设“廉价教会”，消减教会的苛捐杂税，反对奢侈、繁琐的宗教仪式。由于德国世俗王公的干扰，这次宗教改革运动没能深入进行下去。但它有力地推进了宗教自由与改革思潮，撼动了教会的权威，在教内和世俗社会造成深远影响。到16世纪中期，法国人加尔文(1509—1564)及其追随者们推动宗教改革运动以更大的声势兴起并不断引向深入。他们批判天主教宗教神学，要求回归《圣经》的原始立场，强调上帝对人的普遍的爱，认为在上帝面前人格平等、意志自由；鼓励人们努力、体面地劳作，反对懒惰；提倡

“给予”和“付出”,爱人如己;鼓励谦卑;宣扬“敬畏耶和华是知识的开端,愚妄人藐视智慧和训诲”①,把“仁爱、喜乐、和平、忍耐、恩慈、良善、信实、温柔、节制”等伦理原则视为“圣灵所结的果子”②。另一方面,认为每个人的人生之路即是朝圣之旅,在这个旅程中始终需要抵制来自罪恶世界的诱惑,做上帝的“选民”,就会得到进入天国的“恩宠”。这样,在不否定对上帝信仰会得到仁慈回应的同时,特别强调个人深层次的心灵体验。这是“一种深刻的、一切都归因于《新约》的个人的宗教;它与任何政府无关,也几乎不对任何大的信徒团体的组织负有义务”③。宗教革命创造出一种“心灵的宗教”④,称为“新教”,或称“清教”。就宗教革命的发展前景及其历史意义说,如马克斯·韦伯指出的:“寻求上帝的天国的狂热开始逐渐转变为冷静的经济德性;宗教的根慢慢枯死,让位于世俗的功利主义。”“在任何情况下清教的世界观都有利于一种理性的资产阶级经济生活的发展(这点当然比仅仅鼓励资本积累重要得多)……它哺育了近代的经济人。”⑤宗教改革的浪潮很快普及到整个西欧,各国教会纷纷脱离罗马教廷的统治,造成天主教历史上的一次大分裂。革新潮流传入英国,“新教”成为工业革命的精神支柱。欧洲的宗教改革从而形成资本主义革命的精神准备的一部分,有力地推进了资本主义的形成与发展。

欧洲的宗教改革反对教会的特权与强权、经济的腐败与教义

---

①《旧约全书·箴言》第1章第7节,《圣经·旧约》第613页,中国基督教协会,1998年。

②《新约全书·加拉太书》第5章第22节,《圣经·新约》第213页,中国基督教协会,1998年。

③约翰·布朗主编《剑桥插图宗教史》第255页,王立新等译,山东画报出版社,2005年。

④参阅约翰·布朗主编《剑桥插图宗教史》第250—258页。

⑤《新教伦理与资本主义精神》第102、100页,于晓、陈维纲等译,陕西师范大学出版社,2006年。

的僵化，这和禅宗“革命”的初衷大体类似；马丁·路德和加尔文等人主张信仰回归自心，强调自我心性完善，注重个人伦理修养，具有鲜明的人本主义性格，也和禅宗“明心见性”的宗义相通。但是两者相比较，改革“运动”造成的形势却有所不同，结果更是迥异。欧洲天主教的教皇和高级教士阶层是凌驾于世俗之上的极端黑暗的统治势力，严酷镇压一切革新思想和行动，与革新、进步力量势不两立，两者的矛盾是不可调和的。教会利用宗教裁判所、火刑等残酷刑罚镇压一切反对派，宗教改革曾引发三十年“宗教战争”。强烈的冲突促使改革家们更加强烈地进行对抗，这给宗教改革进行得更为彻底提供了动力。更重要的是在欧洲支持宗教革新的有发展相当成熟的、实力相当强大的市民阶层，有古希腊、罗马的人本主义文化传统；而在中国，大一统的专制政治体制牢不可破，以儒家经术为主导的儒、释、道“三教调和”方针为维护这一体制提供了思想保证；禅宗的兴盛和发展主要依靠下层僧众和庶族知识阶层的支持。而随着禅宗逐步兴盛，情况发生变化。就禅宗自身说，初创和早期发展阶段，作为领袖的道信、弘忍、慧能等都是活动在民间的下层“游僧”，但到晚唐五代，各大丛林的领袖人物基本都是地方割据政权供养的“宗师”。庶族文人阶层的情况，在唐前期政治斗争中，庶族知识精英是积极的、革新的政治力量；“安史之乱”以后，政治形势变化了，这个阶层也随之分化，部分人已上升到朝廷权势集团之中，另一部分到地方州、镇谋出路，士族与庶族的对立已渐趋弥合。进而到宋代，中国历史过渡到“近世”时期，确立起皇权统治下的官僚统治体制，士、庶的区分已不复存在，建立起统治阶级各阶层更为广泛的统治基础。这样，禅宗失去了有实力的社会阶层的支持，自身的性质也发生了根本性的转变，只有回归传统，别无出路。所谓“传统”，在社会层面，就是与社会统治阶层结合；在教理层面，就是“禅教合一”。

三

禅宗从兴起、发展、兴盛到衰败大约是三百年。本书前面说过，就中国佛教历史发展总体脉络说，两汉之际到两晋之际算作佛教初传阶段，大约三百年；两晋之际到南北朝佛教在中国扎根、发展、实现“中国化”，也是大约三百年；禅宗是又一个三百年。这三百年基本与唐王朝相始终，是佛教在中国发展的鼎盛时期。其时“中国化”的宗派佛教诸宗并盛，而禅宗则是诸宗派中最为活跃、成就和影响最为突出的宗派。如果说历史上中国人接受、融摄、发展外来印度佛教，创造出具有更高思想、文化水平和价值的“汉传佛教”乃是世界宗教交流史、文化交流史上的成功的范例，那么禅宗则是这一范例中最为成功、最具典型意义的成果。

禅宗终于衰败了，但是余波激荡，对后世的影响却绵延不绝。特别是唐代禅宗三百年发展积累起来大量有重大价值的思想和文化遗产，这种影响在后世一直持续地发挥相当普遍、深远的影响。

在宗教层面说，如前所述，“五代”以降，“禅、教合一”渐成潮流；南宋以后，“禅、净合一”成为中国佛教的主导形态。但是禅宗的一些派系，主要是临济宗、曹洞宗，仍然传承有序。虽然这种传承基本已徒具形式而丧失本来的思想内涵，但传播还是相当广泛并持续发挥一定的作用。起作用的关键因素，一是，历朝继续执行统合“三教”的传统方针，给佛教包括禅宗提供了生存的空间和条件；再是，历朝佛门中都不乏优秀人物，其中许多人为张扬、振兴禅宗而作出努力；三是，宋、元以来许多好佛、喜禅的官僚、文人，包括信佛的居士加护、支持佛教，禅与禅宗是其主要部分，如明末清初尤侗(1618—1704)向清廷上奏章所说：“夫佞佛以祈福，愚夫愚妇之事也；学佛以了生死，士大夫之见也。”[①]清《四库全书》总纂纪昀(1724—1805)曾转述五台山明玉和尚关于辟佛的看法："盖昌黎所辟，檀施供养之佛也，为愚夫妇言之也；宋儒所辟，明心见性之佛也，为士大夫言之也。”[②]就是说，禅与禅宗得到知识阶层的支持，也就能够保持一定的发展势头。近世太虚法师又曾指出："在以前中国之知识界，皆读孔、孟之书，而无知识的愚夫愚妇等，则崇信神道；佛教于此，亦分两种施设：在知识界方面，施与简捷超妙的禅宗；其不读书之多数人，则施与神道设教之教化。”[③]进而他做出“中国佛教特质在禅”的论断。这样，禅宗“明心见性”的宗义、它内涵的无神论观念以及其反传统、反教条的精神等等，不只在佛教内部，对于宋、元以来的其他宗教乃至社会上的宗教观念、宗教生活直接、间接地发挥重大影响。例如宋、金时期“新道教”全真道的兴起，这是道教适应时代形势变化的革新运动，无论是内容还是形态都从禅宗取得借鉴。明、清某些民间教派也同样。

从世俗层面说，宋、元以来，禅宗持续地推动传统儒学的新变，仍然是“新儒学”即理学发展的重要推动力。陈寅恪曾指出：

> 二千年来华夏民族所受儒家学说之影响，最深最巨者，实在制度法律公私生活之方面，而关于学说思想之方面，或转有不如佛道二教者。[④]

这一论断当然适用于宋、元以降的禅宗。本书前面有专章介绍禅宗给宋代“新儒学”的形成提供了重要理论资源，进而推动了中国

---

①《华阴山志》卷一七。

②《阅微草堂笔记》卷一八《姑妄听之四》，第453页，天津古籍出版社，1994年。

③《改善人心的大乘渐教》，《太虚大师全书》第17册第7—8页，台湾善导寺佛经流通处，1980年。

④《冯友兰中国哲学史下册审查报告》，《金明馆丛稿二编》第251页。

思想历史发展的重大转变。后来理学的发展，特别是陆九渊、王阳明"心学"一派的发展，持续地从禅宗得到借鉴。著名的例子如明后期王畿、王艮、李贽等王阳明后学，继续发挥"心学"反对儒家经学教条传统、具有个性解放意义的理论体系，对近代思想发展发挥了重大的积极作用。这一派当时被斥为"狂禅"，在观念上、作风上更多接受禅宗的刺激和启发。又值得注意的是，宋、元以来在思想、文化领域支撑佛教的好佛、喜禅的士大夫，保持历史上的"儒释交流"传统，他们一方面结交僧人，外护寺院，支持佛门内部振兴佛教的努力；另一方面他们习禅、参禅，阅读禅籍，禅与禅宗直接、间接地影响他们的生活、思想和创作，体现禅与禅宗推动文化发展的积极作用。如明末"公安三袁"的诗文、汤显祖的戏曲，都是代表一代文学成就的创作成果，又都与禅和禅宗的影响有直接关系。这样，禅宗仍保持着推动文化发展与创新的鲜活的生命力。关于这方面，近年坊间有众多论著介绍，毋庸细述。

最后，如本书《开讲的话》所说，"近年来，禅和禅宗引起越来越多人的关注，讲宗教，讲文化，讲人生修养，讲生活态度，都往往说到禅和禅宗，几乎成了热门话题"。这就涉及禅宗的现实意义问题。改革开放以来，宗教活动呈渐趋活跃之势。如《开讲的话》里指出的，时下"人们读相关的书，了解相关知识，乃至参加禅修活动，态度、目的却各种各样，所得也各不相同"。从非信仰的角度看，禅宗是宗教，是文化遗产，不论价值如何重大，必然有历史局限，有它的积极的和消极的、进步的和落后的、具有现实价值的和失去现实意义的方面。如何剥离、汲取其积极的、进步的、具有现实价值的内容是继承这份遗产的应有之义，是值得深入探讨的课题。梁漱溟晚年与美国一位研究他的学者艾恺（Guy Salvatore Alitto）对谈，把人生的问题归结到三个层面：第一人与物，这是人与客观世界的关系；第二人与人，这是人和社会的关系；第三则是人自身。他说："佛家要紧的是在自己的生命起变化，或者叫生命的提高吧，不是空理论。”①他这是从积极的角度肯定佛法的价值。这种观点适用在禅宗，如今接受什么、借鉴什么，是否对生命的提高有所助益，进而是否有益于社会的进步，是应当持守的根本原则。梁漱溟的话是值得深长思之、加以体认的。

四

还是陈寅恪的话：

> 中国史学莫盛于宋，而宋代史家之著述，于宗教往往疏略，此不独由于意执之偏蔽，亦其知见之狭陋有以致之。元明及清，治史者之学识更不逮宋，故严格言之，中国乙部之中，几无完善之宗教史。②

在这方面，有关禅宗的研究表现得更为显著。胡适曾说他 1924 年试作《中国禅学史》，写到慧能，已经怀疑了，写到神会，就不能不搁笔了。当时他的主要困难在可信资料太少。如今资料的情况已有所改变。自 20 世纪初，主要是敦煌文书里陆续发现许多早期禅宗史料，国内外禅宗研究情况已大有改观。不过由于人所共知的原因，我国宗教研究还是相对薄弱的领域。近年禅宗研究应当说是进展较快、收获较丰的学术领域，但有待深入探讨的问题仍然很多。本书只是根据笔者学力，分为十五讲，对禅宗作为历史现象的兴衰衍变作概略的“描述”。

关于历史研究，笔者一贯认为“描述”、尽可能真实的“描述”是第一位的工作；而绝对真实地“描述”、再现历史现象的本来面貌是

①《这个世界会好吗——梁漱溟晚年口述》第 70 页。

②《陈垣明季滇黔佛教考序》，《金明馆丛稿二编》第 240 页。

永远不可能达到的目标。“描述”禅宗的工作更是困难重重。如本书叙述中一再表明的，时下作为研究基础的整理禅籍和相关资料的工作还远不理想；禅宗几百年发展的外部条件、内部变化还有待仔细考订、分析；禅宗与传统佛教的关系、禅宗派系的分化及其相互关系仍有待更清晰地厘清；禅宗主要代表人物，包括像慧能、神秀这样的领袖人物的生平、思想不清楚的地方仍然很多，等等。而且，从事“描述”又受到描述者的学识和视野的限制。学植浅薄的笔者自知在本书里所作的“描述”只能是粗略的，缺失和错误之处一定很多；至于其中对禅宗历史发展、禅宗人物所作的阐释、评价，更不敢自是，只算是一得之愚，提供给读者参考。

期待读者不吝指正。